Menschen Zeiten Räume

**Arbeitsbuch für Welt- und Umweltkunde
in der Orientierungsstufe
(5. und 6. Schuljahr)**

Herausgegeben von
Karl-Heinz Müller,
Dr. Thomas Berger - v. d. Heide,
Dr. Dieter Richter

Bearbeitet von
Dr. Thomas Berger - v. d. Heide,
Helmut Brauer, Anna-Luise Busse, Gero Busse,
Brigitte Dannhauser, Heidrun v. d. Heide,
Reinhardt Kalbow-Richter,
Karl-Heinz Müller, Dr. Harald Neifeind,
Prof. Dr. Hans-Gert Oomen, Dr. Dieter Richter,
Dr. Cornelius Schley
unter beratender Mitwirkung von
Ingo Käthner und Andreas Lindemeier

Cornelsen

Inhaltsverzeichnis

1. Menschen orientieren sich — 4

1.1 Die neue Schule — 6
1.2 Der Nahraum — 8
1.3 Arbeit mit dem Atlas — 16
1.4 Unser Land Niedersachsen — 18
1.5 Der Globus — 30
  Zusammenfassung — 42

2. Menschen nutzen ihre Freizeit — 44

2.1 Was machen wir in der Freizeit? — 46
2.2 Freizeit und Umwelt — 56
  Zum Weiterlesen — 68
  Zusammenfassung — 69

3. Menschen versorgen sich — 70

3.1 Menschen in vorgeschichtlicher Zeit — 72
  Die Altsteinzeit — 78
  Werkstatt — 84
  Zum Weiterlesen — 85
  Die Jungsteinzeit — 86
  Die Metallzeit — 94
  Zusammenfassung — 97
3.2 Leben unter außergewöhnlichen Bedingungen — 98
  In der Tundra — 100
  Im tropischen Regenwald — 110
  In der Wüste — 118
  Zum Weiterlesen — 130
  Zusammenfassung — 131

4. Menschen gestalten ihre Lebensbedingungen — 132

4.1 Ägypten - das Reich der Pharaonen — 134
  Der Nil, die Lebensader Ägyptens — 136
  Der Pharao und sein Volk — 138
  Alltag im Alten Ägypten — 142
  Religion im Alten Ägypten — 144
  Zusammenfassung — 147
4.2 Stadt und Land früher und heute — 148
  Wandel des Lebens auf dem Land — 149
  Wandel des Lebens in der Stadt — 160
  Zusammenfassung — 179
4.3 An der Nordseeküste — 180

5. Menschen verschiedener Kulturen leben zusammen — 188

5.1 Römer und Germanen — 190
  Das römische Weltreich — 191
  Die Germanen — 194
  Römer und Germanen am Limes — 198
  Zum Weiterlesen — 204
  Zusammenfassung — 205
5.2 Wir leben mit Menschen anderer Kulturen zusammen — 206
  Zum Weiterlesen — 219
5.3 Indianer in Nordamerika — 220
  Die Indianer vor dem Eindringen der Europäer — 221
  Das Zusammentreffen mit den Europäern — 224
  Die Indianer heute - Navajo und Hopi in Arizona — 228
  Zusammenfassung — 231

6. Menschen wachsen in die Gesellschaft hinein — 232

6.1 Kinder in vergangenen Zeiten — 234
  Zusammenfassung — 241
6.2 Kinder in der Dritten Welt — 242
  Zusammenfassung — 251
6.3 Kinder und Jugendliche im Nationalsozialismus — 252
  Die Situation in Deutschland vor 1933 — 253
  Alltag unter dem Nationalsozialismus — 256
  Die Entrechtung und Verfolgung der Juden — 266
  Menschen leisten Widerstand — 268
  Menschen im Krieg — 270
  Neonazis heute — 272
  Werkstatt — 275

Jugendbücher — 276
Worterklärungen — 278
Quellenverzeichnisse — 281
Register — 284
Impressum — 287

Schülerbrief

Liebe Schülerinnen, liebe Schüler!

In der Orientierungsstufe habt ihr nun das Fach Welt- und Umweltkunde. Das Lernen in diesem Fach kann viel Spaß machen.
Welt- und Umweltkunde enthält viele unterschiedliche Bereiche. So befassen sich einige Themen damit, wie die Menschen früher gelebt haben. Andere Themen behandeln, wie die Menschen heute zusammenleben und welche Probleme dabei auftreten. In Welt- und Umweltkunde wird auch besprochen, wie die Menschen in unterschiedlichen Gebieten der Erde leben und wie sie sich auf der Erde orientieren.
Darüber hinaus ist es ein Anliegen von Welt- und Umweltkunde, euch zu zeigen, wie einige dieser Bereiche zusammenhängen und wechselseitig aufeinander wirken.
Aus den vielen Bereichen, die euch interessieren könnten, sind für die Klassen 5 und 6 einige ausgewählt worden. In sechs großen Kapiteln berichtet das Buch über diese Bereiche. Es will die Grundlage für die Arbeit in Welt- und Umweltkunde sein.
Wir, die Autorinnen und Autoren dieses Buches, wollten euch nicht einfach alles erzählen. Wir meinen, dass Lernen mehr Spaß macht, wenn man selber etwas herausfindet. Dann behält man das Gelernte auch besser.
Deshalb ist das Buch wie folgt aufgebaut:

Einführung in die Themenbereiche: Jeder der sechs Themenbereiche beginnt mit einer Auftakt-Doppelseite. Sie zeigt, um was es in diesem Themenbereich geht. Die Auftaktseiten sollen euch neugierig machen und anregen eigene Fragen zu stellen. Die Themenbereiche bestehen aus verschiedenen Themen, die mit Texten, Bildern, Grafiken und Karten so dargestellt werden, dass ihr selbst damit arbeiten könnt.

Quellen
In den Themen, die sich mit der Vergangenheit befassen, sind die Berichte der damals lebenden Menschen, die sogenannten Quellen, mit einem Q und mit einem Farbbalken am Rand gekennzeichnet.

Materialien
Andere Themen enthalten Arbeitsmaterialien. Das sind Zeitungsausschnitte, Berichte, Auszüge aus Prospekten u. a., mit denen ihr selbst arbeiten könnt. Materialien sind mit einem M und ebenfalls mit einem Farbbalken am Rand kenntlich gemacht.

Aufgaben
1 *In den Arbeitsaufgaben werdet ihr aufgefordert über das nachzudenken, was ihr erfahren habt. Ihr werdet überrascht sein, wie viel ihr durch eigenes Nachdenken herausfinden könnt.*

Zusammenfassung
Jedes Thema wird durch eine Zusammenfassungsseite abgeschlossen. Auf dieser wird noch einmal das Wichtigste des vorausgehenden Abschnitts zusammengestellt. Hier findet ihr nicht nur Texte, oft regen euch auch Rätsel, Spiele oder Bilder an, noch einmal über das Thema nachzudenken.

Worterklärungen
Ein Verzeichnis schwieriger Begriffe steht am Ende des Buches. Die dort aufgeführten Begriffe sind im laufenden Text mit einem * gekennzeichnet.

Register
Am Ende des Buches gibt es ein Stichwortverzeichnis. Damit könnt ihr zum Beispiel herausfinden auf welchen Seiten etwas über das Leben der Bauern steht.

Werkstatt
Auf den Werkstattseiten findet ihr Vorschläge zum Spielen, Basteln und für eigene Nachforschungen.

Zum Weiterlesen
Die Seiten zum Weiterlesen enthalten Ausschnitte aus spannenden Jugendbüchern. Hinweise auf weitere Jugend- und Sachbücher findet Ihr am Schluss des Buches.

Die Autorinnen und Autoren dieses Buches hoffen, dass es ihnen gelungen ist, die Themen so darzustellen, dass ihr beim Lesen und Arbeiten und nach dem Unterricht sagen könnt: „Ja, ich habe etwas verstanden vom Leben der Menschen damals und heute. Ich habe etwas verstanden vom Leben der Menschen in anderen Ländern und vom Zusammenleben der Menschen aus unterschiedlichen Ländern in Deutschland."
Wenn ihr den Autorinnen oder Autoren eure Meinung zu diesem Buch mitteilen wollt, könnt ihr euch an den
Cornelsen Verlag
Mecklenburgische Straße 53
14197 Berlin
wenden.

1. Menschen orientieren sich

... aus der Ferne: Nur vom Raumschiff aus kann man die Erde aus 36 000 km Höhe fotografieren

... in der Nähe: Schülerinnen und Schüler mit einer Wanderkarte

Über viele Jahrtausende wussten die Menschen sehr wenig über die Erde. Die meisten kannten nur die nähere Umgebung ihres Wohnortes.

Heute sind alle Kontinente, Ozeane, Länder und Landschaften bekannt. Aber wie finden wir uns auf der Erde oder in unserer Heimat zurecht?

1.1 DIE NEUE SCHULE

Die neuen Fächer

Beim Diktieren des neuen Stundenplanes gab es in der 5c eine Überraschung. Die Fächer aus der Grundschule hatten zum Teil andere Namen oder tauchten gar nicht mehr auf. Dafür gab es eine Reihe neuer Fächer. Ein Teil von ihnen wurde in sogenannten Fachbereichen zusammengefasst. Frau Müller, die Klassenlehrerin, erklärte das so: „Der Fachbereich Sprachen besteht aus den Fächern Deutsch und Englisch. An manchen Orientierungsstufen gehören auch Latein und Französisch dazu. Der Fachbereich Welt- und Umweltkunde, genannt WUK, fasst die Fächer Erdkunde, Geschichte und Sozialkunde zu einem Fach zusammen. Im Fachbereich Mathematik/Naturwissenschaften gibt es die Fächer Mathematik, Biologie, Physik und Chemie. Den Fachbereich musisch-kulturelle Bildung bilden die Fächer Musik, Kunst, Werken und Textiles Gestalten. Daneben gibt es an der OS noch die Fächer Religion und Sport sowie verschiedene Arbeitsgemeinschaften. Die Freiarbeit, die ihr schon von der Grundschule her kennt, wird bei uns mit zwei bis fünf Stunden in der Woche fortgesetzt."

Die Aufgabe der Orientierungsstufe

Nachdem Frau Müller den neuen Stundenplan erläutert hatte, sagte sie: „Ich will euch noch erklären, warum ihr jetzt nach der Grundschule noch zwei Jahre in eine neue Schule, in unsere Orientierungsstufe, geht, bevor ihr dann noch einmal die Schule wechselt."

„Ich weiß schon, wohin ich dann gehe", rief Björn dazwischen. „Mein Vater hat gesagt, dass ich auf das Gymnasium gehe, auch wenn das die Orientierungsstufe nicht empfiehlt." Frau Müller ermahnte Björn nicht dazwischenzurufen und sagte weiter: „Björn hat Recht, am Ende des 6. Schuljahres entscheiden eure Eltern auf welche Schule ihr geht. Ihr habt die Wahl zwischen Hauptschule, Realschule oder Gymnasium. Wir Lehrerinnen und Lehrer werden euch aber einen gut begründeten Rat für die Wahl der Schule geben, damit ihr in der 7. Klasse keinen Misserfolg habt. In der Orientierungsstufe geben wir euch eine Orientierung über das, was man ab Klasse 7 lernen muss." „Ist die OS dann so etwas wie ein Wegweiser?", fragte Tanja. „Ja, das ist ein guter Ausdruck für unsere Schule", meinte Frau Müller und entließ die Klasse in die Pause.

1 *Sprecht über die neuen Fächer und überlegt, was in ihnen unterrichtet wird.*

2 *Findet Bezeichnungen für die Aufgabe der Orientierungsstufe. Denkt dabei an das, was Tanja gesagt hat.*

3 *Seht euch das Schema über die Schulen in Niedersachsen an. Sucht die Orientierungsstufe und die Schulen ab Klasse 7.*

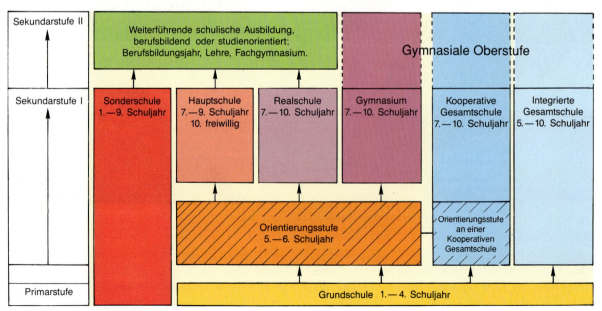

Das Schulsystem Niedersachsens...

Die neue Schule

Die ersten WUK-Stunden bei unserem Klassenlehrer Herrn Richter haben mir großen Spaß gemacht. Wir durften schon eine richtige Umfrage machen. Dabei haben wir herausbekommen, wie viele Schülerinnen und Schüler jede der vier Grundschulen an die Orientierungsstufe abgegeben hat. Die Zahlen haben wir in ein Säulendiagramm umgewandelt (Abbildung 3).
1 *Fertigt für eure Orientierungsstufe ein Säulendiagramm an.*
2 *Zeichnet den Einzugsbereich eurer Orientierungsstufe.*

1 Sven

Svens erste Schultage

Grüß euch, ich bin Sven. Ich habe gerade die ersten Schultage an meiner neuen Schule, der Orientierungsstufe Düderode, hinter mir. Das war ganz schön spannend. Bis zum Ende des letzten Schuljahres ging ich in Echte zur Grundschule. Ich wohne in Kalefeld. Wo das liegt, fragt ihr? Vielleicht seid ihr schon einmal auf der Fahrt in den Urlaub auf der Autobahn Hannover–Kassel durch meine Heimat gekommen. Die Gemeinde Kalefeld gehört nämlich zum Landkreis Northeim, südwestlich des Harzes.

Eine Umfrage

Zur Grundschule in Echte musste ich mit dem Bus fahren, denn die elf Orte unserer Gemeinde haben nur vier Grundschulen. Jetzt ist meine Fahrzeit mit dem Schulbus zur Orientierungsstufe nach Düderode noch länger. Außerdem ist die neue Schule viel größer. Bis ich mich richtig auskenne, brauche ich bestimmt einige Wochen. Viele fremde Kinder sind in meiner neuen Klasse und die Lehrerinnen und Lehrer kenne ich kaum.

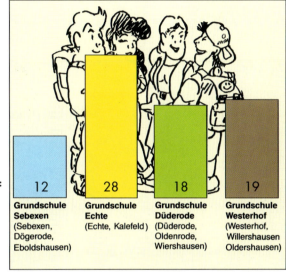

3 Diagramm (1 Person $\hat{=}$ 0,2 cm): Herkunft und Anzahl der Schülerinnen und Schüler aus den Grundschulen; in Klammern die Einzugsbereiche

Grundschule Sebexen (Sebexen, Dögerode, Eboldshausen) — 12
Grundschule Echte (Echte, Kalefeld) — 28
Grundschule Düderode (Düderode, Oldenrode, Wiershausen) — 18
Grundschule Westerhof (Westerhof, Willershausen, Oldershausen) — 19

2 So hat Sven die Einzugsbereiche seiner Orientierungsstufe und der Grundschule in der Gemeinde Kalefeld aufgezeichnet.

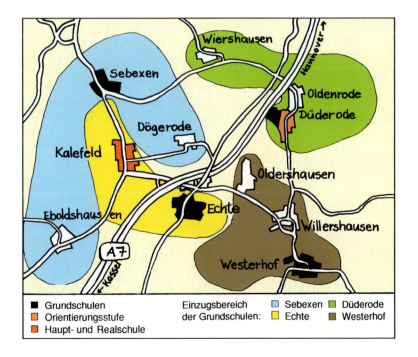

1.2 DER NAHRAUM

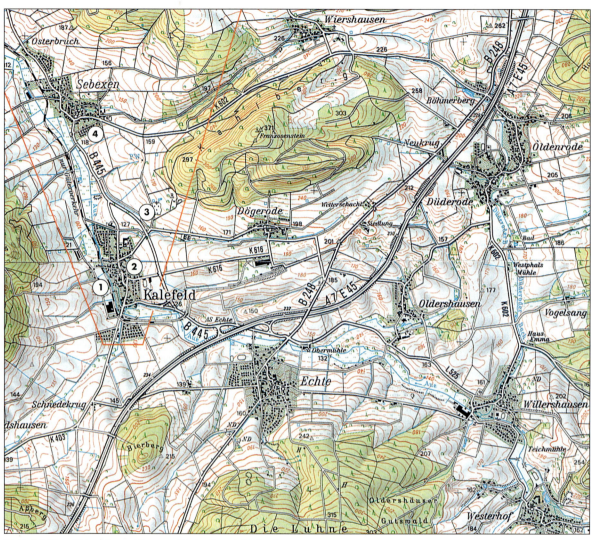

1 Kalefeld und Umgebung. Topographische Karte*. Maßstab 1:50 000.

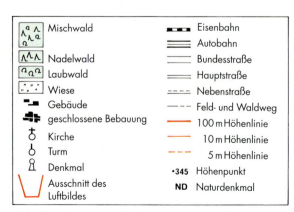

2 Zeichen in topographischen Karten (Auswahl)

Die Kartenlegende
Die Karte oben sieht im Vergleich zum Luftbild auf Seite 9 auf den ersten Blick kompliziert aus. Um sie zu verstehen muss man wissen, was die einzelnen Zeichen bedeuten. Jede Karte hat deshalb eine Zeichenerklärung, eine Legende. Die wichtigsten Zeichen in topographischen Karten sind links aufgeführt. Damit könnt ihr die Karte oben und die Karten auf den Seiten 11, 53, 61 und 173 lesen.

Der Nahraum

Kalefeld und Umgebung. Luftbild.

Schule in Kalefeld

Sven berichtet weiter:

„Früher, als meine Großeltern zur Schule gingen, hatte noch fast jedes Dorf seine eigene Schule. Heute sind Schulen zentrale Einrichtungen, die Kinder aus mehreren Orten besuchen. Das hat nur den Nachteil, dass viele Kinder in Schulbussen transportiert werden müssen.

Wenn ich in zwei Jahren die Orientierungsstufe verlasse, kann ich zwischen drei weiterführenden Schulen auswählen. Kalefeld hat eine Haupt- und Realschule, Northeim und Gandersheim haben auch Gymnasien. In einigen anderen Städten gibt es außerdem Gesamtschulen, in unserer Region aber nicht."

1 *Vergleicht das Luftbild mit der Karte auf Seite 8.*
– *Stellt fest, welche Orte auf dem Luftbild nicht zu sehen sind;*
– *findet heraus, welche Zahl in der Karte zu welchem Buchstaben im Luftbild gehört.*

2 *Geht im Luftbild auf Entdeckungsreise und vergleicht jeweils mit der Karte: Verkehrswege, Äcker, Wiesen, Wälder, Bäche, Industrieanlagen.*

3 *Sucht in der Karte die vier Orte mit Grundschulen (siehe Seite 7). Umfahrt mit dem Zeigefinger ihren jeweiligen Einzugsbereich.*

4 *Besorgt euch eine Karte eurer weiteren Schulumgebung (Gemeinde, Stadt) und zeichnet ein*
– *euer Wohnhaus oder euren Wohnort,*
– *euren neuen Schulweg,*
– *die Grundschulen,*
– *die Einzugsbereiche der Grundschulen,*
– *den Einzugsbereich der Orientierungsstufe,*
– *die weiterführenden Schulen,*
– *die Schulbuslinien.*

Der Maßstab

Der WUK-Lehrer von Svens Klasse Herr Richter kommt eines Tages mit folgender Idee ins Klassenzimmer: „Wir wollen unseren Nahraum erkunden und fangen mit einer Wanderung auf unseren Kahlberg an. Vorher müssen wir aber noch einiges lernen: den Weg mit Karte und Kompass finden und mit dem Maßstab und den Höhenlinien auf der Karte umgehen können."

Vom Abbild zum Maßstab

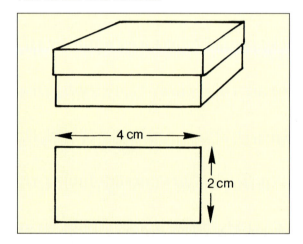

Oben seht ihr die Abbildung einer kleinen Schachtel und deren Grundriss. Diese Abbildung ist genauso groß wie das Schächtelchen in Wirklichkeit. Wir sagen: Es ist im Maßstab 1:1 („eins zu eins") gezeichnet worden. Denn 1 cm in der Grundrisszeichnung entspricht auch 1 cm in der Wirklichkeit.
Wenn ihr größere Gegenstände, Häuser oder Landschaften abzeichnen wollt, müsst ihr sie verkleinern, sonst passen sie nicht aufs Papier.

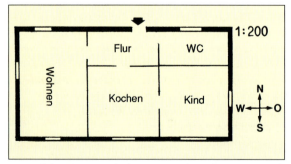

Grundriss eines Wohnhauses (Erdgeschoss) im Maßstab 1:200. Das heißt 1 cm in der Abbildung entspricht 200 cm oder 2 m in der Wirklichkeit.

1 *Messt mit dem Lineal, wie lang und breit das Haus in der Zeichnung ist und rechnet um, wie groß es in der Wirklichkeit ist.*
2 *Macht das Gleiche mit dem Wohnzimmer.*
3 *In welche Himmelsrichtungen blicken wir aus den Fenstern des Kinderzimmers?*

Karte und Wirklichkeit

Karten geben die Landschaft in verkleinerter und vereinfachter Form wieder. Die Landschaft ist auf der Karte so dargestellt, als sähen wir sie von oben, wie aus einem Flugzeug. Alle wichtigen Teile einer Landschaft, wie Häuser, Waldflächen, Berge, Flüsse und Straßen, sind daher als Grundrisse dargestellt.
Die Verkleinerung der Wirklichkeit erfolgt auf der Karte nach einem bestimmten Maßstab. Er steht meist am Rande einer Karte als **Maßstabsleiste**. Hier können wir Entfernungen ablesen, die wir mit einem Papierstreifen, einem Lineal oder einem feuchten Faden auf der Karte abgemessen haben.

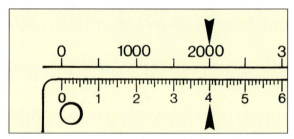

Maßstab 1:50 000. Ein Beispiel: 4 cm auf dem Lineal entsprechen 2000 m in der Wirklichkeit.

Auch ohne Maßstabsleiste können wir Entfernungen auf der Karte ermitteln, weil auf der Karte die Maßstabszahl angegeben wird.

Was Maßstabszahlen bedeuten

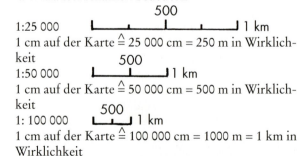

1:25 000
1 cm auf der Karte $\stackrel{\triangle}{=}$ 25 000 cm = 250 m in Wirklichkeit
1:50 000
1 cm auf der Karte $\stackrel{\triangle}{=}$ 50 000 cm = 500 m in Wirklichkeit
1:100 000
1 cm auf der Karte $\stackrel{\triangle}{=}$ 100 000 cm = 1000 m = 1 km in Wirklichkeit

4 *Errechnet, wie groß die auf der Karte 1:100 000 gemessenen Strecken 3 cm und 7,5 cm in Wirklichkeit sind. Rechnet sie in Meter und Kilometer um.*

Der Maßstab

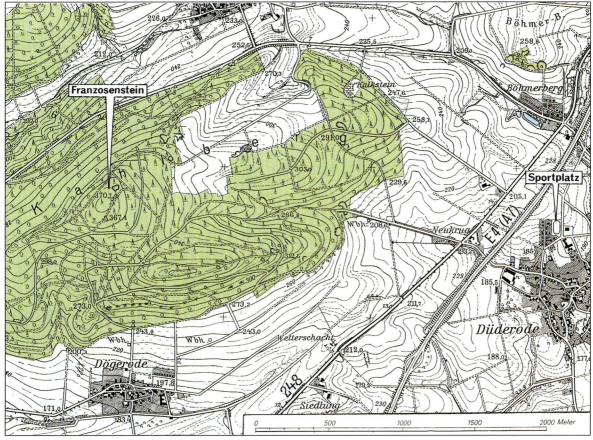

Düderode mit Kahlberg. Topographische Karte. Maßstab 1:25 000 (Legende auf Seite 8).

1 Messt auf der Karte oben die Luftlinie zwischen dem Sportplatz in Düderode und dem Franzosenstein auf dem Kahlberg und rechnet aus, wie viele Meter bzw. Kilometer die Entfernung in Wirklichkeit beträgt. Mit einem angefeuchteten Wollfaden könnt ihr alle Windungen eines Weges messen. Ihr legt ihn zunächst genau auf die Straßen und Wege und dann an ein Lineal um die Zentimeter abzulesen.

2 Sucht auf der Karte den kürzesten Weg vom Sportplatz zum Franzosenstein und messt ihn mit dem Wollfaden.

3 Vergleicht die tatsächliche Wegstrecke mit der Luftlinie.

Je mehr eine Landschaft auf einer Karte verkleinert wird, desto weniger Einzelheiten können abgebildet werden. Die Häuser des Dorfes Düderode sind auf der Karte 1:25 000 zu erkennen, auf einer Niedersachsenkarte jedoch nicht mehr.

4 Vergleicht die Karte auf dieser Seite mit der auf Seite 8. Nennt mindestens drei Einzelheiten, die auf der Karte 1:25 000 noch, aber auf der Karte 1:50 000 nicht mehr zu sehen sind.

Wenn ihr zu Fuß geht möchtet ihr wissen, wie viel Zeit ihr für eine Wegstrecke benötigt.
Für 1 km braucht ihr etwa 12 Minuten.
Für 5 km braucht ihr etwa 60 Minuten = 1 Stunde.
Für 10 km braucht ihr etwa 120 Minuten = 2 Stunden.
Geht ihr längere Strecken, so müsst ihr Pausen mit einplanen. Bergauf dauert es meist etwas länger.

5 Errechnet nun, wie viel Zeit ihr voraussichtlich braucht um vom Sportplatz zum Franzosenstein zu gelangen.

Die Höhenlinien

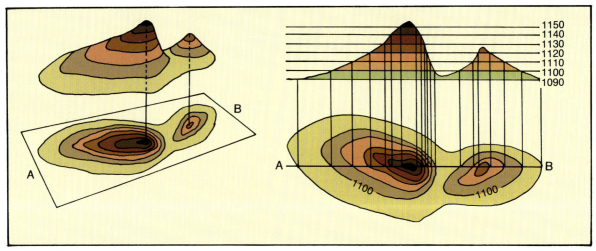

1 Von Höhenlinienschichten im Modell (links) zu Höhenlinien auf der Karte (rechts)

Auf Landkarten und Wanderkarten (topographische Karten) sind die Oberflächenformen nicht so leicht zu erkennen. Ihr könnt aber mithilfe der aufgedruckten Höhenlinien und der Höhenzahlen herausfinden, wo Berge und Täler liegen und wie weit sie sich ausdehnen. Auch könnt ihr an den Höhenlinien ablesen, wie hoch ein Ort liegt.

Höhenlinien verbinden Punkte, die in der gleichen Höhe liegen. Zum besseren Verständnis: Denkt euch einen Berg in gleichmäßig dicke Scheiben geschnitten. Die Ränder dieser Schichten von oben gesehen sind die Höhenlinien.

Liegen die Höhenlinien weit auseinander, so geht es allmählich bergauf. Liegen die Höhenlinien eng beieinander, so geht es steil bergauf.

1 *Beschreibt eine Wanderung über die Berge in Bild 1 von Punkt A nach Punkt B.*

2 *Sucht auf der Karte 1:25 000 Ausschnitt Düderode (Seite 11) den höchsten Berg und den tiefsten Punkt.*

3 *Findet heraus, wie hoch der Sportplatz in Düderode, der Neukrug und die höchste Erhebung im Kahlberg liegen.*

4 *Errechnet den Höhenunterschied zwischen dem Sportplatz in Düderode und der höchsten Erhebung im Kahlberg.*

5 *Ihr steht vor einem Berg mit der in Abb. 2 rechts stehenden Seitenansicht. Überlegt und zählt aus, welche der links abgebildeten Höhenlinienkarten a bis d zu diesem Berg passt.*

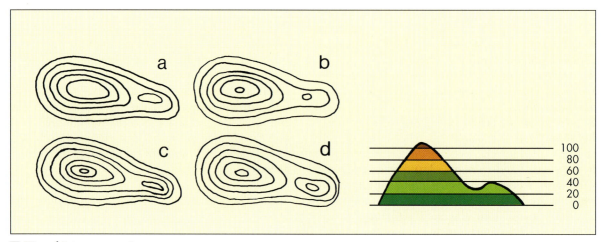

2 Was gehört zusammen?

Karte und Kompass

Die Karte
Geübte Kartenleser vergleichen während der Wanderung oft die Karte mit dem Gelände: Sie drehen die Karte so, dass vom eigenen Standpunkt aus gesehen auffällige Berge oder Wege auf der Karte in derselben Richtung liegen wie in der Landschaft (siehe Bild 1).

Der Kompass
Die Nadel des Kompasses pendelt sich immer in Nord-Süd-Richtung ein, wenn der Kompass waagerecht gehalten wird. Das bewirkt das Magnetfeld der Erde. Es ist jedoch so schwach, dass Eisenteile in der Nähe die Nadel beeinflussen können. Achtet also darauf, dass beim Messen kein Eisen in der Nähe ist. Die Nordspitze der Nadel ist besonders gekennzeichnet. Entweder ist sie blau, rot oder mit weißer Leuchtfarbe für die Nacht beschichtet.

Orientieren mit Karte und Kompass
Bei Karten weist meistens der obere Rand nach Norden, der rechte nach Osten, der untere nach Süden und der linke nach Westen. Mithilfe des Kompasses können wir die Karte so weit drehen, bis sie richtig nach Norden zeigt. Die Karte ist dann eingenordet, die Orientierung im Gelände ist leichter.
So werden Karten eingenordet:
Ihr legt die Karte auf den Boden. Die Kompassdose mit Windrose und Gradeinteilung dreht ihr so weit, bis das „N" mit dem Richtungspfeil auf dem Kompassgehäuse übereinstimmt. Anschließend legt ihr den Kompass auf die Karte an den rechten oder linken Rand. Dann dreht ihr die Karte mit dem Kompass so lange, bis die farbige Spitze der Nadel auf das „N" zeigt. Jetzt ist es leicht, herauszufinden, in welchen Himmelsrichtungen z. B. Dörfer, Berge liegen oder in welche Richtung Wege und Straßen führen.

1 *Nennt die Himmelsrichtungen und zeigt sie auf dem Kompass.*
2 *Die meisten Kompassdosen haben außer den Haupthimmelsrichtungen auch eine Gradaufteilung von 0 bis 360°. Stellt fest, wie viel Grad jeweils Norden, Westen, Süden und Osten haben.*
3 *Nordet auf dem Schulhof einen Plan eurer Schule oder eine topographische Karte mit dem Kompass ein.*
4 *Wählt auf dem Schulgelände und in dessen Umgebung Punkte aus, die ihr sehen könnt. Bestimmt dann deren Himmelsrichtung.*
5 *Plant eine Schatzsuche, bei der die Verstecke mit einem Kompass gesucht werden müssen.*

1 Das Ausrichten der Karte ohne Kompass

2 Das Einnorden der Karte mit Kompass

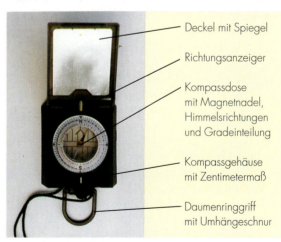

3 Der Kompass

- Deckel mit Spiegel
- Richtungsanzeiger
- Kompassdose mit Magnetnadel, Himmelsrichtungen und Gradeinteilung
- Kompassgehäuse mit Zentimetermaß
- Daumenringgriff mit Umhängeschnur

Ein Projekt

Eine Projektgruppe vor Ort

Projekttag: Wir erkunden unsere Gemeinde
Heute herrscht in allen drei fünften Klassen der Orientierungsstufe Düderode große Aufregung. Gleich beginnt der erste Projekttag.
Unter Mitarbeit der inzwischen gewählten Schülervertretung (SV) wurden in der Planungsphase die Interessen aller Schülerinnen und Schüler erfragt. Zehn Themengruppen kamen dabei heraus. Drei davon wurden von Lehrkräften übernommen. Glücklicherweise fanden sich sechs Eltern bereit eine Projektgruppe anzuleiten. Zusätzlich sprang noch der Förster mit ein, sodass alle zehn Wunschthemen betreut werden konnten.

Die Projektgruppen
– Pflanzaktion im Westerhöfer Wald
– Wir untersuchen Kinderspielplätze
– Besuch eines Landwirtschaftsbetriebes
– Wir vergleichen zwei Industrieunternehmen
– Wie radfahrerfreundlich ist unsere Gemeinde?
– Wohin gelangen unsere Abwässer und Abfälle?
– Wir entwickeln Ideen für unseren Pausenhof
– Wir erkunden den Düderoder Bach
– Wir erkunden die Aue
– Eine Meinungsumfrage zur Umgehungsstraße

1 *Überlegt, an welchen Themen des Projekttages ihr gerne mitarbeiten würdet. Begründet euer Interesse.*
2 *Stellt euch vor an eurer Schule würde ein Projekttag stattfinden. Stellt Themen für die Erkundung eures Nahraumes zusammen.*
3 *Entwickelt Planungsschritte für die Durchführung eines Projekttages an eurer Schule. Überlegt, wer angesprochen werden müsste. Spielt entsprechende Gespräche durch, schreibt Briefe.*

Projektauswertung
In den Klassen, der Schülervertretung und im Lehrerkollegium wurde der Projekttag als „rundum gelungen" bezeichnet. Im Forum der Schule haben inzwischen alle Projektgruppen eine gemeinsame Ausstellung ihrer Arbeitsergebnisse eröffnet.

Konflikte und Konfliktlösungen

Ein Streit und sein Ende

In einer Gruppe war der Projekttag mit einem Streit zwischen einigen Schülern der 5 c zu Ende gegangen. Frau Müller hatte die Streithähne mit einem lauten Ausruf „Stefan, hörst du endlich auf!" getrennt. „Immer schimpfen Sie nur über mich. Was die anderen machen, sehen Sie ja nicht, immer soll nur ich schuld sein", rief Stefan voller Wut. Er fügte hinzu: „Da kann ich ja gleich nach Hause gehen, die neue Klasse ist ja doof, hier bin ich ja nur der Sündenbock." Michaela, die mit Stefan in der Grundschule war, sagte daraufhin: „Diese Rolle hatte er auch schon in der Grundschule."

Frau Müller war von Michaelas Bemerkung ganz betroffen. Hatte sie Stefan die Rolle des Sündenbockes zudiktiert oder spielte Stefan diese Rolle, ohne es zu merken oder zu wollen? Wie könnte er von dieser Rolle wieder loskommen?

Hannes rief dazwischen: „Welche Rolle spielt denn Stefan? Was ist denn das, eine Rolle?"

Ein Klärungsversuch

Am nächsten Tag in der WUK-Stunde forderte Frau Müller die Schülerinnen und Schüler auf einen Sitzkreis zu bilden. Sie wollte den Abschluss des Ausflugs noch einmal mit der Klasse besprechen. Vor Beginn des Gesprächs klappte sie die Tafel auf. Dort hatte sie einige wichtige Gesprächsregeln notiert (Kasten rechts). Frau Müller forderte die Klasse auf diese Regeln zu lesen und beim Gespräch über den Ausflug genau zu beachten.

Da alle die Gesprächsregeln berücksichtigten, konnte die 5 c die Ursachen der Rauferei schnell aufklären. Aus einem kleinen Anlass und einem Missverständnis war ein größerer Konflikt entstanden. Alle Beteiligten sahen ein, dass dieser Zwischenfall hätte vermieden werden können, wenn jeder dem anderen noch eine Möglichkeit gelassen hätte die Sache richtig zu stellen.

Am Schluss des Gesprächs vereinbarten die Schülerinnen und Schüler rücksichtsvoller miteinander umzugehen. Einige wollten herausfinden, ob Stefan tatsächlich von anderen zum Sündenbock gemacht wurde. Stefan wollte darauf achten, ob er durch sein Verhalten an Konflikten mitschuldig war.

Jede bzw. jeder hat viele Rollen

Hannes hatte während des Sitzkreises nur eine kurze Erklärung auf seine Frage „Was ist denn eine Rolle?" bekommen. In der nächsten Stunde erklärte Frau Müller den Begriff genauer:

„Wie im Theater, wo Schauspieler verschiedene Rollen spielen, haben Menschen auch im täglichen Leben unterschiedliche Rollen. Einige wählen wir uns selber aus, andere werden uns von anderen Menschen zugewiesen, ohne dass wir viel dazu tun. Ich selbst z. B. habe heute Vormittag schon folgende Rollen eingenommen: Ehefrau, Mutter, Verkehrsteilnehmerin, Kundin einer Bäckerei, Lehrerin. Wenn ich heute nach der Schule zum Zahnarzt gehe, habe ich die Rolle einer Patientin."

Gesprächsregeln

1. Nur eine, einer spricht, die anderen hören zu und machen keine Zwischenrufe. Alle bemühen sich beim Thema zu bleiben.

2. Wer etwas sagen will, meldet sich mit einer Hand. Wenn es ganz dringend ist und es direkt zu dem gerade Besprochenen gehört, kann man sich auch mit beiden Händen melden. Das darf jede, jeder aber nur einmal im Gespräch.

3. Jede, jeder spricht nur für sich. Z. B.: „Ich habe das so gesehen, so ist es bei mir angekommen, ich empfinde das so".

4. Jede, jeder spricht nur über seine Beobachtungen. Schlussfolgerungen und Wertungen werden erst am Ende des Gesprächs geäußert.

5. Die Hauptbetroffenen haben ein Schlusswort. Die Leiterin, der Leiter des Gesprächs formuliert ein Ergebnis des Gesprächs und fragt die Betroffenen und die Klasse, ob sie diesem Ergebnis zustimmen.

---

1 Schreibt auf, welche Rollen ihr im Verlauf des Morgens bis zum Beginn der WUK-Stunde schon eingenommen habt.

2 Sprecht darüber, in welchen Rollen ihr euch wohl fühlt und in welchen ihr euch weniger wohl fühlt.

3 Beobachtet über einen bestimmten Zeitraum, etwa während einer Schulstunde, ob Schülerinnen und Schüler im Unterricht bestimmte Rollen übernehmen.

4 Stellt fest, ob und wie sich Rollen von Mädchen und Jungen unterscheiden.

5 Prüft in eurer Klasse, ob der Satz stimmt: „Mädchen sind leise, Jungen sind laut."

1.3 ARBEIT MIT DEM ATLAS

Wo liegt Mauritius?
Viele von euch sind bereits in Deutschland oder Europa gereist. Vielleicht war schon einmal jemand auf Mauritius? Aber wer weiß, wo Mauritius liegt?
1 *Nehmt euren Atlas zur Hand und verfolgt die Suche nach Mauritius.*

Auf den ersten Seiten des Atlas findet ihr das Kartenverzeichnis. Hier sind alle Karten mit Seitenangaben aufgeführt.
Danach beginnt der Kartenteil mit einer Einführung in die Kartenarbeit. Es folgen dann die Karten zu Deutschland, Europa, Asien, Afrika, Australien, Amerika und den Polargebieten. Die Erdübersichten schließen den Kartenteil ab.
„Halt!", ruft Anna, „ich habe Mauritius gefunden."
„Wie hast du das gemacht?", fragt Dimitrios.
Anna hat das Sachregister hinten im Atlas benutzt.

Dieses Namensverzeichnis enthält alle Meere, Inseln, Halbinseln, Gebirge, Flüsse, Seen, Orte, Staaten und Landschaften, die auf den Karten des Atlass zu finden sind.
Die Namen sind im Sachregister alphabetisch geordnet. Es sind fast 15 000. Wer soll sie alle kennen?
2 *Das Sachregister hilft uns Mauritius auf Anhieb zu finden. Ihr sucht den Namen im Register. Dort steht z. B.: Mauritius 133, E 3.*
Die Karte auf dieser Buchseite sagt euch, was das bedeutet. Beschreibt es.
3 *Übt nun mit dem Atlas: Sucht Neubrandenburg im Sachregister und auf der Karte.*
4 *Benutzt dieselbe Karte. Schreibt aus der Atlaskarte die Registerangaben für Hannover auf. Vergleicht die von euch herausgefundenen Angaben mit den Angaben im Sachregister.*
5 *Stellt euch gegenseitig Suchaufgaben.*

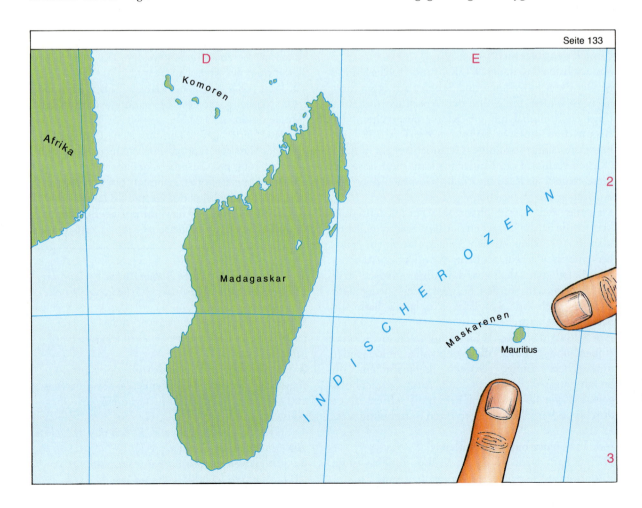

Was sind thematische Karten?

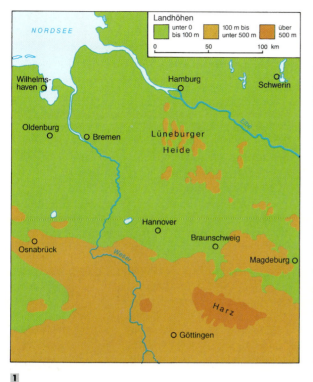

1

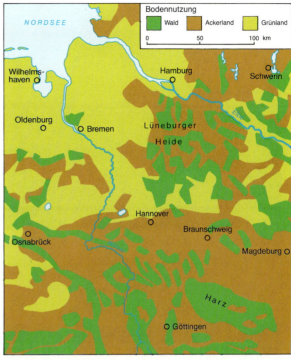

2

Auf dieser Seite seht ihr zwei Karten.
1 *Was haben sie gemeinsam?*
2 *Welche Bedeutung haben die grünen Flächen in jeder Karte?*

In den Karten werden Teile der Erde oder die ganze Erde verkleinert dargestellt. Dazu benutzt man Kartenzeichen, z.B. Linien, Figuren, Farbflächen. Keine Karte enthält alles. Dazu fehlt der Platz. Aber aufgepasst, die grüne Fläche bedeutet nicht auf jeder Karte, dass es in dieser Gegend Wald gibt! Um eine Karte verstehen zu können müsst ihr die Zeichenerklärung (Legende) benutzen. Sie steht am Rande jeder Karte. Aus der Zeichenerklärung könnt ihr ablesen, was jedes Zeichen bedeutet.
3 *Findet für jede Karte eine passende Bezeichnung. Eine davon könnte man nennen: Oberflächendarstellung von Niedersachsen.*

Jede Karte hat ein Thema. Es gibt physische Karten, politische Karten und Wirtschaftskarten.

Aus ihnen kann man z. B. ablesen,
– wie die Erdoberfläche beschaffen ist, nämlich flach oder bergig, tief oder hoch gelegen,
– zu welchem Landkreis ein Ort gehört,
– wo es viel Industrie gibt und wo Ackerbau betrieben wird.
4 *Sucht im Atlas nach weiteren thematischen Karten.*

Physische Karten zeigen die Oberfläche der Erde. Sie enthalten die genauen Meerestiefen und Landhöhen, Flüsse und Seen, Städte, Eisenbahnen, Autobahnen, Straßen, Kanäle und Grenzen.

Wirtschaftskarten zeigen die Verbreitung von Bergbau, Industrie, Land- und Forstwirtschaft sowie Fischerei über die Erde.

Politische Karten zeigen die Gliederung der Erde und Kontinente in Staaten. Sie können auch die Einteilung eines Staates in Länder und Kreise darstellen. (Politische Karten findet ihr auf den Seiten 23 und 26.)

1.4 UNSER LAND NIEDERSACHSEN

1 Butjadinger Land. Foto 1992.

2 Lüneburger Heide. Foto 1992.

3 Harz. Foto 1992.

Die Landschaften Niedersachsens

1 *Beschreibt mithilfe der Bilder die drei großen Landschaften Marsch, Geest und Bergland in Niedersachsen. Benutzt dabei folgende Begriffe: eben, flach, hügelig, bergig, Grünland, Ackerland, Wald.*

Arbeitet bei den folgenden Aufgaben zusätzlich mit dem Atlas:

2 *In welcher Landschaft liegt euer Schulort?*
3 *Ordnet die in der Tabelle genannten Orte den drei Landschaften in der Karte auf Seite 19 zu. Beachtet die Höhenlage.*

Stadt	Höhe	Einwohner
Braunschweig	74 m	261 000
Celle	40 m	71 000
Emden	1 m	50 000
Goslar	255 m	46 000
Göttingen	150 m	133 000
Hannover	63 m	521 000
Hildesheim	93 m	106 000
Lüneburg	20 m	60 000
Nordhorn	23 m	49 000
Oldenburg	4 m	141 000
Osnabrück	63 m	161 000
Salzgitter	70 m	112 000
Sankt Andreasberg	580 m	3 000
Wilhelmshaven	2 m	90 000
Wolfsburg	63 m	126 000

4 *Wer bekommt es am schnellsten heraus?*
a) Nordwestlich einer Stadt mit G. liegt ein Gebirge mit S.
b) Südöstlich eines Sees mit S. liegt eine Stadt mit H.
c) Wie heißt der höchste Berg in einer Geestlandschaft mit L.?
5 *Stellt euch untereinander weitere Aufgaben.*
6 *Skizziert einen Flussbaum von der Weser mit Werra und Fulda und ihren Nebenflüssen Aller, Leine, Oker, Örtze, Wümme, Hunte. Bezeichnet die Landschaft, in der die Flüsse entspringen.*
7 *Ergänzt die Tabelle unten. Unterscheidet Großstädte (über 100 000 Einwohner), Mittelstädte (über 20 000 Einwohner) und Kleinstädte (unter 20 000 Einwohner) in Niedersachsen:*

Großstädte	Mittelstädte	Kleinstädte
Braunschweig	Celle	...
...	...	...

Marsch – Geest – Bergland

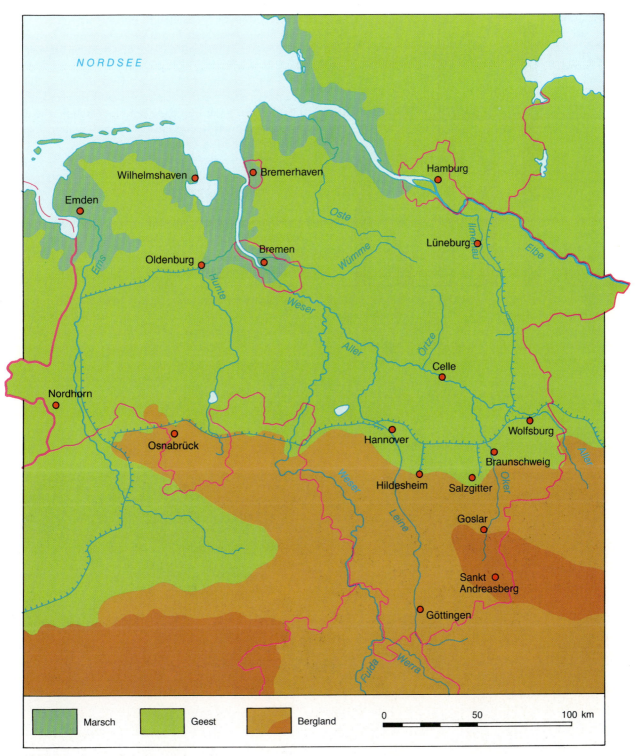

Die drei großen Landschaften Niedersachsens

Dreimal Niedersachsen

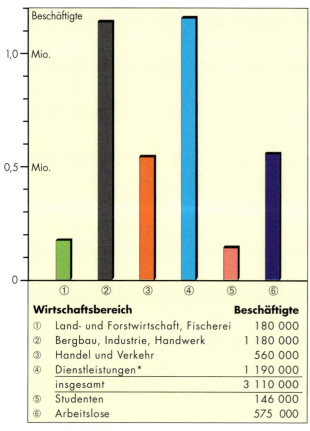

1 Wirtschaftsbereiche und Anzahl der Beschäftigten in Niedersachsen 1990

Wirtschaftsbereich	Beschäftigte
① Land- und Forstwirtschaft, Fischerei	180 000
② Bergbau, Industrie, Handwerk	1 180 000
③ Handel und Verkehr	560 000
④ Dienstleistungen*	1 190 000
insgesamt	3 110 000
⑤ Studenten	146 000
⑥ Arbeitslose	575 000

Wo arbeiten die Menschen in Niedersachsen?
Eine Schulklasse besucht das Wirtschaftsministerium in Hannover. Die Schülerinnen und Schüler betrachten eine Schautafel. Heike behauptet, Niedersachsen sei ein Bauernland. Dagegen vertritt Stefan die Meinung, dass Niedersachsen ein Industrieland sei. Damit kann Knut nun gar nicht einverstanden sein. Es gäbe ja noch Rechtsanwälte, Ärzte, Lehrer, Geschäftsleute und so weiter.
„Zu welchem Bereich gehören die?", fragt Ralf.
„Zu den Dienstleistungen", antwortet der Lehrer.
„Arbeitslose und Studenten nicht zu vergessen!", ruft Silke dazwischen. Wer hat nun Recht?

1 *Betrachtet das Schaubild.*
a) *Nennt Berufe für die einzelnen Bereiche der Wirtschaft.*
b) *Vergleicht den Anteil der Beschäftigten miteinander..*
2 *Inwiefern kann man sagen: Dreimal Niedersachsen? Verwendet bei der Antwort auch die Bilder dieser Doppelseite und die Wirtschaftskarte im Atlas.*
3 *Sucht das Wendland im Atlas und beschreibt seine Lage in Niedersachsen.*
4 *Was spricht für die Meinung, dass Niedersachsen ein Bauernland sei?*
5 *Nennt weitere ländliche Räume in Niedersachsen.*

2 Satemin im Wendland. Foto 1992.

Dreimal Niedersachsen

1 Betrachtet die Bilder auf dieser Seite.
a) Was tun die Menschen?
b) Welchen besonderen Belastungen sind sie bei ihrer Arbeit ausgesetzt? Denkt auch an Lärm, Licht- und Luftverhältnisse.
2 Sucht auf der Wirtschaftskarte Deutschland im Atlas nach Industriestandorten in Niedersachsen. Fertigt eine Tabelle an nach diesem Beispiel:

Industriestandort	Industriezweig
Papenburg	Schiffbau
...	...

3 Unterscheidet mithilfe der Wirtschaftskarte von Deutschland im Atlas Küstenstandorte, Standorte im Vorland des Berglandes, Standorte im Bergland und in der Geest.
4 Tragt zusammen, welche Wirtschaftszweige es in eurem Wohn- oder Schulort gibt (Industrie, Landwirtschaft, Handwerk, Bergbau, Dienstleistungen).

1 In einem Großraumbüro. Foto 1991.

2 Im Volkswagenwerk Wolfsburg. Foto 1992.

Niedersachsen früher und heute

Stammesherzogtum und Neubildung des Landes
Niedersachsen ist ein junges und ein altes Land zugleich. Als Land Niedersachsen ist es nur rund 10 Jahre älter als eure Eltern.
Zum Wohngebiet der Sachsen wurde Niedersachsen schon vor fast 2000 Jahren. Bis zum 7. Jahrhundert hatte sich der Sachsenstamm über den weiten Raum Nordwestdeutschlands ausgebreitet.
Der Stamm der Friesen war von seinem ursprünglichen Wohngebiet westlich der Ems bis zur Weser vorgedrungen. Hier in Friesland behaupteten die Friesen viele Jahrhunderte ihre Eigenständigkeit gegen die Sachsen. Später wurde die friesische Sprache mehr und mehr vom Niederdeutschen der Sachsen zurückgedrängt.
Als das Land 1946 gegründet wurde, schloss man die Gebiete Hannover, Braunschweig, Oldenburg und Schaumburg-Lippe zusammen. Nun benötigte man einen Namen für dieses Gebiet. Sachsen konnte man das Land nicht nennen. So hieß schon das Gebiet zwischen Harz und Erzgebirge seit über 500 Jahren. Man einigte sich auf den Namen Niedersachsen.

Landtag, Landesregierung und Abgeordnete
Das Land Niedersachsen wird von der Landeshauptstadt Hannover aus regiert und verwaltet. Hier befinden sich der Niedersächsische Landtag und die Landesregierung. Alle vier Jahre werden Frauen und Männer von der Bevölkerung als Abgeordnete in den Landtag gewählt. Jeder Deutsche, der älter als 18 Jahre ist und in Niedersachsen wohnt, darf wählen. Die rund 150 Abgeordneten gehören verschiedenen Parteien, der SPD*, CDU*, den Grünen und der FDP*, an.
Die Abgeordneten werden stellvertretend für ihre Wählerinnen und Wähler tätig. Aufgabe der Abgeordneten ist es, über alle für das Land wichtigen Fragen zu entscheiden, z. B. wofür die Steuern ausgegeben werden. Die Beschlüsse der Abgeordneten werden von der Landesregierung ausgeführt.

Das Land Niedersachsen früher und heute

Niedersachsen früher und heute

1 In welchem Stadt- oder Landkreis wohnst du? Suche ihn auf der unten stehenden Karte.
2 Welche Stadt- oder Landkreise grenzen an deinen Heimatkreis an?
3 Zu welchem Regierungsbezirk gehört dein Heimatkreis?
4 In welchem Kreis wohnen die Autobesitzer der Kraftfahrzeugkennzeichen AUR, ROW, UE, SHG, NOM, OHA?
5 Sprecht anhand der unten stehenden Karte über die Verwaltungsgliederung des Landes Niedersachsen.
6 Fertigt eine Wanderausstellung mit Bildern, Karten und Berichten über euren Heimatkreis an.
7 Vergleicht die Ausdehnung des Stammesherzogtums Sachsen um 1000 (siehe Karte Seite 22) mit der des Landes Niedersachsen heute.

Regierungsbezirke (RB) und kreisfreie* Städte in Niedersachsen		
Einheit	Fläche (in km²)	Bevölkerung (in 1000)
RB Braunschweig	8 069	1 586
Braunschweig	192	252
Salzgitter	224	111
Wolfsburg	204	125
RB Hannover	9 044	2 001
Hannover	204	495
RB Lüneburg	15 348	1 447
RB Weser-Ems	14 952	2 128
Delmenhorst	62	72
Emden	112	50
Oldenburg	103	141
Osnabrück	120	151
Wilhelmshaven	103	91

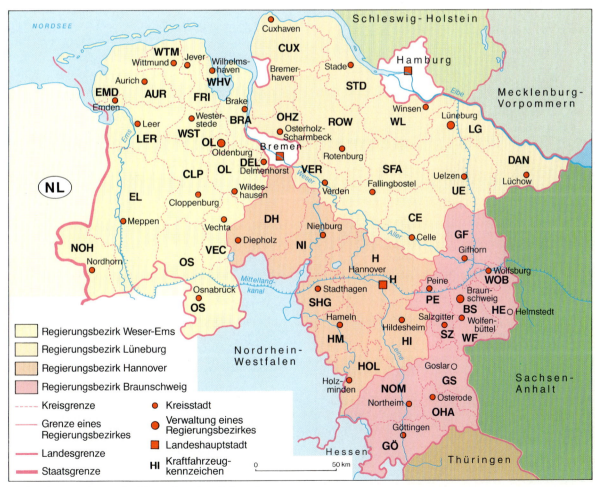

Die heutigen Regierungsbezirke und Kreise Niedersachsens

Landeshauptstadt Hannover

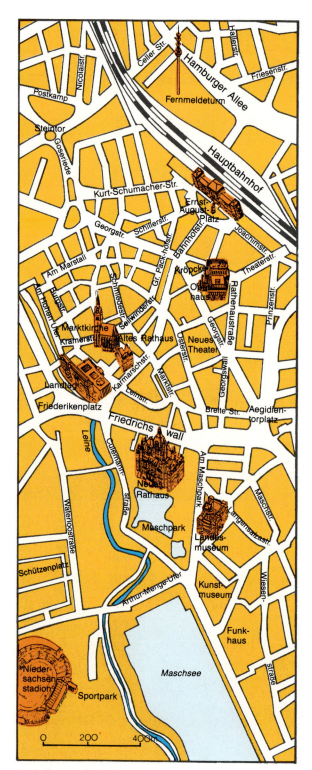

Stadtplanausschnitt Hannover

Torsten schreibt an seine Brieffreundin in Leipzig

Hallo, Simone,
wenn du uns besuchst, hole ich dich vom Bahnhof ab. Wir machen gleich einen Stadtbummel, den ich vorbereitet habe. Ich erinnere mich nämlich gern daran, wie du mich durch Leipzig geführt hast. Direkt vor dem Bahnhof zeige ich dir den früheren König im Königreich Hannover. Er heißt Ernst-August. Das Denkmal zeigt ihn als Reiter. In Hannover sagt man: „Wir treffen uns unterm Schwanz."
Wir gehen durch die Bahnhofstraße zum Kröpcke. Hier steht ein Kaufhaus am andern. Wir können ein Eis essen und in die Passerelle gucken. Da ist immer was los. Die Passerelle ist eine unterirdische Ladenstraße.
An der Georgstraße verlief früher die Stadtmauer. Dann gehen wir zur Marktkirche. Der Marktplatz zwischen Kirche und Altem Rathaus war der Mittelpunkt der Altstadt. Nun sind wir am Leineschloss angelangt. Hier blickt man von einem hoch gelegenen Ufer hinunter auf die Leine. Dieses hohe Ufer (honovere) gab der Stadt ihren Namen. Im Leineschloss wohnte und regierte der König. Ich habe gehört, dass es da einen unterirdischen Gang gibt. Heute nutzt der Niedersächsische Landtag das Gebäude.
An dieser Stelle sollten wir uns entscheiden, ob wir den weiteren Weg zum Sportpark gehen. Dort könnte ich dir z. B. das Niedersachsenstadion zeigen. Sollten wir keine Lust mehr zum Laufen haben, dann gehen wir zum Neuen Rathaus. Es ist ähnlich prachtvoll wie euer Neues Rathaus in Leipzig. Vom Turm blicken wir über die Stadt. Zu Füßen liegt der Maschsee. Der ist künstlich angelegt. Sollte es regnen, so können wir das Landesmuseum besuchen. Da gibt es 2000 Jahre alte Moorleichen zu sehen.
Ich freue mich auf deinen Besuch.
Tschüss, Torsten

1 Verfolgt den Weg, den Torsten mit Simone gehen will, auf dem Stadtplan von Hannover. Wo hat er die Fotos auf Seite 25 gemacht?
2 Was erfährt Simone anhand der Bilder über Hannover?
3 Berichtet über weitere Sehenswürdigkeiten und Einrichtungen in dem Stadtplan von Hannover.

Landeshauptstadt Hannover

1 Bahnhofstraße mit Passerelle. Foto 1992.

1 Vergleicht die Einwohnerzahl Hannovers mit anderen Großstädten in Deutschland.
Bildet Gruppen: über 1 Mio., 600 000 bis unter 1 Mio., 500 000 bis unter 600 000, unter 500 000 Einwohner.
2 Sucht die Städte auf der Deutschlandkarte im Atlas. Beschreibt bei niedersächsischen Städten deren Lage in Niedersachsen.
3 Stellt die Einwohnerzahlen einiger Großstädte in Säulen dar. 1 cm soll 100 000 Einwohnern entsprechen.
4 Vergleicht die Messestädte Hannover und Leipzig. Benutzt ein Lexikon.
5 Plant eine Führung durch euren Heimatort.

Einwohnerzahlen deutscher Großstädte 1989			
Augsburg	251 000	Hamburg	1 626 000
Berlin	3 410 000	Hannover	521 000
Bonn	287 000	Hildesheim	106 000
Braunschweig	261 000	Köln	946 000
Bremen	553 000	Leipzig	530 000
Chemnitz	302 000	Magdeburg	288 000
Dortmund	594 000	München	1 207 000
Dresden	501 000	Nürnberg	486 000
Düsseldorf	574 000	Osnabrück	161 000
Essen	624 000	Rostock	253 000
Frankfurt a. M.	635 000	Stuttgart	571 000
Göttingen	133 000	Wiesbaden	257 000

2 Ernst-August-Denkmal vor dem Hauptbahnhof. Foto 1992.

Niedersachsen – ein Land der Bundesrepublik Deutschland

Die politische Gliederung Deutschlands

Niedersachsen – ein Land der Bundesrepublik Deutschland

Niedersachsen ist ein Land der Bundesrepublik Deutschland. Zur Bundesrepublik Deutschland gehören zwölf weitere Flächenstaaten und drei Stadtstaaten.

1 *Nennt die 16 Länder der Bundesrepublik Deutschland und ihre Hauptstädte.*
2 *Unterscheidet die Länder nach ihrer Lage im Norden, Westen, Süden, Osten und in der Mitte Deutschlands.*
3 *Welche Länder grenzen an Nachbarstaaten Deutschlands?*

In Deutschland bestanden von 1949 bis 1990 zwei Staaten, die Bundesrepublik Deutschland mit der Hauptstadt Bonn und die Deutsche Demokratische Republik (DDR). Berlin war in Berlin (West) und Berlin (Ost) geteilt. Von Berlin (Ost) aus wurde die DDR regiert.
Die Hauptstadt des vereinten Deutschland ist Berlin. Bis zum Umzug von Bundestag und Bundesregierung nach Berlin bleibt Bonn der Regierungssitz.

4 *Legt Transparentpapier über die Karte auf Seite 26 und zeichnet eine politische Karte von Deutschland 1989. Achtung, in der DDR gab es 1989 keine Länder!*
5 *Vergleicht eure Zeichnung mit der entsprechenden Atlaskarte. Benutzt die Tabelle.*
6 *Unterscheidet große und kleine Länder der Bundesrepublik Deutschland.*
7 *Zeichnet ein Säulendiagramm von den Einwohnerzahlen der Länder. Ordnet die Säulen nach der Größe.*

1 **Reichstag in Berlin.** Foto 1992.

2 **Leineschloss in Hannover.** Foto 1992.

3 **Schloss in Dresden.** Foto 1992.

Bundesrepublik Deutschland (1990) Länder	Fläche (km²)	Einwohner
Berlin	883	3 348 000
Schleswig-Holstein	15 729	2 565 000
Hamburg	755	1 603 000
Niedersachsen	47 344	7 185 000
Nordrhein-Westfalen	34 070	16 874 000
Mecklenburg-Vorpommern	23 838	1 964 000
Brandenburg	29 059	2 641 000
Sachsen-Anhalt	20 445	2 965 000
Sachsen	18 337	4 901 000
Thüringen	16 251	2 684 000
Bremen	404	662 000
Hessen	21 114	5 569 000
Bayern	70 554	11 049 000
Baden-Württemberg	35 751	9 433 000
Rheinland-Pfalz	19 849	3 653 000
Saarland	2 570	1 054 000
Insgesamt	356 954	78 149 000

Deutschland – ein Staat in Europa

Deutschland – ein Staat in Europa

Nordeuropa	Osteuropa
Westeuropa	Mitteleuropa
Südeuropa	Südosteuropa

0 200 400 600 800 1000 km

Eine Rundreise durch Europa
Bei unserer Reise sollt ihr die Staaten und ihre Hauptstädte benennen. Flächenfarben verdeutlichen die Zuordnung der Staaten zu Großräumen in Europa. Die Pfeile von Staat zu Staat zeigen euch den Reiseweg. Schreibt alle Namen, die euch begegnen, auf einen Zettel und vergleicht abschließend mit eurem Nachbarn. Und nun viel Erfolg.
1 *Überlegt, welche Karten im Atlas euch helfen.*

Die Reise soll in Deutschland beginnen. Sie führt uns zuerst nach **Nordeuropa**.
2 *Nennt die Staaten Nordeuropas.*
3 *Welche Staaten liegen auf der Skandinavischen Halbinsel?*
4 *Alle Hauptstädte liegen an der Küste. Wie heißen die Meere oder Meeresbuchten, an denen sie liegen?*
5 *Welche Meere müssen wir überqueren?*

In **Westeuropa** kommen wir durch sechs Staaten und deren Hauptstädte.
6 *Wie heißen die Staaten und Hauptstädte?*
7 *Zwei Staaten liegen auf Inseln. Nennt sie.*

Zu **Südeuropa** zählen wir vier größere und fünf kleinere Staaten. Aber nur zwei der größeren befinden sich zusammen auf einer Halbinsel.
8 *Benennt die Staaten der drei Halbinseln Südeuropas: Pyrenäen-, Apenninen- und Balkanhalbinsel.*
9 *Welche Meere umspülen die Halbinseln?*

In **Südosteuropa** liegen alle Staaten auf der Balkanhalbinsel.
10 *Bestimmt die Anzahl der südosteuropäischen Staaten.*
11 *Welche Staaten grenzen an das Meer?*

In **Osteuropa** grenzen zwei Staaten an das Schwarze Meer und vier Staaten an die Ostsee.
12 *Benennt die Staaten und ihre Hauptstädte.*
13 *Wie heißen die beiden Binnenstaaten*?*

Nun erreichen wir **Mitteleuropa**.
14 *Hier gibt es auch Binnenstaaten. Nennt sie.*
15 *Wie heißen die Nachbarstaaten Deutschlands in Mitteleuropa?*

1.5 DER GLOBUS

Das Gradnetz
Wie können wir uns auf der Erde zurechtfinden? Benutzen wir die Himmelsrichtungen zur Standortbestimmung, so gibt es schon in Deutschland Probleme: Steffi wohnt in Ulm. Wenn sie ihre Tante in Hannover besucht, so fährt sie nach Norden. Für Oliver in Hamburg liegt Hannover aber im Süden.
1 Sucht die drei Städte auf der Karte.
2 Beschreibt die Lage Hannovers von Osnabrück und von Berlin aus.
3 Stellt euch ähnliche Aufgaben.

Mit dem Gradnetz kann man die Lage jedes Ortes auf der Erde genau bestimmen. Es besteht aus Breitenkreisen und Längenkreisen.

Die Breitenkreise
4 Der Äquator ist mit rund 40 000 km der größte Breitenkreis. Sucht den Äquator auf der Abbildung 1 unten und auf einem Globus.
5 Äquator heißt „Gleichmacher". Erklärt den Namen.
6 Zeichnet den Äquator und weitere Breitenkreise auf eine Kugel, z. B. einen Ball.
7 Nennt Merkmale der Breitenkreise. Benutzt dabei die Begriffe gleicher Abstand, größer, kleiner, Nordpol und Südpol.

Die Längenkreise
8 Zeichnet auf die Kugel auch Längenkreise. Benutzt dazu die Abbildung 2 und einen Globus. Achtet auf den Nordpol und den Südpol.
9 Beschreibt nun Eigenschaften der Längenkreise mithilfe der Begriffe Nordpol, Südpol, kreuzen sich, größter Abstand, gleich groß.
10 Stellt in einer Tabelle Eigenschaften der Breitenkreise und der Längenkreise zusammen. Beachtet Größe, Abstand und Verlauf in Himmelsrichtungen.

Die Zählung der Breitenkreise und Längenkreise
Die Nordhalbkugel und die Südhalbkugel werden jeweils in 90 Breitenkreise eingeteilt.
11 Überlegt, warum der Äquator die Bezeichnung 0°, sprich null Grad, hat.
12 Mainz liegt auf der geographischen Breite von 50° N, das heißt 50 Grad Nord. Erkläre die Bezeichnung Nord oder nördliche Breite.
13 Der Nordpol trägt die Bezeichnung 90° N. Wie wird der Südpol bezeichnet?

Der Null-Längenkreis wurde durch die Sternwarte von Greenwich in London gelegt. Von hier aus zählt man 180° nach Westen und 180° nach Osten. Hamburg liegt auf der geographischen Länge von 10° O, das heißt 10 Grad Ost.

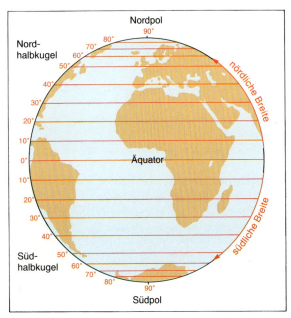

1 Breitenkreise

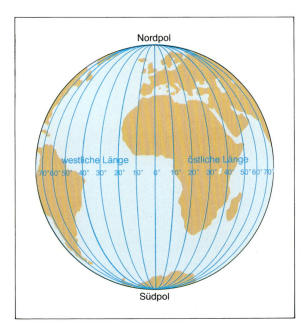

2 Längenkreise

Der Globus im Gradnetz

Städte und Staaten im Gradnetz

1 Zieht über einen Ball ein Netz. Vergleicht den Ball im Netz mit dem Globus.
2 Zeichnet auf eine Folie eine Kugel mit Breitenkreisen und auf eine zweite Folie eine Kugel von gleicher Größe mit Längenkreisen. Legt beide Folien auf dem Tageslichtschreiber aufeinander. Erklärt den Begriff Gradnetz.

Benutzt für die folgenden Übungen den Atlas.
3 Gebt die geographische Breite der Orte an:
a) Oslo, Sankt Petersburg, Prag, Krakau, Ankara.
b) Kairo, Durban.
c) Stellt ähnliche Aufgaben für Amerika.
4 Gebt die geographische Länge der Orte an:
a) Belfast, Aberdeen, London.
b) Madras, Colombo, Dhaka.
Vergesst nicht die zusätzliche Bezeichnung O (Ost, östliche Länge) oder W (West, westliche Länge).
5 Sucht die Städte auf der angegebenen geographischen Breite und Länge:
a) Karte Europa: 50° N, 35° O; 50° N, 20° O; 60° N, 30° O.
b) Karte Südamerika: 10° N, 67° W; 30° S, 52° W; 0°, 78° W.
6 Durch welche Staaten laufen folgende Breiten- und Längenkreise? Benutzt die Erdkarte, politische Übersicht: 40° N, 40° S, 100° W, 40° W, 80° O.
7 Wie muss man auf den Globus blicken, damit das Kartenbild in Bild 1 entsteht?

Deutschland im Gradnetz

Benutzt die Karte unten.
8 Gebt die geographische Breite der Orte an: Münster, Bielefeld, Mainz, Freiburg.
9 Gebt die geographische Länge der Orte an: Hildesheim, Göttingen, Würzburg, Halle/Saale.
10 Bestimmt die ungefähre Lage einiger Orte Deutschlands im Gradnetz der Erde.
11 Zwischen welchen Breiten- und Längenkreisen liegt Deutschland?
Benutzt die politische Karte von Deutschland im Atlas.
12 Durch welche Länder der Bundesrepublik Deutschland laufen die folgenden Breiten- und Längenkreise: 8° O, 12° O, 14° O, 54° N, 52° N, 48° N?
Benutzt die Atlaskarte Norddeutschland.
13 Welche Orte liegen auf 53° N?
14 Welche Breitenkreise queren die Ems?
15 Stellt euch ähnliche Aufgaben.

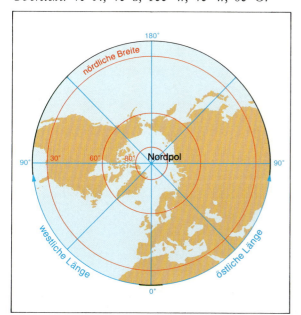

1 Das Gradnetz in Polarsicht

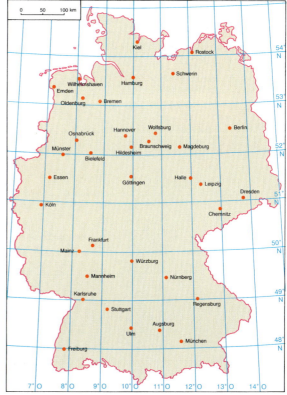

2 Die Lage Deutschlands im Gradnetz

Sieben Kontinente und drei Ozeane

Die Weltkarte im Atlas ist handlicher als ein Globus. Alles, was auf dem Globus zu sehen ist, zeigt auch die Weltkarte. Aber nur der Globus gibt ein richtiges Bild von der Erde.

1 *Wie sieht die Antarktis auf dem Globus und wie auf der Weltkarte unten aus? Vergleicht.*
2 *Schneidet einen alten Gummiball wie eine Apfelsine auf, sodass ihr die Gummihülle flach auf den Tisch legen könnt. Welche Erfahrung macht ihr?*
3 *Stellt Vorzüge und Nachteile von Globus und Atlas in einer Liste zusammen.*

Auf dem Globus sieht man immer nur eine Seite der Erdkugel. Die Weltkarte zeigt gleichzeitig beide Seiten. Trotzdem können Weltkarten verschiedene Bilder von der Erde vermitteln.

4 *Betrachtet den Globus so, wie die Welt auf der Karte unten und auf der Karte 2 auf Seite 33 abgebildet ist.*
5 *Beschreibt diese beiden Bilder von der Erde. Benutzt dabei die Begriffe „atlantisch-indische Sicht", „pazifische Sicht" sowie die Längengrade Null und 180.*

Große zusammenhängende Festländer werden Kontinente oder Erdteile genannt. Die Kontinente gliedern das Weltmeer in Ozeane.

6 *Zeigt auf dem Globus und auf einer Weltkarte die Kontinente und Ozeane.*
7 *Nennt Kontinente, die vollständig auf der Nordhalbkugel liegen und solche, die ganz auf der Südhalbkugel liegen.*
8 *Erklärt nach der Karte 1 auf Seite 33 die Bezeichnungen westliche Halbkugel und östliche Halbkugel.*
9 *Wodurch unterscheidet sich die westliche von der östlichen Halbkugel? Betrachtet auch den Globus.*
10 *Auf welcher Erdhälfte überwiegt das Land, auf welcher das Wasser?*
11 *Durch welche Kontinente verläuft der Äquator?*
12 *Welche Kontinente hängen zusammen?*
13 *Ordnet die Kontinente und Ozeane nach ihrer Größe. Verwendet die Angaben in der Karte unten.*
14 *Stellt die Größe der Kontinente und Ozeane in einem Säulendiagramm dar. Ein Kästchen soll dabei 1 Million km² entsprechen.*

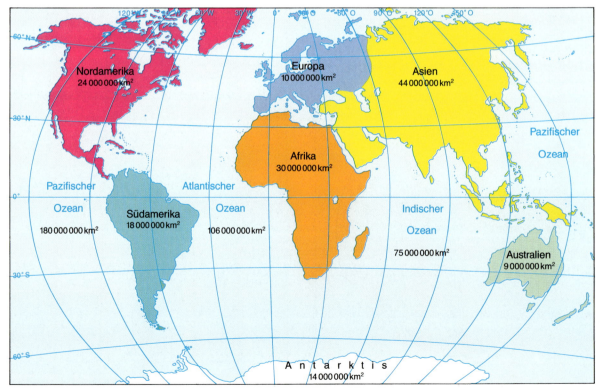

Die Erde aus atlantisch-indischer Sicht

Sieben Kontinente und drei Ozeane

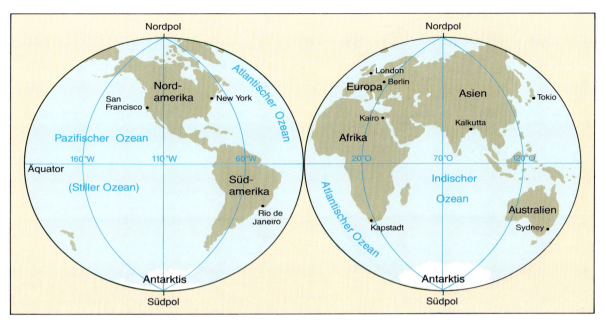

1 Die westliche (links) und die östliche Halbkugel (rechts)

2 Die Erde aus pazifischer Sicht

Die Erde, eine Scheibe oder eine Kugel?

1 Weltkarte des Idrisi, 1154

2 Globus des Martin Behaim, 1492

Eine alte Weltkarte
Idrisi aus Arabien zeichnete im Jahre 1154 eine Weltkarte. Sie stellt die Erde als eine Scheibe dar, die von einem Meer umgeben ist. Diese Auffassung von der Erde hatten zu dieser Zeit die meisten Menschen. Deshalb wagten es viele Seefahrer nicht, ins offene Meer zu fahren. Sie fürchteten an dessen Rand zu kommen und in einen Abgrund zu stürzen. Sicherheitshalber segelten sie vorwiegend in Sichtweite der Küste.
1 *Schreibt die Länder, Flüsse, Gebirge, Halbinseln, Inseln und Meere heraus, die ihr auf der Karte erkennt. Ordnet sie in eine Tabelle nach Kontinenten.*
2 *Nennt damals noch unbekannte Kontinente und Ozeane.*

Der erste Globus
Der Kaufmann Martin Behaim ließ 1492 in Nürnberg einen Globus anfertigen. Dieser älteste erhaltene Globus ist heute im Germanischen Nationalmuseum in Nürnberg zu besichtigen.
Behaim fasste auf dem Globus das geographische Wissen seiner Zeit zusammen. Er nahm an Entdeckungsfahrten der Portugiesen längs der Küste Afrikas teil. So lernte er die portugiesischen Seekarten kennen. Außerdem studierte er die Schriften griechischer Gelehrter. Diese hatten bereits 2000 Jahre vor ihm erkannt, dass die Erde eine Kugel ist: Aristoteles beobachtete bei einer Mondfinsternis den runden Erdschatten; Eratosthenes sah, dass Schiffe am Horizont zuerst mit der Mastspitze auftauchten. Er berechnete ziemlich genau den Erdumfang.
3 *Überlegt, welche Kontinente und Ozeane Behaim auf seinem Globus abbilden konnte.*
4 *Welche Beobachtungen brachten griechische Gelehrte 2000 Jahre vor Behaim zur Vorstellung von der Kugelgestalt der Erde?*

Erderkundung heute

Menschen im Weltraum

Am 16. Juli 1969 übertrug das Fernsehen eine Sensation: Drei amerikanische Astronauten* waren mit einem Raumschiff auf dem Mond gelandet. Millionen Menschen konnten zusehen, wie Neil Armstrong aus dem Raumschiff stieg und den Mond betrat. Es folgten noch fünf weitere Mondlandungen der USA.

Zwölf Jahre früher, am 4. Oktober 1957, war es der Sowjetunion gelungen, den ersten Satelliten in eine Erdumlaufbahn zu schießen. „Sputnik I" war eine Kugel von nur 58 cm Durchmesser. Bereits am 12. April 1961 schickte die Sowjetunion zum ersten Mal in der Geschichte der Raumfahrt einen Menschen, den Kosmonauten* Juri Gagarin, in eine Umlaufbahn um die Erde.

Astronauten haben vom Mond aus die Erde fotografiert (siehe Bild 2). Fernerkundungssatelliten beobachten die Erde genau.

1 *Beschreibt und erklärt Bild 2:*
– *Was ist auf der Erde zu erkennen?*
– *Warum ist nicht die volle Erdkugel zu sehen?*
– *Wie ist die Mondoberfläche beschaffen?*

2 *Sprecht anhand des Bildes 1 darüber, wie Satelliten die Erde beobachten.*

2 Blick vom Mond auf die Erde

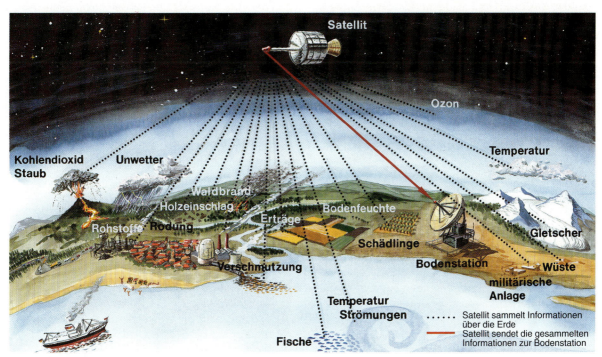

1 Fernerkundung durch Satelliten

Die Erde ist rund

Nachbildung des Flaggschiffes von Kolumbus

Der Seeweg zu den Gewürzinseln
Pfeffer, Zimt, Gewürznelken, Muskat, Safran, Ingwer, Seide und Teppiche aus Indien und Ostasien waren um 1400 bei den Wohlhabenden in Italien, Spanien, Portugal und anderen Ländern Europas sehr begehrt. Italienische Kaufleute unterhielten den Fernhandel zwischen Asien und Europa. Sie verdienten dabei große Reichtümer.
Seit 1453 war der Handel schwer gestört. Die Türken hatten die östliche Küste des Mittelmeeres und Konstantinopel erobert. Sie kontrollierten nun den Fernhandel und bestimmten die Preise. Selbst für die Königshäuser in Spanien und Portugal wurden die Waren zu teuer. Deshalb versuchten sie einen direkten Seeweg nach Indien und zu den Gewürzinseln, den Molukken, zu finden. Sie beauftragten mit diesen gefährlichen und kostspieligen Unternehmungen ihre tüchtigsten Seefahrer.

Wichtige Entdeckungsfahrten
Im Auftrag Spaniens suchte Christoph Kolumbus den Seeweg nach Indien auf Westkurs, denn er war von der Kugelgestalt der Erde überzeugt. 1492 entdeckte Kolumbus Amerika. Er glaubte aber, er habe Indien erreicht.
Vasco da Gama fand im Auftrag Portugals 1497 auf Ostkurs den Seeweg nach Indien um die Südspitze Afrikas herum.

1 *Begründet, warum Spanien und Portugal einen Seeweg nach Indien und zu den Molukken suchten.*

Die erste Weltumseglung
Ein Teilnehmer der Entdeckungsreise des Ferdinand Magellan berichtet. Sein Bericht war ursprünglich in italienischer Sprache geschrieben. Hier die in modernem Deutsch verfasste, gekürzte Übersetzung:

Q Am 20. September 1519 verließ die Flotte aus fünf Schiffen mit 270 Mann Besatzung den Hafen von Sevilla.

Rio de la Plata: 10. Januar 1520
Nun begann die Suche nach der Durchfahrt zum Meer jenseits Amerikas. Als Magellan auf eine riesige Mündung stieß, glaubte er die Straße gefunden zu haben. Bucht für Bucht wurde abgesucht. Je weiter wir nach Süden vordrangen, desto mehr litt die Mannschaft unter der Kälte.

San Julian: 31. März bis 18. Okt. 1520
In der Bucht von San Julian verbrachten wir den Winter. Die Männer fürchteten auf einem eisigen Felsen umzukommen und verlangten die Heimkehr. Am Morgen des 2. April waren drei von seinen fünf Schiffen in den Händen der rebellierenden Offiziere. Magellan schlug die Meuterei nieder. Die Rädelsführer ließ er enthaupten. Aber die „San Antonio", das Schiff mit dem meisten Proviant, konnte flüchten.

Cabo de las Virgines: 6. Nov. 1520
Bei der Weiterfahrt fand Magellan eine Meeresstraße. Er tastete sich durch die klippenreiche und sturmdurchtoste Enge hindurch. Als die Flotte in eine ausweglose Lage geriet, schickte er ein Schiff zur Erkundung voraus. Es hatte Mühe nicht auf Grund zu laufen. Fast sah es so aus, als würde es am Ende einer schmalen Bucht festsitzen. Die Männer glaubten sich verloren, doch dann entdeckte der Ausguck eine Durchfahrt. Die Flotte segelte hinein. Sie erreichten am 27. November die Ausfahrt zum anderen Ozean. Magellan nannte die Stelle Cabo Deseado (Kap Sehnsucht).
Die Überfahrt über den Pazifik wurde eine Fahrt des Schreckens. Zu allem Unglück trat die Krankheit Skorbut* auf. 19 Männer starben. Keiner glaubte mehr die Gewürzinseln zu erreichen.

Philippinen: 16. März 1521
Zum ersten Mal nach Wochen konnten die Männer sauberes Wasser genießen. Magellan fand

Die erste Weltumseglung

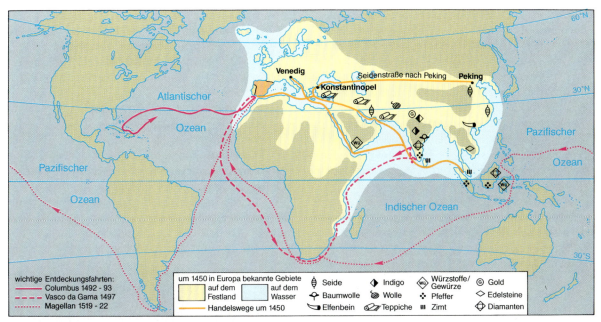

Handelswege und Entdeckungsfahrten der Europäer im 15. und 16. Jahrhundert

mit zahlreichen Männern in einem Kampf den Tod. Das war ein schwerer Schlag, denn die verbliebenen Mannschaften reichten für drei Schiffe nicht aus. So wurde ein Schiff verbrannt.

Molukken: 6. Nov.–21. Dez. 1521
Unter Kapitän Delcano erreichten die beiden letzten Schiffe die Molukken. Es gelang den Spaniern, obwohl die Insel in der Hand Portugals war, von den Eingeborenen wertvolle Gewürze einzutauschen.
Erst am **25. Januar 1522** erreichten wir **Timor**, weil wir immer wieder vor den Portugiesen ausweichen mussten. Die Durchquerung des Indischen Ozeans wurde wiederum zur Schreckensfahrt. An der Fischbucht konnten wir zu allem Unglück weder Wasser noch Nahrung ergänzen. Zwei Wochen hindurch segelten wir ununterbrochen nach Nordwesten, denn in Küstennähe konnten wir auf portugiesische Schiffe treffen.
Am **6. September 1522** segelten wir in die Bucht von **Sanlucar** ein. An Bord der „Victoria" waren noch 18 Mann, fast alle krank. Aber wir hatten 43 380 Seemeilen zurückgelegt und waren um den ganzen Erdball gesegelt.

1 Zeigt die Fahrtroute der Flotte Magellans um die Erde auf einer Weltkarte und auf dem Globus.

2 Beschreibt die Fahrtroute Magellans.
a) Durch welche Ozeane und Meere sind die Schiffe gefahren?
b) Welche Küstenabschnitte, Flussmündungen und Inseln hat Magellan entdeckt?
c) Wie ist die Magellanstraße beschaffen? Verwendet den Atlas. Beachtet Länge, Breite und Himmelsrichtungen des Seewegs.
d) Was wäre geschehen, wenn Magellan den Pazifischen Ozean südlich des Äquators überquert hätte?

3 Überlegt, warum Delcano von Timor aus nicht den bequemeren Seeweg nach Indien und an der Ostküste Afrikas entlang nahm.

4 Die Mannschaft der Flotte Magellans murrte, nachdem die La-Plata-Mündung erreicht war. Begründet das Verhalten der Seeleute.

5 Spielt Gespräche unter den Seeleuten:
a) Während des Aufenthalts in der Bucht von San Julian;
b) nach der Durchfahrt durch die Magellanstraße;
c) während der Überfahrt über den Pazifik;
d) nach der Ankunft in Spanien.

6 Heute kann ein Schiff bei einer Fahrt um die Erde einen kürzeren Weg durch den Panamakanal und den Suezkanal nehmen. Zeigt die Route auf der Weltkarte.

Die erste Weltumseglung

Ein Offizier der Flotte Magellans berichtet vom Leben an Bord:

Q 1 Der gemeine Seemann lebt auf offenem Deck. Selbst bei ruhigem Wetter gibt es für ihn keinerlei Annehmlichkeiten. Auf einer Holzplanke verstaut sich jeder möglichst so, dass er im Schlaf nicht fortrollt. Vor der glühenden Sonne ist der Mann nur durch den Schatten der Segel geschützt. Bei Regengüssen und Sturm verkriecht er sich in einem Winkel, sofern er Platz findet. Die Kleidung durchweicht und kommt Tag und Nacht nicht vom Körper.

Auch der Kälte sind die Männer ohne Schutz ausgesetzt. Dann ist es immer noch besser, in den stinkenden Schiffsraum hinunterzusteigen. Im Kielraum führen Ratten, Mäuse, Maden und anderes Ungeziefer ein angenehmes Leben. Alles ist vom Urin der Ratten durchtränkt und das Schiff ist von ihrem Kot übersät. Der Kapitän befiehlt der Mannschaft des Öfteren die Bretter mit Seewasser zu überschütten – zur Beseitigung des üblen Geruchs.

Die für die stabile Lage des Schiffes notwendigen Sandsäcke stinken nach einigen Wochen und werden eine Quelle für Krankheiten. Durch die Schiffsplanken dringt Wasser ein und sammelt sich auf dem Schiffsboden. Die stinkende Brühe muss täglich mit Handpumpen entfernt werden. Sie ist die Brutstätte der Kakerlaken. Diese Küchenschaben belästigen uns alle. (…)

Auf jeden Fall muss der Magen viel vertragen. Das Schiff schlingert und reitet auf den Wellen. Nach längerer Fahrt werden die Vorräte immer ungenießbarer, sie vertrocknen oder verschimmeln. Manchmal sind sie so von Maden durchsetzt, dass die Männer erst bei Dunkelheit essen um nicht zu sehen, was sie hinunterwürgen. Bei Regen ist an warmes Essen nicht zu denken, weil der Herd an Deck steht.

In den Fässern verderben Wein und Wasser. Wein wird in großen Mengen getrunken. Er betäubt auch den Schmerz, wenn Zahnfleisch und Gelenke von Skorbut anschwellen. Die Folge der gefürchteten Krankheit ist Zahnausfall und nicht selten der Tod. Nur der Kapitän und wir Offiziere genießen den Luxus einer Kammer im Achterschiff. Das ist ein winziger abgeteilter Schlafraum. Hinzu kommt aber ein reichhaltigeres Essen.

Aus der Ladeliste der Flotte des Magellan:

Q 2 Vorräte an Grundnahrungsmitteln: 160 Fässer Wasser, 10 Fässer Zwieback, 150 Fässer Salzfisch, 3000 kg gepökeltes Schweinefleisch, 250 Schnüre Knoblauch, 20 Kisten Quittenmarmelade, 500 Fässer Wein.

Vorzugsration für das Flaggschiff: 300 kg Mehl, 105 kg Bohnen, 840 kg Rosinen, 90 kg Dörrpflaumen, 600 kg Honig.

Tauschgegenstände: 20 000 Glöckchen, 250 kg Glasperlen, 4 800 Messer und Scheren, Angelhaken, Baumwoll- und Wollstoffe.

Waffen: 10 kleinere Geschütze, Kanonen, Schwerter, Piken (lange Spieße), Armbrüste.

Die „Victoria" (rechts) und die „Santiago" (links) im Hafen von Sev

Die erste Weltumseglung

Lest den Bericht vom Leben der Seeleute an Bord auf Seite 38.

1 Beschreibt das Leben der einfachen Seeleute auf den Schiffen der Entdecker.
2 Stellt anhand der Ladeliste (Q2, Seite 38) einen Wochenspeiseplan zusammen.
3 Magellan, der Kapitän der Flotte, fuhr auf dem Flaggschiff: Vergleicht die Vorzugsration für den Kapitän und dessen Offiziere mit den Nahrungsmitteln der Seeleute.
4 Überlegt, wozu Magellan die Tauschgegenstände verwendete. Spielt verschiedene Tauschhandlungen.

Das Bild zeigt zwei Schiffe der Flotte Magellans. Sie werden für die Weltumseglung ausgerüstet.

5 Beschreibt anhand der Ladeliste, was in den Fässern, Kisten, Säcken und Ballen enthalten sein könnte.
6 Auf dem Kai sind weitere Vorräte aufgestapelt, z. B. Seekisten der Männer und Ölkrüge. Benennt weitere Gegenstände und beschreibt, wozu sie gebraucht werden.
7 Zählt die Männer, die mit dem Ausrüsten und Beladen der Schiffe beschäftigt sind. Zählt getrennt: auf den Schiffen, am Kai, am Lagerhaus, beim Heranschaffen von Ladung.

Ein anderes Bild von der Erde

1 Wohnviertel mit Eigentumswohnungen in Deutschland. Foto 1992.

3 Landarbeitersiedlung in Brasilien. Foto 1984.

Die zweigeteilte Welt

Grob gerechnet ergibt sich folgendes Bild von der Einkommensverteilung auf der Erde: Im reichen Norden hat jeder Mensch im Monat durchschnittlich fast 2 000 DM zur Verfügung. Im armen Süden müssen die Menschen mit 140 DM im Monat auskommen. Das sind weniger als 5 DM am Tag. Es gibt Länder wie Bangladesch, in denen die Menschen ihr Leben mit 1,50 DM täglich fristen müssen.

1 *Stellt zusammen, wie viel Geld ihr durchschnittlich am Tag für Essen und Trinken verbraucht.*
2 *Wie würdet ihr euch ernähren, wenn ihr pro Tag nur DM 1,50 verbrauchen könntet?*
3 *Zeigt an der Wandkarte Industrieländer des Nordens und Entwicklungsländer des Südens.*
4 *Gestaltet eine Wandzeitung über derzeitige Hungerkatastrophen.*

2 Im Supermarkt in Deutschland. Foto 1992.

4 Markt in Brasilien. Foto 1984.

Ein anderes Bild von der Erde

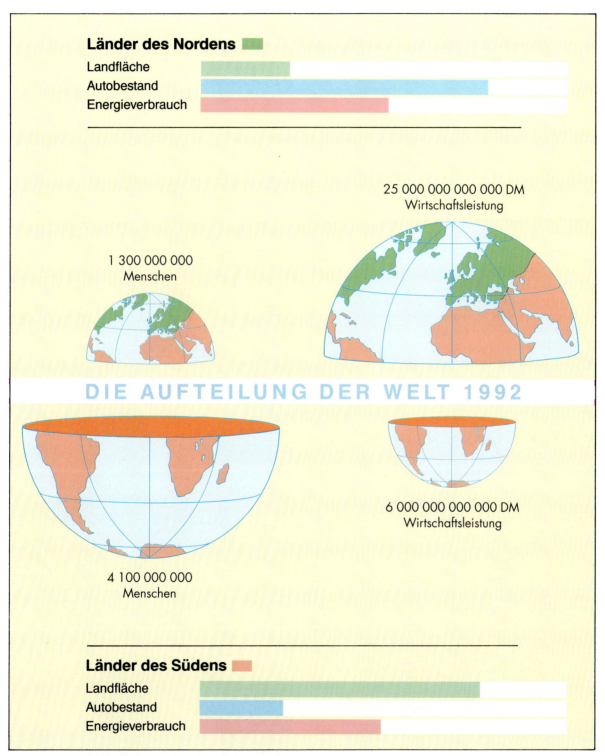

Die zweigeteilte Welt oder das Nord-Süd-Gefälle. Norden = Industrieländer, Süden = Entwicklungsländer; s. S. 242/243

Zusammenfassung

Was gehört zusammen?

1. Thüringen
2. Potsdam
3. Mainz
4. Mecklenburg-Vorpommern
5. Nordrhein-Westfalen
6. München
7. Dresden
8. Niedersachsen

a Rheinland-Pfalz
b Düsseldorf
c Schwerin
d Sachsen
e Bayern
f Hannover
g Erfurt
h Brandenburg

Ein Silbenrätsel zu Europa
Übertragt die unten stehenden Silben in euer Heft. Streicht die zum jeweiligen Lösungswort gehörenden Silben durch.
1. Hauptstadt von Polen
2. Staat in Osteuropa
3. Hauptstadt eines Staates in Nordeuropa
4. Hauptstadt eines Staates in Südosteuropa
5. Landesteil von Großbritannien
6. Staat in Mitteleuropa
7. Hauptstadt von Italien
8. Hauptstadt von Norwegen
9. Staat in Südeuropa
10. Hauptstadt von Griechenland

A / ENG / EST / GARN / GAL / HOLM / LAND / LAND / LO / NA / OS / POR / RA / ROM / SCHAU / STOCK / THEN / TI / TU / UN / WAR

Bei richtiger Lösung ergeben die Anfangsbuchstaben der Lösungswörter den Namen eines Großraumes in Europa.

Aufgaben zur Karte
1 Schreibt die Namen der Kontinente in eine Liste. Ordnet nach der Größe.

Buchstabe auf der Karte	Kontinent
...	...

2 Ergänzt die Liste um die Ozeane.
3 Südamerika grenzt im Westen an den Pazifischen Ozean und im Osten an den Atlantischen Ozean. Beschreibt ebenso die Lage der anderen Kontinente.
4 Erfindet eine ähnliche Aufgabe für die Ozeane.

5 Verwendet den Atlas und schreibt in eine Tabelle:
a) die Namen der Millionenstädte,
b) den Staat, in dem die Stadt liegt,
c) den Kontinent, in dem der Staat liegt.

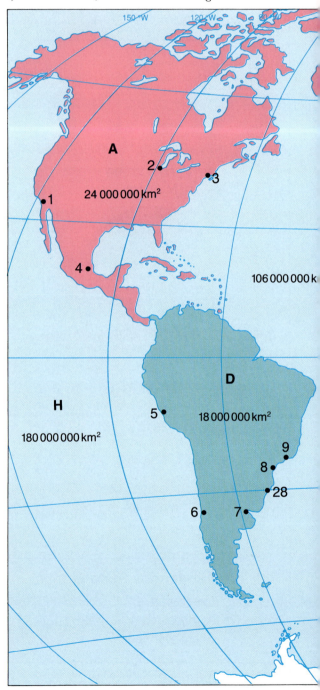

Zusammenfassung

6 Könnt ihr noch mit dem Gradnetz umgehen?
a) Durch welche Kontinente verläuft der Äquator?
b) Durch welche Kontinente verläuft 120° O?
c) Auf welcher geographischen Breite liegen die Städte Kairo (Nr. 14) und Porto Alegre (Nr. 28)?

7 Fertigt ein Puzzle der Erde an:
a) Paust die Kontinente und Ozeane auf Pappe durch.
b) Schneidet die Flächen grob aus.
c) Überlegt euch Übungen am Tageslichtschreiber.

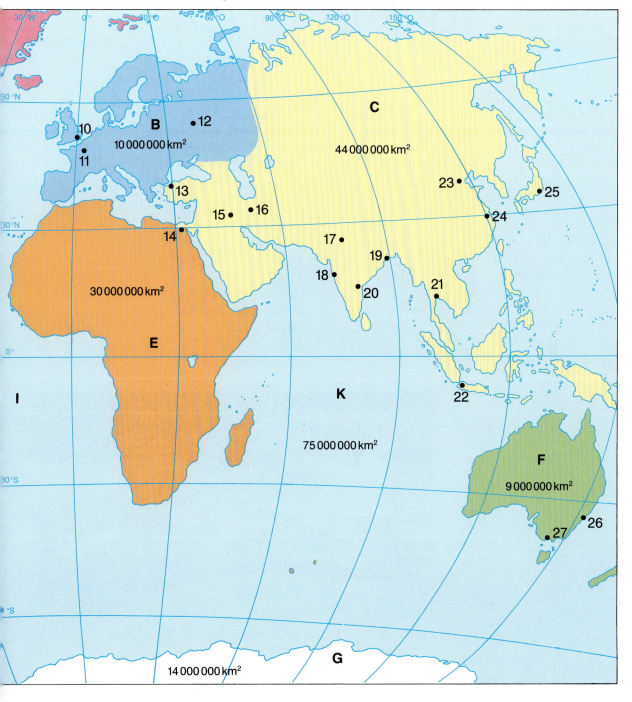

2. Menschen nutzen ihre Freizeit

Sommerferien

„Svens Lieblingsbeschäftigung Nr. 1"

„Was ist denn hier los?"

„Fahrradtour"

„Svens Lieblingsbeschäftigung Nr. 2"

„Bei der ‚Mach mit'-Ferienaktion"

„So ein Mistwetter!"

2.1 WAS MACHEN WIR IN DER FREIZEIT?

Hallo!

Ich bin Nicole, gerade elf Jahre geworden und seit einigen Wochen Schülerin der Orientierungsstufe.

Zur Grundschule konnte ich in unserem Dorf in zehn Minuten zu Fuß gehen. Jetzt mache ich eine halbe Weltreise mit dem Schulbus um in die Schule zu kommen.

Mein Tagesablauf hat sich seit dem Schulwechsel ziemlich verändert. Ich frage mich manchmal, ob ich überhaupt noch Freizeit habe.

Freizeit im Alltag

Nicoles Tagesablauf an einem Schultag

1 *Betrachtet die Tagesuhr und durchwandert den Tagesablauf von 0 bis 24 Uhr mithilfe der Begriffe unter der Zeichnung.
Schreibt auf, wie lange Nicoles Tätigkeiten jeweils dauern.*

2 *Überlegt, wie euer Tagesablauf aussieht. Zeichnet ihn.*

3 *Manchmal ist die Beurteilung schwierig, ob eine Tätigkeit zur Freizeit zählt oder nicht. Kannst du solche Tätigkeiten nennen?*

4 *Vergleicht eure Tagesabläufe untereinander. Benennt Gemeinsamkeiten und Unterschiede.*

5 *Überlegt, wie sich euer Tagesablauf an Wochenenden und in den Ferien ändert.
Notiert Unterschiede und zeichnet Schaubilder für Wochenenden und Ferien.*

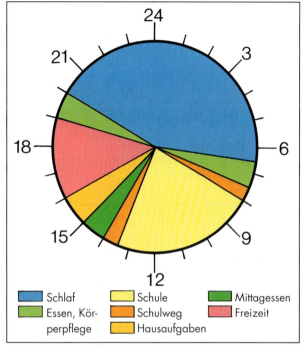

1 Nicoles Tagesuhr

Was mache ich in meiner Freizeit?

6 *Sammelt Beispiele aus eurer Freizeit der letzten Woche.
Unterteilt nach
„allein",
„mit Freunden",
„mit meiner Familie".*

7 *Schreibt auf, welche Freizeitangebote eures Wohnortes oder Schulortes von euch genutzt werden.*

8 *Fertigt in Gruppen- oder Partnerarbeit eine Collage oder ein Poster an mit dem Titel:
FREIZEITMÖGLICHKEITEN IN …*

9 *Besprecht, welche Freizeiteinrichtungen euch in eurem Wohnort oder Schulort fehlen.*

10 *Stellt eine Hitparade der beliebtesten Freizeitbeschäftigungen in eurer Klasse auf.*

11 *Versucht Gründe zu finden, warum manche Freizeitbeschäftigungen*
– beliebt,
– weit verbreitet,
– weniger beliebt,
– weniger verbreitet sind.

2 Schülerinnen und Schüler in ihrer Freizeit

Meine Freizeit?

Die Jungen und Mädchen der 5b haben Freizeit am Wochenende sehr unterschiedlich erlebt. So manches wird von Eltern beeinflusst oder gar bestimmt. Immer häufiger ist Freizeit ohne bestimmte Geräte nicht mehr vorstellbar.
Am Montagmorgen sind in der Schule die folgenden Gespräche zu hören:

… war mit meiner Freundin reiten, habe noch mit den Eltern und meinem Bruder Malefiz gespielt …

… habe „Julie und die Wölfe" zu Ende gelesen und mit meinem Hamster gespielt …

… Comics gelesen, dann habe ich Mark angerufen und wir machten eine Radtour …

… ferngesehen und ein paar Videos reingezogen …

… habe mit meinem Computer gespielt …, musste dann meinen Eltern helfen …

… haben das Match gegen den Tabellenführer gewonnen, dann gab es noch ein tolles Grillfest mit Disko …

1 Überlegt, was ihr am letzten Montagmorgen von eurem Wochenende zu berichten hattet.
2 Schreibt auf, welche Freizeitbeschäftigungen eher unzufrieden und welche eher zufrieden machten.
3 Versucht zu begründen, warum Freizeit manchmal zufrieden und manchmal unzufrieden macht. Schreibt eure Argumente auf.
4 Schaut noch einmal die Doppelseite 44/45 an und überlegt, ob ihr zufriedene oder unzufriedene Kinder seht.

Meine Freizeit?

Fernsehen - eine umstrittene Freizeitbeschäftigung
Nicole sieht es so:

„Wenn es draußen Bindfäden regnet, bin ich froh, wenn eine tolle Sendung im Fernsehen kommt. Besonders gerne sehe ich Tierfilme. Wenn meine Eltern aber Zeit für ein Malefizspiel haben oder wenn meine Freunde kommen, dann brauche ich die Flimmerkiste nicht."

1 „Gute Idee, die Kinder so ins Grüne zu kriegen!"

Lehrerinnen, Ärzte und manche Eltern beurteilen das Fernsehen häufig sehr kritisch:

„Wir können uns überhaupt nicht mehr unterhalten, ewig läuft die Glotze."

„Lass doch den Kindern ihren Spaß."

„Zu viele Sinneseindrücke überfordern den Menschen, Schlafstörungen und Konzentrationsmangel sind die Folgen."

„Ich bin froh, wenn die Kinder vorm Fernseher hocken. So hab ich auch mal Ruhe."

„Die Brutalität mancher Filme führt zum Abstumpfen der Gefühle, außerdem engt das Fernsehen die Fantasie ein."

„Wir haben echte Probleme im Verein Nachwuchsspielerinnen zu finden."

„Durch das Fernsehen kann man doch eine Menge lernen."

„Viele Kinder kommen unausgeschlafen zur Schule, sind nervös und können sich nicht konzentrieren."

2

1 Lest euch zuerst die vielen Aussagen zum Thema Fernsehen genau durch und überlegt, von wem sie jeweils stammen könnten.
2 Überlegt, welchen Meinungen ihr spontan zustimmen könnt.
3 Kennt ihr noch weitere Argumente für oder gegen das Fernsehen?
Zeichnet eine Tabelle mit zwei Spalten, in die ihr alle Argumente eintragt.
4 Listet auf, welche Sendungen ihr in der vergangenen Woche gesehen habt.
Welche lohnten sich, welche nicht?
5 Veranstaltet in der Klasse eine Diskussion „Pro und Kontra" zum Thema „Fernsehen".
Euer Lehrer oder eure Lehrerin wird euch dabei anleiten.
6 Überlegt, wie in eurer Familie das Fernsehen sinnvoll genutzt werden kann.

Ein Wochenendausflug in den Harz

Eine Überraschung

Wir besuchen Familie Beyer aus einem Dorf bei Braunschweig. Mutter Eva, 37 Jahre, Arzthelferin, und Vater Theo, 36 Jahre, Kfz-Mechaniker, sowie Tochter Nicole, 11 Jahre, und Sohn Kolja, 10 Jahre, beide an einer Orientierungsstufe.

Die Familie sitzt beim Essen, als die Eltern ihre Pläne für das nächste Wochenende verkünden. Mutter Eva: „Kinder, wir haben eine Überraschung für euch!" „Am nächsten Samstag fahren wir alle in den Harz und machen eine schöne Wanderung", ergänzt Vater Theo. „Das hat mir gerade noch gefehlt, da kommt doch …", schimpft Kolja, und Nicole mault: „Immer diese blöde Latscherei."

1 *Überlegt, ob ihr ähnliche Situationen kennt. Sprecht mit eurer Nachbarin oder eurem Nachbarn darüber.*

2 *Versucht das Familiengespräch zu spielen. Verteilt die Rollen und überlegt Argumente für die Fortführung des Gesprächs.*

Nicole fällt plötzlich ein, dass ihre Freundin von einem Eisstadion im Harz erzählt hatte. Ganz toll sei es dort gewesen. Kolja hat seinen ersten Schock überwunden und denkt nun ans Autofahren.

3 *Schreibt eure Ideen für Familie Beyers Wochenendausflug auf. Bedenkt Ziele, Fahrtdauer, mögliche Verkehrsmittel, Kosten.*

4 *Vergleicht eure Vorschläge mit anderen aus der Klasse.*

Der Gespräch bei Beyers hat eine erstaunliche Entwicklung genommen: In einem Harzprospekt hat Kolja eine Eissporthalle in Braunlage und eine weitere in Altenau entdeckt. Nicole ist von der Riesen-Sommer-Rutschbahn in St. Andreasberg begeistert, die auf einem Luftbild zu sehen ist. Vater und Mutter wollen zur Hanskühnenburg wandern, einem schön gelegenen Aussichtsturm mitten „Auf dem Acker" (das ist der Name des Berges).

Familie Beyer beim Essen

Ein Wochenendausflug in den Harz

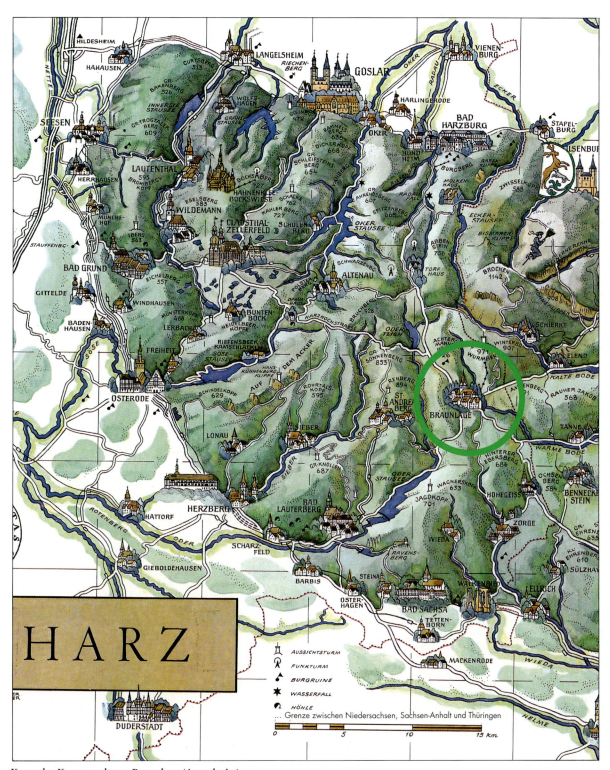

Karte der Kurverwaltung Braunlage (Ausschnitt)

Ein Wochenendausflug in den Harz

Familie Beyers Wanderung zur Hanskühnenburg
„Das schaffen wir doch gar nicht alles an einem Tag", stöhnt Vater Theo, „unsere Ziele sind ja fast über den ganzen Harz verstreut." Mutter Eva hat eine Idee: „Statt eines Tagesausfluges in aller Hektik könnten wir uns für eine Nacht oder für zwei Nächte irgendwo einmieten. Wir fahren Freitag los und sind Sonntagabend zurück." „Und dabei stehen wir mindestens zwei Stunden im Stau", wirft Nicole ein. „Wir haben gerade in der Schule über die Umweltbelastung durch den Autoverkehr gesprochen. Wenn mehr Menschen das Auto stehen ließen und mit Bahn und Bus fahren würden, ginge es auch dem Wald im Harz besser", ergänzt Kolja. „Das sind ja völlig neue Töne", wundert sich Vater Theo.
Beyers haben in St. Andreasberg ein Wochenendquartier gefunden. Sie sind mit Zug und Bus angereist. Herr und Frau Beyer erkunden am Samstagvormittag den Ort und seine nähere Umgebung. Die Kinder tummeln sich derweil auf der großen Sommerrutsche. Am späten Vormittag wollen Eltern und Kinder zur Hanskühnenburg wandern. Das Bergwerksmuseum in St. Andreasberg soll erst am Sonntag besichtigt werden.

1 Sucht auf der Karte Seite 51 Ziele und Fahrtstrecke von Familie Beyer.
2 Wägt die Vor- und Nachteile der Verkehrsmittel ab und trefft eine Entscheidung.
3 Besorgt euch Prospekte von St. Andreasberg und anderen Orten und schaut ins Gastgeberverzeichnis.
Entscheidet euch für eine bestimmte Art von Quartier wie Hotel, Pension, Ferienwohnung, Jugendherberge, Campingplatz und berechnet den Übernachtungspreis.
4 Hättet ihr auch Lust zu einem solchen Wochenendausflug? Oder habt ihr andere Wünsche und Vorstellungen? Führt dazu ein abschließendes Gespräch in der Klasse.

HINFAHRT	Uhrzeit		
	Freitag	Samstag	
Bundesbahn			
Braunschweig – Goslar			
ab Braunschweig	17.12		
an Goslar	18.18		
Bus			
Goslar – St. Andreasberg			
ab Goslar	18.40	14.30	16.30
an Stieglitzecke		15.27	17.18
an St. Andreasberg	19.46	15.44	17.36
RÜCKFAHRT	Uhrzeit		
	Samstag	Sonntag	
Bus			
St. Andreasberg – Goslar			
ab St. Andreasberg	11.50	14.10	
an Stieglitzecke	12.05		
an Goslar		15.23	
Bundesbahn			
Goslar – Braunschweig			
ab Goslar		16.23	
an Braunschweig		17.33	

1 Fahrpläne 1992

Einfache Fahrt 1992			
Verkehrsmittel	Strecke	Preis pro Person	pro Kind bis 11 Jahre
Zug	Braunschweig – Goslar	12,60 DM	6,30 DM
Bus	Goslar – St. Andreasberg	9,00 DM	4,50 DM
Bus	St. Andreasberg – Stieglitzecke	3,10 DM	1,60 DM
Auto	–	0,60 DM (pro km)	
Straßenkilometer			
Braunschweig – Goslar		40 km	
Goslar – St. Andreasberg		36 km	
St. Andreasberg – Stieglitzecke		11 km	

2 Fahrkosten und Entfernungen

Ein Wochenendausflug in den Harz

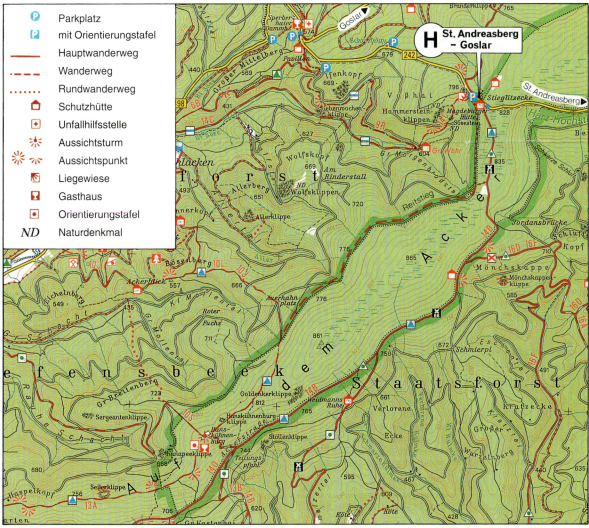

Wanderkarte Naturpark Harz. Maßstab 1: 50 000 (allgemeine Legende auf Seite 8).

1 Sucht auf der Karte oben die Stieglitzecke, den Ausgangspunkt der Wanderung zur Hanskühnenburg. Sucht dann im Fahrplan auf Seite 52 einen passenden Bus von St. Andreasberg nach Stieglitzecke. Berechnet den Fahrpreis, den Frau Beyer an die Busfahrerin bezahlen muss.

2 Plant eine Rundwanderung von Stieglitzecke über die Ackerstraße zur Hanskühnenburg und über den Reitstieg zurück nach Stieglitzecke. Berechnet die Wanderzeiten einschließlich der Pausen bis zur Rückfahrt mit dem Bus. Hinweis: Familie Beyers Wandertempo beträgt etwa 4 km in der Stunde.

3 Familie Beyer fährt von Braunschweig nach St. Andreasberg und zurück. Errechnet Fahrzeiten und Fahrpreise für Auto, Bahn und Bus anhand der Tabelle auf Seite 52.

4 Vergleicht abschließend die Vor- und Nachteile von Bahn, Bus und Auto.

Wir planen eine Klassenfahrt

„Klassenfahrtideen"

Die Mädchen und Jungen der 5 b sind begeistert, als ihre Klassenlehrerin das heutige Stundenthema an die Tafel schreibt:
WIR PLANEN EINE KLASSENFAHRT
In ihren Köpfen entstehen sofort viele Bilder. „Wohin soll es gehen?", ruft Nicole ganz aufgeregt. Frau Möller nennt als Vorbedingung, dass für die Klassenfahrt nur Ziele in Deutschland infrage kommen und dass auch die Kosten bedacht werden müssen. „Wir bilden jetzt Planungsgruppen zu verschiedenen Klassenfahrtzielen."
Die Schülerinnen und Schüler bilden Gruppen nach Interesse oder Zielort. Sie sammeln Ideen und Vorschläge und holen weitere Informationen ein.

1 *Seht euch die Bilder der Collage noch einmal genau an und überlegt, ob sie zu einer Klassenfahrt passen. Sprecht über eure Ideen und Gedanken zu diesem Thema.*
2 *Sucht mögliche Reiseziele im Atlas und auf verschiedenen anderen Karten (Autokarte, Fahrradkarte, Wanderkarte). Stellt Überlegungen zur Entfernung vom Schulort, zur Wahl der Verkehrsmittel und zur Fahrtstrecke an.*
3 *Schreibt Briefe mit der Bitte um Informationen an das Fremdenverkehrsamt eures Zielortes. Wendet euch an Schullandheime, Jugendherbergen, Campingplätze oder andere mögliche Quartiere und erfragt freie Belegungszeiten sowie Preise.*
4 *Übt mit dem Rekorder Telefonate mit solchen Einrichtungen in Rollenspielen.*
5 *Stellt eure Informationen für die Klasse zusammen (Wandzeitung, Folie, Umdruck). Begründet eure Entscheidungen.*

Nach zwei Wochen sind die Ergebnisse aller Planungsgruppen fertig. Viele unterschiedliche Ziele werden nun vorgestellt und mit ihren Vorteilen und Nachteilen beschrieben. Richtig spannend ist das.

Planungsergebnisse der 5 b
1. Fahrt mit Rädern und Zelten entlang der Weser, Gepäcktransportwagen, Selbstversorgung (Kosten ca. 120 DM).
2. Mit dem Bus zum Freizeitpark „Schloss Dankern" (Emsland), Wohnen in Ferienhäusern mit Selbstversorgung, Baden, Rad fahren (Kosten ca. 200 DM).
3. Busfahrt zur Jugendherberge am Zwischenahner Meer, Vollverpflegung, Wandern, Baden (Kosten ca. 170 DM).
4. Mit dem Zug bis Kiel, Ostseerundfahrt auf einem Segelschiff mit Besuch mehrerer Häfen, Mithilfe beim Segeln, Vollverpflegung (Kosten ca. 400 DM).
5. Zeltlager auf der Nordseeinsel Wangerooge, Fahrt mit Bahn oder Bus und Schiff, Vollverpflegung, Baden, Rad fahren, Wattwandern (Kosten ca. 200 DM).
6. Mit Zug oder Bus ins Sporthotel Garmisch in den Alpen, Wandern, Vollverpflegung (Kosten ca. 450 DM).

Wir planen eine Klassenfahrt

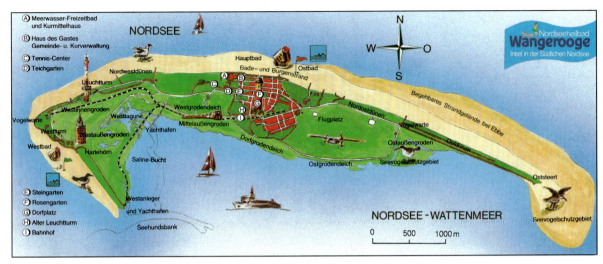

1 Inselkarte von Wangerooge

Die Entscheidung der 5 b

„Jetzt haben wir nur noch die Qual der Wahl", sagt Frau Möller ihren Kindern am Ende dieser Stunde.
Die Klasse entscheidet jetzt, welche Ziele in die engere Wahl kommen: In der Abstimmung fallen zwei Vorschläge durch, weil sie viel zu teuer sind. Einen Vorschlag finden viele zu anstrengend und von den drei verbleibenden findet einer eine große Mehrheit. Ahnt ihr, welcher?

1 *Sucht den Westturm (Jugendherberge) in Bild 1.*
2 *Untersucht anhand der Bilder, was ihr auf Wangerooge unternehmen könnt.*
3 *Diskutiert die Vor- und Nachteile eurer Klassenfahrtziele und einigt euch auf eine Reihenfolge.*
4 *Stellt eure Wunschziele den Eltern in einem Rundbrief vor. Diskutiert sie mit den Eltern und der Klassenlehrerin bzw. dem Klassenlehrer auf einem Elternabend. Trefft gemeinsam eine Entscheidung.*

2 Auf Wangerooge. Fotos 1992.

2.2 FREIZEIT UND UMWELT

– Sprecht über die Bilder. Überlegt, welche Auswirkungen das Freizeitverhalten der Menschen für die Natur haben kann.

Freizeit – Reisezeit

Urlaubsreise – aber mit welchem Verkehrsmittel?
Die jährliche Urlaubsreise ist für weit über die Hälfte der Deutschen selbstverständlich geworden. Vor allem die Zahl der Mehrfach- und Kurzreisen ist kräftig gestiegen. Auch die Neigung der Urlauber ins Ausland zu verreisen hat zugenommen.
Zu Ferienbeginn und -ende sind Staumeldungen auf den deutschen Autobahnen von 70 km oder von über 100 km Länge keine Seltenheit mehr. Noch ist das Auto das beliebteste Reiseverkehrsmittel. Doch das könnte sich ändern. Von 100 Befragten meinen nämlich 82, dass der Autoverkehr die Umwelt stark belaste.

1 Sprecht darüber, was die Karikatur aussagen soll.
2 Notiert in einer Tabelle die Vor- und Nachteile von Auto und Bahn als Reiseverkehrsmittel.
3 Führt eine Umfrage in eurer Klasse zum Thema „Reiseerfahrungen" durch. Fragt dabei nach Zielgebieten, Verkehrsmitteln, Urlaubsaktivitäten, Zufriedenheit oder Unzufriedenheit sowie Umweltproblemen.
Veröffentlicht die Ergebnisse auf einer Wandzeitung.

1 Karikatur, 1992.

2 Auf dem Bahnhof. Foto 1992.

Massentourismus oder sanfter Tourismus?

Massentourismus
Häufige Folgen des Massentourismus sind Überfüllung, Lärm, Luft- und Wasserverschmutzung. Die alten Ortsbilder sind durch Betonbauten zerstört. Die Grundstückspreise sind für die Einheimischen nicht mehr bezahlbar, die Lebensmittelpreise sind stark angestiegen. In manchen Touristenorten gibt es schon touristenfeindliche Parolen an den Hauswänden.
Viele Familien und Einzelreisende fahren in solche Urlaubsorte, weil es ihnen trotz aller Nachteile dort gefällt.

1 Sonnenbaden in Spanien. Foto 1990.

Sanfter Tourismus
Sanfter Tourismus bemüht sich um umweltschonendes Reisen.
Das bedeutet:
Der Benutzung von Bahn und Bus wird möglichst Vorrang gegeben. Hotels, Gaststätten und Ferienwohnungen sollen im Besitz der Einheimischen sein und alte Ortsbilder nicht zerstören. Die Verpflegung wird so weit wie möglich aus einheimischen Erzeugnissen gedeckt.
Kontakte mit Einheimischen geben den Touristen Einblicke in deren Lebenswelt.

1 *Vergleicht Massentourismus und sanften Tourismus. Überlegt, welche Urlaubsform euch gefällt und begründet eure Ansichten.*

2 Rad fahren im Naturpark Altmühltal. Foto 1991.

Massentourismus oder sanfter Tourismus?

Zum Naturpark Steinhuder Meer. Mit der B.U.S.-Linie 434/834.

Hannovers Umgebung gefällt nicht nur durch Berge – sie hat auch ein Meer vorzuweisen. Das Steinhuder Meer ist der größte nordwestdeutsche Flachsee. Über die Entstehung des Steinhuder Meeres vor rund 200 000 Jahren streiten sich die Fachleute noch heute. Wir wollen uns da nicht einmischen und uns darüber freuen, dass man hier so herrlich segeln und baden kann. Ganz zu schweigen von den köstlichen Spezialitäten – den geräucherten Aalen und den deftigen Krabben-Broten. Und sehenswert ist auch vieles: die künstliche Insel Wilhelmstein, der Düsselberger Wall, das Hügelgrab Hormannshausen, die Teufelskuhle und natürlich ganz viel Natur.

Unser Radwander-Vorschlag

Ca. 45 km. Von Mardorf durch die Meeresbruchswiesen und das Naturschutzgebiet Meerbruch nach Hagenburg (Fischlehrpfad im Schaumburg-Lippischen Fürstenschloss (17.Jh.). Ab Hagenburg über Steinhude – Moordorf – Neustadt – entlang am Nordufer nach Mardorf.

1 Prospekt „Bus und Fahrrad"

Freizeit im Nahraum – umweltfreundlich

Freizeitforscher sagen, dass Reisen auch nach dem Jahre 2000 die beliebteste Form von Freizeit sein wird. Der Verkehr wird in Zukunft noch stärker zunehmen. Deshalb werden immer mehr Menschen ihre Freizeit in der näheren Umgebung und immer weniger an einem fernen Urlaubsort verbringen.

1 *Stellt euch vor, ihr würdet von Hannover aus die Fahrradtour „Zum Naturpark Steinhuder Meer" unternehmen. Beschreibt anhand von Bild 1 und des Busfahrplans den Ablauf dieser Tour mit Strecken- und Zeitangaben.*

2 *Erkundigt euch bei Bahn- und Busunternehmen sowie Verkehrsklubs über Angebote von „bike & ride" in eurer Region.*

3 *Plant „bike & ride"-Touren in eurer Umgebung.*

4 *Entwerft Prospekte für eure Fahrradtouren.*

5 *Sprecht in eurer Klasse und in euren Familien über das Thema „Freizeit ohne Auto". Tragt die Argumente in der Klasse auf einer Wandzeitung zusammen.*

Omnibuslinie 434/834 Hannover ZOB (Zentraler Omnibusbahnhof) – Neustadt – Mardorf vom 18. Juni bis 31. Juli (sonntags):

9.20		Han/ZOB	18.15
9.55	an	Neustadt ab	17.40
10.00	ab	Neustadt an	17.38
10.30		Mardorf	17.00

2 „Bike & ride" in Hannover

Freizeit am Wasser

Tourismus und Naturschutz: Funktioniert das?
Das Beispiel Seeburger See:

M Der Seeburger See ist Naturschutzgebiet einerseits und hat andererseits ein attraktives Tourismusangebot. Hier die ruhigen Brutstätten im Schilf, dort ein Badeparadies für lärmende Kinder – am Seeburger See wird versucht beiden Seiten gerecht zu werden. In diesem Gegensatz sind viele Konflikte angelegt, das weiß auch Dr. Wolfgang Hetsch vom Naturschutzbund Deutschland: „Unter diesem Aspekt muss man auch die vielen Verhaltensregeln, die hier gelten, ansehen. So darf man die Wege nicht verlassen, kann nicht an allen Stellen ans Gewässer, darf keine Hunde laufen lassen, und auch der Bootsverkehr ist eingeschränkt." Schließlich – und das wissen nicht nur Naturschützer – „wird eine intakte, attraktive Landschaft durch ein Zuviel an Menschen gefährdet."

Einigen Brutvögeln am Seeburger See ist es schon lange zu viel geworden. Zur Zeit sieht man mehr die robusteren Arten, so zum Beispiel die Haubentaucher.

Nach Ansicht von Dr. Hetsch hat sich der Seeburger See in den letzten zehn Jahren vor allem pro Tourismus entwickelt. „Vom Brutbestand ist nicht mehr viel da, wir haben jetzt mehr die Durchzügler im Frühjahr und im späten Herbst."

1 *Lest nach, welche Einschränkungen des Tourismus erwähnt werden.*
2 *Notiert Gründe, warum ein Naturschutzgebiet nicht uneingeschränkt betreten werden darf.*

Blick auf den Seeburger See. Foto 1992.

Freizeit am Wasser

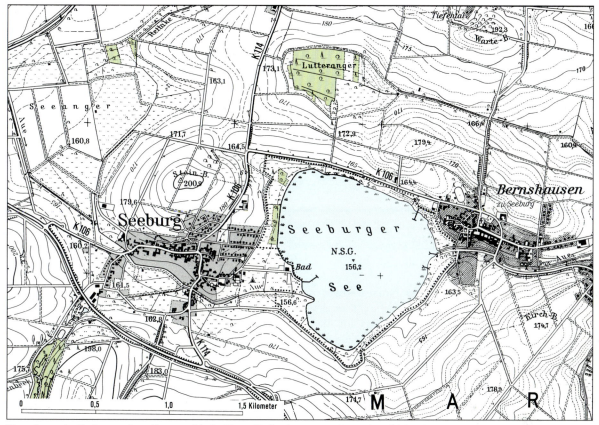

Umgebung des Seeburger Sees. Topographische Karte. Maßstab 1: 25 000 (Legende auf Seite 8).

Kritische Stimmen
Einige Fachleute des Naturschutzes würden dem Seeburger See die Bezeichnung „Naturschutzgebiet" am liebsten sofort aberkennen. Sie meinen, dass es zu viele Eingriffe zugunsten des Camping- und Badebetriebs, des Bootsverleihs, des Angler- und Seglervereins gebe. Diese hätten die empfindlichen Vögel schon längst vertrieben.
Eine Naturschützerin meint:
„Die Naturschutzgebiete sollten gar nicht mehr kenntlich gemacht werden, dann werden sie von Freizeitlern auch nicht mehr bemerkt und aufgesucht und die Vögel können in Ruhe brüten."
Dünger und Ackerboden aus den Feldern gelangen über einen Bach in den See. Die Folge ist starkes Algenwachstum, das den Fischen den lebensnotwendigen Sauerstoff nimmt.

Der durch Werbeprospekte angelockte Tourist findet den See allerdings beschaulich und das Wasser erfrischend – auch ohne Rohrdommel und Rotfeder.
Für die Tiere sollen neue Lebensräume in den verlandeten Seen „Lutteranger" und „Seeanger" geschaffen werden. Dort wird Wasser aufgestaut, sodass wieder flache Seen entstehen. Eine Freizeitnutzung wird es dort nicht geben.

1 *Sucht auf der Karte die geplanten neuen Lebensräume für die Tierwelt.*
2 *Diskutiert, ob der Seeburger See ein gelungenes Beispiel für einen Kompromiss zwischen Naturschutz und Tourismus ist.*
3 *Nehmt zur Aussage der Naturschützerin Stellung.*
4 *Sucht nach Freizeit-Umwelt-Konflikten in eurer Umgebung und berichtet darüber in der Klasse.*

Nationalpark Wattenmeer

Robben beim Sonnen auf einer Sandbank. Foto 1989.

Urlaub und Umweltschutz an der Nordseeküste

„Ist es nicht fantastisch hier?" Nicole steht an der Hafenmole von Norddeich und blickt auf das trockengefallene Wattenmeer hinaus bis zu den Inseln Juist und Norderney. „Dort hinten müssen irgendwo die Seehunde auf den Sandbänken liegen. Die möchte ich so gerne einmal sehen. Wir sind doch früher schon einmal mit einem Kutter zu den Seehundsbänken gefahren. Das machen wir doch wieder, ja?"
Nicoles Mutter hat gerade einen Prospekt über den Nationalpark Niedersächsisches Wattenmeer studiert. Sie erzählt von der Bedrohung, die von Ausflüglern für die Seehunde, aber auch für viele brütende oder rastende Vögel ausgeht:
„Hier steht, dass in den wenigen Stunden des Niedrigwassers die Seehunde auf den Sandbänken ungestört ausruhen müssen. Während dieser Zeit müssen die Jungtiere mehrmals gesäugt werden, damit sie eine dicke Fettschicht bekommen. Wenn die Seehunde durch Ausflügler gestört werden, flüchten sie ins Wasser. Geschieht das häufiger, dann wird ein ausreichender Fettaufbau verhindert. Die Tiere werden dann krankheitsanfälliger und sterben.
In den Sommermonaten ziehen die Seehunde ihre Jungen auf. Wenn die Mutter wegen einer Störung ins Wasser flüchten muss, können Muttertier und Jungtier getrennt werden. Solche Heuler müssen dann in der Seehundaufzuchtstation in Norddeich versorgt werden."
Nicole ist nachdenklich geworden. Sie hat schon in der Schule gehört, dass Seehunde und Seevögel durch Gifte bedroht sind, die durch die Flüsse in die Nordsee und ins Wattenmeer gelangen. Aber dass sie als Urlauberin die Natur beeinträchtigen könnte, ist ihr ganz neu.

Der Nationalpark Niedersächsisches Wattenmeer

Das Wattenmeer wurde als besonders wichtiger und empfindlicher Lebensraum unter besonderen Schutz gestellt.
Die Gesamtfläche ist in drei Zonen unterteilt. In den Ruhezonen gelten die strengsten Schutzbestimmungen. Hier ist Wattwandern, Wandern, Rad fahren oder Reiten nur auf bestimmten Wegen erlaubt, ansonsten ist der Zutritt verboten. In den Zwischenzonen ist das Betreten vor allem während der Brutzeit (1. April bis 31. Juli) untersagt. Die Erholungszonen sind besonders für den Badebetrieb ausgewiesen. Wassersportler dürfen die Ruhezonen außerhalb der Fahrwasser nur drei Stunden vor und nach dem Hochwasser befahren. Bei Niedrigwasser, wenn die Seehunde auf den Sandbänken ruhen, ist das Befahren verboten.

1 *Sucht im Atlas eine Karte der Nordseeküste und vergleicht sie mit der Karte des Nationalparks und dem Inselfoto auf Seite 63.*
2 *Habt ihr selbst schon einmal im Urlaub Umweltschäden beobachtet oder selbst verursacht?*
3 *Sucht weitere Informationen über Umweltschädigungen und bedrohte Tiere und Pflanzen des Wattenmeeres und tragt sie zusammen.*

Nationalpark Wattenmeer

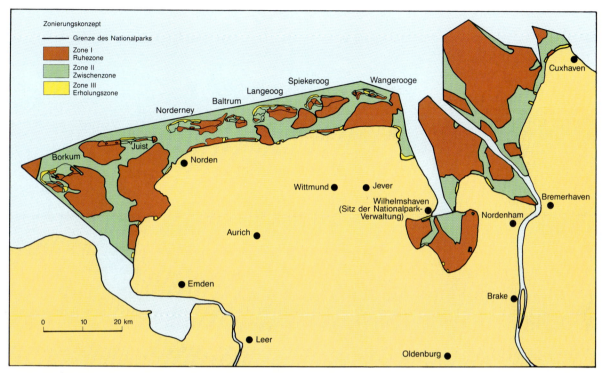

1 Der Nationalpark Niedersächsisches Wattenmeer

2 Das Wattenmeer im Gebiet der Insel Juist

Wintersport

Skigebiet „Les Ruinettes" (Schweiz) im Winter (oben) und im Sommer (unten)

1 Vergleicht beide Fotos und beschreibt, was im Winter nicht zu erkennen ist.

2 Berichtet von eigenen Beobachtungen über Naturzerstörungen durch Wintersport.

Wintersport

Auf zur Piste!

Zum Wintersport in die Alpen – diesem Motto folgen in den Weihnachts- und Osterferien auch viele Familien aus Norddeutschland. Die meisten von ihnen erreichen ihren Wintersportort nach vielstündiger Autofahrt, gestresst vom dichten Verkehr, von Staus oder Streitereien. Die ersehnte Ruhe und eine unberührte Natur sind in den Alpen inzwischen nicht mehr so leicht zu finden wie früher. Betonbauten überwuchern vielerorts die alten Teile der Dörfer. Für den Straßenverkehr werden viele Flächen geopfert.

Aus dem Auto geht's dann raus auf die Piste. Doch halt! Ein bis zwei Stunden für Parkplatzsuche, Fußweg zur Bergbahnstation, Wartezeit und Fahrzeit mit dem Lift müssen noch bedacht werden. Die Abfahrt ist dann hoffentlich herrlich – schönes Wetter und genügend Schnee vorausgesetzt. Manchmal ist sie aber nur zehn Minuten lang, bis die nächste Warteschlange wieder erreicht ist.

Mindestens 14 000 Bahnen, Gondeln und Lifte erschließen in den Alpen Skipisten mit einer Gesamtlänge von rund 120 000 km, dem Dreifachen des Erdumfanges.

Für die Anlage von Skipisten wird Wald abgeholzt, werden Hänge platt gewalzt und Wildbäche in Röhren gezwungen. Bis zu zehn Tonnen schwere Planierraupen walzen den Schnee platt, damit die Pisten gut befahren werden können.

Wenn man im Frühsommer nach der Schneeschmelze über die ehemaligen Skipisten wandert, wird das volle Ausmaß der Naturzerstörung sichtbar. Dabei handelt es sich hauptsächlich um zerstörte Grasnarben, weggeschwemmten Boden, abgerutschte Hänge, Stein- und Schlammlawinen. Fachleute nennen dies Erosion.

Die meisten Skifahrerinnen und Skifahrer sehen das jedoch nicht mehr.

1 *Überlegt, was die Bewohner von Wintersportorten und die Skitouristen für den Naturschutz tun könnten. Notiert eure Forderungen.*

2 *Sammelt Bilder über Wintersport. Klebt die Bilder in eure Mappen und schreibt Kommentare dazu.*

Abfahrt mit Rücksicht auf die Natur

Immer mehr Skifahrerinnen und Skifahrer machen sich Gedanken um die Schattenseiten ihres Lieblingssports. Manche gehen gar so weit, dass sie die Skier im Keller stehen lassen und mit dem Skifahren aufhören.

Viele Menschen möchten nicht auf den „weißen Sport" verzichten. Sie wünschen sich dabei aber so wenig Eingriffe in die Natur wie nur möglich. Langsam beginnt ein Umdenken.

Umweltverbände und der Alpenverein haben Tipps für ein „sanftes" Skifahren entwickelt:

– Bereits bei der Urlaubsplanung eine umweltfreundliche An- und Abreise berücksichtigen.
– Wintersportorte bevorzugen, die Naturschutzmaßnahmen verwirklichen.
– Bei nicht ausreichenden Schneehöhen auf das Skifahren verzichten und wandern.
– Die Skipisten auf keinen Fall verlassen um Bäume und Wild zu schonen.

Zerstörungen durch das Skifahren

Freizeit einmal anders

Die Greenteamer bei der Wasseruntersuchung. Foto 1992.

Das Greenteam Adelebsen
Nicht das gemeinsame Hobby oder etwa eine große Sportbegeisterung führt die kleine Gruppe um Linda (12) und Sven (11) jeden Mittwochnachmittag zusammen, sondern ihre Sorgen um unsere Umwelt.
Die Kinder sehen in ihrer Umgebung täglich, wie die Umwelt geschädigt wird.
Auch in der Schule haben sie schon öfter über Umweltschutz gesprochen, doch das reicht Linda und Sven nicht mehr. Sie wollen etwas Praktisches tun, dort zupacken, wo es ohne Hilfe keine Fortschritte gibt. Sie sind es leid, immer nur anzuklagen, sie wollen etwas bewegen.
So hörten sie, dass Erwachsene mit den gleichen Gedanken sich in einer Gruppe namens „Greenpeace"* zusammengefunden hatten. „Greenpeace" habe schon viel für die Umwelt erreicht.
Linda und Sven kamen deshalb auf die Idee eine „Greenteam"-Kindergruppe in ihrem Wohnort zu gründen. Informationsmaterial gab es vom großen „Bruder" und als erstes Projekt wählten sie einen Teich in der Nähe ihrer Siedlung.

„Der war total verdreckt und wir haben ihn halt sauber gemacht", erzählt Sven.
„Der Müll beschäftigte uns dann weiter", meint Linda. „Wir fragten uns, wo er herkommt und wie er entsteht."
Linda, Sven und zwei neue Mitstreiter erkannten, dass das Verpackungsmaterial dabei eine große Rolle spielt: Es lässt den Müllberg immer mehr anwachsen und belastet die Umwelt, wie z. B. ihren Teich. Die Kinder erkannten: Den Müll mit der Mülltonne aus dem Haus zu schaffen ist auch keine Lösung, das führt nur zu immer mehr Mülldeponien.
„Also Müll vermeiden, wo es nur geht", dachten sich die jungen Greenteamer und bauten einen Informationsstand vor dem örtlichen Supermarkt auf. „Wir wollten den Kunden klarmachen, dass sie statt der Milch in Tüten Flaschenmilch kaufen können und statt der Walkman-Batterien wieder aufladbare Akkus. So können sie Müll vermeiden."
„Zuerst war es ganz schön peinlich, die Erwachsenen anzusprechen, doch nach kurzer Zeit schon ging es besser", erinnert sich Linda.

Freizeit einmal anders

Bei sechs bis acht Grad starten sie
Kröten unterwegs zu den Laichplätzen – Zäune aufgestellt, Kreisstraßen nachts gesperrt

Göttingen (jes). An vielen Straßen mahnt schon das Schild mit der Kröte, niedrige Zäune am Straßenrand künden vom Kommen der Kröten. Sie marschieren wieder zu ihren Laichplätzen und meistens wählen sie gefährliche Wege. Um zum Ziel zu kommen, passieren sie die Straße, die für die Tiere lebensgefährlich ist. Krötenzäune und Straßensperrungen sollen verhindern, dass die Kröten überfahren werden.

1

Hilfe für Kröten

Im Februar und März beschäftigten sich die Greenteamer bei ihren Treffen mit der Krötenwanderung, die kurz bevorstand. Wieder würden die Lurche zu hunderten auf ihrer jährlichen Wanderung zu den Laichplätzen beim Überqueren der Straßen von Autos überfahren werden.

Den Kröten kann geholfen werden, dachten die Greenteamer und planten zusammen mit Klasse 5 a der Orientierungsstufe und der Jugendfeuerwehr eine Krötenschutzaktion. Zunächst stellten sie einen Schutzzaun für Kröten auf.

In den nächsten Wochen wollten sie jeden Morgen um sieben Uhr die von ihnen aufgestellten Schutzzäune an der Landstraße nach Lödingsen abgehen. An in den Boden gelassenen Eimern wird kontrolliert, ob Kröten reingeplumpst sind. Diese werden dann über die Straße getragen und wieder ausgesetzt. Die nächste Aktion der Greenteamer steht kurz bevor. Wofür sie sich jetzt wohl einsetzen? (Siehe Bild)

1 *Überlegt, ob ihr auch Interesse an der Mitarbeit in einer Umweltgruppe hättet.*

2 *Erkundigt euch, wo es an eurer Schule oder in eurem Wohnort Umweltgruppen gibt.*

2 Greenteamer planen eine neue Aktion. Foto 1992.

Zum Weiterlesen

Tom und Jette sind enttäuscht. Statt ans Meer zu fahren sollen sie ihre Ferien beim Großvater in der Eifel verbringen. Doch die befürchtete Langeweile stellt sich nicht ein:

Die Sache mit dem Uhu

Der Motorradfahrer kam wieder angeknattert und zwei weitere folgten ihm. Sie hielten am Eingang des Steinbruchs und brüllten sich etwas zu.

„Was wollen die schon wieder hier?", zischte Jette wütend. „Die sollen bloß abhauen, aber dalli!"

„Ich schleiche mich mal näher ran", beschloss Tom. „Vielleicht kann ich verstehen, was die reden."

Jette nickte. „Mach das!" (…)

Tom schnaufte. „Und ob! Die wollen hier 'ne Fete steigen lassen."

Benno fasste Tom am Arm. „Was wollen die?"

„Der mit der roten Geländemaschine hat getönt, das sei tierisch gut hier, Platz für alle Mann – fünfundzwanzig werden es bestimmt. Getränke im Teich kühlen – Lagerfeuer und Kassettenrekorder – volle Pulle Rock –." Tom reihte aneinander, was er aufgeschnappt hatte. „Übermorgen soll die Fete steigen."

(…) „Übermorgen, also Samstag", sagte Benno tonlos. „Krach und Feuer vor dem Uhuhorst. Wisst ihr, was das bedeutet?"

„Wir erklären den Typen, dass sie sich woanders treffen müssen, weil hier Uhus nisten, die nicht gestört werden dürfen", sagte Jette. „Meinst du, das kapieren die nicht? Die sind doch nicht doof!"

Benno verzog das Gesicht. „Fünfundzwanzig Motorradfans, die sich zu einer Party im Grünen treffen, fühlen sich so stark, dass nur der Teufel sie vertreiben könnte." (…)

Wanda, ein Uhuweibchen, in einem Zoo aus dem Ei geschlüpft, von Benno auf das Leben in Freiheit vorbereitet, verletzt im Stacheldraht, von einem Wilderer fast geraubt – um Wanda hatte sich bisher alles in diesen Ferien gedreht.

Jette war bedrückt. Sie hatte Angst um die Uhumutter und ihre Jungen.

Sie sprachen kaum auf dem Weg zu Wandas Horst. Am Holunderbusch machten sie Halt und setzten sich auf die Gänseblümchenwiese. Benno peilte zu den Uhus hinüber.

„Wenn du genau hinschaust, kannst du die gespitzten Ohren erkennen, nichts sonst, nur die Ohren", sagte er und gab Jette das Glas.

Sie sah zwei braune Federbüschel, die manchmal leicht zuckten. Aber man musste wissen, dass es sich dabei um Uhuohren handelte. (…)

Alles war still und friedlich. Nur das hämmernde Tuckern eines Treckers war in der Ferne zu hören.

Das Tuckern kam langsam näher. Der Traktor stampfte die Straße hinter dem Steinbruch hinauf.

Jette und Benno konnten ihn nicht sehen, aber hören, lauter und immer lauter. Und dann bog ein grünes Blechungetüm um den Felsen und hielt am Eingang des Steinbruchs an.

„Es ist nicht zu fassen", murmelte Benno hilflos, „nun auch noch ein Trecker!"

„Ob der den hier waschen will?", überlegte Jette.

„Lass' dich nicht blicken", flüsterte Benno. „Sieh mal, das große Fass, das hinten festgebunden ist."

Benno nahm das Glas vor die Augen. Auf dem Traktor saßen ein Mann und ein Junge. Langsam ließ er das Glas wieder sinken. „Nun verstehe ich gar nichts mehr", murmelte er kopfschüttelnd. (…)

„Was ist?", flüsterte Jette.

Benno zeigte nur zu dem Traktor. Der Mann war abgestiegen und machte sich an dem Fass zu schaffen. Er drehte an einem Verschluss, und eine graue Flüssigkeit spritzte schäumend auf den Boden. Der Trecker zog einen Bogen und drehte zur Straße. Dabei verspritzte er nach allen Seiten graue Brühe.

Benno kam mit einem Satz unter dem Holunderbusch hervor. Er fing an zu lachen und zog Jette aus ihrem Versteck. Er lachte so laut und übermütig, wie Jette ihn noch nie erlebt hatte.

„Bist du übergeschnappt?" Jette wollte noch etwas sagen, aber im selben Augenblick schlug ihr ein ekelhaft ätzender, fauliger Gestank entgegen. Sie musste husten und verzog angewidert das Gesicht.

Benno lachte noch immer. Er fasste Jette an der Hand und zog sie mit sich. Er rannte zu dem Trecker, der am Straßenrand in einiger Entfernung anhielt. (…)

Auf dem knatternden Ungetüm saßen Opa und Tom. Und die lachten auch. (…)

Nun erst dämmerte es bei Jette. „Die Motorradfahrer kommen, schnuppern und verduften gleich wieder!", jubelte sie. „Und Wanda…", sie zögerte.

„Macht den Uhus der Gestank nichts aus?", fragte sie besorgt.

„Die stört das nicht." Benno winkte ab. (…)

Wie die Geschichte ausgeht, könnt ihr nachlesen in dem Buch von Nina Rauprich, „Lasst den Uhu leben", dtv junior 70129.

Zusammenfassung

1 „Das geht gut ab hier. Natürlich bleibe ich auf den Wegen und achte die Natur." Foto 1992.

3 „Im Schilf brüten die Vögel und brauchen Ruhe. Deshalb halten wir genügend Abstand." Foto 1992.

2 „Letztes Jahr gab es noch Dosenlimonade. Die Dosen haben wir verbannt. Mehrweg ist eben besser als Einweg." Foto 1992.

4 „Super! Sonne, Schnee und gute Laune. In der Loipe ist Skisport noch umweltverträglich." Foto 1992.

– *Überlegt, wie die hier abgebildeten Personen den Umweltschutz berücksichtigen.*

3. Menschen versorgen sich

3.1 MENSCHEN IN VORGESCHICHTLICHER ZEIT

2 000 000   50 000   5000   4000   3000   2000   1000   Chr. Geb.   1000   2000

Altsteinzeitmenschen bei der Rückkehr von der Jagd. Gemälde 1986.

— *Denkt euch Geschichten zu dem Bild aus.*
— *Sammelt Fragen zu dem Bild, auf die ihr eine Antwort haben möchtet.*
— *Überlegt, woher der Maler des Bildes wohl wissen kann, wie die Menschen in der Eiszeit gelebt haben.*

Aus der ältesten Zeit der Menschen

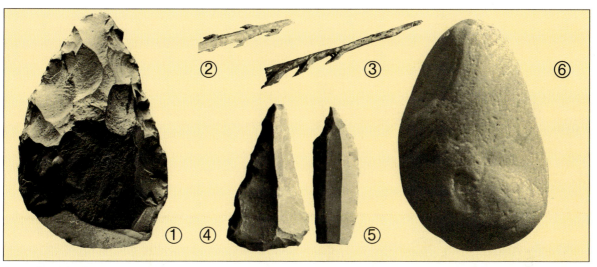

Ausgrabungsfunde

Frühe Funde

Über die Menschen, die in ältesten Zeiten auf der Erde lebten, gibt es keine schriftlichen Aufzeichnungen. Wir können trotzdem ihre Spuren verfolgen. Aber diese Spuren sind stumm. Wir müssen sie erst zum Sprechen bringen, damit wir aus ihnen etwas über das Leben der Menschen erkennen können.
Den Zeitraum, bevor die Menschen schreiben konnten, bezeichnen wir als Vorgeschichte der Menschheit.

1 *Beschreibt die Gegenstände, die im Bild wiedergegeben sind.*
2 *Versucht herauszufinden, wozu man sie gebrauchen kann. Benennt sie.*
3 *Findet heraus, welcher Gegenstand nicht von Menschen bearbeitet ist. Begründet eure Auswahl. Überlegt, wie ihr prüfen könnt, ob ihr Recht habt.*

Von den frühesten Menschen

Die ältesten Funde von Menschen sind etwa zwei Millionen Jahre alt. Diese Menschen beherrschten schon das Feuer und konnten Werkzeuge herstellen. Die ältesten bisher gefundenen Werkzeuge sind aus Stein. Durch Aufeinanderschlagen zweier Steine wurden Splitter abgeschlagen, sodass scharfe Kanten zum Schneiden entstanden. Dabei arbeiteten die Steinschläger stets auf die gleiche Weise. So entstanden immer gleiche Formen der Werkzeuge. Die Kinder lernten es wieder von den Älteren. Aber wie ging das vor sich? Durch Abgucken oder Erklären? Wir wissen es nicht. Im Laufe der Zeit erfanden die Menschen immer mehr und verschiedene Formen für die Steinwerkzeuge. Sie wurden auch geschickter in der Verwendung. Sehr wahrscheinlich haben sie auch aus Knochen und Holz Werkzeuge hergestellt, die aber nicht erhalten sind. Wir wissen auch nicht genau, wie das Zusammenleben der Menschen geordnet war.
An verschiedenen Orten wurden Reste von Lagerplätzen gefunden, die aus dieser frühen Zeit stammen. An den Lagerplätzen wurden manchmal Knochen von Tieren und Geräten, aber auch pflanzliche Reste gefunden. Daraus schließen die Forscher, dass die Menschen Tiere gejagt und essbare Pflanzen, wie Beeren, Nüsse und Wurzeln, sowie Pilze gesammelt haben. Aber die Funde lassen auch erkennen, dass die Menschen die gefundene oder erbeutete Nahrung nicht sofort verzehrten, sondern zum Lagerplatz getragen haben. Dort wurde sie mit den übrigen Mitgliedern der Gruppe geteilt.
Diese ganz frühe Zeit der Menschheit nennt man Altsteinzeit. Sie begann vor etwa zwei Millionen Jahren und dauerte bis vor 10 000 Jahren.

4 *Erkundigt euch, wo sich das nächste Museum in eurer Nähe befindet und welche Funde dort ausgestellt sind.*
5 *Stellt zusammen, was ihr bis jetzt über die Altsteinzeit erfahren habt.*

Wie Vorgeschichtsforscher arbeiten

1 Vorgeschichtsforscher bei einer Ausgrabung

Vorgeschichtsforscher müssen planmäßig vorgehen

Die ersten Entdeckungen der Überreste vorgeschichtlicher Menschen waren Zufälle. Die Forscher haben hin und her überlegt, was diese Funde aussagen könnten. Sie fragten sich, wie alt die Funde waren, wie die Menschen damals wohl ausgesehen und gelebt haben könnten.

In den letzten 150 Jahren hat sich aus diesen Fragen eine eigene Wissenschaft entwickelt, die Archäologie. Archäologen sind die Wissenschaftler, die mithilfe von Ausgrabungen das Leben der Menschen in früheren Zeiten erforschen. Dazu untersuchen sie alles, was von den Menschen und ihren Geräten erhalten ist.

Überreste aus der Frühzeit findet man aber nur selten an der Erdoberfläche. Die meisten Gegenstände aus jenen Zeiten sind verschieden tief in der Erde versteckt. Eine genaue Beobachtung der Erdoberfläche gibt jedoch Hinweise auf mögliche Fundstellen. Dunkle Verfärbungen im Acker, runde Hügel im flachen Land sind solche Hinweise (siehe Bild 2). Wo viele Scherben beim Pflügen gefunden werden, können im Boden größere Funde sein. Auch Luftbildaufnahmen zeigen bei günstigem Licht, wo Mauerreste in der Erde versteckt sein könnten. Viele Fundstellen werden aber immer noch zufällig bei Bauarbeiten entdeckt.

1 *Gibt es in eurer Umgebung vorgeschichtliche Fundstellen? Versucht herauszubekommen, wie sie entdeckt wurden.*

Die Ausgrabung

Bei Ausgrabungen wird die Erde vorsichtig Schicht für Schicht abgehoben. Kommen die ersten Funde ans Licht, wird sorgfältig mit feinen Werkzeugen weitergearbeitet, damit nichts zerstört wird. Die Funde werden sorgsam vermessen und fotografiert. Oft findet man von Gefäßen nur Scherben. Alle Funde kommen ins Labor zur Untersuchung und zur Wiederherstellung.

2 *Beschreibt Arbeitsplatz und Tätigkeit der Menschen auf Bild 1.*

3 *Überlegt, warum alle Funde an ihrem Ort fotografiert werden.*

2 Luftaufnahme der Mauerreste der Hünenburg von Borchen, Kreis Paderborn. Foto 1986.

Wie Vorgeschichtsforscher arbeiten

Bedeutung der Funde

Auf Bild 2 seht ihr, wie ein senkrechter Schnitt durch eine Grabungsstelle aussehen kann.
1 *Vergleicht die Dicke der Schichten.*
2 *Überlegt, wie sich so viele Schichten übereinander ablagerten.*
3 *Vergleicht die Funde in den einzelnen Schichten.*

Wenn die Vorgeschichtsforscher Funde aus solchen Schichtenfolgen untersuchen, dann können sie sagen, welche Stücke älter und welche jünger sind; denn je tiefer ein Fund gelegen ist, desto älter ist er. Zu ähnlichen Ergebnissen kommen sie, wenn sie die Funde einer Art und einer Gegend miteinander vergleichen.
4 *Die abgebildeten Beile (Bild 1) sind unterschiedlich alt. Sie sind nach dem Alter geordnet. Beschreibt die Form möglichst genau und versucht herauszufinden, wodurch sie immer besser am Schaft befestigt werden konnten.*

Die Vorgeschichtsforscher gehen davon aus, dass die ältesten Formen die einfachsten sind. Je schwieriger und je kunstvoller eine Form ist, umso jünger wird sie sein.
Durch genaue Untersuchung der Schichten und durch den Vergleich der Formen können die Vorgeschichtsforscher die Funde zeitlich einordnen. Sie wissen, was älter und was jünger ist. Aber wie alt ein Fund ist, kann man mit diesen Methoden nicht herausbekommen. Dafür haben Naturwissenschaftler neue Methoden entwickelt.

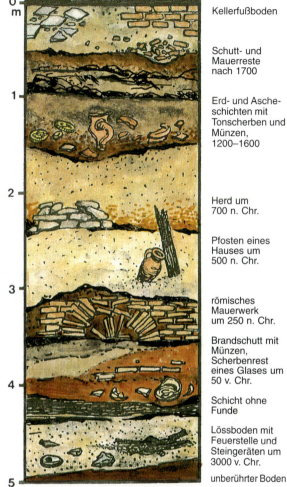

2 **Schichten einer Ausgrabung.** Rekonstruktion nach einer städtischen Ausgrabung. In ländlichen Gebieten sieht die Schichtenfolge ganz anders aus.

1 **Bronzebeile aus verschiedenen Funden.** Foto.

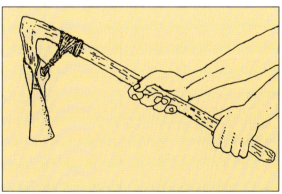

3 **Bronzebeil mit Schaft.** Rekonstruktionszeichnung.

Kaltzeiten und Warmzeiten

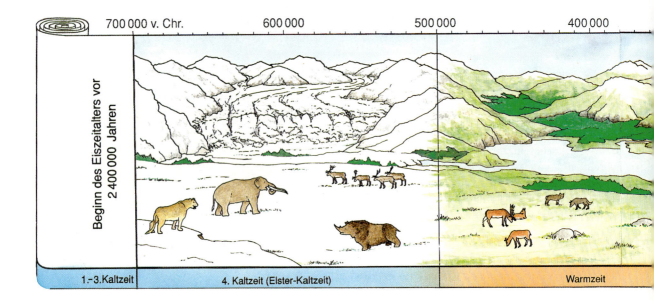

Nicht immer waren in Deutschland die Sommer so warm und die Winter so mild wie heute. Es gab Abschnitte, in denen es in ganz Europa deutlich kälter war. Diese Zeitabschnitte nennen wir Kaltzeiten. Während einer Kaltzeit schneite es in Nordeuropa auch im Sommer. So wuchs von Jahr zu Jahr die Schneedecke immer höher. Unter dem Druck der Schneemassen bildeten sich dicke Eisschichten. Über Norwegen war der Eispanzer bis zu 3 500 m dick. Von hier aus quoll das Eis nach Süden. Bis nach Norddeutschland reichte der riesige Gletscher. Auch die Alpen waren vom Eis bedeckt.

Gegen Ende einer Kaltzeit wurde es wärmer. Das Eis schmolz allmählich ab. Nun setzte eine Warmzeit ein. Von Südeuropa breitete sich fast überall in Deutschland wieder Wald aus und die Waldtiere kehrten zurück.

1 Unterscheidet Kaltzeit und Warmzeit voneinander. Berücksichtigt das Gletschereis sowie Pflanzen und Tiere.

2 Beschreibt nach einer Atlaskarte die Verbreitung des Eises.

3 Erläutert mithilfe des Textes die grafische Darstellung vom Eiszeitalter (Bild 1):
– Wie lange dauerte das Eiszeitalter?
– Wie viele Kaltzeiten und wie viele Warmzeiten gab es?
– Wie lange dauerten die letzte Warmzeit und die letzte Kaltzeit?

In den Kaltzeiten des Eiszeitalters war Norddeutschland bis zum Rand des Berglandes eine Tundrenlandschaft: Mammut, Wollnashorn und Ren vertrugen das Klima der Tundra. Auch die Steinzeitmenschen lebten in dieser Landschaft.

Frühling in der Tundra
Ein Forscher berichtet:
„Während der nächsten Tage erforschten wir die Tundra. Stets achteten wir darauf, auf festem Boden zu gehen und nicht in mooriges Gelände zu geraten. Noch war die Luft angenehm kühl. Aber im kurzen Sommer werden aus dem Sumpf Millionen von Stechfliegen und Mücken aufsteigen und den Aufenthalt in der Tundra zur Hölle machen.
Die völlig baumlose Tundra sah anfangs niederdrückend öde aus. Auf dem Meer und in den Bergen hielt sich noch der Winter. Aber auf den flachen Wiesen zog bald der Vorfrühling ein. Wo der Schnee schon fortgetaut war, spürten wir das Leben. Dort blühten auch die ersten kleinen Frühlingsblumen. Zwergweiden krochen flach am Boden, bedeckt mit Kätzchen und eingerollten, flachen Blättern. Moose und Flechten bedeckten den Boden mit einem vielfarbigen Teppichmuster. Am auffallendsten war eine leuchtend orangefarbene Flechte."

4 Sprecht über die Auswirkungen einer beginnenden Kaltzeit auf den Lebensraum der Menschen.

Kaltzeiten und Warmzeiten

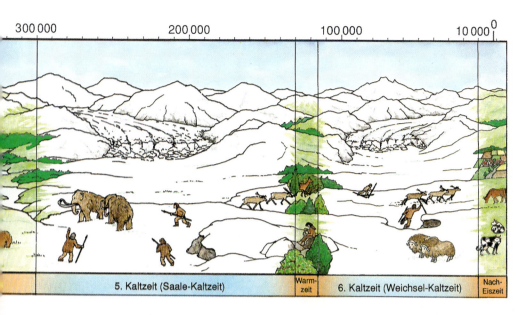

1 Kaltzeiten und Warmzeiten im Eiszeitalter

2 Die Tundra

DIE ALTSTEINZEIT

1 **Zeltlager von Rentierjägern.** Nach Funden rekonstruiert.

2 **Elefantenjagd bei Lehringen.** Nach Funden rekonstruiert.

Fundberichte aus verschiedenen Zeiten

Das Sommerlager von Salzgitter

1952 stießen Bauarbeiter in der Nähe von Salzgitter auf die Überreste eines eiszeitlichen Rastplatzes. Er lag am Rande eines moorigen Tümpels, in den die Menschen damals ihre Abfälle geworfen hatten. Archäologen gruben den Lagerplatz aus. Sie fanden:
– Knochen von etwa 80 Rentieren, 16 Mammuts, 6 Wildpferden und 2 Wollnashörnern;
– Pflanzenreste von Moosen, Gräsern, Zwergbirken und Polarweiden;
– Werkzeuge: rund 2000 Stück, darunter Faustkeile, Messer, Schaber, Kratzer aus Stein und haufenweise Abschlagsplitter, Keulen aus Rentiergeweihen, Dolche aus Mammutrippen und Speerspitzen aus Knochen.

Mehrere Kreise aus Steinen wurden am Ufer des Teiches festgestellt. Jeder Kreis hatte einen Durchmesser von etwa 5 Metern.

Man vermutet, dass dort die Zelte einer Horde von etwa 50 bis 70 Menschen standen.

Die Funde von Lehringen

Im März 1948 wurden bei Abbauarbeiten in einer Mergelgrube* bei Lehringen im Kreis Verden die Knochen eines Waldelefanten entdeckt. Zwischen den Rippen steckte noch die 2,40 m lange Stoßlanze aus Eibenholz, deren Spitze im Feuer gehärtet war. In der Nähe des Elefantenkopfes fanden die Forscher 27 Feuersteinwerkzeuge, deren Kanten scharf waren wie Rasiermesser. In der Nachbarschaft der Knochenfunde wurde eine Stelle entdeckt, die Asche und Holzkohlenreste enthielt, also wohl ein Lagerplatz war. Auch hier lagen Feuersteinbruchstücke. Untersuchungen des Mergels, in dem der Elefant lag, ergaben, dass die Schicht etwa 150 000 Jahre alt war.

1 *Stellt mithilfe von Bild 1 auf Seite 76 fest, welches Klima vor 150 000 Jahren herrschte.*
2 *Vergleicht die beiden Fundberichte. Was sagen sie über das Leben, die Nahrung und das Klima aus?*
3 *Stellt Vermutungen an, wie sich die Menschen die Nahrung beschafft haben können.*
4 *Zählt die Werkzeuge auf, die im Sommerlager von Salzgitter gefunden wurden.*

Die Menschen als Jäger und Sammler

1 Beschreibt die Bilder.
2 Versucht herauszubekommen, wie die Menschen gejagt haben.

Ren, Schneehasen oder andere kleine Tiere konnte der Mensch notfalls allein jagen. Anders war dies bei der Jagd auf Bären, Elefanten, Bisons oder Wildpferde. Hier mussten mehrere Jäger zusammenarbeiten. Eine solche Jagdgemeinschaft bezeichnet man heute als Horde.
Spuren einer Jagd, die vor etwa 400 000 Jahren stattfand, entdeckten Forscher in Spanien. Ein Wissenschaftler berichtet:
„Es war eine erstaunlich ergiebige Fundstelle. In den Bergtälern hatten in Gruppen jagende Frühmenschen den Großwildherden aufgelauert, die im Herbst nach Süden zogen. Die Jäger zündeten das trockene Gras an und trieben das Wild mit den Flächenbränden in die Sümpfe, wobei es ihnen sogar gelang, Elefanten zu erlegen, die sich aus dem morastigen Boden nicht mehr befreien konnten. Noch heute erkennt man deutlich die Spuren der Jagd. Man findet die Steinwaffen, die Reste des verbrannten Grases und die Knochen des Wildes. Es waren sehr viele Elefanten, zu viele, als dass man annehmen dürfte, sie seien durch Zufall dort umgekommen. Außerdem sind die Knochen über eine große Fläche verstreut. Untersucht man einen Haufen solcher Knochen, dann kommt man zu interessanten Ergebnissen. So fand man an einer Stelle nur Beine und Rippen eines halben Elefanten. Da ein halber Elefant nicht im Sumpf stecken bleibt und dort stirbt, musste irgendjemand das Tier zerlegt und die andere Hälfte fortgetragen haben."

3 Spielt ein Gespräch der Eiszeitmenschen am abendlichen Feuer. Über welche Sorgen oder Freuden haben die Menschen wohl gesprochen?
4 Stellt eine Liste zusammen unter der Überschrift: Warum die Menschen nur in Gemeinschaft überleben konnten.

1 Höhlenmalerei, um 12 000 v. Chr.

2 Höhlenmalerei aus Lascaux/Frankreich, um 13 000 v. Chr.

Werkzeuge, Wohnung und Wärme

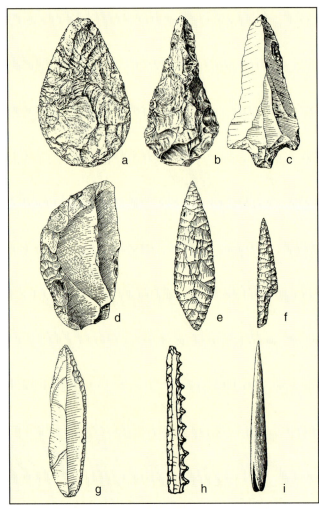

1 Werkzeuge aus verschiedenen Schichten

Werkzeugherstellung

Ein Archäologe schreibt über die Entwicklung der Werkzeuge:

„Die ersten Werkzeuge der Menschen waren seine Körperteile, voran Arme und Beine. Ihre Wirkung zu steigern (…) war das Ziel (…) frühester Erfindertätigkeit der Menschen. Die Reichweite des Armes konnte durch einen abgerissenen Ast, der Schlag der Faust durch einen aufgehobenen Stein verstärkt werden. Der nächste Schritt (…) bestand darin, dem Rohstoff eine Form zu geben, die ihn für bestimmte Handlungen geeigneter machen konnte. (…) Das wichtigste Gerät der ersten Zeit hat Mandelform, man hat es Faustkeil genannt. Es konnte für (…) alle Zwecke verwendet werden. Wir können seine Entwicklung an tausenden von Exemplaren (…) verfolgen. (…) Der schwere Faustkeil wird ständig kleiner und endet als zierliche Handspitze. An die Stelle des allein verwendeten Werkzeuges tritt nun eine lange Reihe von Spezialformen: Schaber, Messer, Bohrer, Kratzer (…) usw. Außer Holz und Stein stand den Menschen der Eiszeit noch ein weiterer Rohstoff zur Verfügung, der Knochen."

1 Ordnet die Werkzeuge in Bild 1 nach dem Alter.
2 Begründet die Reihenfolge.
3 Erklärt, warum neue Werkzeuge erfunden wurden.
4 Beschreibt die Herstellung eines Werkzeuges nach Bild 2.

  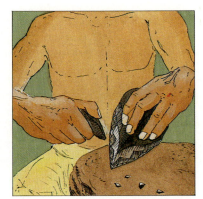

2 Herstellung eines Steinwerkzeugs. Rekonstruktionszeichnung.

Werkzeuge, Wohnung und Wärme

Wohnen und Feuer

1 *Überlegt, welches die wichtigsten Aufgaben von Wohnungen sind.*
2 *Sprecht darüber, wie Menschen heute wohnen. Denkt dabei auch an andere Völker.*

Über Kleidung und Wohnung der Menschen in dieser frühen Zeit gibt es wenige Überlieferungen. Wahrscheinlich stellten die Frauen die Kleidung her, während die Männer auf der Jagd waren. Am Ende der Altsteinzeit bestand die Kleidung vermutlich aus einer parkaähnlichen Jacke, einer Hose und Schuhen, manchmal auch einer Mütze (Bild 1). In einigen Höhlen wurden Feuerstellen gefunden. Vor den Höhlen und im Schutz der Felsen konnten Überreste von Lagerplätzen festgestellt werden. In der norddeutschen Tiefebene fanden Vorgeschichtsforscher Steine in ringförmiger Anordnung. Die Forscher schlossen daraus, dass die Jäger und Sammler Zelte aus Fellen aufgestellt hatten (Bild 2). Man vermutet aber auch, dass auf den Jagdzügen Windschirme aus Zweigen oder Schilf gebaut wurden.

Die Menschen kannten aber auch schon andere Wohnungen. Bei einer Grabung fand man neben dem Feuerplatz eine Wohngrube. Sie hatte einen runden Grundriss mit ungefähr 2,50 m Durchmesser und war bis 1,70 m tief in den Boden eingegraben. Der kreisrunde Feuerplatz bot Raum für 8 bis 10 Personen. Er hat eine Vertiefung und eine dicke Schicht von Brandresten. Wann und wo die Menschen das Feuer kennen gelernt haben, wissen wir nicht. Man kann aber vermuten, dass sie es nach einem Blitzschlag voll Angst beobachteten, dann aber merkten, dass es ihnen Wärme, Licht und Schutz vor wilden Tieren spendete. Da sie es auch zur Zubereitung des Essens benutzen lernten, wurde es sorgsam gehütet. Funde weisen darauf hin, dass die Glut auf Wanderungen mitgenommen wurde. War das Feuer einmal ausgegangen, musste es mühsam neu entzündet werden.

3 *Vergleicht die Wohnungen der Eiszeit mit unseren heutigen.*
4 *Nennt verschiedene Bedeutungen des Feuers für die Altsteinzeitmenschen.*
5 *Sprecht darüber, warum die Lebensweise der Jäger und Sammler den Bau fester Häuser nicht zuließ.*

1 Bekleidung aus der Altsteinzeit. Rekonstruktionszeichnung nach einem Grabfund bei Moskau.

2 Rekonstruktion eines Zeltes

3 So machen Ureinwohner auf den Philippinen heute noch Feuer

Werkzeuge, Wohnung und Wärme

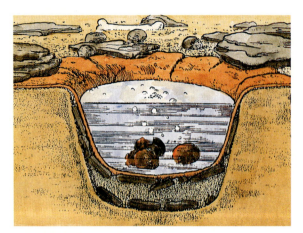

1 Kochgrube

Frauenarbeit in der Altsteinzeit

1 *Schreibt auf, was heute alles nötig ist um ein Essen zu kochen.*

Bild 1 zeigt den Versuch eine Kochgrube aus der Altsteinzeit zu rekonstruieren. Ein von den Haaren gesäubertes Leder ist in eine Grube gehängt und am Rande mit Steinen befestigt. In das Leder ist Wasser gefüllt, in das Wurzeln, Stängel, Blätter und Körner gegeben werden. Um die Suppe zum Kochen zu bringen erhitzen die Frauen Steine in einem Feuer und lassen die glühenden Steine in das Wasser gleiten.

2 *Listet die Tätigkeiten der Frauen zur Nahrungsbeschaffung auf.*

3 *Vergleicht die Essenszubereitung heute mit der in der Altsteinzeit.*

Die Arbeit der Frauen in der Altsteinzeit war sehr vielfältig. Das Sammeln von pflanzlicher Nahrung und das Fangen von Kleintieren nahmen viel Zeit in Anspruch. Auch das Hüten des Herdfeuers und die Zubereitung der Nahrung gehörten sicher zu den Aufgaben der Frauen. Wahrscheinlich war auch die Herstellung der Kleidung ihre Aufgabe. Die dafür nötigen Geräte wie Nadeln und Bohrer werden sie sich selbst hergestellt haben.

4 *Beschreibt nach den Bildern 2 und 3 die Herstellung und Benutzung von Nadeln.*

2 Herstellung von Nadeln aus Knochen

4 Kratzer zur Fellbearbeitung

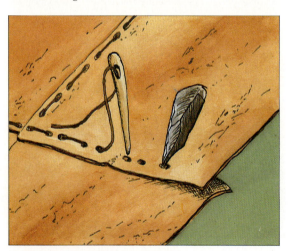

3 Benutzung von Bohrer und Nadel

Alle Bilder auf dieser Seite sind Rekonstruktionszeichnungen

Die Menschen als Jäger und Sammler

Jagdzauber

1 *Betrachtet die Bilder und beschreibt, was ihr erkennt.*

Die Höhlenmalerei der Steinzeitjäger

1940 fanden vier Jungen in der Höhle von Lascaux in Frankreich hunderte von Tierbildern. Sie zeigen Tiere der Eiszeit.

Viele Forscher vermuten, dass die Bilder eine Art Jagdzauber waren. Die Jäger haben vor der Jagd die Tiere durch ein Bild beschworen sich fangen zu lassen.

Ein Vorgeschichtsforscher berichtete über seinen Besuch in einer eiszeitlichen Höhle:

> **Q** „Wir zünden unsere Lampen an, und dann geht es in die Höhle. Der Boden ist ganz feucht und glitschig. Es geht hinauf und hinab. (…) Dann kommt der Tunnel. Der ist nicht viel breiter als meine Schulter und auch nicht höher. Die Arme dicht am Körper, so kriechen wir auf dem Bauch vorwärts. Der Gang ist stellenweise nur 30 cm hoch. (…) Meter um Meter muss so erkämpft werden, 40 m insgesamt. Es ist grausig, so dicht über dem Kopf die Decke zu haben. Riesig ist der Saal – und da sind auch die Zeichnungen. Eine Wand ist bedeckt mit Bildern. (…) Da sieht man alle Tiere, die damals in der Gegend lebten: Mammut, Rhinozeros, Bison, Wildpferd, Bär, Rentier, (…) Hase, Schneehuhn und Fische. Überall sieht man Pfeile, die auf die Tiere zufliegen. Sie zeigen Einschusslöcher. Das richtige Jagdbild also, das Bild des Zaubers der Jagd".

Über den Bildern erkennt man in 4 m Höhe einen Steinzeitjäger, der als Zauberer in seinem Tanz die Jagd beschwört.

> „Auf dem Kopf trägt er das Geweih des Rentiers, an den Händen die Pfoten des Bären, er hat (…) den Schweif des Pferdes. Das ist der Herr der Tiere".

Hier versammelten sich die Jäger vor der Jagd, zeichneten Pfeile in die Tierleiber und tanzten. Sie wollten damit den Geist der Tiere beschwören um sich eine gute Jagd zu sichern.

2 *Fasst zusammen, was ihr über die Jagd der Altsteinzeitmenschen erfahren habt. Nehmt auch die Seiten 78 und 79 zu Hilfe.*

1 Der „tanzende Zauberer". Höhlenmalerei.

2 Höhlenmalerei in Lascaux, Frankreich, um 14 000 v. Chr.

3 Pferd. Höhlenmalerei Lascaux/Frankreich, um 14 000 v. Chr.

Werkstatt

1. Ein Jäger braucht ein neues Werkzeug

Auf der Jagd ist ein Faustkeil verloren gegangen. Ein neuer muss hergestellt werden.

- *Sucht euch passende Steine.*
- *Probiert, welche Steine sich gut bearbeiten lassen.*
- *Sammelt mehrere Steine von der Art, die sich gut bearbeiten lässt.*
- *Legt einen Stein auf einen festen Untergrund und versucht durch vorsichtige Schläge mit einem anderen Stein kleine Splitter abzuschlagen. Gebt so eurem Werkzeug eine handliche und spitze Form.*
- *Schärft nun die Kanten, indem ihr mit einem kleinen Stein Splitter vom Rand abschlagt.*
- *Prüft, ob man die abgeschlagenen Splitter als Werkzeug benutzen kann.*

! Wenn man Steine gegeneinander schlägt, springen Splitter ab, die weit fliegen können. Deshalb müsst ihr bei der Bearbeitung der Steine eine Schutzbrille tragen.

2. Nichts darf verkommen

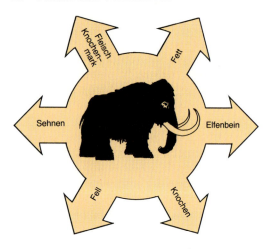

- *Wozu konnten die Steinzeitmenschen ihre Jagdbeute verwenden?*
- *Zeichnet das Bild ab und tragt die Verwendungszwecke in eure Zeichnung ein.*

3. Von der Höhle ...

... zum Haus

- *Was hat sich von der Höhle bis zum Wohnhaus verändert? Denkt an die Räume, Zahl der Menschen, Tätigkeiten in der Wohnung, an Heizung, Ernährung, Freizeit.*

Zum Weiterlesen

Aus dem Leben der jungen Steinzeitfrau Oila

Blind vor Schnee kämpfe ich mich den Hang hoch und muss dabei sehr aufpassen nicht zu rutschen und abzustürzen. Endlich erreiche ich die halbrunde Felswand, in deren hinterem Teil der Höhleneingang liegt. Ich wische mir die Augen, presse mich an die Wand und lausche. Hier in der Nähe hatten unsere Männer einmal einen Bären aufgestöbert. Aber nichts rührt sich in dem dunklen Gang. Ich betrete ihn mit stoßbereitem Speer, schnuppere noch einmal und hoffe, dass der Platz frei von Raubtieren ist.

Ich lege meine Jagdgeräte ab und suche aus meiner Tasche die Feuerknolle mit der breiten Schlagkerbe hervor. An Brennstoff fehlt es nicht. Überall liegen Knochenreste verstreut, von Pferd und Mammut, Bison und Ren, die Überbleibsel von Beutetieren, an denen sich Löwen, Hyänen und Menschen gütlich taten. Ich kauere mich auf den Boden und schabe von einem trockenen Knochenteil so viel ab, wie das Feuer für seinen ersten Hunger braucht, schlage lange, sprühende Garben aus der Knolle, blase in die glimmenden Funken und sehe, wie das Feuertier erwacht. Ich bekomme ein richtig großes Herdfeuer zugange, wärme mich auf und schaue in das Gestöber hinaus, dem ich entronnen bin.

Im Laufe des Vormittags hellt sich die Luft auf. Ich recke mich, gehe zum Ausgang und lutsche Eis gegen den Hunger. Ob ich es wage, den Hang hinabzusteigen? Meine Schneeschuhe liegen in der Siedlung und hier könnte ich sie gebrauchen, denke ich ärgerlich. Ich bin eingeschneit und muss mich auf langes Warten gefasst machen. Da reißt plötzlich die Wolkendecke auf, die Sonne gleißt und überschüttet das Tal mit unwirklichem Licht. Aus der Ferne kommt ein merkwürdiges Geräusch, ein hoher singender Ton, der schnell anschwillt. Ich ziehe mich in den Höhleneingang zurück, häufe hastig Knochen auf die Glut und decke die Feuerstelle mit Gesteinsbrocken ab. Denn jetzt fällt der Wind in die Höhle ein und schüttet Schnee über mich. Ich hocke mich nieder und versuche mich möglichst klein zu machen. Bis in den späten Tag fetzt mir der Wind um die Ohren. Als seine Gewalt endlich nachlässt, hat sich die Sonne bereits gegen den Himmelsrand geneigt.

Die Talsohle liegt leer gefegt vor mir, nur der verharscht aufliegende Altschnee leuchtet im Sonnenuntergangslicht. Schneeschuhe brauche ich jetzt nicht mehr. Ich will schon losgehen, als ich hinter der rückwärtigen Felswand ein Stück braunes Fell entdecke. Es hebt sich nur wenig vom Stein ab, aber ohne Zweifel, dahinter verbirgt sich ein Tier. Ich rühre mich nicht und warte mit gezücktem Speer, was hinter dem Felsblock zum Vorschein kommt. Doch ich nehme nicht die geringste Bewegung wahr, höre auch nicht das kleinste Geräusch, sosehr ich auch meine Ohren spitze. Schließlich umschleiche ich den Stein von der anderen Seite, spähe um die Ecke und fahre gleich darauf erschrocken zurück. Ein riesiges Tier lehnt gegen den Stein, massig, untersetzt, die zotteligen Haare voll Schnee und mit einem Doppelhorn im Gesicht. Natürlich, jetzt weiß ich, was für ein Geschöpf das ist. Ein Nashorn, nach dem Mammut das gewaltigste Tier in der Tundra.

Ich stehe gegen den Wind, fasse mir ein Herz und wage noch mal einen Blick. Das Geschöpf weicht nicht vom Fleck. Ich nehme meinen Speer fest in die Hände und stoße einen schrillen Jagdschrei aus. Doch das Ungetüm setzt sich nicht in Bewegung. Mit zwei Sätzen bin ich an seiner Flanke, ziele, wo das Herz sein muss, und stoße mit aller Kraft zu. Der Schaft zersplittert, und ich falle hintenüber ins Flechtengestrüpp. Während ich mich aufrichte, begreife ich plötzlich, warum sich das Tier nicht bewegt. Es ist durch und durch zu Eis gefroren. Ich löse die beinerne Speerspitze aus der zerbrochenen Schäftung, stecke sie in die Tasche und mache mich auf den Weg in unsere Siedlung. Meine Füße laufen von selbst und eilen unseren Leuten die gute Nachricht zu bringen. In unserer Lage bedeutet der Fleischberg einen Essensvorrat für viele Tage.

Es presst mir vor Hunger den Magen zusammen, wenn ich an das viele leckere Fleisch denke. Der Weg zieht sich, denn die Tundra ist im Dunkeln noch schwerer zu begehen, als sie es bei Tageslicht ohnehin schon ist.

Ich komme zur Siedlung, schreie, was meine Kehle hergibt: „Ho, ho, ihr Leute, ladet euch Fleisch auf eure Schultern! Kommt, wir haben Fleisch zu essen!" Gut und Immap, die beiden Frauen aus der nächsten Hütte, stecken als Erste ihre Köpfe nach draußen. „Oila ist da!", schreien sie ins Fellhaus zurück. „Tugak, Yaw, Papik, ihr Männer, hört ihr! Es gibt Fleisch zu holen!"

Über das Leben der Steinzeitfrau Oila könnt ihr weiterlesen in dem Buch von Arnulf Zitelmann, „Bis zum 13. Mond. Eine Geschichte aus der Eiszeit". Beltz-Verlag, Weinheim 1986.

DIE JUNGSTEINZEIT

Das jungsteinzeitliche Dorf Köln-Lindenthal. Rekonstruktionszeichnung.

Ein steinzeitliches Bauerndorf

In den Jahren 1930 bis 1934 wurde bei Köln-Lindenthal eine große wissenschaftliche Grabung durchgeführt. Die Forscher fanden:
Knochen von Hund, Ziege, Schaf, Schwein, Rind, Wisent, Hirsch, Wildschwein, Elch, Reh, Bär;
Pflanzenreste von Gerste, einfachen Weizenarten, Flachs, Mohn, Erbsen, Linsen;
Werkzeuge: geschliffene und durchbohrte Steinbeile, Speere mit Steinspitzen, Steinmesser, Sicheln mit Feuersteinschneiden, Hacken, Grabstöcke, Reste von Holzspaten und Holzpflügen, Knochendolche, Bohrapparate mit Röhrenknochen als Bohrer, Handmühlen aus Stein, Spinnwirtel, Reste von Handwebstühlen; Scherben von gebrannten Tonwaren.
An den Verfärbungen der Erde konnten die Forscher etwa 50 rechteckige Pfostenbauten feststellen. Die Bauten hatten Holzpfosten und Lehmwände mit Flechtwerk. Sie waren durchschnittlich 25 m lang und 5 bis 6 m breit.
Mehrere Schichten dieser Holzreste lagen übereinander. Zwischen den Holzschichten befanden sich dünne Erdschichten ohne Brandspuren.

Im linken, befestigten Teil der Siedlung lag das Dorf. Wahrscheinlich war der rechte Teil ein Viehpferch. Dort waren auch die Lehmgruben für den Hausbau. Sie waren mit Holzbohlen abgesichert, damit das Vieh nicht in die Grube fiel.
Die Zeit, in der Menschen wie in Köln-Lindenthal gelebt haben, heißt Jungsteinzeit.

1 In dem Bericht über die Funde in Köln-Lindenthal werden Dinge aufgeführt, die die Jäger und Sammler der Altsteinzeit noch nicht kannten. Welche wichtigen Erfindungen haben die Menschen inzwischen gemacht?
2 Sucht Hinweise auf die Ernährung heraus. Welche Schlüsse könnt ihr daraus ziehen?
3 Stellt Vermutungen an, wie die Menschen in dem vorgeschichtlichen Dorf gelebt haben. Vergleicht mit den Lebensweisen der Jäger und Sammler.
4 Fertigt eine Zeichnung vom Leben der Menschen im Haus an.
5 Wie erklärt ihr die Erdschichten zwischen den Schichten von Holzresten in dem Fundbericht?

Bauern in der Jungsteinzeit

Erntearbeit in der Jungsteinzeit. Getreide wurde auf freien Flächen angebaut, manchmal auch zwischen Baumstümpfen. Das Korn wurde dicht unter den Ähren mit der Sichel abgeschnitten. Man nimmt an, dass die Getreideernte Frauenarbeit war. Rekonstruktionszeichnung aufgrund von Fundergebnissen.

Eine neue Wirtschaftsform
1 *Sprecht über das Bild und stellt zusammen, was die Altsteinzeitmenschen noch nicht kannten.*

Das Klima wurde nach der letzten Kaltzeit sehr viel wärmer. Das hatte weit reichende Veränderungen in der Tier- und Pflanzenwelt zur Folge.
Im Vorderen Orient* kam es in dieser Zeit (um 10 000 v. Chr.) zu reichen Regenfällen. Die Wildformen von Weizen und Gerste, die hier schon lange wuchsen, breiteten sich dadurch rasch aus. Bald gab es mehr Wildgetreide, als die Menschen in der kurzen Reifezeit verbrauchen konnten. Wissenschaftler vermuten, dass die Menschen dann anfingen Getreidekörner aufzubewahren. Sie legten Vorräte an. Diese Vorräte, die man wohl in Erdgruben aufbewahrte, schützten über Wochen und Monate vor Hunger. So blieben die Menschen bei ihren Vorräten. Es bestand keine Notwendigkeit weiterzuwandern.

Ackerbau
Bei der Aufbewahrung der Getreidekörner – so vermuten die Wissenschaftler – machten die Menschen die Beobachtung, dass die Getreidekörner auskeimen und sich daraus neue Pflanzen und Früchte entwickeln. Diese Beobachtung führte sie dazu, selbst Samen in die Erde zu legen um im Herbst wieder Körner zu ernten. Sie fanden heraus, dass sie mehr ernteten, wenn sie den Boden auflockerten und wenn sie den Samen von den größten Ähren nahmen. So züchteten sie aus den Wildformen ertragreiche Getreidesorten. Waren anfangs die Vorratsgruben der Grund nicht weiterzuziehen, so kamen nun die bearbeiteten Felder dazu. Die Getreidepflanzer wurden sesshaft.

Viehzucht
Etwa zur gleichen Zeit lernten die Menschen in dieser Region auch Schafe und Ziegen, später Schweine und Rinder zu zähmen und zu züchten. So waren die Menschen dort bei der Fleischbeschaffung nicht mehr auf das Jagdglück angewiesen. Aus Jägern und Sammlern waren Bauern und Hirten geworden. Sie werden vermutlich auch weiterhin nebenher Wildfrüchte gesammelt und Wild gejagt haben.
In dieser Zeit hat sich vermutlich auch die Arbeitsteilung zwischen Männern und Frauen verstärkt. So wird das Pflanzen und Säen Frauenarbeit, die Versorgung des Viehs Männerarbeit geworden sein.

2 *Beschreibt, wie die Menschen darauf gekommen sein konnten, dass Getreide auch „vor der eigenen Tür" wächst.*
3 *Schreibe eine Geschichte: Die Menschen entdecken, dass man Tiere selbst züchten kann.*

In einem Dorf der Jungsteinzeit

Das Leben in jungsteinzeitlichen Dörfern

1 *Lasst diejenigen aus eurer Klasse, die ein Dorf unserer Tage kennen, berichten, wie heutige Dörfer aussehen.*

2 *Wenn ihr ausländische Mitschülerinnen oder Mitschüler habt, bittet sie über Dörfer in ihrer Heimat zu berichten.*

3 *Sprecht über Ähnlichkeiten und Unterschiede.*

4 *Beschreibt die Menschen, ihre Tätigkeiten und Werkzeuge auf den Bildern dieser Doppelseite.*

Über das Zusammenleben in den Dörfern der Jungsteinzeit können wir nur Vermutungen anstellen. Aus den Bodenfunden wissen wir, dass die Menschen in Dörfern zusammengelebt haben.

Bei allen wird wohl gleich gewesen sein, dass die Häuser dicht beieinander lagen, denn man musste sich gegen umherschweifende Jägerhorden verteidigen. Deshalb war um das Dorf meistens ein Wall errichtet oder ein Graben gezogen worden. Die Dörfer lagen fast immer an einem Bach oder einem Teich. Jede Familie baute ihre Nahrung an. Sie fertigte fast alle Geräte, die Werkzeuge und die Kleidung selbst. Die Frauen arbeiteten mit auf dem Feld, töpferten, spannen und webten, nähten die Kleidung; sie rieben auf einem Reibstein das Getreide zu Schrot und bereiteten die Mahlzeiten.

Die Männer machten Boden urbar, bearbeiteten den Acker, bauten Häuser, stellten Werkzeuge her, hüteten das Großvieh und gingen auf die Jagd.

In Dörfern wie Köln-Lindenthal (siehe Seite 86) haben in einem Haus wohl mehrere Familien zusammengelebt und gearbeitet. Wenn neue Äcker angelegt, ein neues Haus gebaut oder der Wall ums Dorf erneuert werden mussten, dann werden sie wohl eng zusammengearbeitet haben.

In den Familien lebten und arbeiteten alle zusammen. Die Kinder gingen mit Vater oder Mutter und sahen ihnen bei der Arbeit zu, solange sie klein waren. Wurden sie größer, dann halfen sie bei allen vorkommenden Arbeiten. So konnten sie alles lernen, was zum Leben nötig war.

Die alten Menschen blieben in der Familie, halfen, soweit sie noch konnten, und wurden von den Jüngeren versorgt. So lebte die ganze Familie von dem, was sie gemeinsam erwirtschaftet hatte.

Gebrannte Tongefäße werden aus dem Ofen genommen

In einem Dorf der Jungsteinzeit

Jungsteinzeitmenschen bei der Arbeit
Die Bilder dieser Doppelseiten sind von einem heutigen Maler gemalt worden. Nachdem er viele Funde gesehen und sich über die Forschungsergebnisse informiert hatte, hat er versucht die Menschen der Jungsteinzeit bei der Arbeit darzustellen.
So, wie er das Leben dieser Menschen gemalt hat, könnte es gewesen sein.

1 Notiert die Tätigkeiten. Unterscheidet dabei nach Arbeiten, die a) von einer einzelnen Familie, b) von der Dorfgemeinschaft ausgeführt wurden.
2 Auch heute wird Getreide gemahlen, wird der Boden gepflügt und werden gebrannte Gefäße aus dem Brennofen genommen. Erkundigt euch, wie das heute geschieht. Beschreibt die Unterschiede.
3 Überlegt, worin sich das Dorfleben der Jungsteinzeit vom heutigen Dorfleben unterscheidet. Vergesst dabei die Kinder nicht.

Die Bilder dieser Doppelseite sind Rekonstruktionszeichnungen

1 Das Mahlen der Getreidekörner (Rekonstruktion)

2 Das Pflügen mit dem Hakenpflug war sehr anstrengend

Bauen in der Jungsteinzeit

1 Bau eines Hauses in der Jungsteinzeit. Die verschiedenen Arbeitsgänge, Errichten der Tragpfosten in Gruben, Verlegen der Dachkonstruktionen, Herstellen der Flechtwände, Decken des Daches mit Schilf und Verputzen der Wände mit Lehm, werden hier zu gleicher Zeit gezeigt; in der Wirklichkeit wurden sie nacheinander ausgeführt. Rekonstruktionszeichnung aufgrund von Fundergebnissen.

Hausbau

1 *Beschreibt die Arbeitsgänge in Bild 1.*
2 *Stellt eine Liste der Baumaterialien auf und überlegt, wie sie beschafft werden konnten.*
3 *Macht ein Planspiel: Ein Jungsteinzeithaus soll gebaut werden.*
4 *Vergleicht die Grundrisse 2 und 3.*
5 *Listet auf, welche Tätigkeiten in den Räumen ausgeführt wurden.*

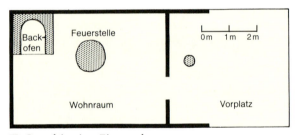

2 Grundriss eines Einraumhauses

Die Funde aus der Jungsteinzeit zeigen unterschiedliche Häuser. Es gab Einraumhäuser, in denen jeweils eine Familie wohnte. Dazu gehörten dann gesonderte Vorratshütten und oft auch Schutzbauten für das Großvieh. In anderen Gegenden gab es Dörfer, in denen Langhäuser standen wie in Köln-Lindenthal. In diesen Häusern war alles unter einem Dach untergebracht, was die Menschen zum Leben brauchten, Räume zum Wohnen, für die Vorräte und für das Vieh.

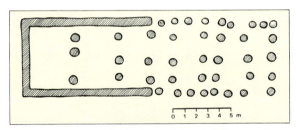

3 Grundriss eines Langhauses. Sichtbar sind die Reste der Wand und die Reste der verfaulten Pfosten im Boden.

Eine neue Lebensweise

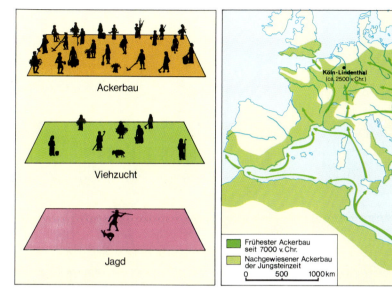

1 So viele Menschen konnten auf 1 km² ernährt werden

2 Ausbreitung des Ackerbaus

Ausbreitung der neuen Lebensweise

1 Beschreibt Bild 1.
2 Begründet, warum mit dem Ackerbau so viel mehr Menschen von einem Quadratkilometer Boden ernährt werden können als mit der Jagd.

Durch den Ackerbau und die Viehhaltung wurde die Ernährung sicherer. Es gab mehr zu essen. Dadurch wuchs die Bevölkerungszahl.
Im 7. Jahrtausend v. Chr. reichte im Vorderen Orient das fruchtbare Land nicht mehr aus um alle Menschen zu ernähren. So machten sich ganze Gruppen auf um das bisher noch unbebaute Land für sich zu gewinnen.
Aus der Karte (Bild 2) könnt ihr nur die Wege der Ausbreitung beschreiben, aber nicht, wie sie vor sich ging. Sehr frühe Funde in Nordafrika, in Griechenland und an der Rhônemündung lassen vermuten, dass die „Auswanderer" auf Schiffen oder großen Booten über das Mittelmeer kamen. Diese Fahrzeuge mussten groß genug sein um neben den Menschen auch Nahrungsvorräte, Saatgut und Haustiere zu transportieren.

Wo fruchtbarer Boden gefunden wurde, ging man an Land, bebaute den Boden und baute Häuser. Nachkommende Gruppen mussten dann weiterziehen. Die Flusstäler waren beliebte Zugwege. So zog eine Welle nach der anderen immer weiter auf der Suche nach gutem Boden.
Wahrscheinlich haben die Jäger und Sammler, die in den Flusstälern schon wohnten, die Neuankömmlinge beobachtet und von den Hirten und Bauern gelernt. Manche von ihnen werden auch sesshaft geworden sein und das Land bearbeitet haben. Aber mit den umherstreifenden Jägern wird es auch manchen Kampf gegeben haben, wenn sie die Haustierherden als Jagdbeute angesehen haben.
Um 5000 v. Chr. können die ersten Ackerbauern und Viehzüchter im Rheingebiet nachgewiesen werden. In Köln-Lindenthal wohnten die ersten Bauern um 2500 v. Chr.

3 Fasst mithilfe der Karte und des Textes zusammen, wie sich die bäuerliche Kultur ausgebreitet hat.
4 Erläutert den Satz: Viehherden sind lebende Vorräte.

Neue Techniken

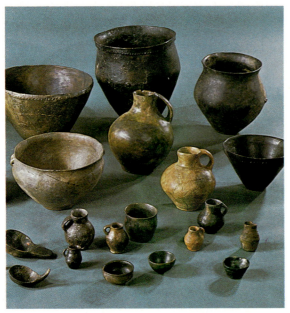

1 Töpferwaren aus einem jungsteinzeitlichen Dorf

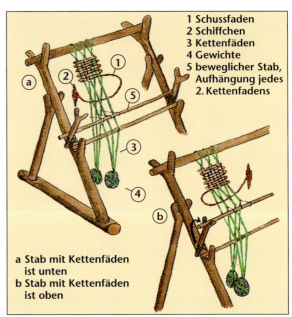

3 Modell für steinzeitliches Weben. Rekonstruktionszeichnung.

Töpfern, Pflügen, Weben

In allen ausgegrabenen Siedlungen der Jungsteinzeit fanden die Frühgeschichtsforscher Töpferwaren. Wann und wo die Töpferei erfunden wurde, ist nicht genau bekannt, aber die einwandernden Bauern und Hirten kannten schon gebrannte Tonwaren. Die gebräuchlichste Technik war, dass von einem Stück gekneteter feuchter Tonerde ein flacher Boden hergestellt wurde. Aus kleinen Klumpen formten die Menschen Rollen und drückten diese dann ringförmig übereinander auf den Bodenrand. So entstand die Wand des Gefäßes. Nachdem die Wände glatt gestrichen waren, mussten die Gefäße an der Luft trocknen. Anschließend wurden sie im Feuer gebrannt. Dadurch wurden sie hart. Man hatte Gefäße für viele Zwecke, z. B. für die Aufbewahrung des Korns, zum Kochen und zum Trinken.

1 *Beschafft euch Ton und formt Gefäße.*
2 *Erkundigt euch, wie heute Tongeschirr geformt und gebrannt wird. Berichtet darüber.*
3 *Vergleicht die Nutzung von Tongeschirr in der Steinzeit und heute.*

Die Funde von Spindeln beweisen, dass die Menschen in der Jungsteinzeit schon Garn gesponnen und Stoffe gewebt haben. Dazu verwendeten sie Flachs* und Wolle.
4 *Beschreibt nach Bild 3, wie ein Stoff gewebt wird.*

Auch für die Bearbeitung des Bodens hatten die Jungsteinzeitmenschen Werkzeuge entwickelt. Bild 2 zeigt die Entwicklungsreihe.
5 *Beschreibt die Vorteile, die der Spaten gegenüber dem Grabstock und der Pflug gegenüber dem Spaten brachte.*

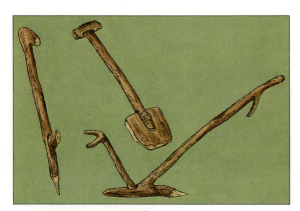

2 Grabstock, Spaten und Pflug. Rekonstruktionszeichnung.

Neue Techniken

1 Steingeräte der Jungsteinzeit

2 Schleifen von Steingeräten. Modellversuch.

3 Bohren von Steinen. Modellversuch.   **4** Der Stein wird durchbohrt   … und am Schaft befestigt

Steinbearbeitung

1 *Vergleicht die Geräte auf Bild 1 mit den altsteinzeitlichen Geräten auf dem Bild Seite 73.*

In der Jungsteinzeit erfanden die Menschen das Schleifen und Bohren. Damit konnten sie bessere Beile herstellen, die für die vielen Holzarbeiten sehr nützlich waren.
Die grobe Form des Beils wurde aus einem Stein herausgeschlagen. Mithilfe von Sand und Wasser konnte dann die Oberfläche des Beils glatt geschliffen werden. Schwieriger war das Bohren eines Loches für die Befestigung des Stiels.

2 *Erklärt mithilfe des Textes Bild 2.*

3 *Erläutert die Arbeitsweise der Bohrmaschine (Bild 3). Überlegt, warum das Drehen des Bohrers mit der Bogensehne wirkungsvoller ist als mit der Hand.*

Als Bohrstab diente ein Stück Rundholz (siehe Bild 4). Auf das fertig geschliffene Beil wurde Sand gestreut, der immer wieder angefeuchtet wurde. Darauf drehte sich der Bohrstab und schliff so allmählich ein Loch in den Stein. Man hat in Versuchen festgestellt, dass es etwa 100 Stunden dauerte, bis ein 4 cm dicker Stein durchbohrt war.
Die Suche nach einem schnelleren Verfahren führte dann zur Erfindung der „Hohlbohrung". Hierzu benutzte man keinen Vollholzstab, sondern einen Röhrenknochen. Nun blieb beim Bohren der „Kern" stehen. Mit dieser Technik konnte man einen 4 cm dicken Stein schon in 67 Stunden durchbohren.

4 *Überlegt, was es bedeutet, wenn die Herstellung eines Steinbeils so lange dauerte.*

5 *Versucht einen Stein mithilfe von Wasser und Sand auf einer Steinunterlage glatt zu schleifen.*

DIE METALLZEIT

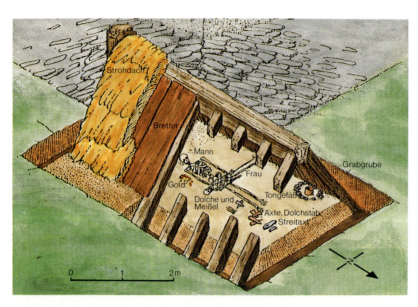

1 Das Totenhaus von Leubingen. Rekonstruktionszeichnung.

Das Grab von Leubingen
Als man das Grab von Leubingen in Thüringen (Bild 1) untersuchte, stellte man fest, dass es rund 3500 Jahre alt sein musste. Die Forscher fanden in dem Grab die Überreste von zwei Menschen, einem Mann und einer Frau, die beide lang ausgestreckt lagen.
An Geräten wurden gefunden:
– reicher Goldschmuck,
– Äxte, Dolche und Meißel aus Bronze,
– Streitäxte aus Stein,
– Tongefäße.

1 Überlegt, was in diesem Grab gegenüber der Steinzeit neu ist.
2 Vergleicht die Steinwerkzeuge (Bild 1, Seite 93) mit den Bronzegeräten auf dieser Seite.
3 Denkt über Vor- und Nachteile der Metallwerkzeuge nach.
4 Vermutet, ob wohl alle Gräber dieser Zeit so reiche Beigaben hatten. Begründet.

Mit der Bearbeitung von Metall begann ein neues Zeitalter. Weil in dieser Zeit Bronze das wichtigste Metall war, nennt man sie Bronzezeit.
Aber auch in dieser Zeit wurden noch viele Geräte aus Stein hergestellt und gebraucht. An die Bronzezeit schließt sich dann ab 800 v. Chr. die Eisenzeit an.
Der Übergang von einer Zeit in die andere vollzog sich nicht plötzlich, sondern langsam.

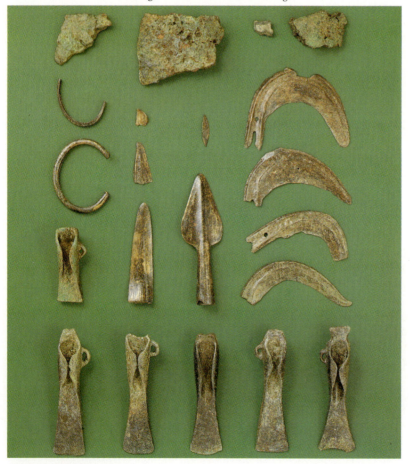

2 Funde aus der Bronzezeit

Handel und Handwerk

Wie Bronze hergestellt wurde

Viele bronzezeitliche Bergwerke sind von den Archäologen ausgegraben worden. Man fand z. B. in Spanien in einer Kupfergrube 20 tote Bergleute aus der Bronzezeit, die während einer Arbeitspause von niederstürzendem Gestein erschlagen worden waren. Kleidung, Geräte, Werkzeuge und Lampen sind von diesem, aber auch von anderen Schächten bekannt. Daher weiß man, wie die Bergleute damals arbeiteten. Soweit es ging arbeiteten die Bergleute im Tagebau. Lagen die Erz führenden Schichten aber zu tief gruben sie einen Schacht und erweiterten ihn im unteren Bereich, wo die Erze lagen, zu großen Räumen. Behauene Bäume dienten als Treppen; mit Winden und Seilen wurden die erzbeladenen Körbe herausgefahren. Mit starkem Feuer erhitzten die Bergleute die Gesteinswand, dann schütteten sie kaltes Wasser dagegen. Dadurch wurden die Steine spröde und brüchig. Nun konnte das Erz aus dem Stein herausgeschlagen werden. Über Tage wurde das Erz weiterverarbeitet. Das Erz wurde in „Hochöfen" ausgeschmolzen. Dazu schichtete man abwechselnd Erz und Holzkohle zu einem mannshohen Haufen auf, den man mit Lehm abdeckte. Je ein Loch im Lehmmantel oben und unten sorgte für den Durchzug. Außerdem führte man mit einem Blasebalg Frischluft zu. Dadurch erhöhte sich die Temperatur im Ofen. Das geschmolzene Metall floss unten aus dem Ofen in vorbereitete Formen aus Lehm und erkaltete. Jetzt waren die Barren fertig.

1 *Beschreibt die einzelnen Gussverfahren.*
2 *Vergleicht die jeweiligen Arbeitsvorgänge. Welcher eignet sich für Massenware?*

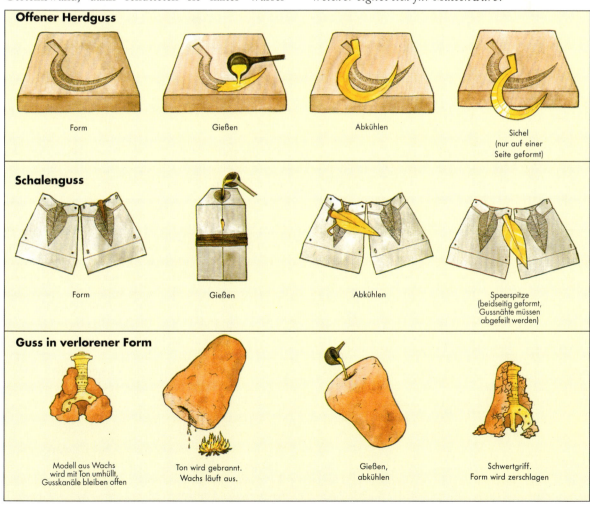

Handel und Handwerk

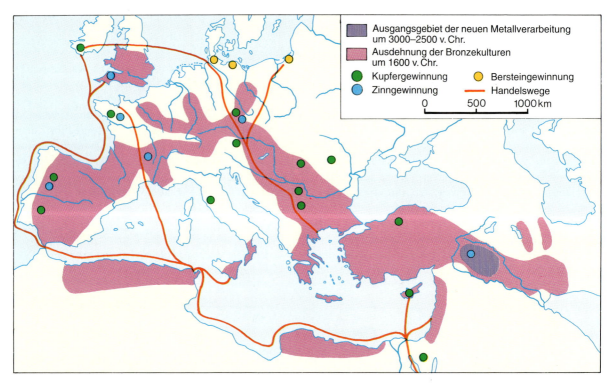

Bodenschätze und Handelswege der Bronzezeit

Neuer Fortschritt durch das Metall
Die Forscher konnten bisher nicht genau feststellen, wann und wo Menschen zum ersten Mal Metall bearbeitet haben. Die ältesten bekannten Metallgeräte stammen aus dem Raum des östlichen Mittelmeeres. Sie sind aus Kupfer. Weil Kupfer sehr weich ist, verbiegen sich die Geräte sehr leicht. Deshalb waren die Kupfergeräte den steinernen nicht überlegen. Durch Zusatz von Zinn konnte man Kupfer härten und Bronze herstellen. Bronze besteht zu 90 Anteilen aus Kupfer und zu 10 Anteilen aus Zinn. Erst jetzt setzte sich das Metall durch. Vor rund 3500 Jahren war Bronze auch in Mitteleuropa verbreitet. Erze gab und gibt es nicht überall. Auf der Karte oben sind die Hauptabbaugebiete für Kupfer und Zinn eingetragen.

1 Beschreibt die Fundgegenden nach der Karte.
2 Überlegt, wie die Hirten und Bauern in unserer Gegend an die Bronze gekommen sein könnten.

Der Handel
Schon in der Jungsteinzeit gab es Fernhandel. Dieser wurde nun ausgebaut. Aufgrund der Funde lassen sich regelrechte Handelswege beschreiben. Sie sind in der Karte eingezeichnet. Die Händler fuhren vor allem auf den Strömen wie Rhein, Elbe und Donau. Sie benutzten aber auch die Pfade an den Abhängen der Täler. An vielen Stellen dieser Wege wurden Hortfunde* gemacht. So hat man in Bad Homburg v. d. Höhe einen Hort mit hunderten von Lanzenspitzen, Sicheln, kleinen Äxten, Messern, Ringen, Armbändern und Haarnadeln aus Bronze gefunden. Bei Achenbach am Bodensee enthielt ein Hort über einen Zentner Bernstein*. Bei Breslau, dem heutigen Wrocław in Polen, fand man bei drei dicht beieinander liegenden Fundstellen fast 27 Zentner Rohbernstein. Aber die meisten bekannten Hortfunde enthielten nur einige dutzend Gegenstände. Neben Bronze und Bernstein wurde auch Salz über große Entfernungen gehandelt.

3 Vermutet, wie der Handel vor sich gegangen sein kann.
4 Überlegt, womit die Bauern die Bronzegeräte „bezahlt" haben könnten.
5 Stellt Gründe zusammen, mit denen der Händler für seine Bronzewaren geworben haben könnte.

Zusammenfassung

1 *Die beiden Bilder kennt ihr bereits aus dem Text (Seite 78 und 89). Schreibt zu jedem Bild eine Geschichte.*
2 *Malt für die Alt- und für die Jungsteinzeit je ein Bild vom Wohnen (siehe Seite 81, 84 und 86).*
3 *Formt aus Ton ein Gefäß und erzählt, wozu die Jungsteinzeitmenschen die Gefäße benutzten.*
4 *Nennt Berufe, die erst in der Bronzezeit entstanden.*

Die ältesten Spuren von Menschen auf der Erde sind rund 2 000 000 Jahre alt. Wir wissen, dass die Menschen Werkzeuge herstellten. Das Klima änderte sich in der langen Zeit mehrfach. Kaltzeiten wechselten mit Warmzeiten.

Das Leben war ein ständiger Kampf um die Versorgung mit Nahrung, Kleidung und Unterkunft. Die Menschen gingen auf Jagd und sammelten pflanzliche Nahrung. Daher nennen wir sie auch Jäger und Sammler.

Sie lernten das Feuer zu benutzen und Kleidung aus Tierfellen zu fertigen. Da sie dem Wild nachziehen mussten, hatten sie keine festen Wohnsitze. Sie waren Nomaden, die in Horden zusammenlebten, weil die Tiere nur durch Gruppen von Jägern erlegt werden konnten.

Zu Beginn der Jungsteinzeit vor etwa 10 000 Jahren gab es umwälzende Veränderungen. Den Menschen wurde bewusst, dass sie sich besser ernähren konnten, wenn sie Nahrungsmittel selbst herstellten. Sie lernten, dass man aus Samen wieder Pflanzen ziehen konnte und dass man umso mehr erntet, je besser man den Boden bearbeitet. Deshalb erfanden sie neue Geräte, den Grabstock, den Spaten und den Pflug.

Zur selben Zeit lernten die Menschen Tiere zu züchten, nämlich Schafe, Ziegen, bald auch Rinder und Schweine. Damit wurde die Fleischversorgung sicherer. Aus Jägern und Sammlern wurden Bauern und Hirten.

Neue Techniken wurden entwickelt. Die Töpferei wurde erfunden. Man lernte das Spinnen und Weben. Dadurch konnte bessere und bequemere Kleidung hergestellt werden. Die Steinbearbeitung durch Schleifen und Bohren erbrachte bessere Werkzeuge.

In den Dörfern lebten die Menschen in Sippen* und Familien zusammen.

Die Metallzeit begann in Europa um 1 800 v. Chr. Funde aus der Bronzezeit weisen darauf hin, dass die Bauern mehr Lebensmittel produzierten, als sie selber verbrauchten. Dafür konnten sie wertvolle Metallwaffen und Geräte, aber auch Schmuck eintauschen. Händler trieben über weite Strecken Tauschhandel mit Metallwaren, Bernstein und Salz. Der neue Werkstoff verlangte wegen seiner schwierigen Herstellungs- und Bearbeitungstechnik Spezialisten. So kann man von den ersten Handwerkern, den Gießern und Schmieden, aber auch von den Bergleuten sprechen.

3.2 LEBEN UNTER AUSSERGEWÖHNLICHEN BEDINGUNGEN

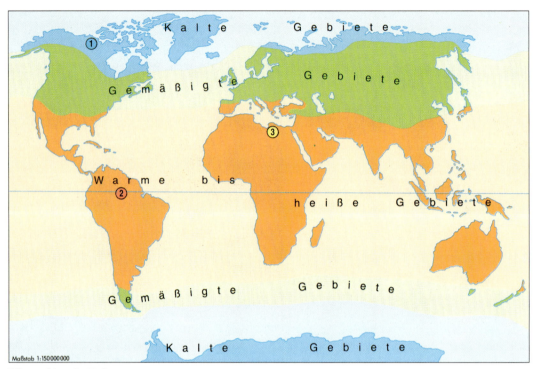

Klimagebiete der Erde

1 ● **Kanada,** der Eiskeller Nordamerikas. Fröste um −60 °C sind im äußersten Norden Kanadas keine Seltenheit.

2 ● **Amazonien,** das Treibhaus unter dem Äquator. Trotz 30 °C im Schatten ist die Luft so feucht, dass einmal vom Regen durchnässte Kleidung nie mehr ganz abtrocknet.

3 ● **Sahara,** heißeste Wüste der Erde. Am 13. September 1922 wurde in Libyen die höchste Temperatur der Erde gemessen: 58 °C.

In den kalten und heißen Gebieten der Erde sind die Lebensbedingungen für den Menschen außergewöhnlich.

IN DER TUNDRA

Orientierung: Nordamerika

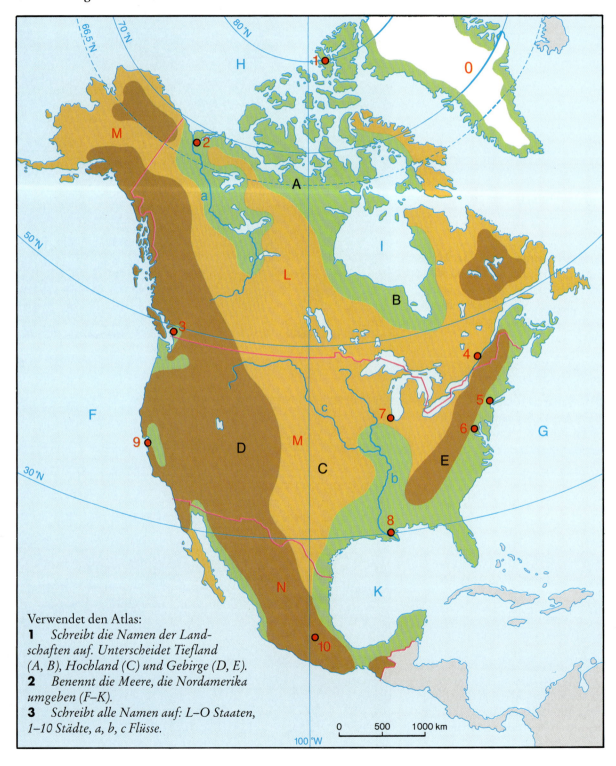

Verwendet den Atlas:
1 Schreibt die Namen der Landschaften auf. Unterscheidet Tiefland (A, B), Hochland (C) und Gebirge (D, E).
2 Benennt die Meere, die Nordamerika umgeben (F–K).
3 Schreibt alle Namen auf: L–O Staaten, 1–10 Städte, a, b, c Flüsse.

Polarnacht und Polartag

Ein kanadischer Meteorologe wurde von Montreal zur Wetterstation in Inuvik versetzt. Er berichtet:

M Für uns ist hier zunächst alles ungewohnt. Zu Hause sind wir an den ständigen Wechsel von Tag und Nacht gewöhnt. Aber hier weiß man gar nicht mehr, wann man während des Polartages schlafen gehen soll. Mein Gefühl für die Tageszeit ginge verloren, hätte ich nicht die regelmäßige Arbeitszeit. Wie soll man nur im Winter die Polarnacht ertragen? Ich kann mir gut vorstellen, wie Kinder und Erwachsene dann auf den ersten Sonnenschein warten.

1 Unterscheidet Polarnacht und Polartag voneinander. Benutzt dazu Bild 1.

2 Vergleicht die Angaben zur Polarnacht und zum Polartag in der Tabelle mit der Lage der Orte auf der Karte auf Seite 100. Welchen Zusammenhang stellt ihr fest?

Ort	Breitengrad	Dauer des Polartages	Dauer der Polarnacht
Nordpol	90°	186 Tage	179 Tage
Isachsen	80°	134 Tage	127 Tage
Inuvik	70°	72 Tage	67 Tage
Polarkreis	66,5°	1 Tag	1 Tag

3 Beschreibt Tageslänge und Jahreszeiten im äußersten Norden Kanadas und im Vergleich dazu in Deutschland.

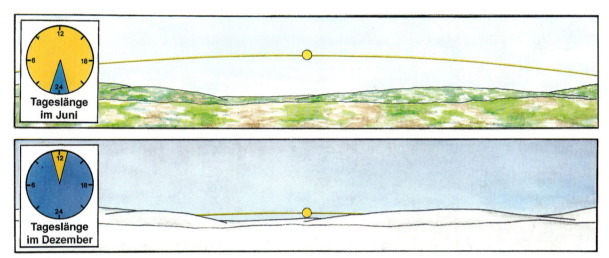

1 und 2 Tageslänge und Sonnenstand im äußersten Norden Kanadas

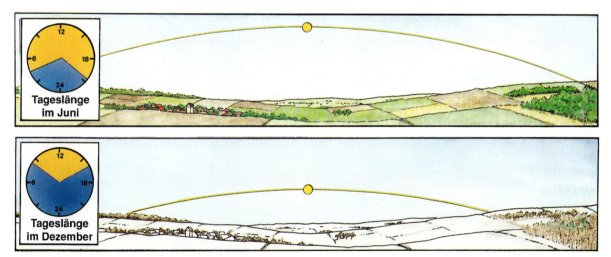

3 und 4 Tageslänge und Sonnenstand in Deutschland

Temperaturen messen und darstellen

1 Wärmestufen der Monatsmitteltemperaturen

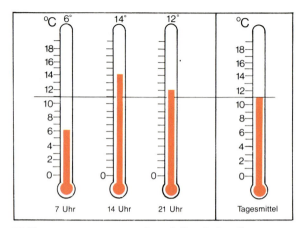

2 Temperaturmessung an einem Julitag in Inuvik

1 Messt an einem, besser an mehreren Tagen morgens, mittags und abends die Temperatur.
2 Bestimmt mit den gemessenen Temperaturwerten die durchschnittliche Tagestemperatur. Dazu wird der Abendwert zweimal gerechnet, damit nachts niemand aufstehen muss.
3 Berechnet das Tagesmittel (durchschnittliche Tagestemperatur) nach den Temperaturmessungen in Bild 2.
4 Um den Monatsmittelwert der Temperatur festzustellen, müsst ihr einen Monat lang für jeden Tag die Tagesmittel bestimmen. Wer hält es durch?
5 Berechnet das Monatsmittel (die Monatsmitteltemperatur) von Inuvik nach den Tagesmittelwerten in der Tabelle.

Temperaturmittelwerte
Tagesmittel = Temperatur von 7 Uhr plus Temperatur von 14 Uhr plus zweimal Temperatur von 21 Uhr geteilt durch vier.

Monatsmittel = Summe der Tagesmittel geteilt durch die Zahl der Tage des Monats.

Tagesmittel eines Juli in Inuvik							
Tag	1	2	3	4	5	6	7
Temperatur °C	10	7	7	6	8	9	12
Tag	8	9	10	11	12	13	14
Temperatur °C	17	24	22	21	22	8	4
Tag	15	16	17	18	19	20	21
Temperatur °C	5	6	6	7	5	5	10
Tag	22	23	24	25	26	27	28
Temperatur °C	12	13	15	14	13	15	14
Tag	29	30	31				
Temperatur °C	12	10	11				

Temperaturen messen und darstellen

Temperaturdiagramm
Wir zeichnen auf Karopapier das Jahrestemperaturdiagramm von Inuvik:

1 *Das Temperaturdiagramm steht in einem Rechteckgitter (Bild 1):*
– *Zeichnet eine 6 cm lange Rechtsachse.*
– *Tragt im Abstand von 0,5 cm die Monate Januar (J) bis Dezember (D) ein.*
– *Schreibt unter die Rechtsachse in die Zwischenräume die Anfangsbuchstaben der Monate.*
– *Zeichnet dann links und rechts an die Rechtsachse je eine Hochachse von 5,5 cm Länge.*
– *Tragt 3 cm über die Rechtsachse die Null-Grad-Linie (0°) ein.*
– *Tragt nun an der linken Hochachse im Abstand von 1 cm die Temperatur auf: 1 cm entspricht 10 °C.*
– *Schreibt über die linke Hochachse die Maßeinheit °C (sprich: Grad Celcius).*

2 *Die Monatsmitteltemperaturen ergeben eine Temperaturkurve:*
– *Übertragt die Monatsmittelwerte aus der Tabelle unten in das Rechteckgitter. Zeichnet mit dem Bleistift für jeden Wert genau in die Mitte der Zwischenräume kleine Kreuze (Bild 2).*
– *Verbindet die Kreuze mit einer roten Linie. Fertig ist die Temperaturkurve von Inuvik (Bild 3).*

	J	F	M	A	M	J	J	A	S	O	N	D
Inuvik	–29	–27	–22	–13	0	10	14	11	4	–7	–20	–27
Manaus	26	26	26	26	26	27	27	28	28	28	28	27
Kufra-Oasen	12	15	19	23	28	30	30	31	28	25	19	14
Hannover	0	1	4	8	13	16	17	17	14	9	5	2

Monatsmittelwerte von Inuvik (Kanada), Manaus (Brasilien), den Kufra-Oasen (Libyen), Hannover (Deutschland). Temperaturen in °C.

3 *Zeichnet für Manaus, die Kufra-Oasen und Hannover Temperaturdiagramme. Verlängert bei den Diagrammen von Manaus und den Kufra-Oasen die Hochachsen auf 6 cm Länge.*

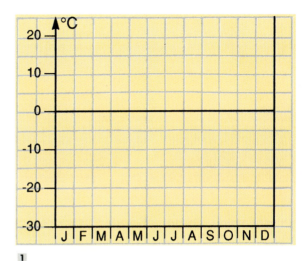

1

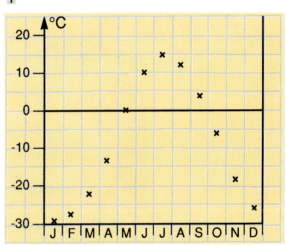

2

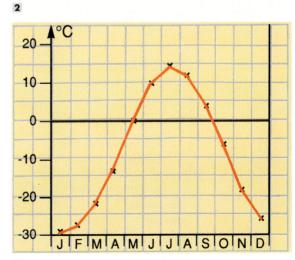

3

Eskimos früher

1 Seehundjagd im Sommer

2 Seehundjagd im Winter

Okluk besucht seinen Onkel (1910)

M Okluk wollte seinen Onkel in einer über 100 km entfernten Eskimosiedlung besuchen. Die Schlittenreise durch die Tundra wird drei Tage dauern. Den Schlitten musste er sich selbst bauen. Dazu brauchte er Material. Holz hatte er nicht, denn in der Tundra wachsen keine Bäume. Okluk weichte breite Streifen Walrosshaut im Wasser ein und wickelte sie dann um Lachsstücke, die er der Länge nach geschichtet hatte. Die Bündel legte er ins Freie und ließ sie gefrieren. Die festen Einzelteile band er später zu einem Schlitten zusammen

Okluk lud Futter für die Hunde auf den Schlitten. Für sich selbst nahm er wenig Verpflegung mit, weil er Gewicht sparen wollte. Aber Seehundfett brauchte er um die Iglus zu beleuchten und zu beheizen. Für die Ruhepausen baute er sich in kurzer Zeit ein Haus aus Schnee. Darin wurde es ihm bald zu warm, obwohl er sich fast ganz ausgezogen hatte. Die Tranlampe mit dem niedrigen Moosdocht, der auf einer Länge von mehr als 20 cm brennt, spendete die Wärme. Da Okluk kein Streichholz kannte, gewann er das Feuer für seine Lampe durch Reibung. Er quirlte ein Holzstäbchen in trockenem Moos, bis es glühte.

Nach dem Schlaf wollte sich Okluk einen Vogel zum Frühstück fangen. Er erweiterte das Luftloch im Iglu, streute Fleischstückchen aus und wartete. Als endlich ein Vogel niederstieß um einen Bissen zu schnappen, packte er ihn bei den Beinen.

Wolfsgeheul riß Okluk an seinem zweiten Ruheplatz aus dem Schlaf. Er beschmierte sein Messer mit Vogelblut und vergrub es im Schnee. Nur die

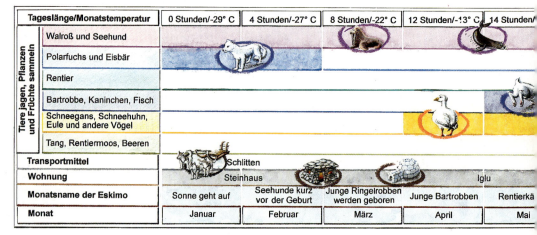

3 Eskimoleben um 1900 in den Barrengrounds

Eskimos früher

Klinge ragte heraus. Ein Wolf wurde vom Blutgeruch angelockt. Als er an der Klinge leckte, schnitt er sich in die Zunge. Gierig vom Geruch des Blutes biss das Tier immer wieder zu. Schließlich verblutete der Wolf. Okluk sättigte sich am Fleisch. Er aß es roh. Das Fell nahm er seinem Onkel mit. Unterwegs, wenn für kurze Zeit die Sonne schien, setzte Okluk seine Schneebrille auf. Glas kannte er nicht. Aber sein Augenschutz aus Walrosszahn oder aus Holz mit feinen Schlitzen anstelle von Linsen erfüllte seinen Zweck genauso gut. Als Okluk nach reichlich einer Woche wieder zu Hause war, lieferte der Schlitten willkommene Nahrung. Die Hunde fütterte Okluk mit der aufgetauten Walrosshaut. Er und seine Familie labten sich am eingerollten Lachs.

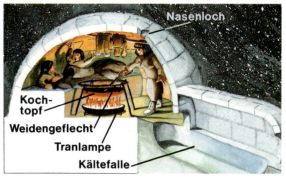

1 Schnitt durch ein Schneehaus (Iglu)

1 Vergleicht Okluks Reisevorbereitungen mit Vorbereitungen für eine Reise zu euren Verwandten.
2 Überlegt euch zu den folgenden Zwischenfällen während Okluks Reise kurze Geschichten: a) Okluk erlegt kein Wild. b) Okluk bekommt kein Feuer. c) Okluk gerät in einen längeren Schneesturm.
3 Berichtet anhand der Bilder 1 und 2 auf Seite 104 von der Seehundjagd in Sommer und Winter.
4 Berichtet anhand des Bildes 1 über Aufgaben der Eskimofrauen.
5 Seht euch Bild 3, Seite 104 an:
a) Sprecht über die Monatsnamen der Eskimos.
b) Welche Tiere jagten die Eskimos zu welcher Jahreszeit? Fertigt eine Liste an.
c) Berichtet über Veränderungen im Leben der Eskimos während des kurzen Sommers.

2 Verwertung eines Seehundes

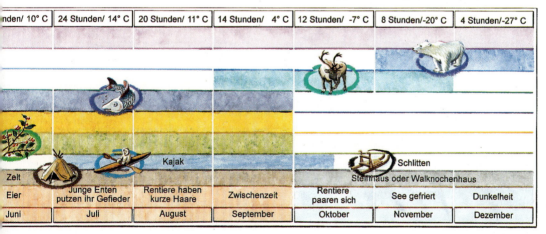

Eskimos heute

Im Eskimodorf Paulatuk

Der Geographielehrer Martin P. hat im Jahr 1986 das Eskimodorf Paulatuk erkundet. Es liegt rund 400 km östlich von Inuvik im Nordwestterritorium von Kanada. Martin P. berichtet:

M Die „Twin Otter" flog noch eine Schleife über Paulatuk, ehe sie in der Bucht wasserte. Das war also ein Eskimodorf? Ich weiß nicht, was mich mehr störte, die riesige Antenne für Satellitenempfang, die Planierraupe oder das Kühlhaus. Einmal im Jahr, wenn Ende Mai die Bucht eisfrei wird, legt das Frachtschiff in Paulatuk an. Dann biegen sich im Laden die Regale unter der Last der Lebensmittel. Tausende von Konservendosen, acht Sorten Schokolade, sechs Sorten Erfrischungsgetränke in Dosen – kein Wunder, dass viele Eskimos an Vitaminmangel und Zivilisationskrankheiten leiden.

Roy lebt noch von der Jagd. Er versorgt nicht nur seine Familie mit Fisch und Fleisch. Im Sommer hängen im Kühlhaus einige hundert große Lachsforellen, eine Delikatesse der Arktis. Er hat sie mit dem Netz gefischt, an guten Tagen mehr als 50. Später werden sie mit dem Flugzeug nach Süden geflogen. Er bekommt etwa 2 Dollar pro Kilo dafür. Ob er weiß, was eine Portion in den Großstädten kostet? Etwas mehr als ein Dutzend Jäger gibt es noch in Paulatuk. Wer keine Arbeit hat und sich auch nicht selbst versorgen kann, bekommt Geld vom Staat. Der alten Witwe Nora Ruben brachten wir immer ein Stück Wild von der Jagd mit. Frauen versorgen auch heute noch den Haushalt. Andere Arbeit gibt es für sie nicht.

Albert ist der Dorfverwalter. Wie er haben auch andere einen Job vom Staat und dabei nicht besonders viel zu tun, aber ein festes Gehalt: Charly versorgt das Dorf per Tankwagen mit Trinkwasser aus dem nahen See, Ray verwaltet die Wohnungen, Nelson muss die Landebahn in Ordnung halten usw.

Diese Familien sind nicht mehr so häufig auf der Jagd, sie kaufen ihre Lebensmittel im Geschäft. Ihre Kinder werden sich später nicht mehr selbst versorgen können. Viele Fähigkeiten der Eskimos gehen verloren. In der Schulbaracke sind die 9 „Klassen" in drei Räumen zusammengefasst. Ein paar „Klassen" bestehen nur aus 5–7 Schülern. Das wichtigste Fach ist Englisch. Wenn man Englisch spricht, macht z. B. auch das Fernsehen viel mehr Spaß, denn fast das ganze Programm wird in dieser Sprache gesendet. Sendungen in Inuktitut, der Eskimosprache, gibt es erst wenige. Viele Jugendliche zeigen sich ihrer Sprache gegenüber recht gleichgültig. Doch die Schulbehörde der Eskimos will nicht, dass ihre Sprache ausstirbt.

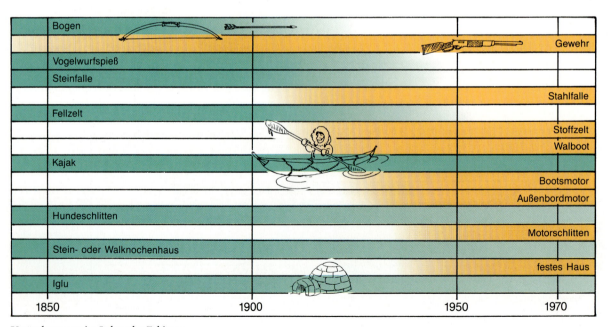

Veränderungen im Leben der Eskimos

Eskimos heute

Es war schon kurz vor Mitternacht, aber die Sonne stand noch dicht über dem Horizont, als wir mit dem Motorboot an ein paar Eisbergen vorbei über die Bucht fuhren. Nach einer Stunde erreichten wir das Jagdlager. Zuerst die Arbeit: Die Netze einholen und überprüfen, Fische ausnehmen und zum Trocknen aufhängen, ein Rentier schießen und schlachten, sein Fell aufspannen, Gewehr reinigen, das Lager richten. Ich staunte über die Geschicklichkeit, mit der diese jungen Eskimos die Arbeit erledigten.

1 Lest den Bericht, gliedert ihn in Abschnitte und findet zu den Abschnitten kurze Überschriften.
2 Zählt Tätigkeiten und Gegenstände des Eskimoalltags auf. Trennt nach herkömmlicher und neuzeitlicher Lebensweise.
3 Beschreibt Folgen der neuen Lebensweise
a) für die Eigenständigkeit der Eskimos, ihre Sprache und Kultur,
b) für die natürliche Umwelt der Tundra und des Eismeeres. Beachtet die Tier- und Pflanzenwelt, das Wasser und den Boden.
4 Erforscht anhand des Ortsplanes (Bild 2) das Eskimodorf Paulatuk. Beachtet die Dorfentwicklung, die Zahl der Häuser, öffentliche Einrichtungen, die Verkehrsanbindung, die Versorgung mit Energie und Wasser.
5 Stellt Gemeinsamkeiten und Unterschiede zu einem deutschen Dorf fest.

1 **Hauptstraße in Paulatuk.** Foto 1986.

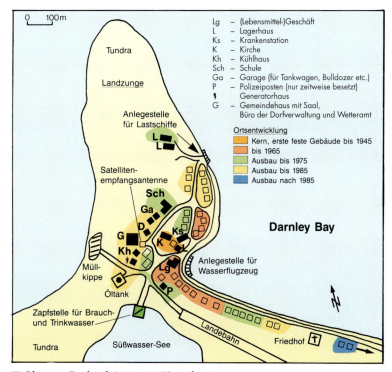

2 Plan von Paulatuk (1986: 193 Einwohner)

Eskimos heute

Die Angst vor der Zukunft

Seit über 10 Jahren wird das Leben für diejenigen Grönland-Eskimos, die sich wie ihre Vorfahren durch Robbenjagd und Fischfang überwiegend selbst versorgen wollen, immer schwieriger. Sie haben Angst vor der Zukunft.

Aus einer Zeitungsanzeige der Eskimos von 1983:

> **M** Es gibt Leute, die der Meinung sind unsere Fängergemeinschaft sei ein Überbleibsel in der industrialisierten Welt. Aber die Fängerkultur ist ein natürlicher Teil des modernen Grönland. Wir haben uns entschlossen unter unseren eigenen Bedingungen zu leben.
>
> Wir verwerten die ganze Robbe in unserem Haushalt. Was wir an Robbenfellen nicht selbst verwenden, das bringt uns die notwendigen Einnahmen, damit wir kaufen können, was wir selbst nicht herstellen. In den letzten Jahren haben wir immer weniger Robbenfelle verkaufen können. Von dem wenigen Geld können wir nicht leben. (…) Wir wollen nicht einfach mehr Robben fangen, damit wir mehr Felle verkaufen können. Die Robben sind Voraussetzung für unser Leben – und wir wollen keinen Raubbau an ihnen treiben.

1 *Lest die Zeitungsanzeige der Eskimos und betrachtet dann nacheinander die Bilder 1 und 2.*
2 *Überlegt, welche Grenzen sich die Eskimos beim Robbenfang selbst setzen.*

Norwegische, isländische, grönländische und kanadische Hochseefischer fangen mit großen Schiffen und moderner Fangtechnik in der Labradorsee immer mehr Fische.

3 *Sucht auf einer Atlaskarte die Labradorsee.*
4 *Überlegt, warum durch moderne Fischfangtechnik das Leben der Grönland-Eskimos verändert werden kann (Bild 2)?*

Damit in Europa und in Amerika Schuhe und Kleidung aus den weißen Fellen junger Robben hergestellt werden können, jagen Kanadier an den Küsten von Labrador und Neufundland Robbenbabys. Tierschützer setzten sich in Deutschland und in anderen Ländern Europas deshalb dafür ein, diese Kleidungsstücke nicht zu kaufen.

5 *Sucht auf der Atlaskarte Labrador und Neufundland.*
6 *Überlegt, welche Folgen die Aktion der Tierschützer für die Eskimos in Grönland hatte.*

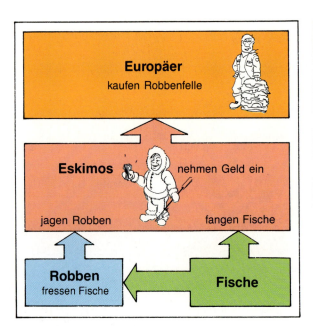

1 Teilselbstversorgung der Eskimos

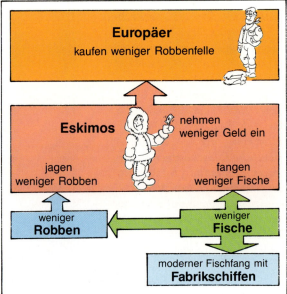

2 Störung der Teilselbstversorgung der Eskimos

Eskimos heute

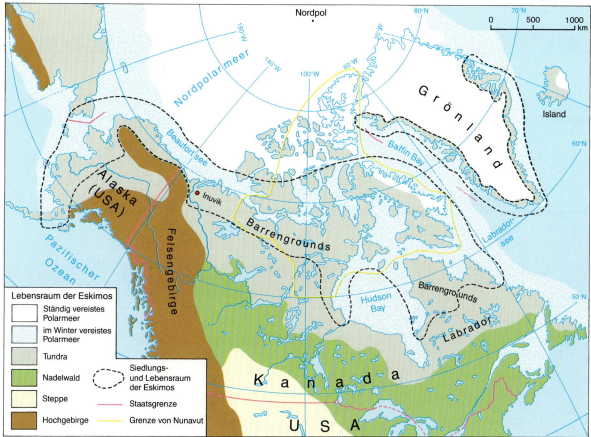

Lebensraum der Eskimos

Nunavut – unser Land

Die Eskimos nennen sich selbst „Inuit". Inuit heißt Menschen. Seit Jahrtausenden bewohnen sie die Küsten und Inseln am Nordrand von Amerika. Als im Jahr 1867 der Staat Kanada gegründet wurde, wurden die Eskimos kanadische Staatsbürger, ohne es zu wissen. Sie wurden auch nicht danach gefragt.

Nun will Kanada den 17 000 Eskimos einen großen Teil ihres Heimatlandes zusichern. Sie werden über ein riesiges Territorium verfügen, fast doppelt so groß wie Frankreich, Deutschland und Großbritannien zusammen. Dessen Name soll Nunavut sein, was so viel wie „Unser Land" heißt.

Die Eskimos dürfen hier künftig die Bodenschätze nutzen. Bisher wurden in Nunavut Blei, Zink, Uranerz, Erdöl und Erdgas gefunden. Darüber hinaus sollen den Ureinwohnern in den kommenden 14 Jahren von der kanadischen Regierung 580 Millionen Dollar ausgezahlt werden.

Außerdem können die Eskimos auf erhebliche Einnahmen aus dem Bergbau hoffen. Vielleicht gibt es da genügend Arbeitsplätze. Viele Eskimos wären dann nicht mehr auf die Unterstützung durch die kanadische Regierung angewiesen. Als Gegenleistung verlangt die Regierung aber, dass die Eskimos auf das Land außerhalb von Nunavut verzichten. Das heißt die dort lebenden Ureinwohner dürfen die vorkommenden Bodenschätze nicht ausbeuten. Diese Bodenschätze gehören weiterhin der kanadischen Regierung.

1 *Beschreibt anhand der Karte, wo die Eskimos leben. Nennt Staaten, Inseln und Landschaften.*

2 *Beschreibt die Lage von Nunavut. Orientiert euch am Gradnetz, an Inseln und Meeren.*

3 *Überlegt, warum die kanadische Regierung den Eskimos nur einen Teil ihres Siedlungsraumes zur Nutzung übergeben hat.*

IM TROPISCHEN REGENWALD

Orientierung: Südamerika

Verwendet den Atlas:
1 *Schreibt die Namen der Landschaften auf. Unterscheidet Gebirge (A), Bergland (B, C, D) und Tiefland (E, F, G).*
2 *Benennt die Meere, die Südamerika umgeben (H, I, K).*
3 *Schreibt alle Namen auf: L–X Staaten, 1–9 Städte, a–c Flüsse.*

Tag für Tag das gleiche Wetter

Täglicher Wetterablauf im tropischen Regenwald

Gewitter im Regenwald

M Bei völliger Windstille prasselten erst einmal einzelne schwere Tropfen auf die Erde, was aber bald wieder aufhörte. Dann ließ sich ein stärker werdendes Sausen und Brausen hören und in rasender Eile fegte auch schon der Sturmwind mit einem Regenguss daher. Kaum hatten wir die flatternde Plane des Lastwagens festgemacht, als wir auch schon bis auf die Haut durchnässt waren.
Nach kurzer Windstille paukte das Orchester des Sturmes neuerdings. „Hagel?", dachte ich; aber es war kein Hagel, es waren sehr große, klatschend aufprasselnde Regentropfen und nun stürmte auch schon die ganze Regenflut voller Wucht vom Himmel, ein sich in breiten Wasserbändern entleerender Wolkenbruch. Eine undurchsichtige, von Blitzen pausenlos überflammte Wassermauer stand zwischen Himmel und Erde. Der Lärm der knallenden berstenden Wassermassen war so groß, dass er das Krachen des Donners überdröhnte. Durch die Wasserwand gesehen erschienen die Blitze als breite, beinahe geradlinig verlaufende Feuerflüsse.

1 *Im tropischen Regenwald toben fast täglich solche Gewitter, wie sie im Text beschrieben sind. Erzählt von Gewittern, wie ihr sie kennt. Was ist daran anders als bei tropischen Gewittern?*
2 *Beschreibt den täglichen Wetterablauf im tropischen Regenwald mithilfe der Darstellung im Bild.*

Niederschlag und Klima darstellen

Das Niederschlagsdiagramm
1 *Betrachtet die Bilder oben. Beschreibt Niederschläge, die aus Wolken zur Erde niederfallen.*
2 *„Zu viele Niederschläge" – „zu wenige Niederschläge". Sprecht darüber.*

Niederschlag messen
Der Niederschlagsmesser (Bild 3) sammelt Niederschläge, die aus den Wolken zur Erde fallen: Regen, Schnee oder Hagel. Sein Oberteil besitzt eine runde Auffangfläche. Durch einen Trichter im Inneren des Auffanggefäßes fließt das Wasser in eine Sammelkanne. Sie steht im unteren Teil des Gerätes. Bei der Ablesung gießt man die aufgefangene Regenmenge in ein Messglas. Bei Frost müssen Schnee und Hagel zunächst aufgetaut werden.
Tagesniederschlag = Niederschlagsmenge von 7 Uhr bis 7 Uhr. Monatsniederschlag = Summe der Tagesniederschläge

3 *Wir zeichnen das Niederschlagsdiagramm von Manaus (Brasilien). Neben der Niederschlagsmenge ist die Verteilung des Niederschlags über das Jahr von Bedeutung. Sie lässt sich im Niederschlagsdiagramm darstellen.*
– *Zeichnet auf Karopapier ein Rechteckgitter wie beim Temperaturdiagramm (siehe Seite 103).*
– *Tragt an der rechten Hochachse im Abstand von 2 cm den Niederschlag auf: 2 cm entsprechen 20 mm Niederschlag. Die Grundlinie ist 0 mm.*
– *Schreibt über die rechte Hochachse die Maßeinheit mm.*
– *Übertragt die Monatsniederschläge aus der Tabelle auf Seite 113 in das Rechteckgitter. Zieht für jeden Monat entsprechend der Niederschlagsmenge einen 1 cm langen waagerechten Strich.*
– *Malt die Säulen unter den Strichen blau an.*

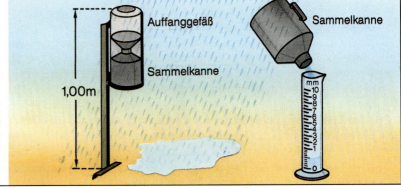

3 Messung von Niederschlag

Niederschlag und Klima darstellen

Das Klimadiagramm

Das Klimadiagramm bildet sowohl das Temperaturdiagramm als auch das Niederschlagsdiagramm ab. Das hat praktische Gründe. Zum Klimadiagramm gehören neben dem Namen des Ortes die Jahresdurchschnittstemperatur (T) und der durchschnittliche Jahresniederschlag (N).

Das Klimadiagramm zeigt für einen Ort den Temperaturverlauf während eines Jahres und die Verteilung der Niederschläge über das Jahr. Es vermittelt uns einen Eindruck vom Klima in dieser Gegend.

Was ihr beim Auswerten eines Klimadiagramms beachten sollt:
- Beschreibt zuerst das Ansteigen und Abfallen der Temperaturkurve und danach die Niederschlagsverteilung während eines Jahres.
- Gebt den kältesten und den wärmsten Monat und die Höhe der Temperatur in diesen Monaten an.
- Errechnet den Temperaturunterschied zwischen den beiden Monaten.
- Verwendet bei der Kennzeichnung von Monatstemperaturen Eigenschaftswörter wie kalt, kühl, warm oder heiß (siehe Seite 102, Bild 1).
- Unterscheidet niederschlagsreiche von niederschlagsarmen Monaten.
- Gebt an, ob der Unterschied zwischen den Monaten mit dem höchsten und dem niedrigsten Niederschlag groß oder gering ist.
- Kennzeichnet den Jahresniederschlag, ob er hoch, mittel oder gering ist. Hannover hat einen mittleren Jahresniederschlag.

1 Wertet das Klimadiagramm von Manaus aus. Kann man daran Winter und Sommer erkennen? Begründet eure Entscheidung.

2 Zeichnet aus den Angaben der drei anderen Orte Klimadiagramme.

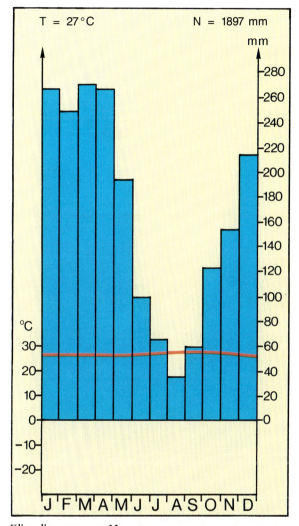

Klimadiagramm von Manaus

Klimawerte von	J	F	M	A	M	J	J	A	S	O	N	D	Jahr
Inuvik (Kanada)													
T in °C	−29	−27	−22	−13	0	10	14	11	4	−7	−20	−27	−9
N in mm	12	11	11	8	8	18	34	36	20	32	21	24	235
Manaus (Brasilien)													
T in °C	26	26	26	26	26	27	27	28	28	28	28	27	27
N in mm	266	247	269	267	194	100	64	38	60	124	152	216	1897
Kufra-Oasen (Libyen)													
T in °C	12	15	19	23	28	30	30	31	28	25	19	14	23
N in mm	0	0,5	0	0	0,2	0	0	0,5	0,3	0,1	0	0,2	2
Hannover (Deutschland)													
T in °C	0	1	4	8	13	16	17	17	14	9	5	2	9
N in mm	48	46	38	48	52	64	84	73	54	56	52	46	661

Im tropischen Regenwald

Tropischer Regenwald

Im Amazonasdschungel

M Schon das Wort Amazonasdschungel lässt manche Leute an 12 m lange Schlangen denken, an Piranhas, die einem das Fleisch von den Knochen reißen, an grauenhaftes Fieber und 30 cm lange Tausendfüßler. Für Leute, die an solche Gefahren denken, ist der Amazonasregenwald die Grüne Hölle. Doch selbst Alligatoren sind gewöhnlich nicht gefährlich. Sogar die Anakonda, eine bis zu 10 m lange Wasserschlange, gilt unter den Indianern nicht als bedrohlich, obwohl sie mit Vorliebe Alligatoren umschlingt. Die meisten Tiere sind verhältnismäßig klein und nicht sonderlich gefährlich. Nur abertausende lästiger Insekten, Stechmücken und Ameisen, peinigen mich unaufhaltsam. Hinzu kommt die berechtigte Furcht durch deren Stich mit Malaria, Gelbfieber oder den vielen anderen Viruskrankheiten angesteckt zu werden. Und dazu die Hitze und Feuchtigkeit. Schon ohne Anstrengung bin ich schweißgebadet.

Es gibt keine Jahreszeiten

Wer sich als Europäer für längere Zeit im tropischen Regenwald aufhält, dem fehlen die vertrauten Jahreszeiten. Es gibt nur diese ständig feuchte Äquatorialhitze. Laubwurf, Knospen, Blühen und Früchte hervorbringen – alles geschieht zur gleichen Zeit. Gelegentlich erblühen Pflanzen nach einem Regenguss, als wäre es plötzlich Frühling geworden. Am Mittag verstummen die Vögel, Bäume lassen die Blätter hängen und Blüten fallen ab, als wäre der Herbst gekommen. Von der Frische des Morgens bis zur schlaffen Hitze des Nachmittags scheint das Leben die Jahreszeiten zu durchlaufen. Und dennoch wird der Wald niemals braun.

Das Erstaunlichste ist, dass es unter dem 40 bis 60 m hohen Dach der Baumwipfel eigentlich kaum Dickicht gibt. Das liegt an der Dunkelheit am Waldesgrund. Die Bäume streben zum Licht, sie breiten ihr Laub oben aus wie einen grünen Schirm, während die Stämme kahl sind. Lianen winden sich, sie wollen hinauf um etwas Licht zu erhaschen. Die Bäume strecken Wurzeln aus dem wasserdurchtränkten Waldboden oder bilden kraftvolle Brettwurzeln um einen festen Stand zu bekommen. Es scheint, als hätte sich diese Welt aus Wald und Wasser auf Stelzen erhoben.

1 *Berichtet von Gefahren und Ängsten, die der Neuling im tropischen Regenwald durchstehen muss.*

Im tropischen Regenwald

Leben der Yanomami

M „Aaaauuu, aaaauuuu!", schreien die Yanomami. Sekunden später sind wir von den Kriegern des Dorfes umstellt. Dann winken sie uns unter das Laubdach der Rundhütte, einer um den Dorfplatz errichteten, nach innen offenen Hütte. Die Krieger weisen uns Hängematten zu, damit wir vor dem Ungeziefer auf dem Boden geschützt sind. Für uns ist das Erlebnis überwältigend von einem kriegerischen Indianerstamm so liebevoll aufgenommen zu werden.

Es war nicht leicht, das von etwa 20 Yanomami bewohnte Dorf an einem der zahlreichen Nebenflüsse des Rio Negro inmitten des Waldes zu finden. Etwa 100 bis 200 solcher Dörfer gehören zum Stamm der Yanomami. Jedes Dorf hat sein Sammel- und Jagdgebiet. Wenn die Gruppen in ihrer verzweifelten Suche nach Nahrung weiter im Wald vorstoßen, geraten sie aneinander. So stirbt fast jeder zweite Mann eines gewaltsamen Todes. Weder Piranhas noch Anakondas der Grünen Hölle sind die größten Gefahren, die den Indianern drohen, sondern Hunger und Krankheiten.

Harte Arbeit ist neben der Nahrungsbeschaffung und dem Hausbau auch das Roden. Deshalb können dem Wald nur kleine Ackerbauinseln abgerungen werden. Zuerst fällen die Männer mit Steinäxten die dünneren Bäume. Danach wird das Unterholz abgebrannt. Das Entzünden des Feuers ist bei dieser Feuchtigkeit immer wieder eine Meisterleistung.

Während die Männer für Hausbau, Jagd und Kriegsführung zuständig sind, müssen sich die Frauen um Fischfang, Brennholz sammeln und Feldbestellung kümmern. Also sind sie ununterbrochen auf den Beinen.

1 Blick in eine Rundhütte der Yanomami

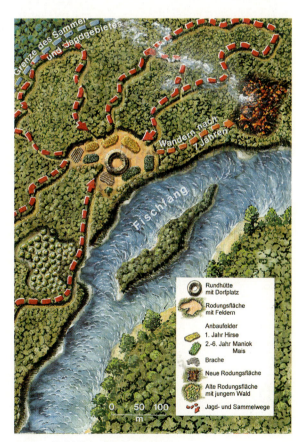

2 Wanderfeldbau der Yanomami

1 *Stellt mithilfe des Berichtes und des Bildes auf Seite 114 Merkmale des tropischen Regenwaldes zusammen und vergleicht sie mit den Wäldern in Deutschland.*

2 *Sucht den Rio Negro im Atlas.*

3 *Im täglichen Kampf gegen den Hunger haben sich die Yanomami auf ihren Lebensraum gut eingestellt. Berichtet darüber und berücksichtigt: Der Wald ist arm an jagdbaren Tieren, Vorräte können nicht angelegt werden, der Boden enthält wenig Nährstoffe.*

4 *Begründet, warum die Yanomami ihr Sammel- und Jagdgebiet gegen Eindringlinge verteidigen.*

Zum Aussterben verurteilt?

Yanomami verlieren ihre Seele
Die Yanomami haben die Zivilisation der Weißen auf ihrer niedrigsten Stufe kennen gelernt
– Habgier, Brutalität, Verbrechen.
Die Goldwäscher sprechen von ihnen wie von einer aussterbenden Tierart.

Unbekannte Krankheiten
Die Goldwäscher schleppen unbekannte Krankheiten ein: Malaria, Grippe, Masern, Durchfall, Aids. Die Indianer haben dagegen keine natürlichen Abwehrstoffe.

Lärm
Die Jagd der Yanomami mit Pfeil und Bogen erfolgt geräuschlos. Ein Treffer gelingt selten. Der Lärm der Flugzeuge der Motorsägen und Motorpumpen der Gewehrschüsse verscheucht das Wild.

Bevölkerungsdruck
Sammeln, Jagen und Wanderfeldbau der Yanomami benötigen riesige Flächen des Regenwaldes. Der Lebensraum tropischer Regenwald ist deshalb nahezu menschenleer. Aber im Osten Brasiliens drängen sich die Menschen, dort herrscht zum Teil bittere Armut. Politiker fragen, ob die Arbeitslosen nicht Anspruch auf Glück und Gold hätten, ob sie nicht ein Recht auf etwas Land hätten.

Reservat der Yanomami
Fläche: 94 000 km²
Einwohner: 3 500–9 200 Menschen leben in 100 bis 200 Rundhütten

Zum Vergleich Niedersachsen
Fläche: 47 344 km²
Einwohner: 7 250 000 in 1028 Städten und Dörfern

Goldwäscherei
Eine Goldwäscherei ist ein hässlicher Anblick, ein Bild der Habgier. Dieselpumpen dröhnen, mit hohem Druck reißt ein Wasserstrahl die Erde auf, eine Pumpe saugt den Boden an und spült ihn in den Fluss. Wenn die goldträchtige Bodenschicht erreicht ist, wird der angesaugte Boden über eine Rinne abgelassen. An einer Sackleinwand bleibt etwa die Hälfte des Goldstaubs hängen. Zwei Männer waschen die Sackleinwand in einem Bottich, dann schwenken sie den Bodensatz in der Waschpfanne. Wenn nur noch Gold in der Pfanne ist, wird Quecksilber dazugegeben und die Mischung erhitzt.

Bergbauunternehmen
Im Reservat der Yanomami lagern außer Gold und Zinn auch Diamanten, Zink und Blei. Immer mehr Bergbauunternehmen beuten diese Bodenschätze aus.

Quecksilber im Flusswasser
Quecksilber ist Gift. In den Urwaldflüssen sterben die Fische. Fische sind der wichtigste Eiweißspender für die Yanomami.

1 Verfolgt Berichte über die Indianer im tropischen Regenwald von Südamerika.

Zum Aussterben verurteilt?

Goldwaschanlage im Sammel- und Jagdgebiet der Yanomami. Foto 1991.

IN DER WÜSTE

Orientierung: Afrika

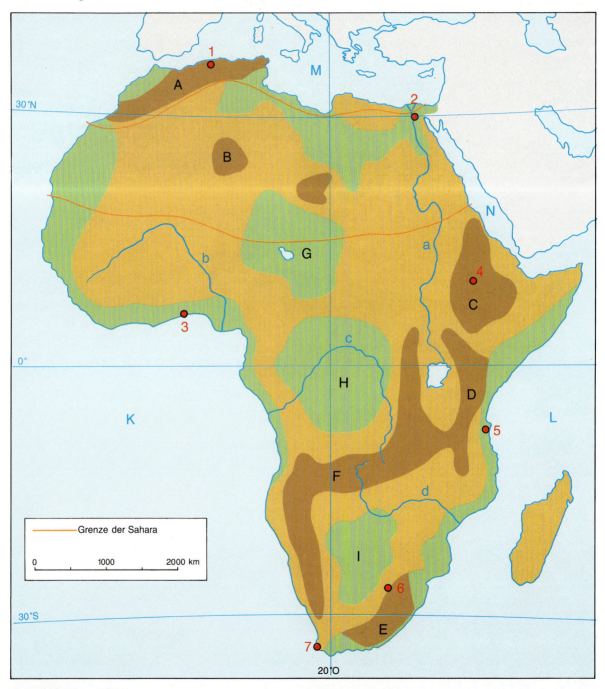

Verwendet den Atlas:
1 *Schreibt die Namen der Landschaften auf. Unterscheidet Gebirge (A–E), Schwellen (F) und Becken (G, H, I).*
2 *Benennt die Meere, die Afrika umgeben (K–N).*
3 *Schreibt die Städte (1–7) und Flüsse (a–d) auf.*

Regen und Sandstürme in der Sahara

Sandsturm

Ein Geograph berichtet:

M1 Aus den herannahenden dunklen Wolken zuckten Blitze und es entluden sich Gewitterschauer. Ich sah die grauen Regenfahnen und freute mich auf einen erfrischenden Gruß, denn es war quälend heiß. Und dann war der Regen über uns; aber kein Tropfen erreichte die Erdoberfläche. Das Wasser verdunstete bereits in der heißen Luft über uns. Diesen „Geisterregen" haben wir häufig erlebt. Manchmal fielen einige Tropfen, die auf den heißen Steinen sofort verzichten. Es kann allerdings auch geschehen, dass ein Wolkenbruch niedergeht.

1 *Beschreibt, warum es in der Sahara selten regnet. Beachtet auch die Ausdehnung dieser Wüste und deren Lage zum Meer.*

Der Geograph berichtet weiter:

M2 Am Rande des Tibesti erlebte ich, wie ein völlig ausgetrocknetes großes Wadi* sich in wenigen Stunden mit einer gurgelnden, rasend dahinschießenden gelbbraunen Lehmschlammflut füllte. Im Norden hinter den Bergen war ein Wolkenbruch niedergegangen. Plötzlich hörten wir ein merkwürdiges Geräusch, ein fernes Dröhnen, das immer mehr anschwoll, und dann schoss diese meterhohe Schlamm- und Wassermasse heran und füllte im Augenblick das ganze Flussbett aus. Zum Glück hatten wir das Wadi vor einiger Zeit verlassen. Am nächsten Morgen waren die Fluten schon wieder verschwunden. Nur an einzelnen Stellen standen noch kleine Wasserlachen.

2 *Ein arabisches Sprichwort sagt: „In der Wüste ertrinken mehr Menschen als im Ozean." Stellt zwischen dem Sprichwort und dem Bericht eine Verbindung her.*

M3 Die Sandstürme sind in der Wüste eine gewöhnliche Erscheinung. Anfangs streicht eine kühle Brise über den Dünensand. Unmerklich steigert sich ihre Kraft. Der Sand hüpft und wirbelt. Bald springen Kieselsteinchen gegen die Schienbeine, gegen die Knie, gegen die Oberschenkel. Das Sandgebläse klettert am Körper hoch, sprüht ins Gesicht und schlägt einem schließlich über dem Kopf zusammen. Der Himmel verdunkelt sich; nur die nächsten Kamele bleiben nebelhaft sichtbar.

Im Sandsturm muss man weitergehen. An ruhenden Gegenständen, Pfosten, Steinen, Kamelen oder Menschen, häuft sich der wehende Sand, überdeckt sie allmählich mit einem Hügel. Wenn das Gehen eine Folter ist, so ist das Halten der Tod.

Die höchste Kraft des Sandsturmes währt fünf bis sechs Stunden. Dann heißt es mit nie erlahmender Wachsamkeit auf die Wegrichtung achten.

Der Wind treibt den Sand in alle Ritzen. Er dringt in die Kleider, ins Gepäck, in die Nahrungsmittel. Man atmet, isst, trinkt den Sand; man hasst ihn. Ganz feine Splitter dringen sogar in die Poren der Haut und erzeugen einen quälenden Juckreiz. Manchmal hört das Sausen plötzlich auf. Während der nächsten zwei Stunden senkt sich der Sandstaub langsam herab wie ein fallender Nebel.

3 *Sprecht über Gefahren, denen Reisende durch einen Sandsturm in der Wüste ausgesetzt sind. Unterscheidet dabei zwischen früher und heute.*

In der Wüste

1 Felswüste (Hamada)

Gibt es nur Sandwüsten?
Abdelkader Hiri ist ein Tuareg. Von Tamanrasset führt er mit Jeeps oder auf Kamelen Touristen durch das Ahaggar-Gebirge. Stolz und Unabhängigkeit aus dem Nomadendasein ihrer Vorfahren haben die Tuareg beim Umsteigen vom Kamel hinter das Steuer ihrer Fahrzeuge nicht verloren. Mit Kupplung und Allradantrieb wird Hiri auf der halsbrecherischen Fahrt durch die Felslandschaft und über Gesteinstrümmer so gut fertig als ritte er auf einem Kamel.

„In Deutschland stellt ihr euch die Wüste als endloses heißes Sandmeer vor." meint Hiri. „Dann wäre das Autofahren eine Qual und meine Vorfahren hätten hier nicht leben können." Als wir an einem Aussichtspunkt angekommen sind, erklärt uns Hiri die Landschaft.
Im Mittelpunkt der Sahara liegt das Ahaggar-Gebirge. Es bildet die Felswüste, die Hamada. Vor der Felswüste dehnen sich die Kieswüsten. Die Nomaden nennen sie Serir. Deren ebene Flächen sind von

2 Sandwüste (Erg)

In der Wüste

1 Kieswüste (Serir)

kleinen windgeschliffenen Steinen bedeckt. Um die Kieswüsten legt sich ein Ring von Sandwüsten. In der arabischen Sprache heißen sie Erg. Eine Erinnerung an die Vorzeit sind die Wadis. Das sind heute trockene Flussbetten. Während der letzten Kaltzeit, als Norddeutschland vom Eis bedeckt war, regnete es in dieser Gegend häufig. Damals war die Sahara ein Steppen- und Waldland.

1 *Sucht das Ahaggar-Gebirge im Atlas.*
2 *Unterscheidet die Wüstenarten Hamada, Serir und Erg anhand der Bilder.*
3 *Erklärt die Entstehung der Wüstenarten mithilfe des Textes und des Bildes 2.*

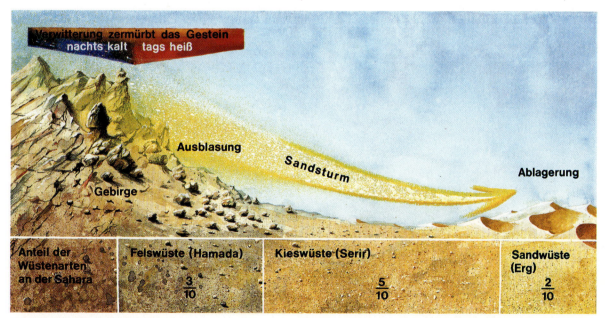

2 Entstehung der Wüstenarten

Nomaden in der Wüste früher

Bei den Tuareg

Die Kel Adrar sind eine Stammesgruppe der Tuareg. Sie leben westlich des Adrar-Gebirges im nördlichen Teil von Mali und im südlichen Algerien. Ein Geograph berichtet über die Versorgung mit Wasser:

M Hamis drei Kinder machen sich am Nachmittag auf den Weg um mit einem Esel in zwei Ziegenschläuchen etwa 50 Liter Wasser zu holen. Die laufende Versorgung des Lagers mit Wasser ist eine der wichtigsten Arbeiten im Leben der Nomaden. Das Lager befindet sich einige Kilometer von der Wasserstelle entfernt (…). Hamis Kinder gehen täglich diesen Weg zum Brunnen. Dort drängen sich Menschen und Tiere um diese Zeit. Ziegenherden und Gruppen von Kamelen warten geduldig, bis sie an der Reihe sind. Ein Junge zieht das Wasser in einem Ledereimer herauf. Dann sind die Kamele dran. Ein Kamel trinkt in wenigen Minuten über 100 Liter. Die Kamele könnten länger als eine Woche ohne zu trinken auskommen. Schafe, Ziegen und Esel brauchen täglich Wasser. Nun sind Hamis Kinder dran. Sie legen die Ziegenschläuche ab und füllen sie sorgfältig. Die vollen Schläuche binden sie mit Stricken unter den Bauch des Esels.

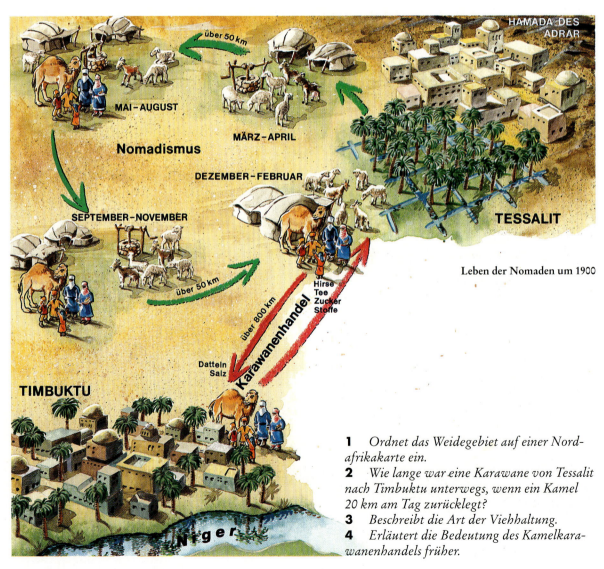

Leben der Nomaden um 1900

1 Ordnet das Weidegebiet auf einer Nordafrikakarte ein.
2 Wie lange war eine Karawane von Tessalit nach Timbuktu unterwegs, wenn ein Kamel 20 km am Tag zurücklegt?
3 Beschreibt die Art der Viehhaltung.
4 Erläutert die Bedeutung des Kamelkarawanenhandels früher.

Nomaden in der Wüste früher

Der Geograph berichtet über das Hüten der Tiere und den Haushalt:

M Rhissas Kamelherde weidet ein paar Kilometer vom Lager entfernt. Sein Sohn, der sie hütet, bleibt mehrere Tage allein hier draußen und kommt nur einmal in der Woche an der Tränke mit Menschen zusammen. Ein Tier sei erkrankt, erzählt er, ein anderes sei in der Nacht von einem Schakal erschreckt worden und ausgerissen. Er habe am Morgen die Spuren über mehrere Kilometer verfolgt und den Ausreißer zur Herde zurückholen können. (…)

Die Zelte in Rhissas Lager haben viereckige Holzrahmen aus Stangen, die über vier senkrechte Pfosten gelegt sind. (…)

In Hamis Zelt sehe ich Gebrauchsgegenstände der Nomaden: Kamelsattel und Schwert, einen Lederbeutel für die Sachen während der Wanderung, eine hölzerne Milchschüssel, einen Holztrichter zum Abfüllen der Milch in Ledersäcke um Butter und Käse herzustellen, ein Teetablett aus Messing, einen ledernen Kasten mit sechs Teegläsern und eine Teekanne aus blauem Email. Am anderen Ende bewahrt Hamis Frau in einem großen verschließbaren und reich verzierten Lederbeutel ihre Habseligkeiten auf. Auf ihrer Seite des Zeltes liegen auch zwei Lederkissen und ein paar Kochtöpfe. Nun wird sie das Essen zubereiten. Es gibt dicken Hirsebrei und vielleicht auch Hammelfleisch.

1 *Sprecht über die Aufgabenverteilung in der Familie.*
2 *Vergleicht mit dem Haushalt bei euch. Welche Arbeiten führt Hamis Frau, welche eure Mutter aus?*

1 Nomaden am Brunnen

2 Nomaden vor dem Zelt

Bauern in der Oase

Bodennutzung in einer Oase

1 Aufbau einer Grundwasseroase in einem Wadi

2 Oase Nefta. Foto.

1 Beschreibt nach den Bildern den Aufbau einer Grundwasseroase.

2 Erläutert den Stockwerkanbau in einer Oase anhand der Bilder 1 und 2.

Bauern in der Oase

Wasser ist kostbar

M Dattelpalmen (…) Geschenke des Himmels. Nichts von der Palme bleibt ungenutzt. Jetzt im Hochsommer haben wir die ersten baumfrischen Datteln – mit einem Schluck Buttermilch – als köstliche Vorspeise genossen (…)

Als wir später (…) durch die Oasengärten schlendern, fallen uns die wohl geordneten Beete zwischen den vielen Wassergräben auf. Überall stehen Schatten spendende Dattelpalmen. Wir verstehen auch, weshalb Karotten, Zwiebeln, Auberginen so aromatisch schmecken. Dieses Schlammgemüse gedeiht ohne Chemie. Stelzvögel und Kröten halten die Schädlinge kurz. „Mehrmals im Jahr kann geerntet werden.", sagt Mohammed. Er schränkt aber sofort ein: „Wenn ich das Wasser bezahlen kann!" Wie viel Wasser auf die Felder eines Bauern geleitet werden darf, das regeln die Wasserrechte. Der Bauer muss das Wasser bei den Besitzern der Wasserrechte kaufen. Der Wassermeister verteilt das Wasser auf die Felder, indem er es bald in diesen, bald in jenen Graben fließen lässt. Ein einfaches Messgerät zeigt ihm an, wann die gekaufte Wassermenge durchgeflossen ist und es Zeit ist, den Zufluss zu sperren.

1 *Sprecht über die Bedeutung der Dattelpalme für die Bauern. Benutzt den Text und Bild 1.*
2 *Erläutert, in welcher Weise die Wasserrechte Wohlstand und Armut eines Bauern beeinflussen.*
3 *Beschreibt die gegenseitige Abhängigkeit von Nomaden in der Wüste und Bauern in der Oase.*
4 *Vergleicht mit der Lebensweise der Eskimos.*

1 Dattelpalme und ihre Nutzung

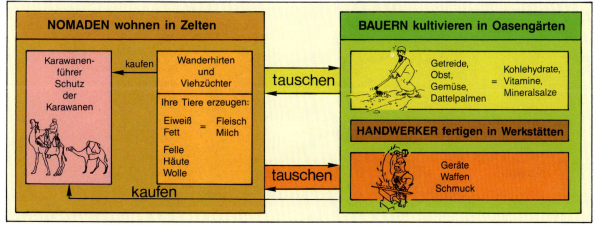

2 Frühere Lebensformen in der Wüste

Das Leben der Tuareg ändert sich

Veränderungen in Hamis Familie
In einer Bar in Tessalit. Noch vor Jahren war die Oase ein Mittelpunkt im Leben der Kel-Adrar-Tuareg. Heute rollt auf der asphaltierten Straße quer durch die Sahara der Autoverkehr. Hami ist niedergedrückt. Bald nach dem Tod seines Vaters Rhissas hat sich im Leben seines Volkes vieles verändert.
Hami erzählt:

M Früher galten die Tuareg als die Herren der Wüste. Sie beherrschten in der westlichen Sahara seit Jahrhunderten den Karawanenhandel. Ihre Familien waren wohlhabend. Heute wollen die Regierungen in Algerien, Mali und Niger die Tuareg unterwerfen. Früher waren wir staatenlos und bewegten uns als freie Nomaden in unseren Weidegebieten. Jetzt sollen wir uns an die Staatsgrenzen halten und Steuern an den Staat bezahlen. Für die Regierungen sind wir Aufständische, die man mit militärischer Gewalt bekämpfen muss. Deshalb herrscht im Innern der Sahara seit 1990 Krieg. Davon wisst ihr in Europa nichts. Aber tausende sind schon umgekommen. Meine Söhne haben es vielleicht richtig gemacht. Ahmed ist nicht mehr Karawanenführer. Als diese Straße gebaut war, ging der Karawanenhandel, unsere wichtigste Einnahmequelle, schlagartig zurück.

Ahmed arbeitet nun als Lkw-Fahrer bei einer Transportfirma in Algier. Seine Kinder werden mit dem Kamel nicht mehr umgehen können. Abdu arbeitet weit im Norden bei Hassi Messaoud in einem Erdölfeld. Karim bedient die Touristen aus Europa in einem Hotel in Tamarasset. Ahmed hat es ja noch gut getroffen, aber die anderen haben sich und ihre Freiheit verkauft.
In den abgelegenen Oasen sieht es ganz schlimm aus, seitdem die jungen Leute wegen des Geldes weggehen, z. B. in aufblühende Oasen. Wir Alten können die Brunnen und die Bewässerungsgräben nicht erhalten. Die Felder versanden und Wanderdünen bedrohen unsere paradiesischen Inseln im Meer der Wüste. Selbst In Salah, dieser alte Handelsplatz, stirbt.

1 *Beschreibt anhand des Bildes das Wachsen von Oasen.*
2 *Stellt gegenüber: das Leben der Tuareg früher und heute.*
3 *In welchem Zwiespalt stehen die Tuareg? Spielt Gespräche: Ein älterer Tuareg klagt über die Gegenwart und sieht das frühere Leben verklärt. Sein Sohn ist anderer Ansicht.*
4 *Überlegt Gründe für die Haltung der Regierungen.*

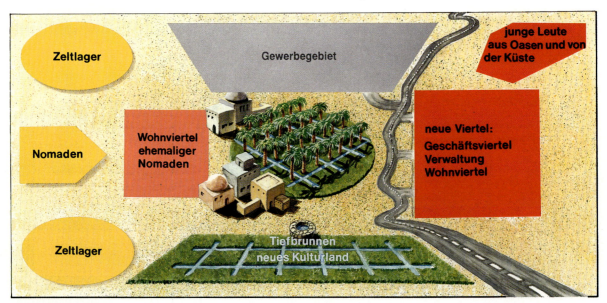

Eine Oase wächst

Das Leben der Tuareg ändert sich

Die Erdölförderstadt Hassi Messaoud

Ende der 1950er-Jahre begann in der algerischen Sahara die Erdölförderung. Das größte Erdölfeld befindet sich bei Hassi Messaoud. Seither hat sich die Siedlung zur größten Erdölförderstadt Algeriens mit rund 10 000 Einwohnern entwickelt.

In den Wohnlagern der Erdölarbeiter gibt es große parkähnliche Gärten, Schwimmbäder, Kinos, Sportplätze, Bars und Klubräume als Freizeit- und Erholungseinrichtungen für die Beschäftigten. Diese sind für die übrige Bevölkerung nicht zugänglich. Im städtischen Zentrum befinden sich die Wohnhäuser der Gewerbetreibenden und ihrer Angestellten und der Beamten von staatlichen Einrichtungen. Es gibt Geschäfte für Lebensmittel, Haushaltswaren, Bekleidung und Schuhe. Der Staat unterhält neben der Verwaltung eine Grundschule, die Post, eine Apotheke und eine Arztpraxis.

Seit der Gründung von Hassi Messaoud siedeln am Rande auch Nomaden. Um 1970 waren es rund 400 Familien. Sie nutzen die Verdienstmöglichkeiten der Industrie-Oase durch Anbau von Gemüse, Obst und Getreide sowie Kleinviehhaltung. Aufgrund ihrer geringen Ausbildung finden die meisten nur gelegentlich eine Arbeit in der Industrie. Außerhalb der Erdölförderung gibt es noch einige Unternehmen wie Tankstellen, die staatliche Elektrizitäts- und Gasgesellschaft, ein staatliches Transportunternehmen, Bauunternehmen und ein Erdgaskraftwerk.

1 Industrie-Oase Hassi Messaoud

1 *Sucht Hassi Messaoud im Atlas.*
2 *Vergleicht die Wohnverhältnisse in Bild 2 mit denen der Tuareg früher (siehe Seite 123, Bild 2).*

2 Siedlung ehemaliger Nomaden

Das Leben der Tuareg ändert sich

1 Bohrturm

2 Auf der Arbeitsbühne

In den 40 m hohen Bohrturm werden gleich 27 m Bohrgestänge mit der Maschine hochgezogen, abgeschraubt und im Turm abgestellt. Dann folgen wieder 27 m, und das sieben Stunden lang. Harte und gefährliche Knochenarbeit ist das. Bei über 40 °C im Schatten haben die Männer schon fast zwölf Liter Wasser getrunken und vier Salztabletten geschluckt.
Diesmal traf die Bohrung weder auf Erdöl noch auf Erdgas, aber in rund 1 000 m Tiefe auf Wasser, ungeheuer viel Wasser.

1 *Beschreibt die Arbeitsbedingungen der Bohrmannschaft. Betrachtet auch die beiden Bilder. Was hat sich bei der Arbeit der Tuareg verändert?*

Wasser, ein Bodenschatz in der Wüste
Die vermeintliche Erdölbohrung:

M Seit dem letzten Wechsel des Meißels sind gerade vier Stunden vergangen und das Bohrloch ist nur um drei Meter tiefer geworden. „Der Meißel ist stumpf, wir müssen auswechseln!", schrie der Bohrmeister der Mannschaft durch den Lärm der 4000 PS starken Motoren zu.
3 375 m ist das Bohrloch jetzt tief. Schon wieder muss das ganze Gestänge aus dem Bohrloch herausgezogen werden. An die 200 Tonnen wiegt es, das ist das Gewicht von zwei Lokomotiven.

In verschiedener Tiefe, bei 1 000 m, 400 m, 200 m und 60 m, liegen in einigen Gebieten der Sahara Grundwasservorräte. Sie stammen noch aus den Kaltzeiten, als die Sahara ein Regenklima hatte.
Man nutzt diese Vorräte, weil die wachsende Bevölkerung, der Bergbau und die Industrie in Algerien und Libyen zunehmend mehr Wasser verbrauchen. Die Oasen-Stadt Ghardaia zum Beispiel ist heute eine Großstadt mit über 100 000 Einwohnern.
Um die Ernährung zu sichern werden auch neue Bewässerungsflächen angelegt.

Das Leben der Tuareg ändert sich

1 Felder in der Wüste

2 Kreisbewässerung

Ein Gespräch

„Salem aleikum, Ibrahim!"
„Salem, Abdel!"
„Ibrahim, hast du gehört, man will schon jetzt mit den Vorbereitungen zur Jubiläumsfeier unseres Tiefbrunnens beginnen."
„Ach, lass mich in Ruhe."
„Was ist los mit dir?"
„So eine Frage!"
„Na, hör mal, der Tiefbrunnen bringt euch Bauern und der ganzen Oase doch viel Gutes. Es gibt reichlich Wasser. Weißt du nicht mehr, wie teuer und knapp es früher war? Und außerdem, deine Söhne wollen sich doch draußen bei der Nomadensiedlung an der Anlage von neuem Bewässerungsland beteiligen."
„Ja, richtig. Sie tragen schon Mutterboden auf."
„Na siehst du, nicht nur dass deine Söhne bald ihr Auskommen haben. Auch du wirst mehr von deinen Beeten verkaufen, denn mehr Wasser für die Oase heißt mehr Arbeitsplätze und mehr Menschen. Unsere Stadt wird größer werden, Ibrahim."
„Klar, das stimmt alles, aber hast du dir schon mal angesehen, wie meine Beete in diesem Jahr aussehen? Ich habe viel weniger als in den letzten Jahren geerntet. Es bildet sich nämlich eine Salzkruste und die Pflanzen wachsen nicht mehr richtig. Das Wasser aus dem Tiefbrunnen ist zu salzig, Abdel! Und außerdem, wie lange wird der Wasservorrat in der Tiefe reichen? Wer weiß das schon?"

Die Kufra-Oasen 1990:
16 000 ha Bewässerungsland, davon:
– rund 100 Anbaukreise je 100 ha
– je Anbaukreis ein Beregnungskarussell von fast 600 m Länge
– Drehgeschwindigkeitsdauer nach Bedarf 24–60 Stunden

Förderleistung von Bewässerungsanlagen:
Hebelpumpen	bis	50 Liter pro Minute
Wasserrad	bis	130 Liter pro Minute
Diesel-Motorpumpe	bis	1 000 Liter pro Minute
Elektropumpe	bis	6 000 Liter pro Minute

1 *Sprecht darüber, welche Vorzüge und Nachteile Tiefbrunnen haben.*
2 *Beschreibt die Kreisbewässerung in Bild 2.*

Zum Weiterlesen

Die Besatzung einer Walfangflotte ist in der Beaufortsee vom Packeis eingeschlossen. Der arktische Winter kam unerwartet früh. 275 Männer drohen zu verhungern. Steuermann Jarvis hat einen kühnen Plan um das Leben der Walfänger zu retten. In dem hier abgedruckten Abschnitt schildert Jarvis, wie der Eskimo Joe einen Seehund jagt:

Seehundjagd

Das Eisfeld treibt nach Süden und löst sich allmählich auf. Tag für Tag sprengen die Wellen des Meeres vom Rande her neue Spalten in das Eis. Die Kälte der Nacht überzieht diese Spalten zwar aufs Neue mit Jungeis, aber die Auflösung des Feldes schreitet fort – langsam, unmerklich zunächst für die Männer auf der Scholle, aber unaufhaltsam. Nur Joe auf seinen Jagdgängen nimmt es wahr; jedoch er schweigt darüber, denn er fühlt sich auch dieser Gefahr gewachsen, die da heimtückisch herankriecht. Noch ist sie weit fort und dringlicher als sie ist es für ihn, Fleisch für seine große Familie zu schaffen.

Da kauert er weit draußen in der Eiswüste vor dem Atemloch eines Seehundes, das sich das Tier vor kurzem erst in das Jungeis einer frischen Spalte gebrochen hat. Mit seiner Jagdkeule und einer Harpune, die er sich aus einem sieben Fuß langen Ruder anfertigte, das er am Blatt mit einer breiten, scharfen Speerspitze, am Griff mit einem Stahlhaken versehen hat, hockt er neben dem Loch und wartet. Schnee fällt und überzieht ihn allmählich mit einer dicken weißen Schicht. Aber er schüttelt sie nicht ab; im Gegenteil, dieses Tarngewand, das ihm die Natur schenkt, ist ihm willkommen.

Er wartet mit unendlicher Geduld. Wie viele Stunden lang? Er fragt nicht danach. Stunden bedeuten ihm nichts; wenn er ein Wild belauscht, zählt er die Zeit nicht. Eine dünne Eishaut überzieht das Loch. Er wartet weiter ohne sich zu rühren, denn er weiß: Einmal muss der Seehund, der hier getaucht ist, wieder heraufkommen um Atem zu schöpfen. Da! Eine Luftblase steigt auf gegen das dünne Eis, zerplatzt; noch eine … Nichts rührt sich im dunklen Wasser und auch der Mann auf dem Eis, dieser Schneeklumpen mit der Keule neben sich, bewegt sich nicht. Aber er lässt kein Auge von der Stelle, wo die Luftblase platzte.

Und nun zieht eine ganze Kette von Luftblasen empor. Joe packt seine Keule und da stößt auch schon der runde Kopf des Seehunds klirrend durch die Eishaut, atmet schnaufend aus. In diesem Augenblick schnellt der Schneeklumpen am Rande des Eisloches vor, schmettert seine Keule auf den Seehundskopf, stößt ihm fast mit der gleichen Bewegung die Harpune in die Kehle und drückt deren Stahlhaken fest ins Eis, damit ihm die Beute nicht versinken kann.

Jetzt erst streckt er sich, richtet sich zu voller Größe auf und zieht das erlegte Wild gemächlich auf das Eis. Keine seiner Bewegungen verrät, dass das stundenlange Lauern im Schneetreiben bei eisiger Kälte seine Schnelligkeit und Biegsamkeit beeinträchtigt hat. Wie es bei den Jägern seines Stammes Brauch ist, füllt er seine hohlen Hände mit dem warmen Blut, das aus der Kehle des Seehunds strömt, und trinkt, ehe er den Heimweg antritt.

Er lädt die Beute nicht auf die Schulter, sondern schleppt sie hinter sich her. Oh, er weiß genau, warum er seinen Weg mit einer breiten Blutspur zeichnet! Vielleicht wird ein Fuchs oder gar Bär sie wittern und sich den Iglus auf Schussweite nähern. Er wird wachsam sein müssen heute Nacht und morgen. Ein Bär: das bedeutet Fleisch für mehrere Tage, Sättigung für seine große Familie, diese neunzehnköpfige Familie, die immerfort hungrig ist und zum überwiegenden Teil aus Männern besteht, die zu ungeschickt und infolge unzureichender Ernährung jetzt auch zu schwach sind um als Jäger noch zu taugen.

Alles lastet jetzt auf Joe: Joe muss herbei um mit seinem Kajak einen angeschossenen Seehund aus einer offenen Eisspalte zu bergen, ehe er versinken kann. Joe muss sich auf dem Eisrand zwischen eine angeschossene Robbe und das offene Wasser werfen und das Tier, das ihn angreift wie ein blindwütiger Stier, mit einem gewaltigen, von äußerster Kraftanstrengung geführten Schlag seiner Keule zur Strecke bringen. Joe muss die Netze knüpfen und stellen um die Vögel zu fangen, die sich jetzt endlich wieder in größerer Anzahl zeigen. Das ist Eskimo-Joe: Er muss überall sein, er darf nicht müde werden, denn von seiner Kraft, seiner Wachsamkeit allein hängt es jetzt ab, ob seine große Familie den Frühling ohne Verluste erleben wird. Und er wird nicht müde.

Wie Steuermann Jarvis und Joe das scheinbar Menschenunmögliche gelingt, die 275 Menschen zu retten, könnt ihr in dem Jugendbuch von Kurt Lütgen, „Kein Winter für Wölfe" (Arena-Taschenbuch 1168/69), nachlesen.

Zusammenfassung

In den kalten Gebieten der Erde nahe dem Nordpol und dem Südpol geht die Sonne während des Sommers nicht unter (= **Polartag**) und im Winter nicht auf (= **Polarnacht**). Es gibt also keinen täglichen Wechsel von Tag und Nacht, sondern den jahreszeitlichen Wechsel von Polartag und Polarnacht.

Die **Tundra** ist eine Landschaft in den kalten Gebieten der Erde. Wegen des langen dunklen Winters können dort keine Bäume wachsen. Es gedeihen vor allem Flechten, Moose und Gräser sowie Heidekrautgewächse, Zwergbirken und Strauchweiden. Die Zweige dieser Zwergsträucher kriechen am Boden entlang.

Die **Eskimos** leben seit Jahrtausenden in den Tundren am Rande der Eiswüste auf der Tschuktschen-Halbinsel, in Alaska, auf dem kanadischen Festland und den kanadischen Inseln sowie an den Küsten von Grönland. Eskimo heißt in der Indianersprache „Rohfleischesser". Selbst nennt sich das Volk Inuit, das heißt „Menschen".
Die Eskimos entwickelten eine Fell- und Knochenkultur und lebten als Selbstversorger von der Jagd und vom Fischfang. Unter dem Einfluss der modernen (europäischen) Zivilisation haben sie inzwischen ihre ursprüngliche Lebensweise weitgehend aufgegeben bzw. aufgeben müssen.

In der **Wüste** wachsen wegen der Trockenheit nur Gräser, Kräuter und kleine Sträucher. Manche Stellen der Wüste sind auch ohne Pflanzenwuchs. Nach der Beschaffenheit ihrer Oberfläche unterscheidet man Sandwüsten (Erg), Kieswüsten (Serir) und Felswüsten (Hamada).
In der Wüste leben **Nomaden**. Sie leben in Stämmen und haben keinen festen Wohnsitz. Sie ziehen mit ihren Viehherden und Zelten von Weideplatz zu Weideplatz. Mit den Bauern und Handwerkern der Oasen treiben sie Tauschhandel. Einige Männer verdienen als Karawanenführer Geld.
Oasen sind an Wasservorkommen in der Wüste gebunden. Die Bewässerung der Oasengärten ermöglicht ein Pflanzenwachstum während des ganzen Jahres. In den Oasensiedlungen leben Bauern und Handwerker. Die Bildung von Staaten mit festen Grenzen, zunehmender Auto- und Flugverkehr sowie Bergbau und Industrieansiedlungen haben das Leben in der Wüste stark verändert.

Der **tropische Regenwald** wächst im regenreichen und heißen Klima der Tropen. Da es keine Jahreszeiten gibt, sind alle Pflanzen immergrün. Kennzeichnend sind auch die hoch wachsenden Bäume und die vielen Schlingpflanzen.
Im Regenwald des Amazonastieflandes leben Indianer als Jäger und Sammler. Einige Stämme betreiben Wanderfeldbau.

1 *Was gehört zusammen?*
1 Staat   a Ahaggar
2 Kontinent   b Mississippi
3 Fluss   c Barrengrounds
4 Wüste   d Hudson Bay
5 Tundrenlandschaft e Algier
6 Gebirge   f Sahara
7 Meer   g Afrika
8 Stadt   h USA

2 *Ein Silbenrätsel*
Übertragt die ganz unten stehenden Silben in euer Heft. Streicht die zum jeweiligen Lösungswort gehörenden Silben durch. Die Anfangsbuchstaben der Lösungswörter ergeben eine frühere Art des Wirtschaftens der Eskimos:
 1 Ein deutsches Wort für Iglu
 2 Bodenschatz, der das Leben der Tuareg veränderte
 3 Fanggebiet europäischer Hochseefischer
 4 Notwendige Einrichtungen in der Wüste
 5 Transportmittel der Eskimos
 6 Nomadenvolk der Sahara
 7 Eskimos und Tuareg sind es
 8 Bewohner der Tundra in Kanada
 9 Jagdtier der Eskimos in Kanada
10 Weidetier der Nomaden
11 Siedlung in der Wüste
12 Ein seltenes Ereignis in der Wüste
13 Es erleichtert den Eskimos das Jagen
14 Gemeinsame Eigenschaft von Tundra und Wüste
15 Wanderhirten
16 Es wird in der Oase angebaut

A / BRA / BRUN / DEN / DOR / ERD / ES / GE / GE / GEN / HÜT / KER / KI / LA / LICH / MA / MO / MÜ / NEN / NO / OA / ÖL / RE / REG / REN / SCHAF / SCHNEE / SCHLIT / SE / SE / SEE / TE / TEN / TU / UN / VÖL / WEHR / WIRT

4. Menschen gestalten ihre Lebensbedingungen

4.1 ÄGYPTEN – DAS REICH DER PHARAONEN

Die Chephren-Pyramide bei Giseh mit dem Sphinx, erbaut um 2500 v. Chr.

– Erzählt, was ihr über das Ägypten der Pharaonenzeit wisst.

– Besorgt euch in einem Reisebüro Kataloge über das heutige Ägypten. Schneidet Bilder aus und fertigt daraus eine Wandzeitung für euer Klassenzimmer.

Ägypten – Das Reich der Pharaonen

1 Die ägyptische Königin Kleopatra im Gespräch mit dem römischen Feldherrn Caesar. Comic.

Ein mächtiges Reich – lange vor Christi Geburt

1 *Fasst zusammen, was ihr dem Bild auf Seite 134 und dem Comic über das alte Ägypten entnehmen könnt.*

2 *Überlegt, worüber sich Caesar und Kleopatra streiten.*

Cleopatra und Caesar haben wirklich gelebt. Sie begegneten sich 49 v. Chr. in Alexandrien, wo Caesar ein Jahr später Kleopatra als Königin einsetzte. Da war die Macht der alten ägyptischen Könige aber schon versunken, die große Zeit Ägyptens war zu Ende.

Die Pyramiden gab es damals schon seit 2500 Jahren. 500 Jahre früher, also um 3000 v. Chr., waren Unter- und Oberägypten zu einem mächtigen Staat ausgebaut worden. An der Spitze des Staates stand der Pharao als König. Er ließ die Stadt Memphis zur großen Hauptstadt ausbauen.

Das geschah zur selben Zeit, als in Mitteleuropa, auch in unserer Gegend, noch die Steinzeitbauern in kleinen Dörfern lebten. Diese Bauern und Hirten wussten nichts von Städten und Staaten. Die Schrift kannten sie auch noch nicht (siehe Seiten 87 bis 93).

3 *Seht euch die Angaben auf der Karte und im Text an und schreibt auf, was ihr vom alten Ägypten wissen möchtet.*

4 *Prüft noch einmal nach, wann im Gebiet des heutigen Deutschland die Metallzeit begann (siehe Seite 96).*

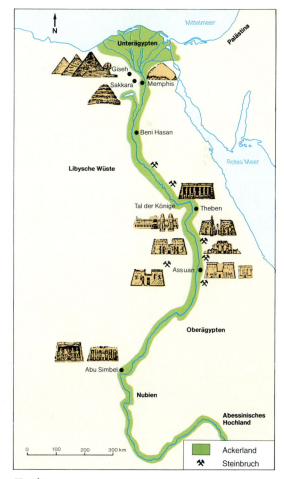

2 Altägypten

DER NIL, DIE LEBENSADER ÄGYPTENS

1 Der Nil bei Asjut

1 Beschreibt anhand einer Atlaskarte des nördlichen Afrika den Lauf des Nils:
– Wie heißt die Wüste, durch die der Nil fließt?
– Wo entspringt der Strom und wo mündet er?
– Von welchem Breitengrad an nimmt er keinen Nebenfluss mehr auf?
– Durch welche Staaten fließt der Nil?

Die Bilder 1 und 2 zeigen das Niltal bei Asjut.
2 Sucht den Ort auf der Karte.
3 Beschreibt das Niltal:
– Was erkennt ihr im Flussbett?
– Wie ist die Flussniederung beschaffen?
– Woran erkennt ihr den Rand der Flussniederung?
4 Beschreibt nach Bild 3 auf der Seite 137 die Wasserschwankungen des Nils während eines Jahres.

Das Gleichnis von den Flüssen

Alle großen Flüsse der Erde waren zusammengekommen. Sie prahlten mit ihren Vorzügen und versuchten sich gegenseitig zu übertrumpfen. Nur ein Fluss schwieg.
„Nil, hast du gar nichts, auf das du stolz sein kannst?", fragten ihn die anderen. Der Nil seufzte: „Ich bin weder berühmt wegen meiner Wasserfülle wie der Amazonas noch bin ich heilig wie der Ganges oder so geschäftig wie der Rhein.
Ich fließe durch eine riesengroße Wüste. Da muss ich halt von meinem Wasser abgeben, damit Pflanzen, Tiere und Menschen an meinen Ufern leben können."„Ist das alles?", lachten die anderen Flüsse.
5 Sprecht über das, was der Nil in dem Gleichnis sagt.

2 Querschnitt durch das Niltal

Der Nil, die Lebensader Ägyptens

1 Wasserschöpfgerät

2 Archimedische Schraube

Menschen im Niltal

Bereits vor 6000 Jahren lebten Menschen im Niltal vom Ackerbau auf dem fruchtbaren schwarzen Nilschlamm. Anfangs konnten die Ägypter die wechselnden Launen des Nils nur hinnehmen. Später versuchten sie den Strom für sich arbeiten zu lassen. Sie entwickelten die Überschwemmungs- und die Schöpfbewässerung, deren Voraussetzung das jährlich wiederkehrende Hochwasser war.

Das Tiefland am Fluss wurde durch Deiche in große Felder unterteilt. War das Nilwasser genügend angestiegen, so wurden die Schleusen an den Deichen geöffnet. Das mit Schlamm beladene Hochwasser floss durch Kanäle in die Felder. Die Flussniederung glich einem flachen See, aus dem nur die Deiche und die auf Hügeln erbauten Dörfer herausragten.

Mit Schöpfrädern, einfachen Schöpfgeräten und später mit der Archimedischen Schraube* verteilte man zusätzlich Wasser auf höher und entfernter gelegene Felder. Nach dem Rückgang des Hochwassers wurden die Schleusen wieder geöffnet. Nun strömte das schlammfreie Wasser in den Nil zurück. Die Feldbestellung konnte beginnen.

1 *Erklärt anhand der Bilder, wie die Bauern ihre Felder bewässern.*

„Das Niltal ist drei Monate eine weiße Perle, drei Monate eine schwarze Haut, drei Monate ein grüner Smaragd* und die übrigen drei Monate rotes Gold" (altes ägyptisches Sprichwort).

2 *Erläutert das Sprichwort anhand Bild 3. Verwendet die Begriffe Flutzeit, Anbauzeit, Brachzeit.*

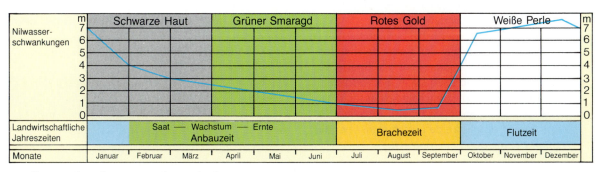

3 Nilwasserschwankungen im Jahresverlauf

DER PHARAO UND SEIN VOLK

Bauern pressen Ähren in einen Korb zum Abtransport.
Wandgemälde aus einem Grab, um 1400 v. Chr.

Zusammenarbeit und Vorratshaltung

1 *Stellt Vermutungen an über die Lage der Bauern bei ausbleibendem Hochwasser oder bei verheerenden Überschwemmungen.*

Der Nil bestimmte das Zusammenleben der Menschen. Da alle vom Hochwasser und von dem fruchtbaren Schlamm abhängig waren, mussten sie zusammenarbeiten: Deiche, Kanäle, Staudämme und Auffangbecken mussten gebaut und unterhalten werden. Nur so konnte man die Flut des Nils bändigen und das Wasser auf alle Felder leiten.
Der Nil konnte zum Segen, aber auch zum Verhängnis werden. In Jahren mit normalem Hochwasser gab es reichlich Getreide und Gemüse. Ein zu starkes Hochwasser aber konnte alles zerstören, ein zu geringes hatte Hungersnot zur Folge, denn die Pflanzen auf den Feldern verdorrten.
Die Menschen begriffen daher sehr bald, dass nur eine planmäßige Vorratswirtschaft helfen konnte, schlechte Erntejahre zu überleben.
So wird im 1. Buch Mose der Bibel berichtet:

> **Q** Und das Land trug in den sieben reichen Jahren die Fülle; und sie sammelten alle Speise der sieben Jahre (…) und taten sie in die Vorratshäuser. Was für Speise auf dem Felde eines jeglichen Ortes wuchs, das taten sie hinein. Also ließ der Wesir Joseph das Getreide aufschütten, über die Maßen viel wie Sand am Meer. (…)
> Da nun die sieben reichen Jahre um waren im Land Ägypten, da fingen die sieben mageren Jahre an zu kommen (…) Und es war eine Teuerung in allen Ländern; aber in ganz Ägypten gab es Brot. (…)
> Der Wesir Joseph tat die Kornhäuser auf. (…) Aus allen Ländern kamen sie nach Ägypten um zu kaufen.

2 *Beschreibt die Vorteile der Vorratswirtschaft.*

Folgen der Vorratswirtschaft

In den Vorratshäusern sammelten sich mehr Lebensmittel, als direkt verbraucht wurden. So mussten nicht mehr alle Menschen als Bauern arbeiten. Ein Teil der Bevölkerung wurde für andere Berufe frei und konnte aus den Speichern versorgt werden. Handwerker und Händler, Künstler und Forscher konnten sich ganz ihrem Beruf widmen. Eine vielfältige Arbeitsteilung bildete sich heraus.
Wahrscheinlich hat die Vorratswirtschaft auch zur Erfindung der Schrift in Ägypten beigetragen, da man sich einen Überblick über die Ernteerträge und Vorräte, aber auch über die Anzahl der Menschen und Tiere verschaffen musste.

3 *Stellt euch vor, die Ägypter hätten keine Schrift besessen. Der Pharao erlässt mündlich folgenden Befehl: „Der Bürgermeister von Abydos soll meinen Arbeitern im dortigen Steinbruch liefern: 125 Ochsen, 512 Kühe, 251 Ziegen, ferner 27 Zentner Korn, 8,5 Pfund Zwiebeln, 12 Krüge Öl, 72 Pfund frische Fische und 220 Liter Bier."*
Abydos liegt von der Hauptstadt 160 km entfernt. Stellt euch ferner vor: Auf der Strecke steht alle 10 km ein Bote. Ein Bote gibt dem anderen diese Angaben mündlich weiter.
Welche Probleme können dabei auftauchen? Versucht dazu folgendes Spiel:
Ein Schüler ist der Beamte. Er denkt sich eine Anordnung des Pharaos aus und teilt die Anweisung dem ersten Boten (seinem Tischnachbarn) leise mit. Dieser flüstert die Angaben dem nächsten Boten (Schüler) ins Ohr usw.
Wie kommen die Anweisungen beim letzten Boten (Schüler) an?
Erklärt jetzt nochmals die Bedeutung der Schrift für die Verwaltung des ägyptischen Reiches.

Der Pharao und sein Volk

1 Sarg des Pharaos Tutenchamun aus Gold (1332–1323 v. Chr.)

2 Statue des Tutenchamun, Holz, vergoldet, um 1340 v. Chr.

Der Pharao – König und Gott
1 *Beschreibt die beiden Bilder.*
2 *Überlegt, was es bedeuten mag, wenn ein Pharao so begraben wurde. Bedenkt dabei, dass die Bauern vom Niltal nur in ein Tuch eingewickelt im Wüstensand beigesetzt wurden.*

Die ägyptischen Könige wurden Pharaonen genannt. Ursprünglich bedeutete das Wort Pharao „großes Haus". So wurde der Palast des Herrschers genannt, später redeten die Diener und Höflinge den König selbst so an, weil sie sich scheuten den Namen auszusprechen. Der jeweilige Pharao galt als der Sohn des Sonnengottes Re, der die Welt geschaffen hatte und sie beherrschte.
Die Untergebenen begrüßten den Pharao mit folgenden Worten:

> **Q** Wir kommen zu dir, Herr des Himmels, Herr der Erde, du lebende Sonne des ganzen Landes, (…) Herr vielfacher Speise (…). Du, der die Fürsten macht, der wacht, wenn alles schläft, dessen Kraft Ägypten rettet, der über Fremdländer siegt, (…) mächtig an Jahren und groß an Gewalt. Du, unsere Sonne, unser König und Herr, von dessen Aussprüchen alles lebt.

Über die Macht des Pharaos schreibt ein heutiger Wissenschaftler:
„An der Spitze der Regierung stand der König. Er galt als Sohn eines Gottes und war in den Augen des Volkes selber göttlich. Seine Macht war unbegrenzt. Er beherrschte das Land im Namen des Gottes als sein einziger Meister und Herr.
Leben, Güter und Arbeit der Untertanen lagen in der Hand des Königs, der darüber verfügen konnte, wie es ihm beliebte. Er ordnete an, welche Felder jedes Jahr besät werden sollten. (…) Er stellte fest, welchen Anteil von der Ernte der Bauer an die Regierung abzuführen hatte.
Er ernannte Personen zur Ausführung bestimmter öffentlicher Arbeiten um Kanäle anzulegen, Deiche, Tempel, Gruben, Paläste oder Schiffe zu bauen, Steine zu hauen, wilde Tiere zu jagen, Salz oder Metall zu fördern. Er bestimmte die genaue Zahl derer, die im Heer oder bei der Polizei oder als Ruderer oder Matrosen bei der Flotte dienen sollten. Er stellte auch fest, welchen Anteil der Erzeugnisse seiner Arbeit der Handwerker an den Staat abzuliefern hatte und welche Handwerker ausschließlich für den König und die Tempel arbeiten sollten."

Der Pharao und sein Volk

Ernte. Wandgemälde aus dem Grab eines ägyptischen Beamten, um 1400 v. Chr. Auf dem Bild ist Folgendes zu erkennen: Ernte mit der Sichel, Abtransport der Ähren, zwei Bauern ruhen sich im Schatten eines Baumes aus, zwei kleine Ährenleserinnen zanken sich, Dreschen mit Rindern, Reinigung des Korns, Schreiber notieren die Ernteerträge, Vermessung der Äcker, eine Frau bringt Essen, ein Bauer wird verprügelt. Zwei hohe Beamte sind besonders herausgestellt.

Bauernleben

1 *Sucht die in der Bildunterschrift genannten bäuerlichen Tätigkeiten auf dem Bild.*
2 *Sucht die Menschen auf dem Bild, die keine bäuerlichen Tätigkeiten ausüben. Beschreibt sie.*

Die meisten Menschen im Alten Ägypten waren Bauern. Sie bestellten das Land, das dem Pharao, manchmal auch den Tempeln, gehörte.
In einem altägyptischen Text heißt es:

> **Q** Der Wurm hat die Hälfte des Korns geraubt, das Nilpferd hat die andere gefressen. Viele Mäuse gibt es auf dem Feld, die Heuschrecke ist niedergefallen. (…) O wehe dem Bauern! Der Rest, der auf der Tenne liegt, dem haben die Diebe ein Ende gemacht. Das Gespann ist umgekommen vom Dreschen und Pflügen.
> Da landet der Schreiber am Uferdamm und will die Ernte eintreiben. Die Beamten tragen Stöcke, die Neger Palmruten. Sie sagen den Bauern: „Gib Korn her!", Ist keines da, so schlagen sie ihn. (…) Er wird gebunden und in den Kanal geworfen. (…)
> Seine Nachbarn verlassen ihn fliehend um ihr Korn in Sicherheit zu bringen.

Der altägyptische Schreiber hat sicher übertrieben. Aber in den Grundzügen entspricht der Text wahrscheinlich der Wahrheit.
Die Bauern konnten nur einen Teil der Ernte für sich behalten, das meiste mussten sie an die staatlichen Speicher abliefern. Jede Arbeit wurde von Schreibern überwacht. Diese notierten, wie viel Saatgut ausgegeben und wie viel Korn an die Speicher abgegeben wurde.
In einem Buch über Ägypten heißt es über den Bauern: „Kärglich fristet er sein Leben und all sein Fleiß bringt ihm keinen besseren Ruf ein als mit dem Arbeitsvieh verglichen zu werden."

3 *Gebt mit euren Worten die Lage der Bauern wieder.*

Der Pharao und sein Volk

1 Getreidespeicher. Ein Schreiber notiert die gelieferte Menge. Modell aus einem ägyptischen Grab, um 2000 v. Chr.

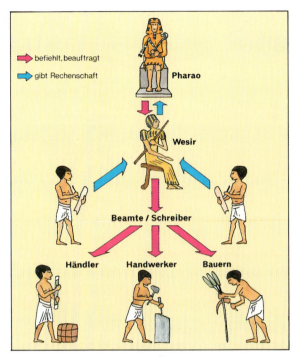

2 Die Herrschaftsordnung im Ägypten der Pharaonenzeit

Der Schreiber
1 *Sucht auf Bild 1 den Schreiber.*
2 *Tragt zusammen, was ihr bisher über die Schreiber erfahren habt.*

Die Ausbildung der Schreiber dauerte viele Jahre. Sie begann schon mit fünf Jahren. Die kleinen Jungen lernten zunächst die Schriftzeichen. Mädchen wurden in den Schulen nicht aufgenommen. Später mussten die Jungen Texte abschreiben um sich in der Schönschrift zu üben. Dabei lernten sie, wie man Briefe und Berichte an den Pharao und an Gerichte verfasst. Auch Listen und Abrechnungen aus der Landwirtschaft mussten sie aufstellen. Waren sie darin sicher, machten sie ihr Praktikum an Gerichten oder Ämtern. Erst danach galten sie als Schreiber.
In der Schule ging es streng zu. Aus einem Papyrus:

Q1 Sei aufmerksam an deinem Platz. (…) Sei nicht faul (…) oder man wird dich prügeln. Denn des Jungen Ohren sitzen auf dem Rücken und er hört, wenn man ihn schlägt.

Den folgenden Text mussten Schüler immer wieder aufschreiben:

Q2 Werde Schreiber! Der ist vom Arbeiten befreit (…) und ist erlöst vom Hacken mit der Hacke; er braucht keinen Korb zu tragen. Der Beruf des Schreibers trennt dich vom Arbeiten mit dem Ruder. (…) Du hast nicht viele Herren und hast nicht eine Menge von Vorgesetzten. (…) Selbst der Priester steht als Ackerer da. (…) Allein der Schreiber, der leitet jedes Werk, das in diesem Lande geschieht.

3 *Überlegt nach Q2, warum es ein erstrebenswertes Ziel war, Schreiber zu werden.*
4 *Vergleicht die Ausbildung in der ägyptischen Schule mit eurer.*

Oberster Beamter war der Wesir. Er war zugleich oberster Richter, oberster Polizeichef und oberster Heerführer. Die gesamte Verwaltung unterstand ihm. Täglich berichtete der Wesir dem Pharao über alle wichtigen Ereignisse. Alle Befehle des Pharaos leitete er an die Schreiber weiter.
5 *Sucht den Schreiber und den Bauern in Bild 2 und sprecht über ihre Stellung in der ägyptischen Gesellschaft.*

ALLTAG IM ALTEN ÄGYPTEN

Haus eines vornehmen Ägypters. Rekonstruktionszeichnung.

Wohnen und arbeiten
Die Häuser der reichen und der armen Ägypter wurden aus ungebrannten Lehmziegeln gebaut, die im Sommer die Häuser kühl und im Winter warm hielten. Bilder in Gräbern zeigen prächtige Häuser, in denen reiche Ägypter wohnten. Ausgrabungen bestätigten diese Darstellungen. Solche Häuser hatten drei Bereiche: einen Wohnraum, einen Empfangsraum und den Schlafbereich, der mit einem Bad und einer Toilette ausgestattet war. Das ganze Haus war weiß gestrichen, die Türpfosten bunt. Die Häuser der Reichen hatten oft einen eigenen Brunnen, sonst versorgte man sich aus öffentlichen Brunnen mit Wasser. Die Wasserversorgung und die Entsorgung des Abwassers wurden sorgfältig überwacht, nichts wurde verschwendet. Über die Wohnungen der Armen wissen wir wenig. Die Ausgrabung einer Arbeitersiedlung zeigt, dass die Armen auf engem Raum in kleinen Häusern lebten und mit Wasser sehr viel schlechter versorgt waren als die Reichen.

Ägypten – die Wiege des Handwerks
Noch heute kann man in Ägypten die hohe Kunst der Handwerker des Alten Ägypten bewundern. Es gab Pyramiden, die Grabkammern mit ihren prächtigen Bildern, kostbaren Schmuck und Gebrauchsgegenstände des täglichen Lebens. Dies alles zeigt, dass es im Alten Ägypten hoch qualifizierte und sehr spezialisierte Handwerker gab, die in ihrer Zeit die fortschrittlichsten auf der Welt waren. Sie konnten Granit bearbeiten, sie erfanden die Glasherstellung und verarbeiteten Kupfer, Silber und Gold zu prächtigem Schmuck. Sie beherrschten die Techniken zur Erzeugung besonders hoher Temperaturen. Die Schreiner stellten Möbel aller Art und Boote her. In den Webereien entstanden prächtige Tuche und Alltagsstoffe. Für den Bau der Pyramiden hatten die Ägypter eine besondere Transporttechnik entwickelt, die noch heute beeindruckt. Die hoch entwickelte Küstenseefahrt mit Segelschiffen stellte den Kontakt zu vielen Ländern des Vorderen Orients her.

Vom Leben der Frauen
1 *Betrachtet die Bilder auf Seite 143 und stellt fest, welche Tätigkeiten Männer und Frauen ausüben. Ordnet die jeweiligen Tätigkeiten Bereichen wie z. B. „Haus" und „Werkstatt" zu.*

Der Schreiber Ani hat um 1500 v. Chr. für seinen Sohn Folgendes aufgeschrieben:

> **Q** Nimm dir eine Frau, solange du jung bist. Sie soll dir einen Sohn bringen und Kinder bekommen, solange du noch ein junger Mann bist. (…) Eine verheiratete Frau wird eingestuft nach ihrem Ehemann. Ein Mann wird eingestuft nach seinem Rang.

Vom Leben der Frauen und Männer im Alltag wissen wir wenig. Berichte und Bilder aus der damaligen Zeit erlauben es aber, einige Feststellungen zu treffen.
2 *Versucht mithilfe der Bilder auf Seite 143 und von Q solche Aussagen zu machen. Vergleicht eure Aussagen mit dem folgenden Text:*

Nach der Meinung der Forschung gab es im Alten Ägypten bereits eine feste Rollenteilung. Der Mann ging seinem Beruf außerhalb des Hauses nach, auf dem Feld, in der Werkstatt. Die Frau führte den Haushalt und sorgte sich um die Kindererziehung. Nur in Webereien, die von Männern geleitet wurden, konnten Frauen auch außerhalb des Hauses arbeiten. Auf ägyptischen Grabstatuen werden vornehme Frauen mit ihrem Mann gezeigt. Diese Frauen werden dort als „Herrin des Hauses" bezeichnet. Ob mit diesem Titel auch Rechte für die Frauen verbunden waren, wissen wir nicht.
3 *Überlegt, welche Informationen euch fehlen.*

Alltag im Alten Ägypten

1 Melkende Bäuerin. Modell, um 2000 v.

3 Bierbrauerin. Darstellung, um 2300 v. Chr.

2 Ziegelmacher. Darstellung um 2000 v. Chr.

4 Frau beim Kornmahlen. Darstellung, um 2400 v. Chr.

5 Weinlese in Ägypten. Grabmalerei, um 1300 v. Chr.

RELIGION IM ALTEN ÄGYPTEN

1 Osiris, Herrscher des Totenreiches   **2** Isis, die Muttergöttin   **3** Horus, der Königsgott
Alle drei Götterbilder stammen aus altägyptischen Gräbern.

Von den ägyptischen Göttern
1 *Beschreibt die in den Bildern dargestellten ägyptischen Götter.*
2 *Sprecht über das, was euch auf den Bildern fremd vorkommt.*

Aus Schriftrollen, Gemälden in Gräbern und von Götterstatuen wissen wir viel über die Religion im Alten Ägypten. Es gab unzählige Göttinnen und Götter. Jedes Dorf hatte seine eigenen. Aber einige wurden in ganz Ägypten verehrt. So glaubte man, dass Osiris im Totenreich herrschte. Nach Auffassung der Ägypter kämen alle Menschen, die nichts Böses getan haben, nach dem Tode dorthin. Anubis, der Totenbegleiter, führte die Seelen der Verstorbenen durch alle Prüfungen ins Totenreich. Sehr beliebt war Isis, die Muttergöttin, weil sie allen Frauen half. Für die Pharaonen waren der Sonnengott und Weltenschöpfer Re und der Königsgott Horus besonders wichtig. Jeder Pharao galt gleichzeitig als Sohn des Re. Er wurde auch als Horus angebetet. Die Herrscher waren im Glauben der Ägypter göttlich. Deshalb konnte und durfte niemand dem Pharao widersprechen, königlichen Anordnungen musste immer gefolgt werden.
Die vielen Göttinnen und Götter spielten im Alltag der Ägypter eine große Rolle. Man betete zu ihnen für die Erfüllung ganz persönlicher Wünsche: für die Genesung von Krankheit, bei Kinderlosigkeit, in Zeiten der Not und vor allem für gute Ernten. Männer und Frauen dankten den Göttinnen und Göttern für deren Wohltaten und opferten im Tempel Brot und Bier, Gänse und Rinder, Garn und Stoffe, aber auch Weihrauch, Myrrhe und Gold.
Überall im Land standen Tempel, in denen die Priesterinnen und Priester lebten und Gottesdienste abhielten.
3 *Fasst noch einmal zusammen, warum die Untertanen dem Pharao gehorsam sein mussten.*
4 *Im Text werden Weihrauch, Myrrhe und Gold als Opfergaben genannt. Sprecht darüber, wo euch in unserer Weihnachtsgeschichte diese Geschenke begegnen.*

Religion im Alten Ägypten

Vom Leben nach dem Tode

1 Stellt fest, welche Götter auf Bild 2 dargestellt sind und erklärt, woran ihr sie erkennt.
2 Versucht herauszufinden, wer auf dem Bild der Pharao ist. Zieht hierzu das Bild 1 auf Seite 139 heran.
3 Sucht drei Dinge, die von beiden Pharaonen getragen werden.

Bild 2 zeigt, wie der verstorbene Pharao Sethos I. vom Königsgott vor den Herrn des Totenreiches geführt wird. Horus trägt in seiner linken Hand das Lebenszeichen, das auf dem Bild noch mehrfach wiederkehrt. Das weist darauf hin, dass das Leben nach dem Tode nicht aufhört.
Die Ägypter glaubten an ein Weiterleben nach dem Tode. Sie waren überzeugt, dass die Verstorbenen im Jenseits ein Leben führten, das dem auf der Erde glich. Die Körper sollten erhalten bleiben, damit die Seelen, die beim Tode die Körper verließen, jederzeit zurückkehren könnten. Deshalb entwickelten die Ägypter die Mumifizierung. Besonders wichtig war die Erhaltung der Mumie des Pharaos, denn er sollte im Jenseits weiterhin für die Untertanen sorgen.
Den Mumien wurde alles mit ins Grab gegeben, was sie vorher im Leben gewohnt waren: Essen und Trinken, Möbel und Geräte, Kleidung und Schmuck.
In der frühen Zeit gab man den Toten die echten Gegenstände mit, später stellte man die Grabbeigaben nur noch in Bildern dar. Deshalb sind viele Gräber mit bunten Wandmalereien ausgeschmückt.

Das Totengericht

Das Leben nach dem Tode war aber nur für die erreichbar, die im Totengericht von den Göttern aufgenommen wurden. Bild 1 zeigt ein Totengericht:

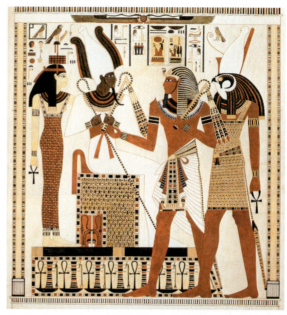

2 Götterszene im Grab des Pharaso Sethos I. Relief, um 1290 v. Chr.

Der Totenbegleiter Anubis führt den Verstorbenen in das Gericht und wägt auf der Waage des Herz des Verstorbenen, ob es voller Sünde oder voller Gerechtigkeit sei. Als Gegengewicht auf der zweiten Waagschale liegt das Zeichen für Wahrheit und Gerechtigkeit. Der krokodilsköpfige Totenfresser sitzt bereit den Toten zu verschlingen, wenn die Waage zeigt, dass im Herzen das Böse überwiegt. Das ist hier nicht der Fall. Der vogelköpfige Götterschreiber notiert das Ergebnis. Dann führt Horus den Verstorbenen vor Osiris, den Herrn der Totenwelt, der ihn in das ewige Leben aufnimmt.

1 Totengericht vor Osiris. Nach einer Papyrusmalerei, um 1400 v. Chr.

Die Pyramiden – Wohnungen für die Ewigkeit

1 Pyramide des Cheops, um 2520 v. Chr.

Nicht weit von Kairo, der heutigen Hauptstadt Ägyptens, liegen die berühmten Pyramiden von Giseh. Das sind Grabbauten für die Pharaonen Cheops, Chephren und Mykerinos. Unmittelbar daneben befinden sich kleine Pyramiden für die Angehörigen der königlichen Familie sowie in den Felsen eingehauene Gräber von Fürsten und hohen Beamten. Sie alle wollten im Tode in der Nähe des Pharaos sein.
Von den Gräbern der Bauern und Handwerker fand man im Wüstensand so gut wie nichts.

Um 2500 v. Chr. ließen sich die Pharaonen bei ihren Lebzeiten die Pyramiden errichten. Die Cheopspyramide ist die größte. Sie ist der gewaltigste Steinbau der Welt. Rund 2,5 Millionen Steinblöcke, jeder 2,5 Tonnen schwer, wurden in der Pyramide verbaut. Würde man aus den Steinen eine drei Meter hohe und einen Meter breite Mauer errichten, würde sie 900 km lang werden, ungefähr so weit wie von Flensburg bis Innsbruck.
Nach Berechnungen heutiger Wissenschaftler waren beim Pyramidenbau 4000 Facharbeiter 20 Jahre lang beschäftigt. Während der jährlichen Überschwemmung des Nils, in denen die Landwirtschaft ruhte, kamen Jahr für Jahr etwa 70 000 Bauern hinzu.
Über die Arbeit an der Pyramide berichtete um 450 v. Chr. der griechische Schriftsteller Herodot:

> Cheops zwang alle Ägypter für ihn zu arbeiten. Die einen mussten Steinblöcke aus den Steinbrüchen bis an den Nil schleppen. Dann wurden die Blöcke auf Schiffen über den Nil geschafft. Andere mussten die Steine dann weiterschleifen bis zu den lybischen Bergen. Mit dieser Arbeit wurden 10 000 Mann gruppenweise beschäftigt, jede Gruppe drei Monate.
> Zehn Jahre dauerte allein der Bau der Straße, auf der sie die Steine beförderten. Dieses Werk erscheint mir fast so gewaltig wie der Bau der Pyramide selber. Zehn Jahre vergingen also, bis diese Straße und die unterirdischen Kammern auf jener Höhe, auf der die Pyramiden stehen, gebaut waren. Die Kammern sollten seine Grabkammern sein (…). An der Pyramide selbst wurde zwanzig Jahre gearbeitet.

Die Pyramiden wurden wohl errichtet, damit die Könige auch nach ihrem Tode ein unzerstörbares Haus für die Ewigkeit hätten.

1 *Vergleicht die Berechnungen heutiger Wissenschaftler mit dem, was Herodot berichtet.*
2 *Sucht auf der Karte Seite 135 die Steinbrüche und die Pyramiden von Giseh. Prüft die Wegstrecken.*
3 *Tausende von Arbeitern lebten lange Zeit am Pyramidenbauplatz. Listet auf, was die königlichen Beamten alles für sie heranschaffen lassen mussten.*
4 *Beschreibt nach Bild 2 die Lage der Grabkammern in der Cheopspyramide.*

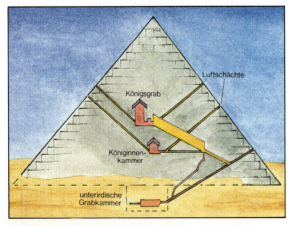

2 Schnitt durch die Cheopspyramide

Zusammenfassung

Schon vor 6000 Jahren lebten Menschen im Niltal. Um 3200 v. Chr. begannen sie Dämme und Kanäle zu bauen um die Fluten des Nils zu bändigen und die Felder im Niltal gleichmäßig zu bewässern. Mit einfachen Schöpfgeräten, später mit Schöpfrädern und Archimedischen Schrauben hoben sie das Wasser auch auf höher gelegene Felder. Für diese Arbeiten mussten sie sich zusammenschließen und Organisationen aufbauen.

Sie bildeten einen Staat mit dem Pharao an der Spitze. Er besaß fast unbegrenzte Macht, denn er wurde als Sohn des Sonnengottes Re angesehen. Die Menschen des Landes waren seine Untertanen. Die weitaus meisten waren Bauern. Sie bestellten die Felder und mussten einen großen Teil der Ernte abgeben. In königlichen Vorratshäusern wurde das Korn gesammelt. Aus diesen Speichern erhielten die Bauarbeiter an den Pyramiden, die Soldaten und die Beamten ihre Ernährung.

Die Beamten kontrollierten die Abgaben, beaufsichtigten die Bauarbeiten und hielten Gericht. Die gesamte Verwaltung lag in ihren Händen.

Vom Leben der Frauen im Alten Ägypten wissen wir nur, dass ihr eigentlicher Lebensbereich das Haus war, dass sie in der Landwirtschaft und in einigen Handwerken mitarbeiteten. Im öffentlichen Leben spielten sie keine große Rolle.

Die Ägypter glaubten an viele Götter, ihre Hauptsorge galt dem Leben im Jenseits, das man sich teilweise als Fortsetzung des irdischen Lebens vorstellte. Sichtbarer Ausdruck dieses Glaubens war die Mumifizierung, damit die Seele auch weiterhin in den Körper zurückkehren konnte.

Pyramiden und Grabkammern galten als Wohnungen der Toten.

1 *Prüft an den Reiseprospekten von Ägypten, die ihr euch beschafft habt (siehe Seite 134), warum die Pyramiden noch heute ein Reiseziel sind.*

2 *Welche anderen Reiseziele in Ägypten werden angeboten? Wie wird das Angebot begründet?*

Rechnen wie die alten Ägypter

Die alten Ägypter mussten viel mit Zahlen umgehen. So mussten die Beamten viele Listen schreiben über die Menge des geernteten Korns, die Zahl der Arbeiter an den Pyramiden.

Die Ägypter benutzten ein Zehnersystem.
Ihre Zeichen:
1   10   100   1000   10 000

Die Zeichen wurden so oft hintereinander geschrieben, wie man sie in einer Zahl brauchte.

z. B. 19 = ∩ |||||||||

3 *Übertragt folgende Zahlen auf einem Blatt in die ägyptische Schreibweise:*

7=   19=   44=
567=   1107=   22 222=

4 *Malt die ägyptischen Zahlzeichen auf ein Blatt und übertragt sie in unsere Ziffern.*

5 *Sucht auf dem unten stehenden Bild ägyptische Zahlen.*

4.2 STADT UND LAND FRÜHER UND HEUTE

1 Marktplatz in einer mittelalterlichen Stadt. Gemälde, nach 1540.

2 Fußgängerzone in Göttingen. Foto 1992.

WANDEL DES LEBENS AUF DEM LAND

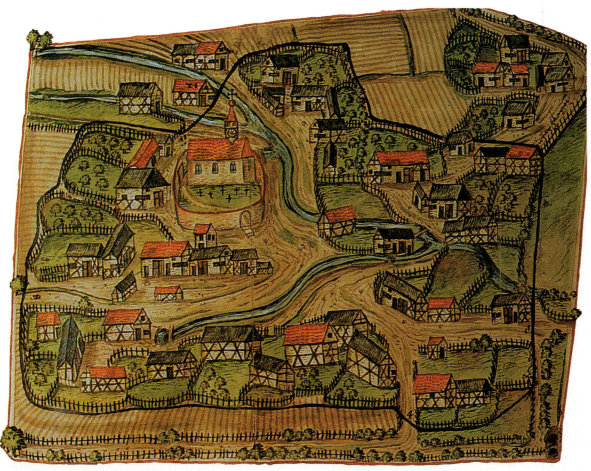

Das Dorf Heudorf im Jahre 1576. Zeitgenössisches Gemälde.

Im mittelalterlichen* Dorf

1 *Geht mit den Augen in Heudorf spazieren. Nennt die Anzahl der Häuser, beschreibt ihre Bauweise und Größe. Erzählt etwas über die Kirche, über Wege und Zäune.*

2 *In welchem Haus würdet ihr selbst gern wohnen?*

Mittelalterliche Dörfer hatten meistens nicht mehr als 100 Einwohner. Die Kirche war oft der einzige Steinbau. Sie diente der Bevölkerung im Kriegsfall als Zufluchtsort. Deshalb war der Kirchplatz häufig von einer Steinmauer umgeben.

Die Bauernhäuser bestanden aus Holzbalken mit Lehmgefachen. Das sind gewundene, mit Lehm beworfene Weidenruten. Oft waren die Häuser auch nur aus Balken und Holzbrettern gebaut. Das Dach war mit Stroh oder Schilf gedeckt. Neben den Häusern befanden sich oft kleine Schuppen und Ställe, hinter dem Haus Gartenland zum Anbau von Gemüse und Obst. Die einzelnen Hofstellen waren unterschiedlich groß und ebenso wie das Dorf eingezäunt. So konnte das Vieh nichts zerstören und nicht weglaufen. Wilde Tiere, wie Wölfe, Bären und Luchse, konnten nicht so leicht eindringen.

3 *Geht in eurem Wohnort auf die Suche nach Fachwerkhäusern. Zeichnet eines ab.*

4 *Erkundigt euch, ob sich in der Nähe eures Wohnortes ein Freilichtmuseum mit Bauernhäusern aus früheren Zeiten befindet. Plant einen Besuch.*

Im mittelalterlichen Dorf

1 Mittelalterliches Bauernhaus. Kalenderminiatur* (Ausschnitt), um 1500.

1 *Betrachtet das auf Bild 1 dargestellte Bauernhaus und äußert euch zur Bauweise.*
2 *Zählt die Räume des Hauses auf, die ihr auf Bild 1 von außen erkennen könnt.*
3 *Beschreibt die Kleidung der dargestellten Personen.*

Rings um das Dorf erstreckte sich die Ackerflur. Sie war eingebettet in Wald und Wiesen, die der Allgemeinheit zur Verfügung standen, die Allmende. Die Menschen nutzten den Wald in vielfältiger Weise: Sie versorgten sich hier mit Holz zum Bauen, zum Kochen und Heizen, sie sammelten Beeren, Pilze, Nüsse und Wildpflanzen als zusätzliche Nahrungsmittel. Im Winter fütterten viele Bauern ihr Vieh mit Laub. In den Buchen- und Eichenwäldern wurden die Schweine geweidet. Das Jagen und Fischen in Bächen, Flüssen und Seen aber wurde den Bauern von den Grundherren* immer mehr untersagt (siehe Seite 156).

4 *Erklärt mithilfe des Textes und des Bildes 2 den Begriff Allmende.*
5 *Erläutert, warum der Wald für die Dorfbevölkerung von so großer Bedeutung war.*

2 Dorf, Flur, Allmende. Rekonstruktionszeichnung.

Im mittelalterlichen Dorf

1 Im Bauernhaus. Gemälde, um 1600.

Wohnen im Bauernhaus

1 *Versucht den Bildern so viele Informationen wie möglich über das Wohnen zu entnehmen. Achtet auch auf die Art der Heizung.*
2 *Vergleicht eure Ergebnisse mit dem Text unten.*
3 *Vermutet, warum nur ganz wenige Hausgeräte und Einrichtungsgegenstände jener Zeit noch heute im Museum zu finden sind.*

Die meisten bäuerlichen Familien erwirtschafteten gerade so viel, wie sie zum Leben nötig hatten. Entsprechend einfach sah auch das Innere ihrer Häuser aus. Oft hatten sie nur einen Raum, in dem gegessen, geschlafen, gekocht und gearbeitet wurde. Der Fußboden bestand aus gestampftem Lehm. Das Licht kam durch viereckige Öffnungen, die mit Holzläden, Weidenruten oder Schweinsblasen verschlossen wurden. Das offene Herdfeuer wärmte und erleuchtete den Raum nur notdürftig, es erzeugte viel Rauch. Decke und Einrichtungsgegenstände waren rußgeschwärzt. Erst später gab es eine rauchfreie Stube. Die Einrichtungsgegenstände waren spärlich und von den Bewohnern grob aus Holz zusammengetischlert. Möbelstücke waren Tisch, Wandbänke und Schemel. Die aus Ton und Holz angefertigten Hausgeräte hängte man an Wandbretter. Holzpflöcke an den Wänden dienten zum Aufhängen von Kleidern und bäuerlichem Werkzeug. Betten gab es nicht überall. Die Menschen schliefen auf einem einfachen Strohlager. Über dem Herdfeuer hing oft ein Gerüst zum Trocknen von Wäsche und Kleidern. Nur in wenigen Gegenden gab es wohlhabende Bauern. Diese wohnten oft in der Nähe von Städten, wo sie ihre Erzeugnisse gut absetzen konnten.

2 Bauer beim Essen. Holzschnitt, um 1500.

Arbeiten im Bauernhaus

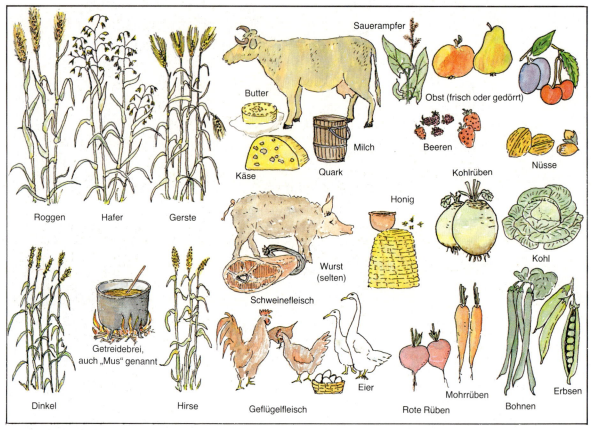

Nahrungsmittel im Mittelalter. Zeichnung

Herstellung von Lebensmitteln

Der Arbeitstag der bäuerlichen Familie war lang, er begann mit dem Hellwerden. Alle waren mit eingespannt, auch die Kinder. Denn das, was die Landbewohner benötigten, kauften sie nicht ein, sondern stellten sie fast ausschließlich selber her. Die Nahrung bestand weitgehend aus den Erzeugnissen ihrer Feld- und Gartenarbeit. Hauptnahrungsmittel der bäuerlichen Familie war der Getreidebrei, der in manchen Gegenden „Mus" genannt wurde. Salz zum Würzen und zum Haltbarmachen von Nahrung mussten die Bauern allerdings kaufen und das war viel teurer als heute.

1 Fasst die Nahrungsmittel in dem Schaubild in Gruppen zusammen.
2 Zählt Nahrungsmittel auf, die für uns heute von Bedeutung sind.
3 Fertigt eine Collage von den Nahrungsmitteln an, die ihr gern esst.
4 Schlagt im Lexikon nach, woher die Kartoffel kommt und seit wann sie in Europa Nahrungsmittel ist.

Konservierung* von Lebensmitteln

In einem Rezept jener Zeit heißt es:

> **Q** Rezept: „Nym sauren apffel nach St. Martinstag, schel sy. Schneid sy dornach, lag sy in ain honig tranck, laß es sieden also das prawn werd. Das machtu ein jahre haben. Man mag krapfen davon füllen."

5 Übersetzt das Rezept (Q). Probiert es aus. Um welche Art der Konservierung handelt es sich?
6 Nennt Möglichkeiten die im Schaubild aufgeführten Nahrungsmittel haltbar zu machen, z. B. als Wintervorrat. Wie werden Nahrungsmittel heute haltbar gemacht?

Arbeiten im Bauernhaus

Herstellen von Lebensmitteln im Haus
Zu den häuslichen Arbeiten der Frauen gehörten die Betreuung des Herdfeuers, die Zubereitung der Nahrung und die Anlage von Vorräten.
1 Betrachtet die Bilder und begründet, warum die Hausarbeit damals viel mühsamer war als heute.
2 Beschreibt die Geräte und die einzelnen Arbeitsschritte, die ihr auf den Bildern 1 und 2 seht.
3 Befragt eure Groß- oder Urgroßeltern danach, ob sie früher selbst einmal gebuttert haben, und lasst es euch erklären.
4 Manche Familien backen heute wieder selber ihr Brot. Kann euch jemand aus der Klasse davon berichten?

Herstellung von Garn und Textilien
Auch die Herstellung von Garn, das Spinnen und Weben waren typische Frauenarbeiten.
Im Mittelalter galt das Spinnen als eine Tätigkeit, die die Frauen während der Verrichtung anderer Arbeiten ausübten, z. B. beim Tierehüten.
Beim Spinnen zog die Bäuerin mit der linken Hand Fasern aus einem Faserbüschel, das auf einem Stock, dem Rocken, aufgebunden war. Mit der rechten Hand drehte sie die Spindel. So entstand nach und nach ein Faden. Auf diese Weise konnte sie in einer Stunde etwa 140 Meter Garn herstellen. Für das Weben eines Blusenstoffs brauchte sie etwa 1 500 Meter Garn.
5 Rechnet aus, wie lange eine Frau ohne Unterbrechung spinnen musste um Garn zum Weben des Blusenstoffs zu bekommen.
6 Nennt Materialien, aus denen heute Textilien hergestellt werden.
7 Versucht aus etwas Schafwolle einen Faden herzustellen. Arbeitet zu zweit: Eine(r) hält die Wolle und zupft sie zurecht, die bzw. der andere zieht vorsichtig die Fasern heraus und dreht diese dabei wie beim Kordeldrehen.

1 Buttern und Melken. Buchmalerei (Ausschnitt), um 1500.

2 Brot backen. Buchmalerei (Ausschnitt), um 1500.

3 Spinnen von Schafwolle. Kalenderminiatur (Ausschnitt), 1. Hälfte 16. Jahrhundert.

Arbeiten in der Landwirtschaft

1 Feldbestellung in Süddeutschland. Buchmalerei, um 1475.

Ackerbau und Viehhaltung
Ackerbau war der bedeutendste Bereich der bäuerlichen Wirtschaft. Die Viehhaltung hatte eine geringere Bedeutung, denn im Winter war das Futter so knapp, dass viele Tiere im Herbst geschlachtet werden mussten.
Im Mittelalter gab es in der Landwirtschaft viele Neuerungen, die die Erträge steigerten.

Ein besserer Pflug
Der seit dem 11. Jahrhundert verwendete Räderpflug mit eiserner Pflugschar stellte im Vergleich zu dem bisher eingesetzten Hakenpflug eine sehr große technische Verbesserung dar. Durch ihn konnten auch schwere Lehmböden aufgelockert und durchlüftet werden. Dadurch konnten die Pflanzen besser wachsen.
Als Zugtiere für den neuen Pflug nahmen die wohlhabenderen Bauern oft Pferde, die mehr als die bislang eingesetzten Ochsen leisten konnten. Voraussetzung für den Einsatz des Pferdes als Zugtier waren die Erfindungen von Hufeisen und Kummet.*

Sense und Dreschflegel
Seit dem 12. Jahrhundert verwendeten die Bauern die Sense anstatt der Sichel. Dadurch wurde ihnen das Mähen von Getreide und von Gras für das Heumachen sehr erleichtert.
Beim Dreschen konnten die Bauern ihre Erträge erhöhen, indem sie anstatt eines einfachen Stockes den Dreschflegel verwendeten.
Viele dieser Neuerungen blieben bis ins 19. Jahrhundert in Gebrauch.

1 *Entnehmt den Bildern und dem Text die Neuerungen und die dadurch erzielten Verbesserungen. Listet sie in einer Tabelle auf.*

2 Dreschen und Reinigen des Korns. Kalenderminiatur (Ausschnitt), um 1500.

Hungersnöte

Missernten
In Chroniken* wird berichtet:

> **Q** 1161: Im selben Sommer war der Himmel immer klar und das ganze Korn verdorrte, zum Herbst aber vernichtete der Frost das ganze Sommerkorn.
> 1168: Hitze und Dürre im Sommer. In weiten Teilen Westeuropas Missernten und Hungersnöte.
> 1170: Am Niederrhein Erdbeben und Überschwemmungen, Hungersnot.
> 1195: Regen von Johannis bis Weihnachten. Späte Saat. Schlechte Ernte, große Unwetter.
> 1196: Teure Saat, viel und langer Regen. Die Armen leiden Mangel.
> 1197: Grauenhaftes Jahr, viele Hungertote. Späte Ernte.
> 1198: Große Dürre.
> 1205: Ein kalter Winter. Großes Schafsterben. Kein Pflügen war möglich während Februar und März. Kein Futter für die Tiere.
> 1210: Langer Winter. Mäuseplage. Späte Blüte an Bäumen und Getreide.

1 Nennt Ursachen für Missernten.

Ein Historiker schreibt dazu:
„Oft fehlte es nach Missernten am Nötigsten. Da das Fleisch vom Schlachtvieh bald aufgebraucht war, trieb der Hunger die Bauern dazu, Hunde, Katzen, Esel, Vögel und Pferde zu verzehren. Selbst Schlangen und Frösche verschmähte man nicht. Da kein Getreide zum Brotbacken mehr zur Verfügung stand, wurden sogar Gras und Baumrinde verspeist."

Die meisten Menschen im Mittelalter wurden nicht so alt wie heute. Das Durchschnittsalter lag bei 35 Jahren. Viele Frauen starben bei oder nach der Geburt eines Kindes. Mehr als die Hälfte aller Kinder starb, bevor diese vier Jahre alt waren. Ursachen waren vor allem unzureichende Nahrung, Krankheiten, mangelnde Hygiene und Unglücksfälle.

2 Beschreibt mithilfe des Schaubildes, welche Folgen Missernten für die bäuerlichen Familien hatten.
3 Versucht die hohe Kindersterblichkeit zu erklären.
4 Auf den Bildern seht ihr noch andere mögliche Bedrohungen für die bäuerliche Familie. Überlegt, wie es zu diesen Bedrohungen hatte kommen können. Begründet, warum die Bauern in solchen Situationen meist machtlos waren.

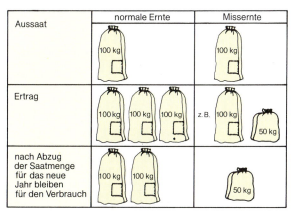

1 Schaubild: Ernteerträge im Mittelalter bei normaler Ernte bzw. Missernte

2 Überfall auf ein Bauernhaus. Holzschnitt, um 1500.

3 Holzschnitt, 16. Jahrhundert.

Die Grundherrschaft

1 **Bauern leisten Dienst beim Grundherrn.** Buchmalerei, 15. Jahrhundert.

Grundherren und Hörige

Kaiser, Könige, Herzöge, Grafen, Bischöfe, Äbte, aber auch Städte und Klöster hatten im Mittelalter viel Macht. Ihnen gehörte das Land, sie waren Grundherren. Sie bestimmten über das Leben der meisten Menschen. Diejenigen, die von ihnen abhängig waren, nannte man Hörige. Fast alle Bauern im Mittelalter zählten dazu. Der Grundherr schützte und unterstützte seine Hörigen in Notzeiten. Dafür mussten sie bestimmte Arbeiten, sogenannte Frondienste, verrichten und bestimmte Abgaben leisten.

Pflichten der Bauern

Abgaben	Frondienste
– regelmäßig zu festgelegten Zeiten: Käse, Hühner, Eier, Schweine, Getreide, Vieh	– Felddienste auf den Äckern und Wiesen
	– Wegebaudienste
	– Bauarbeiten
	– Weben von Leinen
– beim Tode eines Bauern: das beste Stück Vieh und das beste Kleid	– Transporte von Getreide, Holz und Baumaterial
	– Botendienste
– für die Benutzung der Mühlen, der Schmiede: Geld	– Treiberdienste bei der Jagd
	– Brennholzschlagen

Viele Hörige versuchten der Grundherrschaft zu entkommen und flohen in die Städte.
Die Grundherrschaft dauerte viele Jahrhunderte bis zu Beginn des 19. Jahrhunderts.

2 **Bauer bringt dem Grundherrn Abgaben.** Holzschnitt, 1517.

1 Beschreibt die Bilder und verwendet dabei die Begriffe Grundherr und Hörige.
2 Stellt zu Bild 1 ein Standbild nach: Vier von euren Mitschülern nehmen jeweils die Haltung einer der abgebildeten Personen ein und sagen, was sie dabei gerade denken bzw. empfinden.
3 Denkt euch zu Bild 2 ein Gespräch aus.

Landwirtschaft im Wandel

Bauernhof Lax, Vogelsang 1990, Luftbild: 1. Wohnhaus, 2. Schweinemaststall (2a. ehemals Kühe und Schweine), 3. Getreidelager (ehemalige Scheune und Maschinenschuppen), 4. Läuferstall (ehemals Rinder und Pferde), 5. Maschinenschuppen (ehemals Scheune), 6. Werkstatt, 7. Molkesilos*, 8. Güllebehälter*, 9. ehemalige Miste.

Der Bauernhof Lax früher und heute

Auf diesem Hof leben vier Generationen zusammen: drei Kinder, Eltern, Großeltern, Urgroßmutter. Diese erzählt:

> **M1** Früher war hier alles anders. In den Ställen hatten wir alle Tiere, die damals auf den Bauernhöfen gehalten wurden. Auf den Feldern wuchs alles, was wir für das Vieh brauchten und was wir verkaufen konnten. Alles musste mit der Hand gemacht werden. Dazu brauchten wir viele Arbeitskräfte, denn große Maschinen gab es damals noch nicht. Trotzdem hatten wir unser gutes Auskommen, alles war gemütlicher und Zeit zum Unterhalten gab es immer.

Mitte der 1960er-Jahre spezialisierte sich der Betrieb auf Schweinemast. Die Gebäude wurden dafür umgebaut. Ein Teil des Getreides (Gerste) wird mit von der Molkerei gekaufter Molke vermischt und an die Schweine verfüttert. Das übrige Korn wird eingelagert und im Winter, wenn die Marktpreise wieder höher sind, verkauft.

Zu seiner Lage sagt Herr Lax:

> **M2** Der Druck auf uns Landwirte wird immer größer. Alle Preise sind gestiegen, nur unsere nicht. Wer seinen Hof nicht aufgeben will, muss sich vergrößern, noch leistungsfähigere Maschinen kaufen. Zum Glück konnte ich meinen Betrieb vergrößern.

Zahlen zur Entwicklung des Betriebes			
		1950	1992
Betriebsgröße	Eigentum	112 ha	139 ha
	Pacht*	23 ha	206 ha
Grünland, Ackerfutter		39 ha	–
Roggen, Hafer		10 ha	–
Gerste, Weizen		49 ha	227 ha
Zuckerrüben, Kartoffeln u. a.		23 ha	–
Raps		10 ha	114 ha
Pferde		13	–
Rindvieh (Milchkühe, Kälber)		87	–
Zuchtsauen, Ferkel		140	–
Läufer*, Mastschweine*		76	2070
Geflügel		60	–
Arbeitskräfte ständige		14	2,5
Traktoren		1	4

1 *Beschreibt die Entwicklung des Betriebes.*
2 *Versucht zu erklären: Warum wurde er vergrößert? Warum wurden Maschinen angeschafft? Warum wurde nur noch Schweinemast betrieben?*

Vom Bauerndorf zum verstädterten Dorf

1 Eine Dorfstraße 1930 ...

2 ... und 1992

3 **Neubaugebiet in einem Dorf.** Foto 1992.

1 *Berichtet, was die Bilder über die veränderten Lebensverhältnisse im Dorf aussagen.*

Familie C. in Holtensen
Familie C. wohnt in einem Einfamilienhaus. Frau C. berichtet 1992:

M Als Flüchtlingskind wohnte ich schon einmal auf dem Land. Es hat mir sehr gefallen, obwohl alles sehr eng war. Mit meiner Familie bin ich 1970 wieder aufs Dorf gezogen, weil wir hier gebaut haben. Unsere beiden Kinder sollten im Grünen aufwachsen. Wir wollten einen eigenen Garten haben, viel frische Luft, aber keinen Verkehrslärm oder Auspuffgase. Die Baugrundstücke waren hier billiger als in der Stadt. Bis zur Stadtmitte sind es nur knapp 5 km. Wir verfügen über gute Busverbindungen, so kamen unsere Kinder schnell zur Schule und ich gut zum Einkaufen in die Innenstadt. (...) Wir leiden sehr darunter, dass der Autoverkehr durch unseren Ort sehr zugenommen hat, denn immer mehr Menschen haben sich immer weiter draußen im Stadtumland niedergelassen und nun fahren sie hin und her. Mitunter staut sich der Verkehr so, dass mein Mann, der in der Stadt arbeitet, doppelt so lange wie früher braucht um nach Hause zu kommen.

2 *Zählt die Gründe auf, weshalb die Familie nicht in der Stadt gebaut hat.*
3 *Für die Familie hat sich seit 1970 einiges verändert. Nennt die Probleme. Überlegt Lösungsmöglichkeiten.*
4 *Wenn ihr in einem kleinen Ort wohnt, befragt Erwachsene nach den Veränderungen in eurem Dorf. Notiert die Gesprächsergebnisse oder zeichnet die Gespräche mit einem Kassettenrekorder auf.*

Vom Bauerndorf zum verstädterten Dorf

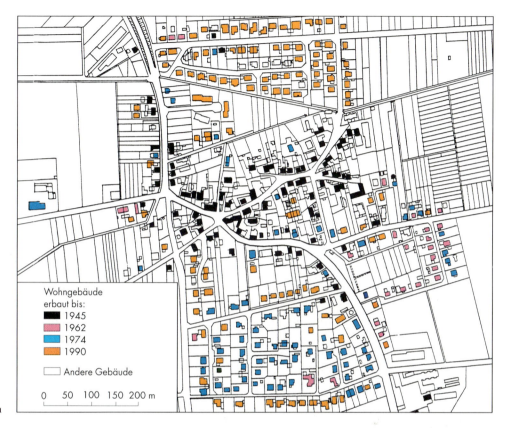

Wohngebäude erbaut bis:
- ■ 1945
- ■ 1962
- ■ 1974
- ■ 1990
- □ Andere Gebäude

1 Holtensen

Holtensen früher und heute

Das ehemalige Dorf Holtensen ist ein Wohnvorort von Göttingen geworden.

Die Entwicklung der Landwirtschaft in Holtensen:

Jahr	1950	1990
Zahl der landwirtschaftlichen Betriebe	77	4
Beschäftigte in der Landwirtschaft	163	6

Erwerbstätige in Holtensen:

Jahr	1950	1990
Landwirtschaft	163	6
Industrie/Handwerk	154	294
Handel/Verkehr	104	156
Dienstleistungen	58	393

1 Beschreibt das Wachstum des Ortes mithilfe der Abbildungen 1 und 2.

2 Vergleicht den alten Dorfkern mit den drei neuen Siedlungen (Abb. 1). Betrachtet dabei
– die Straßenführung,
– die Größe und Form der Grundstücke.

3 Beschreibt mithilfe der Tabellen die Entwicklung in der Landwirtschaft und in den anderen genannten Wirtschaftsbereichen.

4 Führt ein Streitgespräch „Pro und Kontra zum Leben im Dorf oder in der Stadt". Verteilt die Rollen und bestimmt eine Gesprächsleitung.

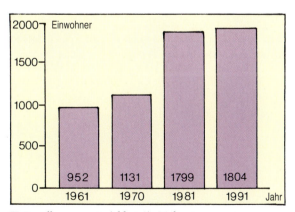

2 Bevölkerungsentwicklung in Holtensen

WANDEL DES LEBENS IN DER STADT

600　700　800　900　1000　1100　1200　1300　1400　1500　1600

Blick auf eine mittelalterliche Stadt. Gefärbter Stich, um 1580.

Das Bild der mittelalterlichen Stadt

Stephans Reise in die Stadt

> Stephan staunte, als sie mit dem Heuwagen die Bergkuppe erreicht hatten. Zum ersten Mal sah er die Stadt. Was gab es da alles zu sehen: die vielen Häuser, die hohen Kirchtürme, die roten Dächer. So eindrucksvoll hatte er sich das doch nicht vorgestellt. Wie aufregend musste es erst im Innern sein.
> „Wenn wir unser Gemüse und die Eier auf dem Markt verkauft haben", fragte er seinen Vater, „gehst du dann mit mir durch die Gassen?"
> „Aber ja, ich will doch noch einen Stoff für die Nachbarin und uns einen neuen Kochtopf kaufen. Außerdem habe ich dir ein Messer versprochen, was du bestimmt nicht vergessen hast." Und er lachte fröhlich.
> „Aber zuerst müssen wir noch an der Torwache vorbei, da musst du vorzeigen, was in deinem Korb ist. Aber das geht schnell, denn für Nahrungsmittel, die man tragen kann, muss keine Gebühr bezahlt werden, außerdem kennen mich die Wächter. Ein Fremder hat es da schon schwerer."
> Stephan sah, dass noch mehr Menschen mit ihren Waren in die Stadt wollten.

Die Geschichte von Stephan ist erfunden, aber so könnte es vor 400 Jahren gewesen sein. Stephan wird euch durch dieses Kapitel begleiten.
So wie diese Stadt sahen früher viele Städte in Deutschland und Niedersachsen aus. Auf diesen alten Abbildungen kann man viele Einzelheiten entdecken.

1 Betrachtet das Bild und notiert, was euch auffällt. Achtet auch auf Baumaterialien und auf das Land vor der Stadt. Wer findet die Mühle?
2 Verfolgt in Gedanken den Weg des Fuhrwerks auf der rechten Bildseite. Wann weiß der Bauer genau, dass er in der Stadt ist und nicht mehr auf dem Land?
3 Offensichtlich fährt er Heu in die Stadt. Überlegt, wozu man dort Heu brauchte.
4 Klärt auch für die anderen Personen auf dem Bild, was sie gerade tun.
5 Untersucht die Verteidigungsanlagen. Achtet auf Baumaterialien und verstärkte Sicherungen, sucht befestigte Anlagen im Umland.
6 Sucht nach vergleichbaren Abbildungen eurer Stadt. Es gibt sie z. B. für Braunschweig, Goslar, Duderstadt, Northeim, Lüneburg, aber auch andere.
Stadtgeschichten, Reiseführer, Prospekte des Fremdenverkehrsvereins können euch helfen.

Die Entstehung der Stadt

Das Leben der Menschen ändert sich

Für uns ist es heute selbstverständlich, dass es Städte gibt und dass die meisten Menschen in Städten leben. Es ist auch selbstverständlich für uns, dass die Eltern einen bestimmten Beruf haben, mit dem sie das Geld verdienen um alles andere, was wir zum Leben benötigen, kaufen und bezahlen zu können. Es ist so selbstverständlich, dass wir gar nicht mehr darüber nachdenken. Und doch war alles einmal ganz anders: Die Menschen lebten in kleinen Dörfern, die von dichten Wäldern umgeben waren. Was jeder zum Leben brauchte, musste er selbst herstellen. Damals war es selbstverständlich, dass er ein Haus bauen, Getreide anpflanzen, ein Schwein schlachten, Kleider herstellen und vieles mehr konnte. Im Laufe der Zeit stellte sich zum Beispiel heraus, dass ein Dorfbewohner oder eine Dorfbewohnerin besonders gut töpfern konnte. So sagte er oder sie sich vielleicht: Warum soll ich noch selbst weben? Mein Nachbar kann das besser. Ich biete ihm einen Tonkrug im Tausch gegen ein Stück Stoff an. So fingen die Menschen an sich zu spezialisieren.

Siedlungen werden größer

Immer häufiger zogen auch Kaufleute durch die Lande. Sie brachten fremde Waren und nahmen besonders schöne Stücke aus dem Dorf mit um sie an anderen Orten zu verkaufen. Besonders dort, wo eine Burg lag und ein Grundherr wohnte, ließen sich Waren absetzen und Gewinn erzielen. Die Kaufleute reisten auch dorthin, wo sie an Wegkreuzungen oder Flussfurten andere Kaufleute trafen und mit ihnen handeln konnten. Manch ein Dorfbewohner sagte sich bald, ich werde selbst dorthin ziehen, wo ich auf Käufer treffe.

Und so zogen viele Menschen an Orte, die für ihre Arbeit, für Kauf und Verkauf günstig gelegen waren. Allmählich entstanden immer mehr größere Siedlungen.

Die neuen Stadtherren

Die Grundherren, Herzöge, Bischöfe, Äbte und Grafen sahen das gerne. Die Kaufleute brachten schöne Waren und die Handwerker stellten nützliche Dinge her. Zudem zahlten sie hohe Abgaben. So unterstützten diese Herren die neuen Siedlungen auf ihrem Grund und Boden, indem sie den König um Rechte für entstehende Siedlungen baten. Sie selbst waren dann die neuen Stadtherren.

Urkunde, in der König Heinrich der Stadt Hildesheim städtische Rechte gewährt:

> **Q** Heinrich, von Gottes Gnaden König. Wir gewähren auf eindringliche Bitte der Hildesheimer Kirche dieser Stadt auch einmal im Jahr einen Markt, natürlich am Fest des heiligen Lambertus (17. 9.), und einen Markt einmal in der Woche, möglichst an einem Sonntag oder an einem anderen Tag, den sie für sich als nützlich und vorteilhaft ansieht. Es ist auch unser Wille, dass alle, die zu diesem Jahrmarkt oder Wochenmarkt kommen und von dort heimkehren, sich unseres Schutzes erfreuen. Gegeben bei Würzburg am 22. November 1226

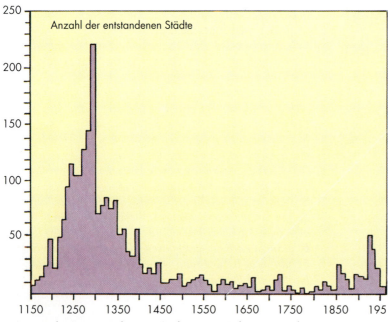

Die Entstehung von Städten in Mitteleuropa zwischen 1150 und 1950

1 Nennt drei Dinge, die der König gewährt. Begründet mithilfe des Textes, warum er sie gewährt.
2 Überlegt, warum der Wochenmarkt nach Möglichkeit an einem Sonntag stattfinden soll.

Die Entstehung der Stadt

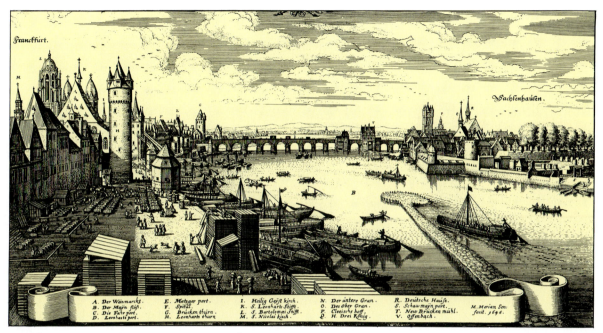

Frankfurt am Main. Stich von Matthäus Merian d. Ä., 1646.

Nicht alle Orte, die im Mittelalter städtische Rechte erhielten, entwickelten sich später auch zur Stadt. Von manchen Städten wissen wir auch nur ungefähr, wann sie entstanden sind.

Die Bevölkerungszahl der Städte
In Deutschland lebten damals viel weniger Menschen als heute und die Städte waren noch sehr klein.

Einwohnerzahlen mittelalterlicher Städte im 14. und 15. Jahrhundert:

Stadt	Einwohnerzahl	Stadt	Einwohnerzahl
Braunschweig	17 000	Köln	30 000
Goslar	12 000	Lübeck	25 000
Hildesheim	8 000	Danzig	20 000
Einbeck	7 000	Nürnberg	20 000
Hannover	5 000	Ulm	20 000
Göttingen	5 000	Erfurt	18 500
Duderstadt	4 000	Augsburg	18 000
Emden	4 000	Hamburg	18 000
Celle	1 000	Frankfurt a. M.	10 000
Cloppenburg	300	Breslau	10 000
Meppen	700	Leipzig	4 000

1 *Erkundigt euch bei eurer Stadt- oder Gemeindeverwaltung, welche „öffentlichen Aufgaben" die Gemeinde bei einem Markt heute hat.*
2 *Klärt mithilfe des Schaubildes auf Seite 162, wann die meisten Städte in Mitteleuropa entstanden sind.*
3 *Betrachtet das Bild und überlegt, warum Frankfurt nicht „Frankbrück" heißt. Schlagt in den Worterklärungen nach, was „Furt*" bedeutet.*
4 *Sucht auf einer Deutschlandkarte im Atlas vergleichbare Städtenamen im Maintal.*
5 *Überlegt, inwiefern „sprechende" Städtenamen wie Oldenburg, Cloppenburg, Osnabrück, Quakenbrück, Hamburg, Lüneburg einen Hinweis auf die Art ihrer Entstehung geben.*
6 *Sucht auf der Deutschlandkarte im Atlas weitere „sprechende" Städtenamen.*
7 *Fertigt für euer Klassenzimmer eine große Karte von Niedersachsen an. Schlagt in einem Lexikon nach, wann die Städte in Niedersachsen entstanden sind und tragt die Ergebnisse in die Karte ein.*
8 *Stellt fest, wie viele Menschen heute in diesen Städten leben.*

Menschen in der Stadt

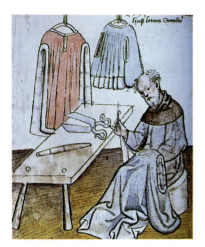

1 Schneider. Zeichnung, 15. Jh.

2 Büttner bzw. Böttcher*. Zeichnung, 15. Jh.

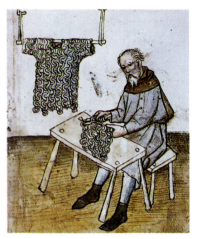

3 Panzerhemdenmacher. Zeichnung, 15. Jh.

Handwerker
In der mittelalterlichen Stadt gab es viele unterschiedliche Handwerke.
1 *Schaut euch die Bilder dieser Seite an. Welche Berufe kennt ihr, welche nicht?*
2 *Welche dieser Berufe gibt es heute nicht mehr?*
3 *Überlegt, wozu die hergestellten Produkte dienten.*

Heute noch geben viele Straßennamen einer Stadt Hinweise auf alte Handwerkerberufe, die hier ausgeübt wurden. Manche Handwerker bevorzugten bestimmte Arbeits- und Wohnplätze in der Stadt. So mussten die Gerber* am Fluss wohnen, da sie für ihre Arbeit viel Wasser benötigten. In manchen Städten wohnten die Handwerker eines Berufszweiges alle in einer Straße, die man oft nach ihnen benannte. So gibt es z. B. in Goslar die Bäckerstraße und die Knochenhauerstraße, in Rinteln die Schmiedgasse oder in Hildesheim die Wollenweberstraße
4 *Nennt andere Straßennamen, die auf Handwerksberufe hinweisen und schreibt sie auf.*

Die Handwerker eines Berufes waren in einer Zunft zusammengeschlossen oder – wie man vielfach in Norddeutschland sagte – in einem Amt. Da gab es ein Amt der Bäcker, der Knochenhauer, Glockengießer, Schuster usw. Das Amt legte fest, wie viele Gesellen ein Meister haben durfte, es bestimmte den Preis der hergestellten Waren und selbst die Zahl der Meister in einer Stadt. So versuchte das Amt die Konkurrenz auszuschalten, denn jedem Meister sollte ein ausreichendes Einkommen sicher sein.
Die Ämter regelten auch genau, unter welchen Voraussetzungen man Mitglied werden konnte. Menschen, deren Eltern „unehrliche Berufe"* ausgeübt hatten, konnten nicht Mitglied eines Amtes werden. Sie waren damit vom „ehrlichen Handwerk" ausgeschlossen. Die Bäcker aus Hannover z. B. schrieben 1481 vor:

> **Q** Ein Mann oder eine Frau, die Aufnahme in unser Amt begehren, die sollen ehelich geboren sein. Und sie sollen auch kein höriger Diener sein oder eines Schäfers, Müllers, Zöllners, Leinewebers*, Baders*, Pfeiffers* Sohn oder Tochter. Und seine (ihre) Eltern sollen sich als unbescholtene, rechtschaffene Leute erwiesen haben. Und das soll er (sie) mit drei zuverlässigen, glaubwürdigen Männern bezeugen.

5 *Klärt die Begriffe in der Quelle, die ihr nicht versteht. Fragt den Lehrer bzw. die Lehrerin und schlagt in den Worterklärungen auf den Seiten 278 bis 280 nach.*
6 *Erarbeitet aus der Quelle die fünf Bedingungen, die man erfüllen musste, wenn man in Hannover Mitglied des Bäckeramtes werden wollte.*

Menschen in der Stadt

Frauen und Frauenberufe

1 *Betrachtet die Bilder dieser Seite. Beschreibt die Arbeiten, die von Frauen ausgeführt werden.*

2 *Vermutet, welche dieser Frauen selbstständig arbeitet, welche im Betrieb des Mannes mitarbeitet und welche den Haushalt führt.*

1 **Im Hause eines Handwerkers oder kleinen Kaufmanns.** Holzschnitt, 1473.

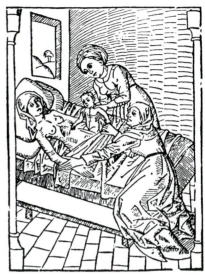

2 **Hebamme.** Holzschnitt, um 1480.

Aus Hamburg wissen wir, dass es um 1400 insgesamt 1322 Berufstätige gab, darunter waren nur 77 Frauen. So war unter den 171 Schlachtern nur eine Frau, während von den acht Leinewebern sieben Frauen und von den 38 Gänsehökern* 35 Frauen waren.

3 *Überlegt, warum der Anteil der Frauen in einigen Berufen so hoch war. Lest dazu die Quelle auf Seite 164.*

Im Mittelalter lagen Wohn- und Arbeitsplatz im gleichen Haus. Hier lebte auch die „Familie". Dazu zählte man nicht nur Eltern und Kinder, sondern auch Lehrlinge, Knechte und Mägde. Sie alle arbeiteten, schliefen und aßen hier. Die Frau leitete Haus und Haushalt. Sie sorgte für Nahrung und Mahlzeiten, d. h. Brot backen, einkaufen, Garten bearbeiten, schlachten, Bier brauen, Vorräte anlegen und vieles mehr. Die Frauen waren im Allgemeinen den Männern unterstellt. Nur in Ausnahmefällen übten sie einen selbstständigen Beruf aus.

4 *Schreibt auf, was eine Hausfrau heute alles zu tun hat.*

3 **Schuhmacherwerkstatt.** Holzschnitt, Ende des 16. Jahrhunderts.

Menschen in der Stadt

Hamburger Hafen, rechts Zollhaus mit Zollschreiber. Miniatur, 1497.

Kaufleute

Als Stephan mit seinem Vater vor dem Rathaus stand, kamen ihnen mehrere Männer entgegen, die prächtig gekleidet waren. Sie hatten sich mit glänzenden Ringen und Ketten geschmückt und jeder hatte ein Messer im Gürtel. „Das sind vornehme Kaufleute und Ratsherren", flüsterte der Vater. „Sie machen die Gesetze hier und sind auch die Richter bei Streitigkeiten." „Wie bei uns der Grundherr?", fragte Stephan. „Ja und nein", entgegnete ihm der Vater, „der Grundherr bestimmt zwar auch, aber er ist der Herr von Geburt an, die Ratsherren der Stadt jedoch sind gewählt worden."

In einer Stadt lebten viele Menschen, die unterschiedliche Berufe hatten. Dabei entwickelten sich in einer Hafenstadt andere Berufe als in einer Stadt des Binnenlandes. Immer aber waren es die Kaufleute, die durch ihre Arbeit die Wirtschaft der ganzen Stadt förderten und somit vielen anderen Menschen Arbeit und Brot brachten. Sie ließen aus anderen Orten Waren heranschaffen und beförderten die Produkte der eigenen Stadt nach auswärts. Die von Handwerkern hergestellten Waren mussten gekauft, verpackt und versandt werden. Um eine Kontrolle zu haben führten die Kaufleute Buch über den Warenverkehr. Gewinn und Verlust wurden genau notiert.

In einer Chronik* aus dem Jahr 1330 heißt es über die Kaufleute: „Die Obersten (der Stadt), das sind die Reichsten, also die Tuchhändler und die übrigen Kaufleute."

Für die Stadt Braunschweig wurde das durchschnittliche Vermögen einiger Berufsgruppen errechnet:

Gruppe	Vermögen
Kaufleute	325 Mark*
Wandschneider (= Tuchhändler)	502 Mark
Utwendige (= Großkaufleute)	519 Mark
Geldwechsler	612 Mark
Schmiede	104 Mark
Goldschmiede	134 Mark
Gerber/Schuster	155 Mark
Krämer	182 Mark

1 Erläutert anhand der Tabelle das mittelalterliche Sprichwort „Armlang Handwerk bringt weniger als fingerlang Handel".
2 Auf dem Bild sind Kaufleute und Arbeiter zu sehen. Woran könnt ihr sie unterscheiden?
3 Der Maler versuchte in einem Bild festzuhalten, was nacheinander passierte, wenn ein Schiff in den Hafen kam.
Erzählt die Geschichte weiter:
„Weit draußen auf dem Meer nähert sich das seit langem erwartete Schiff dem Hafen. Dann werden die Segel eingeholt. ..."

Menschen in der Stadt

Die Juden

Die meisten Einwohner der Städte waren Christen. Unter ihnen wohnten aber auch Angehörige anderen Glaubens, die Juden. Sie hatten ihr eigenes Gotteshaus, die Synagoge. Als Heilige Schrift galt bei ihnen nur das Alte Testament. Die Juden sprachen Deutsch, sie beteiligten sich an der Verteidigung der Städte, trieben Handel, kauften Häuser und kamen täglich mit Christen zusammen: im Haus, auf der Straße, in der Werkstatt oder auf dem Markt.

Viele Juden liehen Geld gegen Zinsen aus. Weil es damals noch keine Banken gab, war dies für das wirtschaftliche Leben in der Stadt wichtig. Da die Kirche den Christen verboten hatte für das Ausleihen von Geld Zinsen zu erheben, gaben die Christen diese Tätigkeit auf. Zu gleicher Zeit bestimmten die Zünfte, dass nur Christen ein Handwerk erlernen durften. Damit waren die Juden ausgeschlossen. Viele Juden mussten daher vom Geldverleih leben und hohe Zinsen nehmen. Im Laufe der Zeit hatten viele Menschen bei den Juden Schulden, die sie nicht mehr zurückzahlen konnten – oder wollten. Man hasste die Juden. Immer häufiger wurden sie nun überfallen und verfolgt. Dies war die einfachste Art die Schulden loszuwerden. Die Juden suchten daher Schutz beim König oder beim Rat der Stadt. Als Minderheit waren sie darauf angewiesen, aber sie waren auch der Willkür ihrer Schutzherren ausgeliefert.

Eine Göttinger Quelle* berichtet:

> **Q** Der Rat der Stadt war mit den Abgaben der jüdischen Händler nicht mehr zufrieden. Es gelang aber nicht, sich mit den Juden über eine Erhöhung zu einigen. Deshalb beschloss man die Juden auszuweisen. Diese mussten sich daraufhin notgedrungen zur Zahlung höherer Beträge bereit finden um den Verlust des Wohnortes und der wirtschaftlichen Existenz zu vermeiden.

1 *Beschreibt mit eigenen Worten die Gründe für die Machtlosigkeit der jüdischen Minderheit.*

2 *Überlegt, was die Personen auf dem Bild wohl zueinander sagen. Spielt die Szene nach.*

Jüdischer Geldverleiher. Stich, 16. Jahrhundert.

Menschen ohne Zuhause

Stephan war fasziniert von der Stadt. Eben waren sie noch über den Marktplatz gegangen, vorbei an dem Rathaus, dann hinein in die Straßen, wo die Handwerker wohnten. Überall wurde gearbeitet. Männer in prunkvollen Gewändern schritten vorbei.
Aber Stephan sah auch viele Menschen, die bettelten. „Das sind die Stadtarmen", erklärte der Vater, „die haben nicht einmal ein Dach über dem Kopf. Sie schlafen in Kellern oder Hausdurchgängen und ernähren sich von Almosen oder von Gelegenheitsarbeiten." „Manche", erläuterte ihm der Vater, „arbeiten auch als Diener oder Mägde in einem großen Haus, dann können sie dort in kleinen Kammern unter dem Dach schlafen."

Die Unterschichten

Die Kaufleute bezeichnet man als Oberschicht, die Handwerker als Mittelschicht. Neben Kaufleuten und Handwerkern lebten in der Stadt auch Menschen, die man zur Unterschicht zählte. Dazu gehörten alle, die keinen festen Wohnsitz hatten, keiner regelmäßigen Arbeit nachgingen, einen „unehrlichen" Beruf ausübten sowie alle Knechte und Mägde. Wir wissen wenig über sie, da sie keine Häuser hatten, keine Bücher schrieben und keine Urkunden ausfertigten. Dabei machten sie in manchen Städten bis zur Hälfte der gesamten Bevölkerung aus.

Alltag: Markt und Platz

Die ganze Stadt ein Markt
Überall in der Stadt wurde verkauft. Allerdings durfte nicht jeder jede Ware dort verkaufen, wo er es wollte. Dies bestimmte der Rat der Stadt. So heißt es in einer Anordnung der Stadt Osnabrück:

> **Q** Niemand darf auf Wegen und Straßen, auf der Weide oder an anderen Orten seine Ochsen, Kühe, Rinder, Schweine, Schafe und dergleichen verkaufen und kaufen. Er darf es nur dort, wo innerhalb dieser Stadt an 4 Wochentagen Markt gehalten wird: nämlich am Montag, Mittwoch, Freitag und Samstag. Wer dagegen handelt, soll bestraft werden.

1 *Sucht einen einheitlichen Begriff für die in der Quelle aufgezählten Waren.*
2 *Überlegt, warum es dem Rat wichtig war, für diese Waren den Verkaufsort genau festzulegen.*
3 *Erkundigt euch bei eurer Gemeindeverwaltung, wie ein Marktverkauf heute geregelt ist.*
4 *Betrachtet das Bild und zählt die angebotenen Waren auf.*
5 *Erklärt den Satz: Die ganze Stadt war ein Markt.*

Auf dem Markt nahm der Rat Gebühren ein und sorgte für Ruhe und Ordnung, denn am Markttag strömten viele Menschen aus der Umgebung in die Stadt.
Sie alle wollten kaufen und verkaufen – und dabei gab es häufig Streit. So maß in der einen Stadt ein Scheffel* 30 Liter, in einer anderen aber 300 Liter. Oder: Die Elle* in Goslar maß 68 cm, die in Braunschweig 57 cm. In vielen Städten hängte man daher die Elle öffentlich aus. Heute noch finden wir die eiserne Elle am Rathaus von Celle mit dem Spruch: „Ein ehrlich Bürger hier ermisst, was eine Elle wirklich ist."

6 *Überlegt euch einen Streit zwischen Verkäufer und Käufer und spielt ihn.*

Noch heute kann man an den Namen mancher Plätze ablesen, mit welchen Waren hier gehandelt wurde. So gibt es in Wolfenbüttel einen Holzmarkt, einen Ziegenmarkt und einen Kornmarkt.

7 *Stellt fest, welche Plätze es in eurem Ort gibt. Fragt eure Eltern, Großeltern oder Nachbarn, ob es sich um alte Marktplätze handelt.*

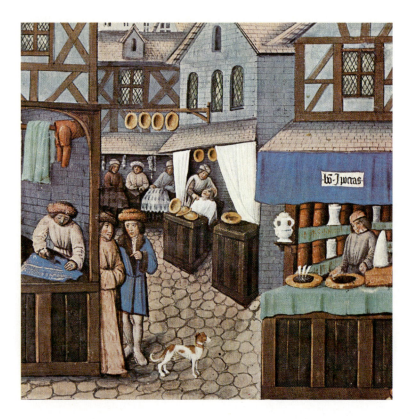

Miniatur* aus dem späten 15. Jahrhundert

Alltag: Feuer

Feuerkatastrophen in der Stadt

Das Feuer war für die Menschen der Stadt Segen und Fluch zugleich. Mit dem Feuer wurde die Nahrung zubereitet, am Feuer wärmte man sich und mit offenem Feuer sorgte man für Licht. Aber da viele Häuser aus Holz gebaut und mit Stroh gedeckt waren, fand ein Feuer auch schnell Nahrung, wenn man nicht sorgfältig mit ihm umging. Schnell hatte ein Brand ganze Stadtteile ergriffen und vernichtet. Große Mühe hatten die Stadtbewohner mit dem Löschen. Chroniken berichten:

> **Q1** Oldenburg: Durch Blitzschlag entstand der große Brand von 1676, der die ganze Neustadt und die Altstadt nördlich des Marktes mit 700 Wohnhäusern und 230 Nebengebäuden in Asche legte.
> Einbeck: Große Feuersbrünste zerstörten 1540 und 1549 fast die ganze Stadt.

1 *Beschreibt Schwierigkeiten und Erfolgsaussichten der im Bild dargestellten Löschmethode.*
2 *Erstellt eine Liste der geretteten Gegenstände.*
3 *Sucht euch eine Person des Bildes aus, beschreibt, was sie tut und erfindet dazu eine Geschichte.*

Um den häufigen Bränden vorzubeugen oder sie zu bekämpfen erließen die Städte genaue Vorschriften:

> **Q2** Hannover, 16. Jh.: In welchem Haus (…) Stroh oder Futter liegt, und zwar auf dem Balken oder auf dem Boden, wo die Feuerstelle direkt darunter gelegen ist, der soll dafür eine Strafe zahlen.

Brand der Stadt Bern, Buchmalerei, 1405.

> Hameln, 1385:
> Es ist untersagt, die Dächer mit Stroh zu decken.
> Ulm, 14. Jh.:
> Bei einem Brand muss jedermann beim Löschen helfen.
> Ulm, 14. Jh.:
> Es wird festgesetzt, dass keine Frau zu dem Feuer hinrennen soll, es sei denn, sie wolle mithelfen und Wasser zutragen.

4 *Unterscheidet die Vorschriften in Q2 nach Brandvorsorge und Brandbekämpfung.*
5 *Sprecht darüber, welche Erfahrung die Stadt Ulm zu ihrer Vorschrift über die Frauen bewogen haben mag (Q2).*
6 *Informiert euch über Zeitpunkt und Ursachen der letzten großen Brände in eurem Ort. Auskunft können euch z. B. geben: Stadtmuseum, Stadtarchiv, Feuerwehr, Bücher zur Stadtgeschichte.*

Alltag: Hygiene, Seuchen, Sterblichkeit

Grabmal mit Inschrift, Lüneburg, 1626.

Kindersterblichkeit

In der Nicolai-Kirche in Lüneburg hängt eine Grabtafel aus dem Jahre 1626. Sie zeigt die Familie des Lüneburger Pastors Scherzius, der selbst 1639 starb. Auf dieser Tafel werden die bereits 1626 Verstorbenen durch ein kleines rotes Kreuz über dem Kopf gekennzeichnet. Der Text nennt die Namen der verstorbenen Kinder und die Todesursache:

> **Q1** In dieser Kapelle auf dem Kirchhof liegen begraben des Ehrwürdigen Herrn Sigismund Scherzius,
> des Pastors zu S. Lambert hier, und seiner lieben Hausfrau
> Elisabeth Vetterin herzliche sieben Kinder,
> nämlich zwei Söhne,
> Gottfried und Christian,
> und fünf Töchter,
> Judith, Elisabeth, Regina, Leonora und Juliana,
> welche der treue Gott im Jahre 1626 zur Zeit der Pest
> von dieser Welt durch einen seligen Tod in sein ewiges
> Reich abgefordert hat. Die Gnade erwecke ihre Seelen im Himmel
> zum Ewigen Leben und tröste die betrübten Eltern durch Christus. Amen.

1 *Untersucht die Abbildung. Wie viele Kinder haben das Jahr 1626 überlebt?*
2 *Lest den Text der Grabtafel. Woran starben die Kinder?*
3 *Stellt Vermutungen an über die hygienischen Zustände in eurer Stadt, wenn es keine Müllabfuhr gibt.*

Seuchengefahr

Die Straßen der mittelalterlichen Städte waren nicht gepflastert. Die Bewohner warfen ihre Abfälle einfach auf die Straße, wo sie entweder verrotteten oder von den vielen Schweinen gefressen wurden. Dort, wo keine Kloake* vorhanden war, schütteten die Bewohner auch einfach den Nachttopf aus dem Fenster. Regen und Schmutzwasser konnten kaum abfließen. Den Schmutz in den Häusern kehrte man nicht weg, sondern streute dünne Sandschichten darauf.
In vielen Städten finden wir Vorschriften wie in Straßburg:

> **Q2** Niemand soll Mist oder Kot vor sein Haus legen, wenn er ihn nicht gleich wegfahren will, außer auf den hierzu bestimmten Plätzen, nämlich neben den Fleischmarkt, ferner neben den Brunnen auf dem Pferdemarkt und (...)

4 *Prüft die Anordnung genau. Inwiefern zeigt sie, dass man das Problem erkannt hatte? Aber werden die hygienischen Zustände wirklich verbessert?*

Da allerlei Ungeziefer ideale Lebensbedingungen fand und Krankheitserreger sich schnell vermehren konnten, brachen immer wieder verheerende Seuchen aus. Um 1350 starb im Gebiet des heutigen Niedersachsen etwa ein Drittel der Bevölkerung an der Pest.
Aus den wenigen Worten des Lüneburger Stadtschreibers kann man die Angst der Menschen und die schrecklichen Ereignisse erahnen:

> **Q3** 1350 – das Jahr des Sterbens, der Pest und der großen Unmenschlichkeit.

Eine Straße verändert sich

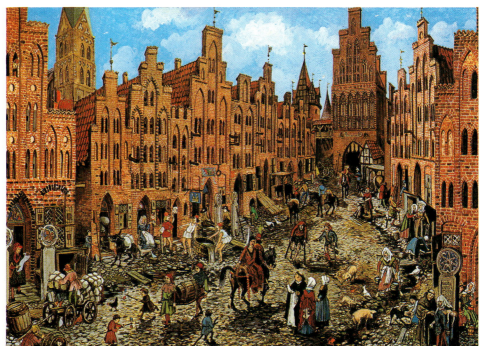

1 1476

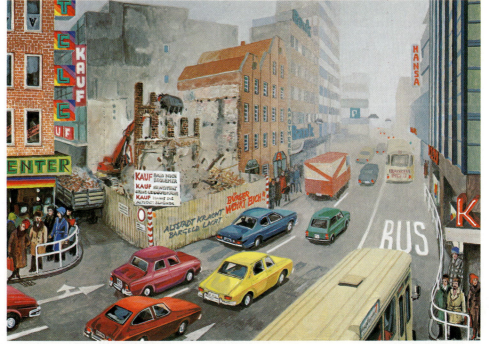

2 1986

1 Erinnert euch an Stephan. Schreibt auf, was er seinen Geschwistern über die Stadt erzählt haben könnte. Nehmt dazu aus den vorhergehenden Seiten ein Ereignis, ein Bild oder eine Quelle zu Hilfe.

2 Sprecht darüber, wie sich die Straße in Bild 1 und 2 zum Jahr 2000 verändern könnte. Malt ein Bild.

Städte wachsen ins Umland: Beispiel Oldenburg

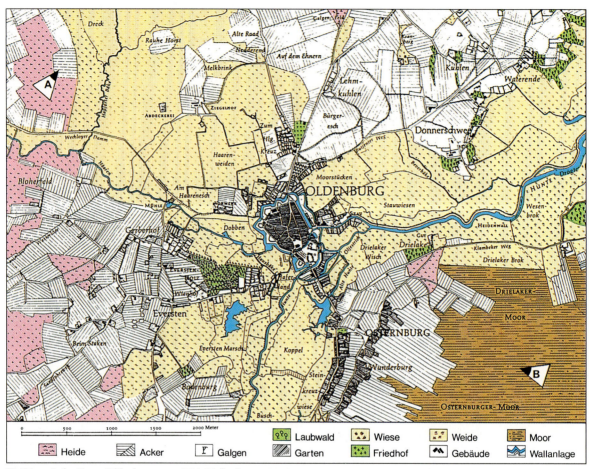

1 Historische Karte Oldenburgs um 1790. Maßstab ca. 1:40 000.

Oldenburg wird die „Großstadt im Grünen" genannt. Es ist Verwaltungs-, Kultur- und Einkaufszentrum für ein weites Umland. Die ehemalige Hafen- und Handelsstadt war Residenzstadt* des Herzogtums Oldenburg. Das Schloss, das Theater und große Regierungsgebäude erinnern daran. Um 1900 war Oldenburg eine Stadt mit nur wenigen Industriebetrieben. Nach dem Zweiten Weltkrieg kamen 42 000 Flüchtlinge und Vertriebene in die unzerstört gebliebene Stadt. Mit der Gründung der Universität 1972 wuchs die Stadt auf heute 141 000 Einwohner.

2 Wachstumsphasen nordwestdeutscher Städte

Städte wachsen ins Umland: Beispiel Oldenburg

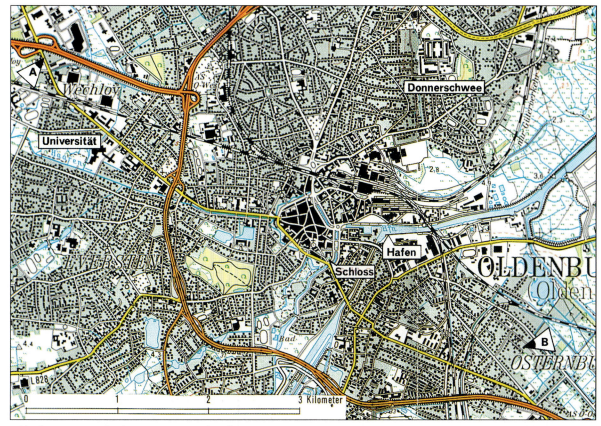

Oldenburg 1990. Maßstab 1: 40 000. (Legende auf Seite 8)

Bevölkerungsentwicklung Oldenburgs:

Jahr	1821	1871	1939	1950	1990
Einwohner	9400	25 300	79 000	123 000	141 000

1 *Stellt fest, wie weit sich die Stadt ausgedehnt hat. Messt die Entfernung von A nach B. Wie viel Zeit benötigt ein Fußgänger bzw. ein Autofahrer für diese Strecke?*

2 *Vergleicht die beiden Karten dieser Doppelseite. Was hat sich verändert? Was ist geblieben? Beachtet auch, was aus den ehemaligen Dörfern geworden ist.*

3 *Sucht aus der Grafik unten die Zeiträume heraus, in denen Oldenburg gewachsen ist.*

4 *Sucht im Atlas Karten, in denen die Entwicklung von Städten dargestellt ist.*

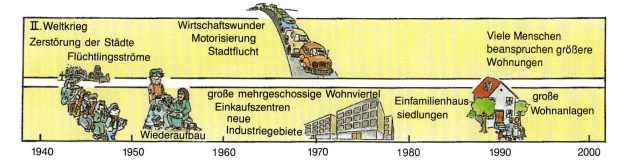

Unterschiedliche Stadtviertel: Beispiel Göttingen

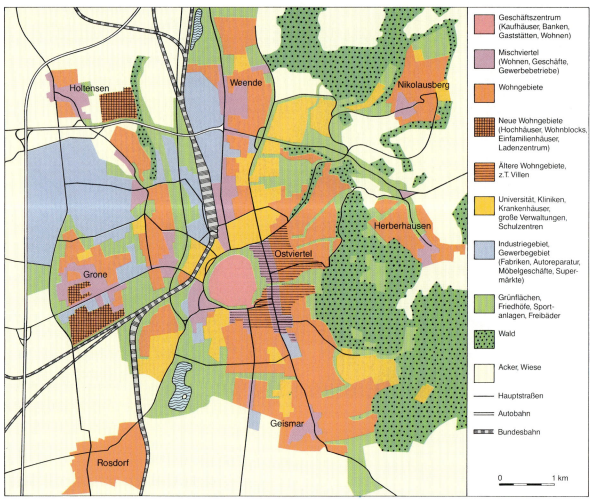

Flächennutzung in Göttingen. Maßstab 1:50 000.

Neue Stadtviertel entstehen

Göttingen ist Einkaufszentrum im südlichen Niedersachsen. Die Stadt ist besonders durch die Universität mit ihren großen Kliniken und durch verschiedene Industriebetriebe geprägt. Die großen Industrie- und Gewerbegebiete entstanden erst nach dem Zweiten Weltkrieg. Dorthin zogen auch die Betriebe, die sich in der Innenstadt nicht vergrößern konnten. Die Universität wanderte ebenfalls aus der zu klein gewordenen Innenstadt heraus. In dieser breiteten sich Kaufhäuser, Geschäfte und Banken aus. Am Stadtrand oder auf größeren Freiflächen zwischen den eingemeindeten ehemaligen Dörfern entstanden Einkaufs- und Versorgungszentren mit Parkplätzen. Seit 1960 wurden am Stadtrand große Wohnviertel errichtet. Diese bestehen meist aus Häusern mit mehreren Geschossen.

In größeren Städten haben sich verschiedene Viertel herausgebildet, z. B. Industriegebiete, alte Wohnviertel, Geschäftszentren. Es gibt auch Viertel, in denen sich Geschäfte, Handwerksbetriebe und Wohnungen befinden. Sie werden Mischviertel genannt. Die Trennung von Wohn-, Arbeits-, Versorgungs- und Erholungsstätten lässt große Entfernungen entstehen. Diese müssen mit Verkehrsmitteln wie Bus, Auto oder Fahrrad überbrückt werden. Straßen, Plätze und Verkehrsmittel sind daher sehr wichtig.

1 *Beschreibt die Lage des Geschäftszentrums, der Industrie- und Gewerbegebiete und der neuen Viertel mit Wohnblockbebauung.*

Unterschiedliche Stadtviertel: Beispiel Göttingen

1

3

1 Betrachtet die Fotos und überlegt, um welche Art von Vierteln es sich hier handelt. Wo könnten sie auf der Karte auf Seite 174 liegen?

2 Überlegt, welche der folgenden Einrichtungen im Geschäftszentrum, im Einkaufszentrum am Stadtrand oder im Ladenzentrum eines Wohnviertels vorkommen können (Mehrfachnennungen sind möglich): Arzt, Apotheke, Pelzgeschäft, Fabrik, Kirche, Warenhaus, Tankstelle, Lebensmittelgeschäft, Großparkplatz, Theater, Restaurant, Parkhaus, Autohaus mit Werkstatt, Sportplatz, Friseur, Imbissstand, Buchladen.

Fertigt dazu eine Tabelle an:

Geschäftszentrum	Einkaufszentrum am Stadtrand	Ladenzentrum im Wohnviertel
...	...	...

3 Nennt die Stadtviertel, in denen es sehr viele Arbeitsplätze gibt.

4 Findet heraus, was in eurer Heimatstadt anders oder gleich ist. Wenn ihr auf dem Dorf wohnt, so betrachtet die euch am nächsten liegende Stadt. Fertigt eine Skizze von der Lage eures Stadtviertels an.

2

4

Wohnen in der Stadt: Beispiel Göttingen

1 Unteres Ostviertel. Luftbild.

2 Grone-Süd

Steckbrief 1:
– Interessant gestaltetete Häuser mit großen Wohnungen und Gärten.
– 160 ha, 10 000 Einwohner
– Der untere Teil entstand von 1880 bis 1914, der obere Teil entstand um 1930 und von 1950 bis 1980.
– Grenzt an Waldrand und Geschäftszentrum, mittendrin ein schöner Park.
– Mehr Menschen mit höherem Schulabschluss und Studium, Selbstständige, höhere Beamte und Angestellte als in anderen Stadtvierteln.
– Nur kleines Laden- und Dienstleistungszentrum
– Grundstückspreise und Mietpreise sehr hoch.

Steckbrief 2:
– Große mehrgeschossige Wohnanlagen mit 2- bis 4-Raum-Wohnungen, Einfamilienhäuser als Ketten- und Gartenhofhäuser mit kleinen Gärten.
– 40 ha, 5 000 Einwohner.
– Entstanden in der Zeit von 1968 bis 1980.
– Eingeklemmt zwischen Ausfallstraße, Schnellbahntrasse der Bundesbahn mit begrüntem Müllwall als Lärmschutz.
– Bewohner der Einfamilienhäuser unterscheiden sich in Bildung, Beruf und Einkommen von den Bewohnern in Geschossbauten. Viele Sozialhilfeempfänger, ausländische Mitbürger, Aussiedler und mittellose alte Menschen. Hoher Anteil von Kindern und Jugendlichen.
– Ladenzentrum mit Supermarkt, Bank, Arzt, Zahnarzt, Apotheke, Reinigung, Gaststätte. Kirchliches Gemeindezentrum, 2 Kindergärten, Grundschule mit Sporthalle, Spielplätze.
– Niedrige Miet- und Grundstückspreise.

Unterschiedliche Wohnviertel
In einer Stadt gibt es unterschiedliche Wohnviertel. Verschiedenartige Ansprüche, aber auch die Bau- oder Mietpreise haben dies bewirkt. Die Wohnviertel können nach der Art der Häuser (Eigenheime, Mehrfamilienhäuser, Mietsblöcke, Hochhäuser) oder nach ihrem Alter unterschieden werden.

1 *Ordnet die Steckbriefe den Fotos zu.*
2 *Beurteilt die beiden Viertel nach ihrem Wohnwert, Erholungswert und ihrer Ausstattung mit Versorgungseinrichtungen.*
3 *Vermutet, warum die Mietpreise in dem einen Wohnviertel sehr hoch sind.*
4 *Stellt einen Steckbrief von eurem Wohnviertel zusammen; ihr könnt ihn auch bebildern.*

Wohnen in der Stadt: Beispiel Göttingen

Unterschiedliche Wohnungen

Nina wohnt mit ihrem kleinen Bruder Kai und ihren Eltern in diesem Altbau. Die Miete ist nicht sehr hoch. Vor einigen Jahren wurde ein Teil der großen Küche zusammen mit dem WC zu einem Duschbad mit Toilette ausgebaut. Zum Spielen ist das Kinderzimmer zu klein. Hinter dem Haus gibt es Mietergärten, eine Rasenfläche mit einem Sandkasten. Wenn Kai auf dem Rasen mit anderen Jungen Fußball spielt, beschweren sich die älteren Leute über den Lärm. Einen Spielplatz gibt

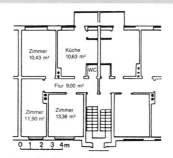 

1 Mietshaus, erbaut 1930

es in der Nähe nicht. Ninas Eltern suchen schon seit längerer Zeit eine neue größere Wohnung, damit Kai auch ein eigenes Zimmer bekommen kann. Nachmieter für die Wohnung sind schnell zu finden, denn Paare und allein Stehende haben ein großes Interesse an Altbauwohnungen dieser Art.

Bastian lebt mit seinen Eltern in einer Neubauwohnung in einer großen Wohnanlage. Er hat ein eigenes Zimmer. Dort steht auch sein Computer. Früher spielte er auf dem Kinderspielplatz hinter der Wohnanlage. Jetzt fährt er gern mit dem Fahrrad zum Jugendtreff oder zum Bolzplatz, beide liegen am Rande des Wohnviertels.
Die Miete ist nicht hoch. Trotzdem muss die Familie sparen, denn die Wohnzimmereinrichtung ist noch nicht abbezahlt. Bastians Mutter erzählt: „Wir haben genau überlegt, wo wir einsparen können. Auch beim

2 Mietwohnanlage, erbaut 1970

Wasserverbrauch ist das möglich und wir tun gleichzeitig etwas für den Umweltschutz.
In meiner Jugend verbrauchte eine Person am Tag nur 86 Liter; heute sind es 160 Liter, mehr als die Hälfte davon – 99 Liter – in Bad und Toilette. Mein Mann hat eine Dosiervorrichtung in den Spülkasten und einen Sparbrausekopf in die Dusche eingebaut und stundenlang muss ja nicht geduscht werden."

1 *Vergleicht die Bilder. Beschreibt die Unterschiede.*
2 *Betrachtet die Karte von Göttingen auf Seite 174 und überlegt, in welchen Wohnvierteln diese Häuser stehen könnten.*
3 *Vergleicht die Möglichkeiten zum Spielen, die die Kinder in den Wohnungen und in Hausnähe haben.*
4 *Viele Menschen wollen oder können in keine große komfortable Wohnung ziehen. Nennt Gründe dafür. Denkt an das Familieneinkommen und an alte Menschen.*
5 *Untersucht die Grundrisspläne. Achtet darauf, ob Bad und WC vorhanden sind.*
6 *Nennt Gründe für die Zunahme des Wasserverbrauchs.*
7 *Stellt Regeln zur Verringerung des Wasserverbrauchs auf.*

Probleme mit der Entsorgung

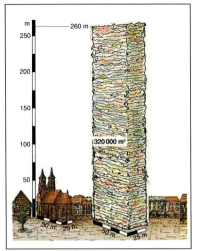

1 Der Müllberg von 130 000 Einwohnern der Stadt Göttingen im Jahr 1989

2 Blick in die Mülltonne

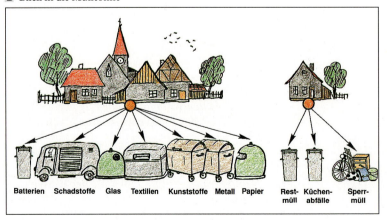

3 Modell einer getrennten Sammlung von Wertstoffen aus dem Hausmüll

Immer höhere Müllberge

1 *Berechnet die Höhe des Müllbergs von Göttingen in 100 Jahren bei gleich bleibenden Müllmengen.*

Unsere Lebensgewohnheiten haben sich in den vergangenen Jahrzehnten sehr verändert. Luft, Wasser und Boden werden in einer noch nie gekannten Form verschmutzt. Die Entsorgung wird täglich problematischer und teurer. Lange Zeit wurde gefragt: Wohin mit dem vielen Müll? Auf die Deponie oder verbrennen? Heute ist erkannt worden, wie wichtig Abfallvermeidung, Aussortieren von Wert- und Schadstoffen sowie Recycling sind.

2 *Überlegt, was mit folgenden Aussprüchen gemeint ist: „Die Lagerung von Abfall auf Deponien ist keine Lösung, sondern eine Zeitbombe." „Zum Wegwerfen zu schade!"*

Abfallvermeidung und Wertstoffsortierung

3 *Erkundigt euch bei euren Großeltern oder anderen älteren Personen, was früher mit dem Hausmüll gemacht wurde. Vergleicht mit heute.*

4 *Stellt Regeln für die Abfallvermeidung auf.*

5 *Fragt eure Stadt- oder Landkreisverwaltung nach den Müllmengen und danach, wohin sie gebracht werden. Plant einen Besuch auf der Mülldeponie und dem Betriebshof der Müllabfuhr.*

6 *Ordnet folgende Abfälle in die richtigen Behälter in Bild 3: Batterien, Kartoffelschalen, alter Pullover, große Pappkartons, Regenschirm, Schaumgummimatratze, Dosen, Milchtüte, Sektflasche, Fernseher, rostige Schrauben. Legt eine Liste an.*

Zusammenfassung

Wie macht man einen Prospekt?

Viele Städte und Dörfer geben Prospekte heraus. Sie sollen mit bunten Bildern und kurzem Text dafür werben, dass Fremde kommen. Diese Prospekte zeigen die „Schokoladenseite" eines Ortes. Bilder von Müllbergen passen daher nicht in einen Prospekt, wohl aber Bilder von sehenswerten Gebäuden aus Vergangenheit und Gegenwart. Viele Prospekte bieten zusätzliche Informationen über die Entwicklung einer Stadt und geben Hinweise zu Einkaufsmöglichkeiten und zur Freizeitgestaltung.

Macht nun selbst einen Prospekt. Dazu könnt ihr zunächst in diesem Kapitel nachlesen und dann an die Planung gehen. Überlegt, was es in eurem Ort an Interessantem aus Vergangenheit und Gegenwart gibt. Wählt aus, was davon in eurem Prospekt gezeigt werden soll. Besprecht,
– wer Bilder besorgen kann (vielleicht kann auch jemand von euch selbst fotografieren),
– wer sich um die Informationen zu den Bildern kümmert und die Texte dazu verfasst,
– wer die Texte tippt oder mit der Hand schreibt (vielleicht kann auch schon jemand von euch mit dem Computer umgehen).

Beispiel für einen Prospekt:

4.3 AN DER NORDSEEKÜSTE

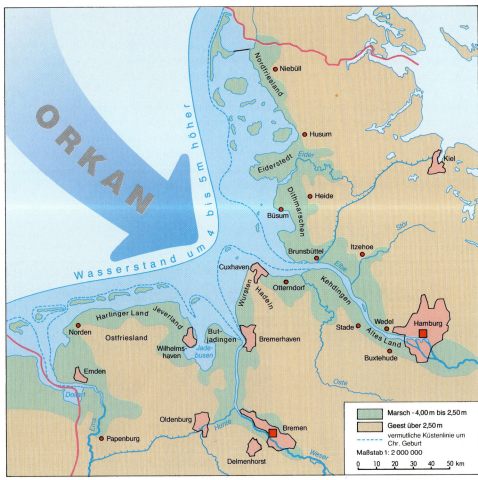

Orkan aus Nordwest: Sturmflut an der Nordseeküste

1 Beschreibt, was ihr auf der Karte seht.
2 Stellt fest, welche Landschaften und Städte bei Sturmflut bedroht sind.
3 Die Geestrandorte sind vor Sturmfluten geschützt. Nennt einige dieser Orte. Beschreibt ihre Lage zur Küste.
4 Beschreibt Veränderungen der Küstenlinie an der deutschen Nordseeküste seit Christi Geburt.
5 Lest die Übersicht über die Sturmfluten und stellt fest, zu welchen Jahreszeiten sie sich häufen.
6 Sucht die genannten Gebiete im Atlas.

Einige besonders hohe Sturmfluten

17. Februar 1164 (Julianenflut): Einbruch des Jadebusens, etwa 20 000 Tote.

16. Januar 1362 (1. Grote Mandrenke): Dollarteinbruch, Erweiterung des Jadebusens, Verlust der Marschen in Nordfriesland, 30 Dörfer gehen unter, etwa 100 000 Tote.

1. November 1570 (Allerheiligenflut): Überflutungen in Ostfriesland, etwa 20 000 Tote.

11. Oktober 1634 (2. Grote Mandrenke): Landverluste in Nordfriesland, 5 000 Häuser zerstört, etwa 9 000 Tote, 50 000 Stück Vieh ertrinken.

24./25. Dezember 1717 (Weihnachtsflut): Verwüstungen an der gesamten Küste, etwa 15 000 Tote, 5 000 Häuser weggerissen.

3./4. Februar 1825 (Februarflut): Überflutung aller Marschen, etwa 8 000 Tote, 45 000 Stück Vieh ertrinken.

16. Februar 1962 (Februarflut): Rekord-Wasserstände an der gesamten deutschen Nordseeküste, viele Deichbrüche an der Elbe, vorübergehende Umsiedlung von 20 000 Marschbewohnern, 34 000 Hamburger sind obdachlos, 329 Tote, 4 500 Stück Vieh ertrinken.

3. Januar 1976 (Januarflut): Höchste Sturmflut an der deutschen Nordseeküste, keine Landverluste, keine Menschenverluste.

Sturmflut in Hamburg

Ein Augenzeuge aus dem Stadtteil Wilhelmsburg berichtet (17. Februar 1962):

M Kurz nach drei Uhr werde ich wach und gehe zum Fenster. Noch halb verschlafen sehe ich, wie auf der Georg-Wilhelm-Straße Wasser über das Pflaster strömt. Ich sehe Menschen, die auf die Treppenstufen eines Hauses springen. Dann leere Benzinfässer. Rollen oder schwimmen sie? Blaulicht der Feuerwehr flackert auf.
3.30 Uhr: Ich laufe im dunklen Haus die Treppe hinunter um auf der Straße nachzusehen, was los ist. Aber ich komme nicht hinaus, im Erdgeschoss flutet mir schon die braune eklige Brühe entgegen.
3.40 Uhr: Jetzt sind alle Hausbewohner wach. Erschreckt kommen sie aus ihren Wohnungen. Die Deiche sind gebrochen. Durch die Georg-Wilhelm-Straße strömt das Wasser. Bald treiben Autos auf der Straße. Sie geraten an der Straßenecke in den Strudel, der sich dort gebildet hat. Dann sausen sie den Vogelhüttendeich hinunter und werden gegen eine Häuserwand geschlagen. Plötzlich hören wir draußen gellende Hilferufe. Kein Zweifel: Menschen in Todesnot! Drei Männer stemmen sich durch das eiskalte Wasser bis zur Brücke. Ans Geländer klammern sich zwei Hilflose. Die Männer schleppen sie in das Haus. Noch immer vor Entsetzen schaudernd berichten die Geretteten in abgerissenen Sätzen. Sie wissen selbst nicht, wie sie aus ihrem überfluteten Gartenhaus auf die Brücke gekommen sind. Sie glauben mit dem losgerissenen Dach ihres Hauses angetrieben zu sein.

1 *Sucht auf der Atlaskarte von Hamburg den Ortsteil Wilhelmsburg und beschreibt seine Lage
a) zur Elbe und b) zur Nordsee.*
2 *Überlegt, warum die Wilhelmsburger von der Flutkatastrophe völlig überrascht wurden.*

1 Deichbruch im Hamburger Raum. Foto 1962.

2 Im Hamburger Stadtteil Wilhelmsburg. Foto 1962.

Küstenschutz durch Deichbau

Querschnitt durch eine Wurt* um 800

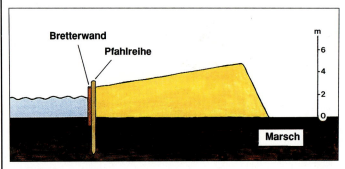

Stockdeich um 1600

Deichbau bei den Friesen

„De nich will diken, mot wiken!", so heißt ein altes Sprichwort aus Friesland.

Vor 2000 Jahren besiedelten Friesen die Marsch. Die fruchtbaren Böden sicherten gute Ernten. Dann stieg der Meeresspiegel an. Immer häufiger zerstörten Sturmfluten die Häuser. Doch die Friesen wollten nicht weichen. So errichteten sie aus Schlick und Mist Wurten und stellten ihre Häuser darauf. Aber die Sturmfluten stiegen an. Schicht um Schicht wurden die Wurten erhöht. Schließlich überflutete auch das Tide-Hochwasser die Marsch. Da übernahmen die Friesen von den Holländern den Deichbau. Anfangs, vor etwa 1000 Jahren, waren die Deiche kaum 2 m hoch.

1 *Baut im Sandkasten die verschiedenen Möglichkeiten des Küstenschutzes vor Hochwasser nach.*

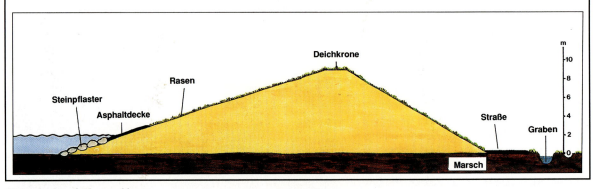

1 Seedeiche – früher und heute

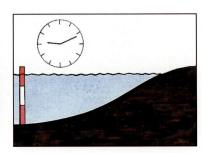
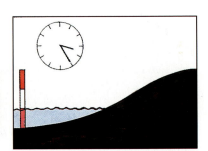

2 Der Wechsel von Ebbe und Flut

Küstenschutz durch Deichbau

Küstenschutz ist ständige Gemeinschaftsaufgabe

Die Friesen bauten anfangs nur einzelne Stücke niedriger Dämme zum Schutz besonders gefährdeter Gebiete und ihrer Wurten. Später schlossen sich immer mehr Bauern bedrohter Wurtensiedlungen zu Deichgenossenschaften zusammen. Man erkannte, dass der Schutz vor den Fluten nur durch eine gemeinsame Anstrengung zu erreichen ist. Von nun an hatte nur derjenige ein Recht zu siedeln, der sich am Gemeinschaftswerk beteiligte. Die Bauern wählten aus ihrer Mitte einen Deichobmann (Deichgraf, Deichvogt). Er beaufsichtigte den Bau neuer Deiche, kontrollierte den Zustand bestehender Deiche und überwachte die Einhaltung der Deichgesetze. Seit 1200 schirmen Deiche als durchgehender „Goldener Ring" die Marschen gegen das Meer ab.

Der moderne Küstenschutz verlangt Spezialisten und teure Maschinen. Die Kosten sind so hoch, dass sich der Staat dieser Aufgabe annimmt. In den 1980er-Jahren hat das Land Niedersachsen mehrere 100 Millionen DM für den Küstenschutz ausgegeben.

Die Gemeinden sind heute in großen Deich- und Sielverbänden zusammengeschlossen. Staatliche Vorschriften bestimmen die Höhe der Deiche und verpflichten die Deichverbände zur Ausbesserung. Außerdem besteht eine Deichwehr. Mitglied des zuständigen Deichverbandes und damit der Deichwehr ist jeder, der auf Marschgebiet wohnt. Die Bauern müssen die Entwässerungsgräben auf

Moderner Deichbau

ihrem Grund pflegen und außerdem den Deichverband finanziell unterstützen.

1 *„Wenn die Deichlasten nicht wären, könnte man mit dem silbernen Pflug arbeiten." Erklärt diese Redensart von der Küste. Warum sind Deichbau und Deicherhaltung heute auch Aufgaben des Staates?*

Aus der Deichordnung für das Herzogtum Bremen von 1743:

Q Welcher Teiche und Dämme, vorsetzlicher, boßhafftiger Weise durchsticht, daß dadurch Unserem Lande und Leuten ein grosser und merklicher Schade wiederfähret, soll den gemeinen Rechten nach, lebendig verbrannt, sonst aber nach Beschaffenheit der Facti (Tatsachen) und daraus herfliessenden Schadenstandes, an Leib und Guth nebst Erstattung des Schadens gestraffet werden.

2 *Gebt mit euren Worten den Inhalt von Q wieder.*
3 *Beschreibt den zeitlichen Ablauf der Gezeiten.*
4 *Unterscheidet Flut und Sturmflut.*

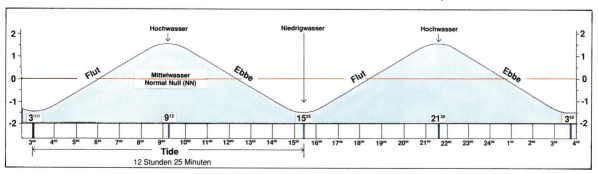

Küstenschutz durch Deichbau

1 Begrüpptes und beweidetes Vorland

2 Natürlich belassenes Vorland

Neulandgewinnung

Seit über 300 Jahren ringen die Friesen das von Sturmfluten vernichtete Land dem Meer wieder ab. Dazu nutzt man Ebbe und Flut. Im Watt legt man in großen Quadraten Buschzäune (Lahnungen) an. Sie fördern bei Hochwasser das Absetzen von Schlick. Dann hebt man Gräben (Grüppen) aus. Sie beschleunigen die Entwässerung bei Niedrigwasser. Mit Schlick gefüllte Grüppen räumt man immer wieder aus. Den Schlick verteilt man auf die Lahnungsfelder. Sind diese Beete hoch genug, so wachsen Salz liebende Pflanzen, z. B. Queller. Nach Jahren können Schafe auf diesem Vorland grasen. In 20 bis 30 Jahren erreichen die Beete eine Höhe von etwa 50 cm über NN. Dann deicht man das Neuland ein.

1 *Beschreibt den Ablauf der Landgewinnung anhand des Textes und der Bilder.*

Die Weizen-, Gerste-, Raps- und Maisfelder in der tischebenen jungen Marsch geben gute Erträge. Inmitten der Felder liegen Bauernhöfe. Wassergräben durchziehen das Marschland. Sie führen zu einem Kanal am Deich. Ausgemauerte Durchlässe (Siltore) ermöglichen bei Ebbe die Entwässerung der Marsch. Während der Flut sind diese Tore geschlossen. Hinter dem Schlafdeich liegt die alte Marsch. Auf dem Boden befinden sich überwiegend Viehweiden sowie Felder für Futterfrüchte. Wassergräben trennen die Weiden voneinander.

2 *Nennt die Unterschiede zwischen junger Marsch und alter Marsch.*
3 *Erklärt: Außendeich, Kampfdeich, Schlafdeich.*

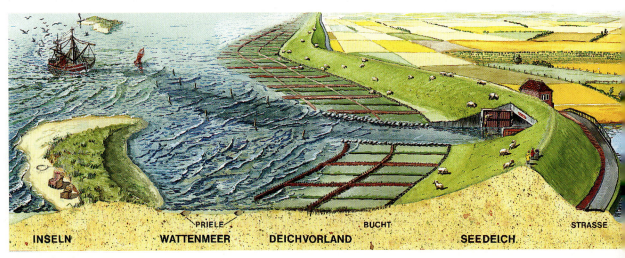

3 Im Küstengebiet der Nordsee

Küstenschutz durch Deichbau

Die Leybucht: eindeichen oder natürlich belassen?
Sturmfluten gefährden besonders Buchten wie die Nordstrander Bucht, die Meldorfer Bucht, die Leybucht und Flussmündungen wie die Eidermündung. Gerade in den Buchten liegen jedoch natürliche Wattflächen mit einer vielfältigen Pflanzen- und Tierwelt. So stehen sich zwei Zielsetzungen einander gegenüber:
– Küstenschutz und Nutzung der eingedeichten Wattgebiete einerseits,
– Natur- und Landschaftsschutz zur Erhaltung dieser einzigartigen Lebenswelt andererseits.

Was spricht für eine Volleindeichung der Leybucht?
Mithilfe leistungsfähiger Baugeräte ist eine Volleindeichung technisch möglich. Damit wäre dem „Blanken Hans" (Nordsee) die gesamte Fläche wieder abgerungen, die er sich genommen hat.
Maßnahmen:
– Die Bucht wird durch Deichverkürzung und Deichverstärkung gesichert.
– Die Entwässerung der Marsch wird im Interesse der Landwirtschaft verbessert. Dies geschieht durch ein Sperrwerk* und durch Anlage eines Speicherbeckens hinter dem Sperrwerk für abfließendes Wasser aus der Marsch mit Wassersportmöglichkeiten.
– Die Zufahrt zum Kutterhafen Greetsiel wird verbessert.

Was spricht gegen eine Volleindeichung der Leybucht?
BUND* und Naturschutzbund Deutschland meinen:
– Die Bucht ist ein Feuchtgebiet von internationaler Bedeutung. Sie ist ein Rast-, Brut- und Nahrungsgebiet vieler Vogelarten. Neben der Tümlauer Bucht in Schleswig-Holstein ist die Leybucht die letzte Salzwasserbucht der südlichen Nordsee.
– Die Bucht fördert die Salzwiesen- und Schlickwasserbildung.
– Bestmöglicher Küstenschutz ist durch Deicherhöhung und Deichverstärkung zu bewältigen.
– Heute benötigt die Landwirtschaft keine zusätzlichen Nutzflächen, deshalb kann ein Speicherbecken binnenwärts im Marschland angelegt werden.

1 *Malt mithilfe einer Autokarte einen großen Plan der Leybucht.*
2 *Spielt eine Verhandlung, auf der zu entscheiden ist, ob in der Leybucht eine Volleindeichung erfolgen soll. Bildet Interessengruppen, z. B. Naturschützer, Landwirte und andere.*
3 *Informiert euch anhand thematischer Karten im Atlas über Küstenschutz in Nordfriesland.*

Zusammenfassung

Das Wattenmeer in Gefahr

Verschmutzung der Nordsee
Schadstoffe gelangen in das Nordseewasser:
- von Land aus der Industrie, der Landwirtschaft, den Ballungsräumen über die Flüsse und direkt durch Einleitung an der Küste,
- von der See durch Meeresbergbau, Schifffahrt, Fischerei, Fährverkehr, Verklappung von Bauschutt, Klärschlamm, Industriemüll und Tankerunfälle.

Das Wattenmeer an der Nordseeküste von den Niederlanden über Deutschland bis nach Dänemark ist eine einmalige Landschaft auf der Erde.
- Es ist die größte zusammenhängende Wattlandschaft der Welt.
- Düneninseln, Halligen, Buchten, Flussmündungen, offene und brandungsgeschützte Wattflächen sowie Priele bilden eine vielseitige Landschaft.
- Im Wattenmeer leben etwa 250 Tierarten, die an keiner anderen Stelle der Erde vorkommen.
- Es ist Brut-, Nahrungs-, Rast- und Durchzugsgebiet für Millionen von Vögeln. Die nach Afrika durchziehenden Vögel kommen aus einem Einzugsgebiet von Kanada bis Sibirien.
- Es ist Aufwuchsgebiet („Kinderstube") von

See-, Fischerei- und Fährverkehr
Die südliche Nordsee gehört zu den meistbefahrenen Seeschifffahrtsstraßen der Welt. Diese Nutzung bringt Belastungen für das Wattenmeer mit sich:
- Schadstoffe aus dem Schiffsbetrieb (ölhaltige Rückstände, Schiffsmüll, Schiffsabwässer, Ladungsrückstände, Anstriche),
- Lärm und Wellengang.

Küstenschutz
Großeindeichungen und Neulandgewinnung beeinträchtigen die natürlich belassene Wattlandschaft erheblich.

Zusammenfassung

Erdgasbohrungen und Erdgasleitung
Seit 1981 wird im Wattenmeer bei Emshörn nach Erdgas gebohrt. Eine weitere Bohrung soll niedergebracht werden.
Das norwegische Energieunternehmen Statoil will die Erdgasleitung „Europipe" vom Ekofiskfeld nach Emden und durch das Wattenmeer verlegen.

Speisefischen der Nordsee (Scholle, Seezunge, Hering) und der Sandgarnele (Krabbe).
Das Wattenmeer ist neben den Hochalpen die einzige weitgehend natürlich belassene Großlandschaft in Mitteleuropa.
– *Verschafft euch weitere Informationen zum Wattenmeer.*

Nationalpark Niedersächsisches Wattenmeer
Bezirksregierung Weser-Ems
Virchowstraße 1
26382 Wilhelmshaven
Tel. 0 44 21 / 40 82 76

Tourismus
Badestellen, Zugänge und Zufahrten zum Strand stören die Tierwelt. Hotels, Feriensiedlungen und Erweiterungen des Freizeitangebots beanspruchen Flächen und schaffen Abfall.

Landwirtschaft
Viehhaltung auf den Salzwiesen verändert die natürlichen Verhältnisse.

5. Menschen verschiedener Kulturen leben zusammen

5.1 RÖMER UND GERMANEN

Comic (Auszug)

Ihr habt sicher schon viel von den Römern und Germanen gelesen, gehört oder in Filmen gesehen.

– Betrachtet den Auszug aus einem Comic und erzählt, was da geschieht.

– Schreibt auf eine Wandzeitung, was ihr über die Römer und Germanen wisst.

– Notiert eure Fragen zu diesem Thema. Tragt im Verlauf des Unterrichts auch eure Antworten auf die Wandzeitung ein.

DAS RÖMISCHE WELTREICH

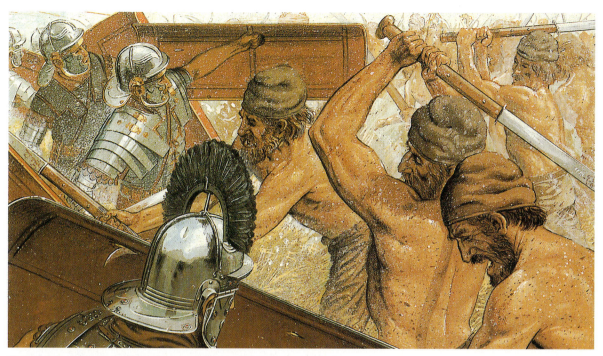

1 Römische Soldaten im Kampf gegen die Daker. Zeichnung.

Ein Weltreich wird erobert

60 Jahre vor Christi Geburt (siehe Zeitstrahl Seite 190) schrieb der römische Schriftsteller Sallust, dass der König von Pontos am Schwarzen Meer über die Römer Folgendes gesagt haben soll:

> **Q** Die Römer haben einen einzigen und uralten Grund dafür, mit allen Nationen und Völkern und Königen Krieg anzufangen: unermessliche Begierde nach Herrschaft und Reichtum. (…) Nichts Göttliches hindert sie daran, Bundesgenossen und Freunde an sich zu ziehen und zu vernichten. (…) Die Römer führen ihre Waffen gegen alle Völker, die schärfsten gegen die, deren Niederlage die meiste Waffenbeute einbringt. Durch Mut, durch Täuschung und dadurch, dass sie Krieg an Krieg reihen, sind sie groß geworden.

1 Lest die Aussage des Königs von Pontos noch einmal und wiederholt mit euren Worten, was der König über die Römer sagt.

2 Betrachtet das Bild:
– Beschreibt die Unterschiede zwischen Römern und Dakern,
– überlegt, ob es weitere Gründe dafür enthält, dass die Römer ein Weltreich errichten konnten.

3 Betrachtet die Karten (Bild 2) und beschreibt mit ihrer Hilfe die Ausdehnung des Römischen Reiches.

   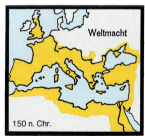

2 Die Entwicklung des Römischen Reiches

Das Römische Weltreich

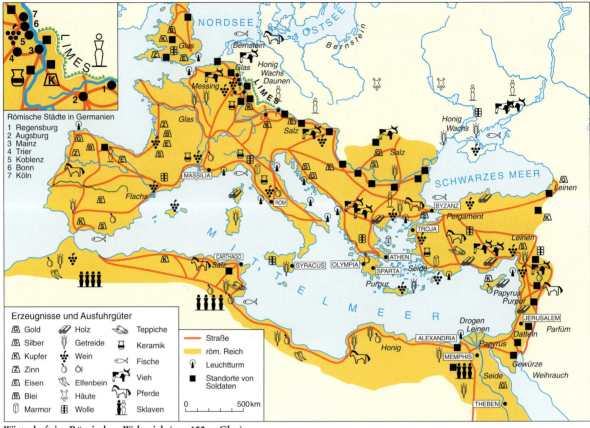

Wirtschaft im Römischen Weltreich (um 100 n. Chr.)

Wirtschaftliche Ausbeutung der eroberten Länder

Aus den eroberten Ländern machten die Römer römische Provinzen*, die ein Statthalter verwaltete. Im Auftrag der Statthalter trieben die römischen Soldaten Steuern und Abgaben ein. Mit den Steuern aus den Provinzen finanzierten die Römer ihre Kriege. Das Geld und die Waren aus diesen Gebieten ermöglichten aber auch den hohen Lebensstandard und den Luxus der Bürger Roms. In dem großen Seehafen Roms bei Ostia und im Flusshafen nahe der Stadt stapelten sich die Güter aus den Provinzen. Aus großen Lagerhallen wurde die Stadt mit Lebensmitteln und Waren aller Art versorgt. Die Römer verschleppten Gefangene aus den eroberten Ländern nach Rom, wo diese als Sklaven arbeiten mussten. Sklaven waren für die Römer wichtige Arbeitskräfte. Sie waren in ihren Augen keine Menschen, sondern Sachen. Sie konnten gekauft und verkauft werden und waren ganz ihren jeweiligen Besitzern ausgeliefert. Besonders viele Sklaven lebten in Rom.

1 Betrachtet die Karte. Fertigt eine Liste an, in der ihr die Waren den Herkunftsländern mit ihrem heutigen Namen zuordnet. Die heutigen Namen der Länder findet ihr auf einer Europakarte im Atlas.
2 Sprecht darüber, dass die Römer fremde Menschen als Sklaven für sich arbeiten ließen.
3 Erkundigt euch bei „terre des hommes" (Adresse S. 251), ob es heute noch Sklaven gibt.

Das Straßennetz im Römischen Weltreich war 290 000 Kilometer lang. Davon waren 90 000 Kilometer gepflasterte Hauptstraßen. Neben dem Schiffsverkehr waren gute Straßen die Voraussetzung für den Handel zwischen den Provinzen und Rom. Ohne diese Straßen hätten die Römer ihr riesiges Reich nicht regieren können. Auf ihnen marschierten die Soldaten und ritten die Boten mit den Befehlen an die Statthalter. Ein Bote legte am Tage etwa 70 Kilometer zurück.
4 Sucht auf der Karte die Standorte der römischen Soldaten. Wo befanden sich besonders viele Standorte?

Das Römische Weltreich

Die römischen Provinzen in Germanien mit dem Limes

Der Limes trennt Römer und Germanen

Der römische Feldherr Caesar begann um das Jahr 58 v. Chr. das von Kelten und Germanen besiedelte Gebiet westlich des Rheins zu erobern. In weiteren Feldzügen eroberten die Römer immer größere Teile Germaniens und drangen bis an den Rhein und die Donau vor. Seit 83 n. Chr. schützten die Römer die von ihnen eroberten Gebiete durch eine befestigte Grenze, die sie „Limes" nannten.

Der römische Schriftsteller Frontinius schildert die Entstehung des ersten Limes im Jahre 83 n. Chr.:

> **Q** Weil die Germanen treu ihrer Gewohnheit, aus ihren Wäldern und dunklen Verstecken heraus die unsrigen überraschend anzugreifen pflegten und nach jedem Angriff eine sichere Rückzugsmöglichkeit in die Tiefe der Wälder besaßen, ließ Domitian (ein römischer Kaiser) einen Limes über 120 Meilen anlegen. Dadurch änderte er die gesamte militärische Lage in dieser Gegend.

Anfänglich war der Limes eine einfache Grenzstraße mit Wachttürmen aus Holz. Auf den Wachttürmen entlang der Limesstraße wurden Fackeln und Stroh gelagert. Damit gaben die Wachtposten den anderen Wachttürmen Rauchzeichen, wenn sich germanische Krieger näherten. Auf diese Weise alarmierten sie ihre Truppen in den nahe gelegenen Kastellen (Lagern). (Siehe Seite 198)

1 Beschreibt mithilfe der Karten oben und auf S. 192 sowie einer Atlaskarte den Verlauf des Limes.
2 Sucht auf der Karte die germanischen Stämme, die auf dem Gebiet des heutigen Niedersachsen siedelten und schreibt sie auf.
3 Beschreibt mithilfe der Karte die Landschaft am Limes und die damaligen Landschaften Niedersachsens, in denen die Germanen siedelten.

Unbekannte Germanen

Vom Leben der Germanen weiß man nur wenig Genaues. Sie haben keine schriftlichen Zeugnisse hinterlassen. Mithilfe von Funden kann man aber doch einiges über ihr Leben aussagen. Darüber hinaus gibt es Berichte römischer Schriftsteller, die die römischen Soldaten auf verschiedenen Kriegszügen begleitet hatten. Diese Schriftsteller hatten die Germanen aus römischer Sichtweise genau beschrieben.

DIE GERMANEN

Über das Leben der Germanen

Die Germanen lebten getrennt in Stämmen. Jeder Stamm hatte ein abgegrenztes Gebiet, in dem er wohnte und von dem er Raubzüge in andere Gebiete unternahm. Nur in seltenen Fällen, etwa bei einem Kriegszug gegen die Römer, verbündeten sich mehrere Stämme miteinander.

Der römische Schriftsteller Tacitus schreibt aufgrund von Berichten römischer Soldaten über das Leben der Germanen:

> **Q** Trotzig leuchten ihre blauen Augen, rotblond glänzen ihre Haare. Kräftig und stattlich sind sie gewachsen. Stark aber sind sie nur, wenn sie zum Angriff losstürmen. Für beschwerliche Arbeiten haben sie keine Ausdauer. Durst und Hitze können sie nicht ertragen. An Kälte und Hunger sind sie dagegen gewöhnt. Das liegt an den Witterungsverhältnissen und an der Bodenbeschaffenheit ihres Landes.
>
> Vieh gibt es viel, es ist aber meist unansehnlich. Selbst das Rindvieh ist nicht viel wert und trägt keine schmucken Hörner. Reicher Viehbestand ist des Germanen ganze Freude, sein einziger, viel begehrter Besitz (...).
>
> Ist der Germane nicht im Krieg, dann verbringt er seine Tage wohl mit Jagen. (...) Der Kriegsmann rackert sich nicht ab: Für Haus und Hof und für das Ackerland haben die Frauen zu sorgen, die alten Leute und die schwächlichen Familienmitglieder. Der Krieger arbeitet nicht.
>
> Der Germane will von geschlossenen Siedlungen überhaupt nichts wissen. Er bevorzugt die Streusiedlung und legt seinen Hof an, wo eine Quelle, ein schönes Stück Land oder auch ein Gehölz dazu einlädt. In den Dörfern steht nicht wie bei uns Haus neben Haus. Jedes Gehöft liegt abgesondert für sich. Man will sich auf diese Weise gegen Feuergefahr schützen. (...) Bruchsteine oder auch Ziegelsteine verwendet man in Germanien nicht. Für alle Bauzwecke nimmt man Holz. Man lässt es unbehauen, denn auf gefälliges Aussehen legt man hierbei keinen Wert.
>
> Man trinkt ein Gebräu aus Gerste und Weizen, das zu einem weinartigen Getränk vergoren ist. (...) Die Speisen sind einfach: wild wachsendes Obst, frisches Fleisch, Dickmilch. Ohne viel Umstände zu machen, ohne die Speisen besonders zu würzen stillen sie ihren Hunger.

1 *Berichtet, was der römische Schriftsteller Tacitus über das Leben der Germanen schreibt. Beantwortet dabei folgende Fragen: Wie sahen die Germanen aus? Wie wohnten sie? Wie arbeiteten sie?*

2 *Lest noch einmal nach, was Tacitus über die Frauen bei den Germanen sagt. Vergleicht die Aufgaben der germanischen Frauen mit den Aufgaben der Frauen heute.*

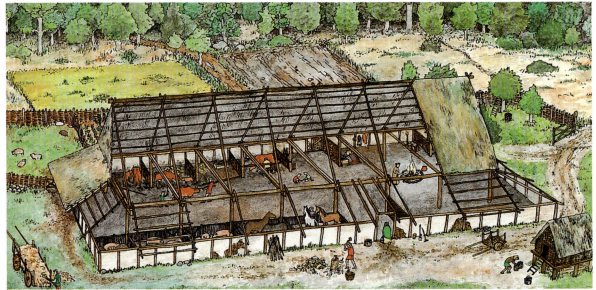

Modell eines Germanenhauses. Rekonstruktionszeichnung. Das kleine Haus rechts ist ein Speicherhaus. In der Siedlung Feddersen Wierde standen mehrere solcher Häuser.

Die Chauken, ein germanischer Stamm

Wie lebten die Chauken?

Im nordwestlichen Germanien, im Gebiet der unteren Ems bis zur Elbe, siedelten die Chauken. Durch ihre räuberischen Kriegszüge zu Land und zu Wasser taten sie sich besonders hervor. Erst im Jahre 5 n. Chr. gelang es den Römern, die Chauken kurzfristig zu unterwerfen. In späterer Zeit aber unternahmen die Chauken wieder Plünderungszüge.

Auf der Wurt Feddersen Wierde in der Nähe von Bremerhaven konnten Archäologen eine Siedlung ausgraben und sich aus den Funden ein Bild über das Leben der Chauken machen. Das Bild auf Seite 194 stellt das Modell eines Chaukenhauses dar, das die Archäologen aufgrund ihrer Funde nachgebaut haben.

1 *Betrachtet das Bild auf Seite 194 und beschreibt das Haus.*

2 *Zeichnet einen Grundriss dieses Hauses. Tragt ein, in welchem Teil die Menschen wohnten.*

3 *Sprecht darüber, warum sie ihre Vorräte getrennt vom Haupthaus in einem Speicher lagerten, der auf Pfosten stand. Denkt dabei auch an das Klima in Germanien.*

1 Holzschalen aus Feddersen Wierde. Foto.

In den großen Häusern der Chauken konnten bis zu 30 Rinder im Stall untergebracht werden. Aus Knochenfunden ergibt sich, dass auf Feddersen Wierde die Rinder die Hälfte des Tierbestandes der Siedlung ausmachten. Daneben wurden Schafe, Schweine und Pferde gehalten.

An den bei der Ausgrabung gefundenen Unterkiefern der Schafe konnte man erkennen, dass fast 60 von 100 der geschlachteten Schafe älter als zwei Jahre waren. Bei den Pferden ergab sich ein umgekehrtes Bild: Ungefähr 40 von 100 wurden bereits nach einem Jahr geschlachtet.

4 *Überlegt, was es bedeutet, dass die Schafe spät und die Pferde früh geschlachtet wurden.*

In der Geest und in der Marsch bauten die Germanen Hafer, Gerste, Emmer*, Hirse und zum Teil Roggen an. Geerntet wurde das Getreide mit einer Sichel. In Küstennähe wurden die Felder durch Erdwälle geschützt und abgegrenzt.

Auf der Wurt Feddersen Wierde fanden die Archäologen Hinweise darauf, dass es hier schon ein entwickeltes Handwerk gab. So lässt sich eine Eisenschmiede und Bronzegießerei nachweisen. Weit entwickelt waren auch die Holzverarbeitung (Drechslerei) und die Weberei. Bild 1 zeigt unfertige Holzschalen aus Feddersen Wierde.

5 *Lest noch einmal den Bericht des Tacitus auf Seite 194. Vergleicht seine Aussagen über die Germanen mit den Ergebnissen der Archäologen. Sprecht über die Unterschiede.*

6 *Malt für eure Wandzeitung Bilder, die das Leben bei den Germanen darstellen.*

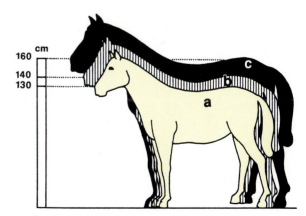

2 Größenvergleich eines germanischen (a), römischen (b) und heutigen europäischen (c) Pferdes. Zeichnung nach Knochenfunden.

Wohnung und Kleidung

1 Germanische Gehöfte, 1.-2. Jh. n. Chr. Rekonstruktionszeichnung.

Wie ein Römer den Alltag der Germanen sah

Die Germanen lebten nicht in Städten oder Dörfern. Der römische Schriftsteller Tacitus schrieb:

> **Q1** Auch von geschlossenen Siedlungen wollen sie nichts wissen. Sie siedeln weit voneinander entfernt und ohne planvolle Straßenordnung, wie gerade eine Quelle, ein Feld oder ein Weideplatz sie lockte.

Über die Kleidung der Germanen berichtete er weiter:

> **Q2** Zur Bekleidung dient allgemein ein Umhang, der durch eine Spange oder, wenn eine solche etwa fehlt, durch einen Dorn zusammengehalten wird. Im Übrigen unbedeckt verbringen sie so ganze Tage am Herdfeuer. Die Wohlhabenden tragen außerdem noch Unterkleidung.

2 Kleidung der Germanen. a) Männerkittel und Männerhose aus dem ersten Jahrhundert n. Chr. aus dem Thorsberger Moor bei Schleswig. b) Rekonstruktion eines Mantels aus feiner Schafwolle. Er besteht aus einem viereckigen Tuchstück mit angewebten festen Kanten. Länge: 2,36 m, Breite 1,68 m. Nach einem Fund aus dem Thorsberger Moor, 3. Jh. n. Chr. c) Frauenkleidung aus dem Huldremose (Dänemark).

Vom Alltag der Germanen

> Bei den Frauen ist die Art sich zu kleiden im Allgemeinen die gleiche wie bei den Männern, nur hüllen sie sich ziemlich häufig auch noch in bunt verziertes, feines Linnen. Der Frauenrock läuft oben nicht in Ärmel aus, sondern Unter- und Oberarm bleiben frei, ebenso der obere Teil der Brust. (…)

Über das Leben von Frauen und Kindern bei den Germanen wissen wir nur wenig. Römische Schriftsteller berichten, dass die Frauen bei den Germanen in hohem Ansehen gestanden hätten. Tacitus beschrieb seinen Lesern, den Römerinnen und Römern, die germanischen Frauen als Vorbild. Er wollte damit die Zustände in Rom kritisieren:

> **Q1** Also leben die Frauen in Zucht und Keuschheit, nicht verdorben. (…) Ehebruch kommt trotz der großen Bevölkerungszahl selten vor. (…) Die Zahl der Kinder zu beschränken oder eines der Nachgeborenen zu töten gilt als Frevel; und mehr gelten dort gute Sitten als anderwärts gute Gesetze.

Tacitus schrieb außerdem:

> **Q2** Ja, die Germanen erblicken in den Frauen so etwas wie heilige Wesen mit Sehergabe; daher beachten sie deren Ratschläge und richten sich nach deren Weissagungen. […]

1 Schreibt mithilfe der Bilder und der Texte dieser Doppelseite eine Reportage über das Alltagsleben der Germanen. Bietet diese Reportage der Schülerzeitung eurer Schule an.

2 Stellt zusammen, was ihr über das Leben der Frauen bei den Germanen sagen könnt. Lest auch noch einmal auf Seite 194 nach.

Das Thing

Über Krieg und Frieden entschieden die Germanen auf einer Versammlung, an der nur Männer teilnehmen durften. Bei den wichtigen Entscheidungen hatte jeder eine Stimme. Einige Stämme bildeten mit der Zeit eine Führungsgruppe heraus, die es verstand, über andere Stammesangehörige ihre Macht auszubauen. Diese Gruppe wird als „Könige" oder als „Adel" bezeichnet. Ob diese Bezeichnungen zutreffend sind, konnte die Forschung bisher nicht entscheiden.

Römische Vorurteile gegenüber den Chauken

Ein anderer römischer Schriftsteller, Plinus der Ältere, schrieb über die Chauken:

Germanische Frau und Kind beim Überfall römischer Truppen auf ein germanisches Dorf. Ausschnitt aus den Reliefdarstellungen der Markussäule in Rom.

> **Q3** Sie machen in der Nähe ihrer Hütten auf die Fische Jagd, die sich mit dem Meer zurückziehen. Vieh können sie nicht halten und sich auch nicht von ihrer Milch nähren wie ihre Nachbarn; ja, selbst wilde Tiere zu jagen ist nicht möglich, da weit und breit kein Strauch wächst. Aus Seegras und Binsen drehen sie Stricke und knüpfen daraus Netze zum Fischfang. Mit ihren Händen sammeln sie Schlamm und trocknen ihn mehr im Wind als an der Sonne; mit diesem Torf kochen sie dann ihre Speisen und wärmen die vom Nordwind steifen Glieder. Als Getränk dient ihnen nur Regenwasser, das sie in Gruben im Vorraum ihres Hauses sammeln. Und diese Menschen behaupten, wenn etwa heute das römische Volk sie besiegte, dann würden sie Sklaven! Wirklich: viele verschont das Geschick nur um sie zu strafen.

3 Sagt mit euren Worten, wie Plinius die Chauken beschreibt. Vergleicht seine Behauptungen mit dem Bericht des Tacitus und den Ergebnissen der Archäologie (Seite 194 und 195).

4 Sammelt Gründe, warum Plinius seinen römischen Lesern in dieser Weise über die Chauken berichtet.

5 Stellt Vermutungen darüber an, wie Plinius über das Leben der Römer im Vergleich zu der Lebensweise der Germanen dachte.

6 Denkt darüber nach, ob es auch heute Menschen gibt, die ähnlich über die Lebensweise von Fremden denken.

RÖMER UND GERMANEN AM LIMES

1 **Germanen überfallen den Limes.** Rekonstruktionszeichnung.

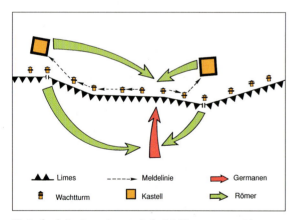

2 So funktionierte das römische Meldesystem am Limes

Am Limes

Im Laufe eines Jahrhunderts wurde der Limes, der von Regensburg bis Bonn reichte, als Mauer oder als Holzzaun ausgebaut. Der Grund dafür waren die ständigen Überfälle der Germanen. Die Steinmauer oder der Holzzaun allein hätten die Germanen allerdings kaum daran gehindert, in die römische Provinz einzufallen. Erst das wirkungsvolle Meldesystem zwischen den Wachttürmen und den Kastellen ermöglichte die Abwehr der germanischen Angriffe durch die an der Grenze stationierten Truppen.

1 Schaut euch die Bilder an. Schreibt auf, was die Römer taten, wenn sie die germanischen Krieger sichteten.

Zusammenleben von Germanen und Römern

Die Germanen, die zwischen dem Limes und dem Rhein lebten, hatten sich bald an die römische Besatzung gewöhnt. Sie lebten in engem Kontakt mit den römischen Soldaten. Viele Germanen traten sogar in das römische Heer ein.

Die römischen Soldaten lebten in Kastellen, die alle nach dem gleichen Plan gebaut waren. Daneben gab es noch größere Legionslager. Bild 1 auf Seite 199 zeigt den Plan eines römischen Kastells bei Bad Homburg, die Saalburg. Vor dem Kastell lag das römische Bad, das auch von der Bevölkerung mitbenutzt werden durfte.

Um das Kastell herum siedelten sich in Lagervorstädten Handwerker und Händler an, die die römischen Soldaten versorgten. Da gab es Töpfer, Ziegelmacher, Tuchmacher, Schmiede, Metallgießer, Glasmacher, Sattler, Bauhandwerker, Bäcker, Händler und Wirtsleute. Viele der germanischen Handwerker hatten ihre technischen Kenntnisse von den Römern gelernt.

Das Leben am Limes

Handel am Limes

Am Limes herrschte lange Zeit Frieden. Viele Fernhändler zogen von Britannien nach Rom und bis zu den Donauprovinzen. Sie benutzten die vom Limes und von den Soldaten geschützten Straßen.

Auch die Germanen aus dem nicht besetzten Teil Germaniens handelten mit den Römern. Sie verkauften Felle, Vieh, Honig und andere landwirtschaftliche Erzeugnisse. Aus den römischen Provinzen brachten sie Gefäße aus Kupfer, Glas und Ton in ihre Heimat.

1 *Beschreibt mithilfe der Legende von Bild 1 den Aufbau eines römischen Kastells.*
2 *Schildert mithilfe des Bildes auf Seite 188 das Leben an einer Grenzstation am Limes.*
3 *Spielt folgende Situation: Eine Gruppe von Germanen will ihre Waren an die Römer verkaufen.*

Religiöse Toleranz*

An Rhein und Mosel wurden zahlreiche Altäre mit Inschriften gefunden. Ein Beispiel dafür ist ein von römischen Soldaten errichteter Weihealtar aus Bonn (Bild 2).
Ein Teil der Inschrift lautet:
„MATRONIS AXSINGINEHIS". Die Forscher fanden heraus, dass dieser Altar römischen Göttinnen errichtet wurde um Schutz und Wohlergehen zu erlangen. Darauf weist das lateinische Wort „MATRONIS" hin, das übersetzt Muttergottheiten heißt. Das zweite Wort „AXSINGINEHIS" gibt es im Lateinischen nicht. Es ist ein germanisches Wort für dieselben Muttergottheiten, die von den Germanen unter dem Namen AXSINGINEHI verehrt wurden.

4 *Sprecht darüber, was es heißt, wenn Römer und Germanen am Limes dieselben Götter verehrten.*

Das Zusammenleben von Germanen und Römern am Limes wurde von gegenseitiger religiöser Toleranz geprägt. Das belegen zahlreiche Funde von Altären und Göttersäulen am Limes und zwischen Rhein und Mosel. Auf diesen Säulen sind Götter abgebildet, die Römer und Germanen gemeinsam, zum Teil unter anderem Namen, verehrten.
Die Germanen hatten aber auch eigene Götter. Nur wenige Holzplastiken germanischer Götter sind noch erhalten. Die bekannteste Plastik stellt ein Götterpaar dar, das im Moor von Braak gefunden wurde.

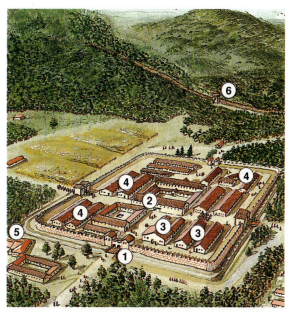

1 Römisches Kastell Saalburg. Rekonstruktion. 1 Haupttor. 2 Lagerleitung, Büros, Waffenkammer, Fahnenheiligtum. 3 Speicher für Lebensmittel. 4 Mannschaftsbaracken. 5 Bad. 6 Limes.

2 Weihealtar des Marcus Catullinius Paternus für die Matronen. Die vollständige Inschrift lautet übersetzt: „Den axsinginehischen Matronen. Marcus Catullinius Paternus hat sein Gelübde gern und dankbar eingelöst."

Das Leben am Limes

Römerstädte

1 *Sucht auf der Karte Seite 193 Römerstädte und schreibt sie in eine Liste.*

2 *Schreibt an die Fremdenverkehrsämter dieser Städte und bittet um Prospekte mit Bildern aus der Römerzeit.*

Aus den Lagervorstädten um die Kastelle entstanden Römerstädte. Die meisten dieser Städte wurden in der Zeit zwischen 30 und 100 n. Chr. gegründet, darunter so berühmte Städte wie Köln, Mainz und Trier.

Um 100 n. Chr. gründete der römische Kaiser Trajan im nördlichen Germanien die Stadt Colonia Ulpia Traiana, das heutige Xanten. Sie lag in der Nähe des römischen Militärlagers Vetera. Zunächst wohnten hier Soldaten, Kaufleute und Handwerker, bald zogen auch Germanen in die neue Stadt. Die schnell wachsende Handelsstadt mit ihrem Hafen an einem Nebenarm des Rheins hatte bald 10 000 Einwohner. In vielem glich das Leben in Xanten dem Leben in Rom. Viele Häuser waren aus Stein gebaut. Die Baumeister achteten streng darauf, dass die Häuser dem nach römischen Vorbild entworfenen Stadtplan entsprachen. Selbst ein großes Amphitheater* baute man sich nach römischem Vorbild. Es bot etwa 12 000 Menschen Platz.

Die Versorgung der Menschen

Von Colonia Ulpia Traiana (Xanten) bis Castra Regina (Regensburg; siehe Karte Seite 193) lagen entlang des Limes und der Grenze zu den Germanen zahlreiche Kastelle und Legionslager. Allein in Regensburg lebten 12 000 Menschen, darunter 6 000 Soldaten. Um die Ernährung so vieler Menschen sicherzustellen vergaben die Römer germanisches Land an entlassene Soldaten. Diese errichteten Gutshöfe, die sie allein oder mithilfe von Germanen bewirtschafteten. Auf vielen Gutshöfen gab es neben dem für Wohnzwecke gebauten Hauptgebäude zahlreiche Wirtschaftsgebäude, z. B. Scheunen und Ställe.

3 *Versucht mithilfe der Zeichnung die verschiedenen Einrichtungen von Xanten zu erklären.*

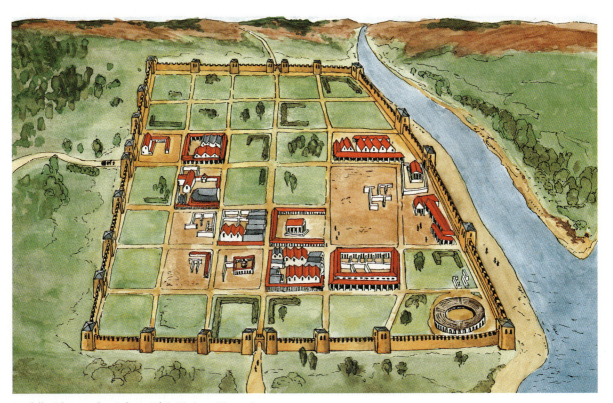

Modellzeichnung der Colonia Ulpia Traiana (Xanten)

Das Leben am Limes

1 **Römischer Gutshof, Lauffen am Neckar.** Rekonstruktionszeichnung.

Auf einem Gutshof

Im Hauptgebäude eines Gutshofes war häufig auch ein römisches Bad eingerichtet. Geheizt wurde das Bad mit einer besonderen Warmluftheizung, die allerdings sehr viel Holz zum Heizen erforderte.
Die Gutshöfe wurden alle in ähnlicher Weise angelegt. Bild 1 zeigt den Gutshof von Lauffen am Neckar. Auf den Gutshöfen wurde die Milch der Kühe zu Käse verarbeitet, aus den Häuten der Tiere wurde Leder hergestellt. Für die Ernährung der Soldaten war die Viehzucht besonders wichtig. Knochenfunde in der Siedlung Kumpfmühl bei Regensburg zeigen, dass die Römer Schweine und eine starke, langhörnige Rinderrasse züchteten. Auf den Feldern der Gutshöfe wurden Weizen, Bohnen, Linsen und Erbsen angebaut. Am Bodensee wurden verschiedene Obstsorten gezüchtet. Funde beweisen, dass die Römer Wein anbauten. Schwerpunkte des Weinanbaus waren das Mosel- und das Rheintal.

1 *Beschreibt mithilfe der Bilder und des Textes einen römischen Gutshof.*
2 *Vergleicht die Ausgrabung und die Zeichnung auf Bild 2. Sprecht darüber, welche Teile der Zeichnung aufgrund der Funde als sicher gelten können.*
3 *Vergleicht das Leben auf einem Gutshof mit dem Leben der Germanen (siehe Seite 194/195).*

2 **Lauffen: Die Grundmauern des Hauptgebäudes** (Foto unten) und der Versuch seiner Rekonstruktion (Zeichnung oben).

Römische Gewohnheiten im Alltag der Germanen

1 Lateinische Wörter in der deutschen Sprache

2 Würfel und Spielsteine. Foto.

Im Laufe der Zeit übernahmen die Germanen immer häufiger römische Sitten und Gewohnheiten und wendeten auch Techniken der Römer an.

1 *Schreibt die lateinischen Wörter in Bild 1 in eine Liste und versucht daneben die deutsche Bedeutung hinzuschreiben.*

Die Germanen hatten für diese Dinge in ihrer Sprache keine Bezeichnung. Deswegen übernahmen sie die römischen Wörter.

2 *Überlegt, warum die Germanen in ihrer Sprache keine Begriffe für diese Gegenstände hatten.*

Die Bilder 2 und 3 zeigen römisches Gebrauchsgeschirr und Würfel zum Spiel, die in germanischen Siedlungen am Limes gefunden wurden.

3 *Überlegt, was die Funde (Bilder 2 und 3) über die Veränderungen im Leben der Germanen aussagen.*

3 Gebrauchsgeschirr. Foto.

Kriegerische Konflikte

1 Eiserne, ursprünglich mit Silberblech überzogene Maske eines Gesichtshelms. Gefunden am Kalkrieser Berg, dem wahrscheinlichen Ort der Varusschlacht.

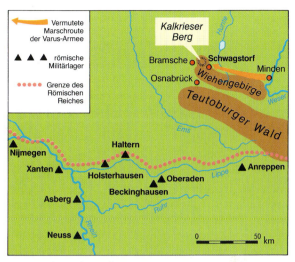

2 Umgebung des Kalkrieser Berges

Fundstücke einer großen Schlacht

Die germanischen Stämme, die östlich der römischen Grenze siedelten, unternahmen oft allein Raubzüge in die Gebiete fremder Stämme. Für Kriegszüge gegen die Römer verbanden sich mehrere Stämme miteinander. Im Jahre 9 n. Chr. sammelte der Cherusker Arminius eine Streitmacht. Als junger Mann war er römischer Offizier gewesen. Unter seiner Führung vernichteten die Germanen ein römisches Heer, das unter dem Befehl des römischen Statthalters Varus stand. Die Römer wurden in einen Hinterhalt gelockt und dann von den Germanen überraschend angegriffen. Diese Niederlage führte dazu, dass die Römer ihre Pläne aufgaben weitere Gebiete östlich des Rheins zu erobern.

Lange Zeit bestand Unklarheit über den Ort der Schlacht. In vielen Erzählungen wurde die einzige Schlacht, bei der die Germanen siegten, in den Teutoburger Wald gelegt. Dort erinnert auch heute noch ein Denkmal an diese Schlacht. Neue Ausgrabungen (1987) am Kalkrieser Berg, in der Nähe der Stadt Bramsche, brachten römische Münzen zutage, auf denen sich ein Stempel des römischen Feldherrn Varus befindet. Weiter wurden zahlreiche militärische Ausrüstungsgegenstände gefunden. Diese Funde legen den Schluss nahe, dass die Schlacht hier stattfand. Unter den zahlreichen militärischen Fundstücken fand sich auch eine versilberte Eisenmaske, die die Römer vermutlich bei Reiterspielen trugen (Bild 1).

3 Vorderseite einer am Kalkrieser Berg gefundenen Kupfermünze mit einem Stempel des Varus (VAR). Der Stempel befindet sich in der Mitte der Münze. Foto.

1 *Berichtet mithilfe des Textes und der Bilder über die Schlacht im Jahre 9 n. Chr.*

Das Ende der römischen Herrschaft

Nach einer fast 200-jährigen Phase meist friedlichen Nebeneinanders zogen zu Beginn des 3. Jahrhunderts Germanen aus Nordeuropa nach Süden. Unter ihnen waren Alamannen und Sueben (Schwaben). Die Alamannen griffen die Römer am Limes an und überrannten die Grenze. Obwohl die Römer die Angreifer zurückschlugen, gelang es ihnen nicht, auf Dauer das Gebiet am Limes zu halten. Ab 280 n. Chr. siedelten sich die siegreichen Alamannen im Gebiet des heutigen Süddeutschland am Limes an.

Zum Weiterlesen

Hugwa, der Germane vom Stamm der Zimbern, sagt zu den beiden Jungen Thorkim und Odbjörn: „Zieht fort, jeder auf seinem Weg, um Sieg und Gewinn in der Fremde zu erringen. Wer von euch beiden mit dem größten Gefolge heimkehrt, dem gebe ich meine Tochter Groa zur Braut." Der Wettstreit beginnt. Odbjörn reist durch die germanischen Wälder. Er trifft dort auf den Cheruskerfürsten Armin, der einen Feldzug gegen die Römer vorbereitet:

Erkundung

„Gut!" Armin lachte und ein Fächer von kleinen Runzeln sprang um die Augen auf. „Nun höre. Und hast du hinterher keine Lust mehr, so ziehe in Frieden."

„Lange Zeit", begann Armin, „führte ich eine Heerschar für die Römer an. Aber es ist so zwischen Völkern und Stämmen, sie vertragen sich am besten, wenn ihre Länder weit auseinander liegen. Trennt ein Meer sie, so sind sie Freunde fürs Leben. Ein Fluss mag angehen, wenn sie aber nichts weiter zwischen sich haben als Gräben und Zäune, dann herrschen ewige Feindschaft und Krieg. Wäre dem nicht so, dann könnten wir alle Schwerter zum Pflügen umschmelzen. Jetzt sind die Römer über den Rhenus (Rhein) vorgedrungen und haben sich in dem Land festgesetzt, das uns gehört. Vor drei Tagen verließ ich sie mitsamt meinem Gefolge, nachdem ich sie tief in die Wälder gelockt hatte. Ich hatte damit gerechnet, dass Varus sogleich weiterziehen würde. Aber nun wird gemeldet, dass die Römer Gräben ausheben und Palisaden errichten, als legten sie ein Quartier für den Winter an."

Armin sprang auf und trat an die Feuerstelle. Er hielt die Hand fest um das Kinn gepresst und starrte in die Flammen.

„Die Häuptlinge der Cherusker beginnen ungeduldig zu werden. Sie meinen, es sei sinnlos, noch länger zu warten. Es wird nicht lange dauern, dann machen sie sich davon einer wie der andere und nehmen ihre Leute mit. Und sind sie erst alle weg, kann Varus frei das Lager verlassen und mit dem Plündern fortfahren. Dieselben Häuptlinge, die jetzt das Weite suchen, wird Varus später hinter seinem Triumphwagen durch Rom schleifen lassen. Die Frauen und Kinder der Germanen werden als Sklaven auf dem Marsfeld veräußert werden."

Armin drehte sich plötzlich wieder zu ihm um. „Ich muss wissen, was die Römer vorhaben. Wann sie aufbrechen wollen und welchen Tag sie wählen! Hast du den Mut in das Lager der Römer einzudringen?"
„Ich?", rief Odbjörn.
„Ja, du – und der Römer Serbulus." „Serbulus?"
„Ja, gerade weil wir den haben, glückt es vielleicht. Du sagst ihnen, du hättest ihm zur Flucht verholfen. Vielleicht glauben sie dir; aber vielleicht auch nicht." Armin machte mit der Hand eine Bewegung, als zöge er einen Strick um seinen Hals zusammen.
„Gelingt es dir, mit den Auskünften zurückzukehren, die ich brauche, so soll es an Lohn nicht fehlen."
„Ein Mann gewinnt größere Ehren, wenn er dem Feind mit dem Schwert entgegentritt als wenn er sich hinter seinem Rücken heranschleicht", meinte Odbjörn.
„Hier wird mehr Mut gefordert als im offenen Kampf und mehr Schläue", erwiderte Armin. „Und tust du, was ich von dir erbitte, wirst du später Gelegenheit haben eine Streitmacht im Kampf gegen die Römer anzuführen." Odbjörn traute seinen eigenen Ohren nicht. „Du willst mir eine Heerschar zur Führung überlassen?"
Armin nickte.
„Eine Heerschar und was du dir sonst noch wünschen magst gehört dir, wenn du mir Kunde darüber bringst, was die Römer zu unternehmen beabsichtigen."
Odbjörn sprang auf – und setzte sich schwer wieder hin. Das Blut klopfte ihm in den Wangen. Armin wollte ihm Mannen überlassen.
Er hätte damit sein Ziel erreicht, noch ehe der zweite Mondwechsel zu Ende ging.
„Glaubst du – glaubst du, ich könnte Leute dafür gewinnen, mit mir zum Lande der Zimbern zu ziehen?", stammelte er.
„Hier gewinnt man Leute durch den Beweis der Tapferkeit", erwiderte Armin. „Und hier gibt es viele, die gern ihr Glück in der Fremde versuchen würden." Er blickte ihn fragend an und Odbjörn hub an zu erzählen. Er erzählte von dem Frühlingsopfer, zu dem er und Thorkim sich messen sollten und an dem Hugwa seine Tochter demjenigen geben wolle, der mit dem größten Gefolge antrete. Darum habe er sich dem römischen Kaufmann angeschlossen; um in der Fremde Reichtum und Macht zu gewinnen. (...)

Welche Abenteuer und Gefahren Odbjörn bei den Römern bestehen muss und wie der Wettstreit ausgeht könnt ihr in dem Jugendbuch von Poul E. Knudsen „Der Wettstreit", (Arena Taschenbuch Verlag), nachlesen.

Zusammenfassung

Rom war um Christi Geburt die Hauptstadt eines Weltreiches. In vielen Kriegen hatten die Römer alle Länder um das Mittelmeer erobert. Römische Soldaten hatten auch Teile Germaniens erobert und die Grenze zum freien Germanien mit einem Limes gesichert.

Von den Germanen selbst gibt es keine schriftlichen Nachrichten. Heutige Funde und Berichte römischer Schriftsteller zeigen aber ein ungefähres Bild vom Leben der Germanen. Sie lebten in Stämmen und wohnten in einfachen Häusern in Streusiedlungen.

Die Germanen bauten Getreide auf Feldern an, sie züchteten Pferde, Rinder, Schafe und Schweine.

Die meisten Germanen waren freie Bauern, wenige waren Sklaven. Über Krieg und Frieden entschieden die freien Germanen auf einer Versammlung.

Der Limes, ein Grenzsystem aus Erdwällen und Holz oder Mauern, und das Meldesystem zwischen den Wachttürmen machten es den Römern möglich, Angriffe aus dem nicht besetzten Germanien abzuwehren.

Am Limes entwickelte sich zunächst ein friedliches Zusammenleben von Römern und Germanen. Ein lebhafter Handel und eine entwickelte Landwirtschaft kennzeichneten das Alltagsleben westlich des Limes. Die Germanen übernahmen viele römische Gewohnheiten. Römer und Germanen verehrten zum Teil dieselben Götter, wenn auch unter verschiedenen Namen.

Im 3. Jahrhundert n. Chr. eroberten die Alamannen das Limesgebiet und siedelten sich dort an.

Spielen wie die alten Römer

Von den Griechen hatten die Römer ein spannendes Spiel übernommen: Loculus Archimedius. Vierzehn aus einem Quadrat geschnitte Teile müssen wieder zu einem Quadrat gelegt werden. Versucht es einmal!

1 *Übertragt zunächst das abgebildete Quadrat (Bild 1) mit den Linien und Nummern auf ein Stück Papier oder Pappe. Schneidet dann die Einzelteile aus und versucht ohne Blick auf die Vorlage aus den Teilen wieder ein Quadrat zu legen.*

2 *Wer das geschafft hat, kann versuchen mit den Teilen Figuren zu legen. Einzige Bedingung: alle 14 Teile müssen immer verwendet werden. Bild 2 zeigt ein Beispiel.*

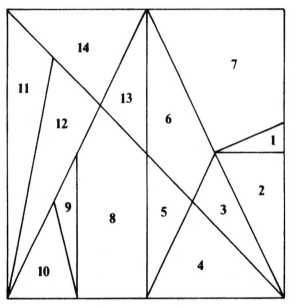

1 Loculus Archimedius

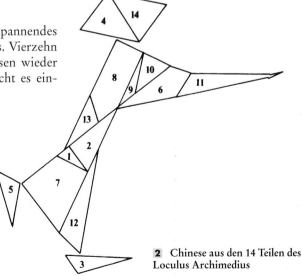

2 Chinese aus den 14 Teilen des Loculus Archimedius

5.2 WIR LEBEN MIT MENSCHEN ANDERER KULTUREN ZUSAMMEN

Was spielen die Kinder der Erde?

*Manche Kinder schlagen Reifen,
Manche Kinder einen Ball,
Manche spielen Fangen, Greifen,
Manche spielen Wartesaal.*

*Manche hüpfen auf der Stelle,
Manche rollen durch das Gras,
Manche spielen Himmel, Hölle,
Manchen macht ein Wettlauf Spaß.*

*Manche spielen Schach und Brücke,
Manche suchen Vierblattklee,
Manche spielen kleine Stücke,
Manche großes Varieté.*

*Manche spielen Mond und Sterne,
Manche auch „Mensch, ärgre dich".
Alle aber spielen gerne,
Ebenso wie du und ich.*

James Krüss

Urlaub in der Fremde

Urlaubsplanungen

In diesem Jahr möchte Familie Hintz ihren Urlaub im Süden verbringen. Als die Eltern im März aus dem Reisebüro nach Hause kommen, berichten sie ihren beiden Kindern: „Wir waren offensichtlich schon spät dran für eine Buchung, sodass wir nur noch zwischen drei Orten wählen können: Porto Rotondo, Euböa oder Antalya. Doch bevor wir uns entscheiden, wollten wir mit euch darüber reden."

Karin: „Diese Namen habe ich noch nie gehört! Wo ist das überhaupt?"

Peter: „Kenn ich auch nicht!"

Mutter: „Die Orte liegen in Griechenland, der Türkei beziehungsweise auf Sardinien. Ich finde, wir sollten uns zunächst einmal genau informieren, bevor wir uns für ein Ziel entscheiden."

Vater: „Es ist wichtig, etwas über Klima, Sitten und Gebräuche sowie die Küche zu wissen, damit wir nachher nicht enttäuscht sind."

Die Kinder blättern in den mitgebrachten Reiseprospekten und hören dem Vater gar nicht mehr zu.

1 *Stellt die Informationen zu den drei Orten in einer Tabelle gegenüber.*

Antalya ist eine Provinzhauptstadt an der türkischen Südküste. Im Altertum gegründet ist sie bis heute Umschlagplatz für den Handel aus dem anatolischen Hochland. Große Anziehung üben der Yachthafen, vielfältige Einkaufsmöglichkeiten, das Archäologische Museum sowie die Nähe zu antiken Städten aus.

Euböa: Den Urlauber erwarten malerische Fischerdörfchen, viel Grün und unberührte Küstenstriche mit schönen Badestränden. Einfach läuft noch das Leben der Einheimischen ab. Haupteinnahmequelle eines Großteils der Bevölkerung ist der Fischfang. Fangfrischer Fisch wird in traditionellen Tavernen zu knusprigen Gaumenfreuden zubereitet.

Das sollten Sie wissen:

An der Rezeption Ihres Hotels ist es nicht möglich, Eurocheques gegen Bargeld einzutauschen. Die Banken sind Montag bis Freitag von 9–13 Uhr und 15–16 Uhr geöffnet. Außerhalb der italienischen Saison (Juli und August) wird der Linienbusverkehr nur bedingt aufrechterhalten.

Sardinien, die zweitgrößte Insel des Mittelmeeres, ist auch heute noch ein Geheimtipp für Individualisten: Unzählige malerische Felsbuchten mit schönen Sandstränden und kleine anmutige Dörfer. Hier finden Sie eine intakte Urlaubswelt.

Familie Hintz reichen die Prospektauskünfte nicht um eine Entscheidung zu fällen. Sie suchen in Atlas und Büchern weiter.

2 *Teilt die Klasse in drei Arbeitsgruppen und sammelt mithilfe des Atlas Informationen zu jeweils einem Ort.*

3 *Stellt eure Ergebnisse auf Plakaten zusammen und sprecht mit den anderen Gruppen darüber.*

4 *Besorgt euch Reiseführer und ergänzt um Angaben über Klima, Küche, Sitten und Gebräuche.*

5 *Führt ein Rollenspiel durch, in dem ihr als Familie Hintz jetzt die Urlaubsentscheidung fällt.*

Leben in einem Bergdorf

1 **Dorfstraße.** Foto 1985.

2 **Bei der Feldarbeit.** Foto 1987.

Besuch in Akcaenis

Familie Hintz hat sich für den Urlaub in der Türkei entschieden. Am zweiten Ferientag starten die Vier mit dem Flugzeug nach Antalya. Nachdem sie so viel über die Türkei gelesen hatten, sind sie neugierig und möchten mehr als nur die Stadt kennen lernen. Deshalb mieten sie einen Jeep und fahren auf unbefestigten Straßen durch das Taurusgebirge in Richtung Westen. Plötzlich taucht hinter einer Kurve eine wild gestikulierende Person auf. Als der Jeep steht, kommt ein etwa 17-jähriger Junge auf sie zu und fragt in gut verständlichem Deutsch, ob sie ihn, Mehmet, bis ins nächste Dorf Akcaenis mitnehmen könnten. Das tut Familie Hintz gern.

Mehmet berichtet:

> **M1** Das Dorf hat etwa 3 000 Einwohner, es ist ein großes Dorf, die Leute, die dort leben, sind Tahtaci*. (...) Die meisten ziehen im Winter mit Kind und Kegel hoch in den Taurus, schlagen dort notdürftige Hütten auf und fällen Holz. Erst nach ein paar Monaten, wenn die Arbeit getan ist, kommen sie zurück in ihr Dorf. Im Sommer bestellen sie dort ihre Felder.

In Akcaenis angekommen lässt Mehmet sich nicht davon abbringen, Familie Hintz das Dorf zu zeigen: Hinter Zäunen mit unregelmäßigen Latten blühen Blumen und wächst das Gemüse. Überall sieht man Apfel-, Pflaumen-, Walnussbäume und Haselnusssträucher. Entlang der Straße führt ein Bach Trinkwasser aus dem Taurusgebirge herab. Mehmet ist stolz auf sein Dorf, auch wenn es hier noch keine moderne Technik wie in anderen Landesteilen gibt. Schließlich führt er sie zum Grabmal eines Heiligen.

Mehmet berichtet weiter:

> **M2** (...) Wir sind Aleviten. (...) Aleviten sind eine muslimische Minderheit in der Türkei.
> Unsere Frauen leben freier als sonst üblich, wir lieben die Musik und den Tanz. Unser Heiliger, der hier begraben liegt, heißt Abdal Musa. Vor 650 Jahren bedrohte ein Bergrutsch die Siedlung. Abdal Musa stoppte ihn mit seinem Körper, so geht die Sage, bevor die Felsenlawine die Ortschaft unter sich begraben konnte. (...) Einmal im Jahr kommen die Aleviten aus der ganzen Türkei hierher um Abdal Musa (...) zu gedenken.

1 *Notiert aus dem Text Informationen über das Aussehen des Dorfes und den Glauben einer religiösen Minderheit.*

Ayse, ein türkisches Mädchen, berichtet:

> **M3** Ich bin neun Jahre alt und lebe mit meinen drei Geschwistern zusammen mit den Großeltern bei einer Tante, weil meine Eltern in Deutschland arbeiten.
> Wenn ich vom Nachmittagsunterricht nach Hause komme, muss ich rasch unser Zimmer, das der Großeltern und das Wohnzimmer in Ordnung bringen: Staubwischen, Staubsaugen und Bettenmachen. Dann muss ich schnell los um auf dem Lande zu helfen. Wir bauen alles Mögliche an, aber mir ist der Tee am liebsten, weil davon alle etwas haben. Diese Arbeit ist ganz schön schwer, denn ich muss sie bei jedem Wetter tun. Da es keine modernen Maschinen gibt, muss jeder den Boden selber graben. Dabei helfen wir alle zusammen, nur die Männer natürlich nicht.

Leben in einem Bergdorf

Eine neue Erfahrung: die Gastfreundschaft im Dorf. Foto 1990.

„Wenn wir unseren Spaziergang beendet haben, bringe ich euch in das Haus meiner Verwandten. Sie werden sich über den Besuch freuen", erklärt Mehmet bestimmt.

Herr und Frau Hintz sind zunächst skeptisch, lassen sich dann aber von ihren drängenden Kindern und Mehmet überzeugen der Familie Kalayci einen Besuch abzustatten.

Einladung zum Essen

M Die Frauen hatten alle die weiten bunten Pumphosen an, die jungen Frauen trugen dazu T-Shirts, die alten Frauen gestrickte Westen. Die Jüngeren hatten ihre Haare zu Zöpfen geflochten, die Älteren bunte Kopftücher mit einem Stirnband festgebunden. (...) Die Frauen hatten ein Tablett vor sie hingestellt, unter dem ein Tischtuch auf dem Boden ausgebreitet war.

Mehmets Kusine Arzu fordert Familie Hintz auf im Schneidersitz auf dem Boden Platz zu nehmen und das Tischtuch so über die Knie zu ziehen, wie sie es ihnen vormacht.

Die jungen Frauen begannen nun viele Schüsseln mit verschiedenen Speisen auf das Tablett zu stellen. Bohnen, Weizengrütze, Linsensuppe, Joghurt, frische Tomaten, Gurken, Lauchzwiebeln, Blattsalat, Käse. Um das Tablett herum legen die Frauen etwas, das aussieht wie zusammengefaltete Tücher. Jeder hat eines davon genau vor sich liegen. „Afiyet olsun!", sagen die alten Frauen.

Arzu erklärt, dass sie ihnen guten Appetit gewünscht haben. Sie würden zunächst alleine essen, denn es sei Sitte, dass die Gastgeber verzehren würden, was die Gäste übrig ließen. Nun zeigt sie ihnen, wie man eine solche Mahlzeit zu sich nimmt: Sie greift nach einem gefalteten Fladen, reißt ein Stück ab und nimmt es zwischen die Finger, als wäre es ein Löffel. Damit stippt sie in die Schüssel und angelt heraus, was sie essen möchte. Da dabei gekleckert wird, benutzt man den Zipfel des Tischtuches als Serviette.

1 Listet auf, was zu einer Mahlzeit in Akcaenis gehört.

2 Stellt in einer Tabelle unsere und die hier dargestellten Tischsitten gegenüber:

Tischsitten	
deutsch	türkisch
Tisch mit Stühlen	Boden
...	...

3 Bereitet ein Rollenspiel vor, in dem ihr dann das Gastmahl bei Familie Kalayci nachspielt.

4 Versucht herauszufinden, wie man einen Fladen bäckt. Fragt türkische Mitschülerinnen und Mitschüler oder seht in Rezeptbüchern nach.

Menschen aus vielen Ländern leben in Deutschland

„Soll ich dir erzählen, was am 16. März 1988 in meinem Ort namens Hatet los war?
Die irakische Luftwaffe ... hatte ein paar Kilogramm Lost* an Bord."
(* Senfgas, tödlich wirkendes Gas)

„Ich erinnere mich, dass mein Vater, immer wenn er geschlafen hat, eine Pistole unterm Kopfkissen liegen hatte. Er lebte jede Minute in der berechtigten Angst umgebracht zu werden."

„Wenn ich einen Lieferwagen kaufen kann, dann fahren wir zurück."

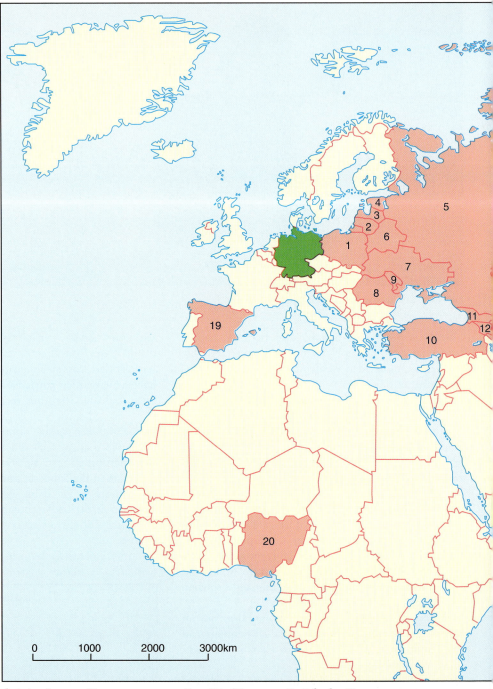

1 In dieser Karte sind einige Staaten Europas, Afrikas und Asiens rot gefärbt. Aus ihnen kommen viele Menschen nach Deutschland.
Stellt mithilfe des Atlas fest, um welche Staaten es sich dabei handelt.

2 Die Zitate am Rande der Karte stammen aus Jugendbüchern. Listet die Gründe auf, die die Menschen dazu veranlasst haben, ihre Heimat zu verlassen.

Menschen aus vielen Ländern leben in Deutschland

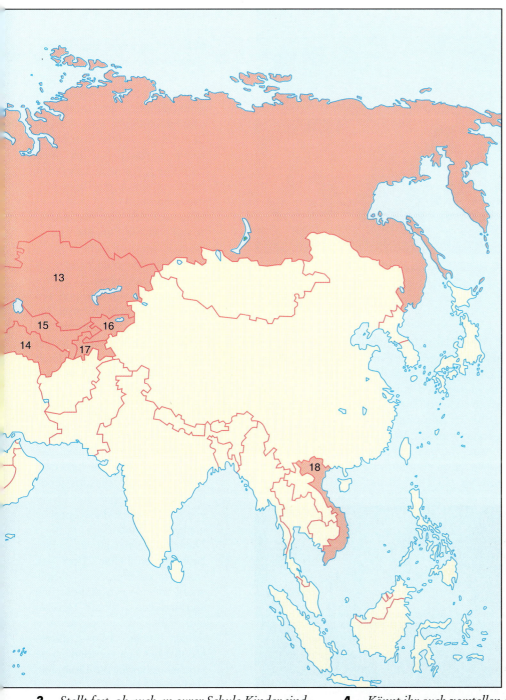

„Ein Alptraum war Wirklichkeit geworden: In den Straßen passierte Grausames. Ich hörte fernes Gewehrfeuer und Stöhnen."

„Etwa 700 000 Kurden flohen aus dem Irak des Saddam Hussein, weil sie von irakischen Militärs mit den schrecklichsten Waffen verfolgt wurden."

„… Inder wurden enteignet, ihre Läden und Firmen Schwarzen übergeben. …"

„In diesem Jahr wurde ein Drittel weniger Getreide geerntet als im Vorjahr: Etwa 90 der 290 Millionen Menschen in der UdSSR leben unterhalb der Armutsgrenze."

3 Stellt fest, ob auch an eurer Schule Kinder sind, die ihre Heimat verlassen mussten. Erkundigt euch, wie es ihnen geht.

4 Könnt ihr euch vorstellen euer Land zu verlassen? Nennt mögliche Gründe.

Kinder aus dem Ausland leben in Deutschland

1 Flüchtlinge in einer Berliner Turnhalle. Foto 1990.

Ayse und Devrim
Das türkische Mädchen Ayse, 9 Jahre, berichtet:

> **M1** Das war ganz komisch und wie eine andere Welt, als wir nachts am Bahnhof Zoo ankamen. Bunte Lichter, viele Autos, viele Menschen. Am komischsten fand ich die Busse. Die waren so groß und die Menschen saßen darin fast übereinander.
> Im ersten Moment habe ich Angst bekommen. (…) Dann kamen wir bei einem alten hohen Haus an. Wir gingen rein und mussten Treppen steigen. So viele Treppen war ich in der Türkei noch nie gestiegen. In die zweite Etage mussten wir und eine halbe Etage vorher sagte meine Mutter: „Und hier ist die Toilette."

2 Wohnen im Hinterhaus in Berlin. Foto 1990.

Der türkische Junge Devrim, 11 Jahre, berichtet:

> **M2** Ich verstand das Ganze nicht, warum meine Eltern uns mit nach Deutschland bringen wollten, aber ich fragte auch nicht danach. Ich stellte mir alles zauberhaft vor: Europa, Deutschland und das Fliegen mit einem Flugzeug. (…) Ich freute mich riesig, denn ich konnte ein anderes Land als die Türkei kennen lernen. (…)
> Nun war ich in West-Berlin. Meine Mutter konnte kaum Deutsch, wir auch nicht. (…) Nach drei Monaten musste ich in die Schule gehen. (…) Wie sollten wir uns verständigen, wo wir keine Deutschkenntnisse besaßen? Da ich Sprachprobleme hatte und es in meiner Schule keine türkische sechste Klasse gab, musste ich die fünfte noch einmal besuchen (…).
> Ich gab mir große Mühe so schnell wie möglich Deutsch zu lernen. Es war sehr schwierig. Keiner kann sich vorstellen, wie man mit fünfmal Deutschunterricht in einer Woche das schaffen soll. Ich sagte mir immer wieder: „Du wirst diese Sprache nie lernen können."
> Niemand konnte mir zu Hause beim Lernen helfen. Doch ich wollte es schaffen, weil ich miterlebt hatte, wie Ausländer sich verständigten (…) mit Händen und Füßen. (…) Solche Ausländer haben keine andere Möglichkeit sich verständlich zu machen, aber für die Deutschen sind sie lächerlich.

1 *Beschreibt anhand der Bilder, wie Ausländer leben müssen.*
2 *Lest die Texte und versetzt euch in die Lage der Kinder. Sprecht über eure Gefühle.*

Kinder aus dem Ausland leben in Deutschland

Elwira

Elwira, geboren 1977, siedelte mit ihrer Familie aus der ehemaligen UdSSR in die Bundesrepublik Deutschland über. Sie kam in die sechste Klasse einer Orientierungsstufe und konnte zunächst kein Wort Deutsch sprechen oder verstehen.
Zwei Jahre später berichtete sie:

M1
Wir kamen hierher am 18.05.1990. Es war gerade ende der Schule und dann kamen Ferien. Die ganze Ferien wollte ich in die Schule es war langweilig für mich

Aber als der erste Tag der Schule kam, hatte ich Angst, ich habe gedacht, daß ich niemals Deutsch sprechen werde. Erste Stunde war gerade Mathe, ich war sehr aufgeregt. Ich verstand nur die Zahlen, aber was die sagten, verstand ich nicht. Dann hat mein Lehrer eine Aufgabe an die Tafel geschrieben. Die verstand ich natürlich und löste sie. Im Deutschunterricht saß ich und hörte zu, obwohl ich nicht wusste, um was es ging. Heute geht es mir viel besser. Jetzt verstehe ich alles und spreche ein bisschen. Jetzt hab ich viele Freunde, die ich verstehe und die mich verstehen. Früher wollte ich immer zurück zu meinen Freunden, aber heute habe ich auch hier Freunde. Und jetzt will ich nicht mehr so sehr zurück. In der Schule geht alles gut.

Nino

Antonio, genannt Nino, kam 1988 als Elfjähriger mit seiner Familie aus Sizilien nach Deutschland:

M2 In der Schule hatte Nino immer mehr Schwierigkeiten. Die Sprache (...) umgab ihn nach wie vor wie eine dicke Mauer. (...) So fühlte er sich wie in einem Gefängnis. (...)
„Nino weigert sich Deutsch zu sprechen und liest und schreibt mangelhaft", stand im monatlichen Bericht.
Zu allem Überfluss wurde der Junge, der in der italienischen Grundschule in Mathematik sehr gut gewesen war, auch in diesem Fach mit schlechten Noten eingedeckt. Ihm gelangen noch nicht einmal die vier Grundrechenarten, weil die in Deutschland ganz anders aufgeschrieben wurden (...). Antonio gab schließlich nur mehr leere Blätter ab oder Seiten so voll von Schmierereien, dass die Rechenlehrerin furchtbar böse wurde.

Elwira (rechts außen) mit ihrer Klasse. Foto 1991.

„Nino kann nicht rechnen. Nino weigert sich zu lernen und ist schlampig."
Noch schlimmer erging es ihm mit den Klassenkameraden, sowohl mit deutschen als auch mit „auslendi".
Es gab da zwar zwei italienische Kinder, Vetter und Kusine (...). Sie klebten immer zusammen und wollten mit diesem Neuen, diesem Raufbold, nichts zu tun haben. So geschah es, dass Nino öfter mit den Füßen nach ihnen trat und ihren Schimpfworte nachrief, worauf die ihn sofort beim Lehrer verpetzten. „Nicht gut, nicht gut" war der ständige Refrain, der ihn begleitete und dessen Sinn er bald verstand.
„Nino ist aggressiv", hieß es im nächsten Monatsbericht. „Er stört in der Klasse und wird von den Kameraden abgelehnt."

1 *Es fällt Elwira und Nino unterschiedlich schwer, Deutsch zu lernen. Welche Folgen ergeben sich daraus jeweils für die Kinder?*
2 *Untersucht noch einmal alle Texte dieser beiden Seiten darauf, welche Probleme fehlende Sprachkenntnisse mit sich bringen.*
3 *Versetzt euch in Ninos Lage. Schreibt nun auf, wie er selbst seine Schulsituation beschreiben würde.*
4 *Erstellt eine Liste mit Möglichkeiten, wie ihr Elwira, Nino oder Mitschülern mit gleichen Schwierigkeiten helfen könntet.*

Vorurteile gegenüber Ausländern

1 „Ausländer raus! Wie säh' das aus?"

Auf viele Dinge, die wir durch Ausländer kennen gelernt haben, möchte heute keiner von uns mehr verzichten, trotzdem bereitet das Zusammenleben manchmal Probleme.

2 Auf der Suche nach einer Wohnung. Karikatur, 1987.

1 *Führt ein Rollenspiel durch, in dem ihr die in Bild 2 dargestellte Situation nachspielt. Nehmt an, der Ausländer hat nur geringe Sprachkenntnisse.*
2 *Beurteilt das Verhalten der Spieler und gestaltet einen positiven Ausgang der Geschichte.*

M Dann war vor sechs Wochen Mustafa Ayden mit seiner Frau und drei kleinen Kindern in die über ihnen gelegene Wohnung gezogen (...). Fünf Personen in einer Sechzig-Quadratmeter-Wohnung! (...)."

„Entschuldigen Sie bitte, Herr Ayden", begann Karl Stein freundlich, „aber bei Ihnen ist es heute wieder so laut, dass wir nicht schlafen können. Wissen Sie", und dabei lächelte er Ayden um Verständnis bittend an, „wir wohnen nämlich gleich unter Ihnen und da (...)". Mustafa Ayden hatte ihn die ganze Zeit über verständnislos angestarrt (...).
„Ich Türke – nix versteh'n (...) Nix gut deutsch", fügte er noch hinzu ... Und dann spielte Karl Stein Pantomime. Der Türke blickte ihn fragend an, dann verzog sich sein Gesicht zu einem mitleidigen Lächeln. „Ah, du Zahn kaputt, versteh'." Nahe daran, die Beherrschung zu verlieren, schrie Karl Stein: „Ich nix Zahn kaputt! Du machen viel laute Musik – außerdem stinkt es hier bestialisch!" (...)
Der Türke mit seinen mangelhaften Sprachkenntnissen hatte von Steins letzten Worten nur „stinken" verstanden. Von seiner Arbeitsstelle her kannte er dieses Wort hauptsächlich in Verbindung mit „stinkender Türke". Wie er es von der Kokerei gewöhnt war – wo er dafür jedesmal mit dem dröhnenden Gelächter seiner deutschen Arbeitskollegen belohnt wurde –, schrie er auch jetzt zurück: „Ich nix stinken – du dreckiges deutsches Schwein!"

3 *Wie könnte das Zusammentreffen von Stein und Ayden weitergehen? Schreibt verschiedene Möglichkeiten auf.*
4 *Beschreibt das Verhalten der Arbeitskollegen. Haltet ihr es für fair? Diskutiert darüber.*

Übergriffe auf Ausländer

1 Hamburg, 25. 9. 1991: Anschlag auf ein Containerdorf – Farbflaschen sind geflogen. Foto 1991.

Brände, Steine, Schmierereien:

M Mittwoch, 18. September 1991: Freiburg i. Br.: Brandanschlag auf ein Aussiedlerheim.
Sonnabend, 21. September 1991: Thiendorf bei Dresden: Angriff auf Heim mit rumänischen Asylbewerbern*. Acht Verletzte.
Mittwoch, 25. September 1991: Schwedt in Brandenburg: Brandanschlag auf Ausländerwohnheim.
Essen: Brandanschlag auf Asylbewerberheim. Ein Kraftfahrer, 24, und eine Hotelangestellte, 20, werden festgenommen.
Sonntag, 29. September 1991: Burgwedel bei Hannover: Brandanschlag auf ein Asylbewerberheim.
Haffkrug, Ostholstein: Skinheads zertrümmern Scheiben in Asylbewerberheim.
18.–21. August 1992: Rostock: Brandanschläge auf ein Asylbewerberheim.
22./23. November 1992: Mölln: Brandanschlag auf ein von Türken bewohntes Haus. Drei Tote, neun Verletzte.

1 *Fertigt eine Umrisskarte von Deutschland an. Tragt mithilfe des Atlas die Orte der Gewalttaten ein.*

2 Plakat 1991

Im Laufe der Jahre 1991 und 1992 ist es in Deutschland vermehrt zu Ausschreitungen gegenüber Ausländern gekommen. Menschen, die Gewalt gegen andere ausüben, stecken voller Vorurteile. Diese sind oft so stark, dass sie zu Hass führen. Weil es in Deutschland die Erfahrungen aus der Zeit des Nationalsozialismus gibt, muss auf die Bekämpfung von Vorurteilen besonders geachtet werden (siehe Seiten 252–275).

2 *Seht euch das Plakat (Bild 2) genau an: Was will es den Menschen mitteilen?*
3 *Stellt einen Zusammenhang zwischen Bild 1 und dem Plakat her. Diskutiert darüber.*
4 *Sammelt Berichte von Übergriffen auf Ausländer.*
5 *Entwerft Plakate, die sich gegen Vorurteile richten und stellt sie in der Schule aus.*

Viele Länder – eine Welt

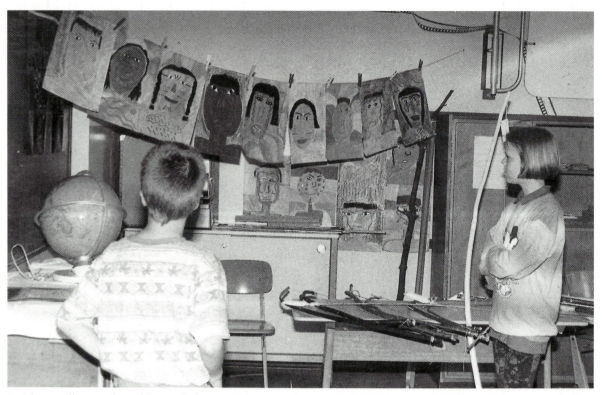

Projektvorstellung an der Hehlentorschule. Foto 1992.

Projekt: Die ersten Schritte zur Veränderung
Die "Cellesche Zeitung" vom 15. Juni 1992 berichtet:

M Unter dem Motto „Viele Länder – eine Welt" standen drei Projekttage an der Hehlentorschule in Celle. Damit sollte deutlich werden, dass alle Menschen auf der Welt aufeinander angewiesen sind.

„Viele kleine Leute an vielen kleinen Orten, die viele kleine Schritte tun, können das Gesicht der Welt verändern." Entsprechend diesem Grundsatz hatten Eltern, Lehrer und Schüler die Projekttage gemeinsam geplant und gestaltet. Schülerinnen und Schüler aus verschiedenen Ländern hatten Gegenstände aus ihrer Heimat mitgebracht. Jede der 17 Klassen hatte sich mit einem Land intensiver beschäftigt. In den Klassenräumen fand man jeweils Landestypisches etwa zu Dänemark, Griechenland, Italien, zu Indien, Indonesien und vielen anderen Ländern. Ganze Dörfer wurden nachgebildet; und ob Smørrebrød oder italienische Nudelgerichte, das gemeinsame Kochen von Lehrern und Schülern machte viel Spaß.

Beim Abschlussfest mit vielen spielerischen Aktionen zeigte es sich, wie viel man gemeinsam erreichen kann.

1 *Wählt ein Land aus, über das ihr euch in ähnlicher Weise informieren wollt.*
2 *Bildet Arbeitsgruppen für verschiedene Bereiche und überlegt, woher ihr Informationen darüber bekommen könnt (z. B. Wohnung, Arbeit, Landschaft).*
3 *Bereitet ein Projekt, eine Ausstellung vor, in der ihr Mitschülern und Eltern das von euch gewählte Land vorstellt.*

Unsere Essgewohnheiten ändern sich
Vielleicht habt ihr in einem Urlaub erfahren, dass die Liebe zu einem Land häufig beim Essen beginnt. Nicht selten kann man feststellen, dass wir auch auf dem Gebiet der Essenszubereitung voneinander lernen können: Als vor etwa 30 Jahren die ersten Gastarbeiter zu uns kamen, brachten sie die inzwischen beliebte Pizza und die langen Nudeln mit.

Viele Länder – eine Welt

Habt ihr schon einmal eines der rechts abgebildeten Gerichte gegessen?
Erkennt ihr auf den Bildern die Suppe im Feuertopf aus Thailand, den gesäuerten Reis mit Fisch aus Japan, die türkischen Vorspeisen und Tiramisu aus Italien?

Knoblauch
Aus den südlichen Ländern gelangte der Knoblauch zu uns. Knoblauch ist eines unserer gesündesten Gewürze. Er hilft gegen Erkrankungen der Atemwege und wirkt auch positiv auf die Fließfähigkeit des Blutes. Dass er außerdem ein gutes Gewürz ist, weiß man inzwischen auch diesseits der Alpen.

1 *Erkundigt euch zu Hause, welche ausländischen Gerichte auf den Tisch kommen.*
2 *Probiert das unten stehende Rezept aus.*

2

3

4

5

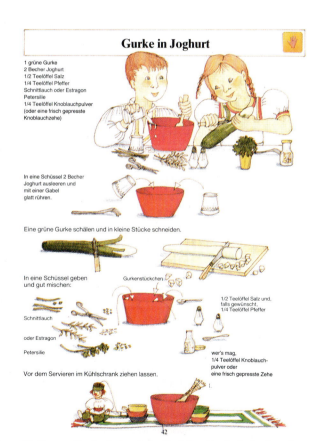

1 Rezept für das bulgarische Gericht „Gurke in Joghurt"

217

Gemeinsamkeit macht stark

Serkan, Türke
Im Turnverein habe ich Freunde. Es gibt aber auch Kinder, die mich schlagen und Schimpfwörter zu mir sagen.

John, Deutscher
Einmal war ich bei Desmond eingeladen. Da waren nur Schwarze. Da hab ich mich schon komisch gefühlt. Ich habe auch nichts verstanden.

Suzana, Kroatien
Ich fühle mich wie ein deutsches Kind und gleichzeitig wie ein kroatisches Kind.

Aziza, Marokkanerin
Im Turnverein spielen Pia und ich immer zusammen.

Wir verstehen uns

M1 Auf dem Bild ist unsere Klasse abgebildet. Wir sind ein bunter „Haufen". 10 deutsche Kinder und 13 ausländische aus drei Erdteilen, aus Europa, Asien und Afrika. Anfangs war es ein bisschen schwierig, weil viele ausländische Kinder kein Deutsch konnten. Doch jetzt ist das kein Problem mehr. Vor einem halben Jahr ist Yaya aus China zu uns gekommen. Wir helfen ihr Deutsch zu lernen. Wir verstehen uns alle prima. Für uns ist es nicht wichtig, wo ein Kind herkommt. Wichtig ist, wie jemand ist!

1 *Stellt Gründe zusammen, warum die Kinder dieser Klasse so gut miteinander auskommen.*

Aus einer anderen Schule berichtet eine Lehrerin:

M2 Ich habe eine Theatergruppe gegründet. Am letzten Mittwoch waren wir mitten in der Probenarbeit. Da schoss mir ein Gedanke durch den Kopf: Die Wohnungssuche eines ausländischen Familienvaters könnte der Anfang eines längeren Theaterstücks werden. Menschen aus zwei verschiedenen Ländern treffen in einem deutschen Miethaus aufeinander. Sie sollen miteinander auskommen. Schaffen sie es? Wie schaffen sie es? Wird die ausländische Familie heimisch werden? Welche Vorurteile müssen auf beiden Seiten überwunden werden?

2 *Tragt zusammen, was die Kinder für das Theaterstück über die unterschiedlichen Familien in Erfahrung bringen müssen. Denkt dabei an Sitten und Gebräuche.*

3 *Versucht selbst ein solches Theaterstück durchzuführen.*

Vorurteile kann man abbauen

Wenn wir lernen, warum sich Menschen aus anderen Ländern anders verhalten, können wir uns besser verstehen.
Dazu das Beispiel, wie eine Deutsche eine türkische Familie besucht:

M3 „Hos geldiniz!"
Das heißt „Willkommen" flüsterte Frau Hoffmann den Mädchen zu und dann nahm sie Frau Bayoglu einfach in die Arme und küsste sie links und rechts auf die Wange (…). Sie zog gleich ihre Schuhe aus und Frau Bayoglu brachte drei Paar gestrickte Pantöffelchen für die Gäste. (…) Es gab so viel zu essen und zu trinken: gefüllte Weinblätter und Börek* und Tee aus winzigen Gläschen, sodass Stefanie gar nicht zum Reden kam. Und dann passierte das Größte, Stefanie glaubte zu träumen. Frau Bayoglu legte eine Musikkassette ein und fing an zu tanzen. „Komm, auch tanzen." Und alle stellten sich zu einem Kreis, fassten sich an den Schultern und Frau Bayoglu zeigte ihnen die Tanzschritte."
Seit diesem Tag sah Stefanie die Türken mit anderen Augen. Die Bayoglus jedenfalls waren richtig nett, fand sie.

Zum Weiterlesen

Auf den letzten 13 Seiten konntet ihr euch damit vertraut machen,
– warum fremde Menschen in unser Land kamen und kommen, – wie diese in ihrer Heimat gelebt haben,
– mit welchen Schwierigkeiten sie hier fertig werden müssen.
Wenn ihr noch mehr zu diesem Thema wissen wollt, könnt ihr folgende Jugendbücher lesen:

„Bei den Kurden gibt es hochnotpeinliche Paßdurchleuchtungen. Hier in der Osttürkei sind die Menschenrechte außer Kraft gesetzt, (…) wir wissen das in Deutschland nicht."

„Ich heiße Julia Richter und bin 12 Jahre alt. Das meiste, was in diesem Buch steht, stammt von mir. Ich bin eine Deutsche, (…) aber ich komme aus der Sowjetunion."

„Wir kommen aus Anatolien und meine Mutter trägt auch heute noch ein Kopftuch, aber in der Schule brauche ich keines mehr zu tragen, nur zu Hause, wenn Besuch kommt", berichtet Hamide.

„Mai-Em kam mit anderen im Vietnamkrieg schwer verletzten Kindern nach Deutschland. Sie geht zur Schule, sie hat Wünsche und Sehnsüchte wie andere Gleichaltrige auch und sie findet Freunde, die sie so akzeptieren wie sie ist, als Behinderte und vietnamesische Deutsche."

„Unsereins muss die Drecksarbeit machen und bis zu den Knöcheln im Mist herumwaten (…)." Wie eine aufgescheuchte Ratte sprang er vor dem Schieber des Bulldozers her und holte sich alles Brauchbare aus dem lockeren Müll.

Weitere Jugendbuchempfehlungen findet ihr auf Seite 276.

5.3 INDIANER IN NORDAMERIKA

1 Seht euch das Bild des tanzenden Indianers an. Sprecht darüber und tragt zusammen, was ihr über Indianer wisst.
2 Fertigt eine Liste der Eigenschaften von Indianern an, die ihr aus Büchern und Filmen kennt.
3 Stellt eine ähnliche Liste für Weiße zusammen.
4 Diskutiert die Eigenschaften.
5 Überlegt gemeinsam, was ihr über Indianer genauer wissen wollt.
6 Beginnt für diese Unterrichtseinheit eine große Wandzeitung anzulegen, in die ihr Bilder und Texte über Indianer einfügen könnt. Auf der Wandzeitung braucht ihr Platz für
– das Leben der Indianer in der Zeit, bevor die Europäer kamen,
– die Auseinandersetzungen mit den Weißen,
– das Leben der Indianer heute.

Die Karte zeigt die Wohngebiete einiger bekannter Indianervölker für das Gebiet der heutigen USA. Nicht alle Völker konnten eingetragen werden. Es gab mehr als 500 verschiedene indianische Völker, bevor die Europäer nach Amerika kamen.

1 **Tanzender Indianer.** Gemälde, um 1834.

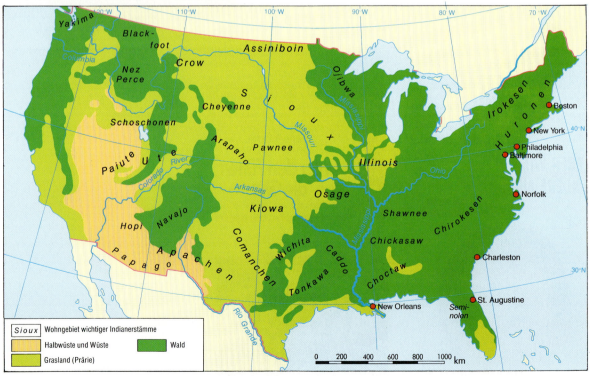

2 Indianerstämme um 1750–1800 im Gebiet der heutigen USA

DIE INDIANER VOR DEM EINDRINGEN DER EUROPÄER

Indianer im nordöstlichen Waldland

Der Lebensraum der Indianervölker in den Wäldern des Nordostens reichte vom Sankt-Lorenz-Strom bis zum Cumberland-River, vom Mississippi bis zum Atlantik. Hier gab es riesige Laub- und Mischwälder. Die Indianer jagten Rehe, Elche und Biber und fingen Fische. Jagd und Fischfang waren die Hauptbeschäftigungen der Männer.

Auf den baumfreien Lichtungen in den Wäldern betrieben die Indianer Feldbau. Das Hauptnahrungsmittel war der Mais. Er wurde auf Feldern angebaut, die manchmal mit Fischen und Muschelschalen gedüngt wurden. Daneben bauten die Waldindianer Bohnen, Kürbis, Sonnenblumen, Tabak und Hanf an. Die Arbeit auf dem Feld war Aufgabe der Frauen. Sie mussten also die meiste Arbeit für die Ernährung leisten.

Das Land gehörte immer dem ganzen Volk. Die Waldindianer konnten sich nicht vorstellen, dass Land einem Einzelnen gehörte. Es wurde den Familien immer nur für die Zeit der Bearbeitung zur Verfügung gestellt. Bei der Ernte mussten dann alle mithelfen.

Die meisten Völker dieser Gegend bauten ihre Häuser aus Holz. Sie wohnten in rechteckigen Langhäusern, meistens mehrere Familien zusammen, oft mehr als 100 Menschen in einem Haus. In den Häusern bestimmten die Frauen. Die erfahrenste Frau wies den einzelnen Kleinfamilien ihren Wohnplatz zu, sie regelte die Ordnung, schlichtete die Streitfälle und teilte die Arbeit ein.

Werkzeuge und Waffen waren aus Holz. Geräte und Gefäße stellten sie aus Baumrinde her, aus der auch die Außenhaut ihrer Kanus bestand. Die Kleidung wurde aus Hirschleder hergestellt. Sie wurde mit gefärbten Stachelschweinborsten geschmückt.

Eine wichtige Gruppe der Indianervölker des nordöstlichen Waldlandes bildeten die Irokesen. Bei ihnen bestanden die Stämme aus mehreren Dörfern. Jeder Stamm wurde von einem Rat geleitet, in dem zwei Arten von Häuptlingen saßen. Die einen hatten ihren Sitz geerbt, die anderen waren wegen ihrer Leistung gewählt worden. Bei der Häuptlingswahl hatten die Leiterinnen der Langhäuser eine wichtige Stimme. Der Rat traf alle für den Stamm wichtigen

Ein Indianerdorf im nordöstlichen Waldland. Zeichnung, um 1590.

Entscheidungen, z. B. über die Verlagerung von Dörfern oder über Kriegszüge.

1 *Informiert euch mithilfe von Text und Bild so über das Leben der Indianer des nordöstlichen Waldlandes, dass ihr in der Klasse darüber berichten könnt.*

2 *Schreibt für die Wandzeitung übersichtlich auf,*
– *wie sich die Waldindianer mit Nahrungsmitteln versorgten,*
– *wie diese Indianer wohnten,*
– *wie sie sich kleideten,*
– *welche die Aufgaben der Männer und welche die der Frauen waren,*
– *wie die Waldindianer über Privateigentum an Grund und Boden dachten.*

Die Indianer vor dem Eindringen der Europäer

Ein Indianerdorf in der Prärie. Zeichnung, um 1835.

Prärieindianer

Die Landschaft vom Ostabhang des Felsengebirges bis zum Westrand des Mississippi-Tals, von Zentralkanada bis an den Golf von Mexiko bedeckten Steppen, die von Flüssen und kleineren Waldinseln unterbrochen wurden. Dies war die Heimat der Prärieindianer. Sie betrieben keinen Feldbau. In den Steppen lebten große Bisonherden, die den Indianern fast alles lieferten, was sie zum Leben brauchten. Die Bisonherden zogen im Herbst südwärts und im Frühjahr nach Norden. Deshalb mussten auch die Jäger beweglich sein und als Nomaden leben.

Seit die Europäer Pferde nach Amerika gebracht hatten, konnten die Prärieindianer die Bisons über weite Strecken verfolgen. Wenn die Bisons sich im Herbst zu großen Herden zusammenfanden, jagte das ganze Volk um Vorräte für den Winter anzulegen. Das Fleisch wurde in Streifen geschnitten, getrocknet und zerstampft. Dann wurde es mit Fett und getrockneten Beeren vermischt, um es haltbar zu machen.

Aus den Fellen der Bisons fertigten die Indianer Decken, Zeltwände und Tragetaschen. Aus Sehnen und Därmen machten sie Schnüre. Knochen wurden zu Werkzeugen verarbeitet. Im Winter zogen die Jäger einzeln auf Jagd. Dann ging es ihnen vor allem um die dicken Winterpelze der Bisons. Die Prärieindianer lebten in Zelten, die sie Tipis nannten. Diese bestanden aus zusammengestellten Stangen, die mit einer Decke aus Bisonfellen abgedeckt wurden. Als Waffen benutzten die Prärieindianer Pfeil und Bogen, Lanze und Keule. Ihre Kleidung stellten sie aus Hirsch- oder Antilopenleder her und schmückten sie mit Fransen, Stachelschweinborsten und Haaren. Halsketten aus Grislybärenkrallen, Adlerfedern und Bisonhörner dienten als Schmuck.

Privater Landbesitz war für diese Völker unvorstellbar. Sie meinten, dass die Jagd das Recht der dort lebenden Völker sei, der Boden aber, als Geschenk ihres Gottes Manitou, allen gehöre.

Zur Zeit der großen Jagden versammelten sich die Völker. Dies war die Zeit, in der alle wichtigen Fragen beraten wurden. Am Beratungsfeuer hatten Frauen und Kinder nichts zu sagen. Alle wichtigen Entscheidungen wurden vom Rat der Männer getroffen. Dort wählte man erfolgreiche Jäger, tapfere Krieger und kluge Denker zu Häuptlingen.

1 *Informiert euch aus Text und Bild so gründlich über das Leben der Prärieindianer, dass ihr in der Klasse darüber berichten könnt.*

2 *Schreibt auf, was Jungen und Mädchen der Prärieindianer lernen mussten.*

3 *Schreibt für die Wandzeitung auf,*
– wie sich die Prärieindianer mit Nahrungsmitteln versorgten,
– wie sie wohnten und wie sie sich kleideten,
– wie sie über Privateigentum an Grund und Boden dachten.

Die Indianer vor dem Eindringen der Europäer

Ein Dorf der Puebloindianer im Südwesten. Zeichnung, um 1830.

Indianervölker im Südwesten

Die weiten Trockensteppen im Südwesten der heutigen USA waren die Heimat der Südwestindianer. Ihr Siedlungsgebiet erstreckte sich vor allem über die heutigen Bundesstaaten Arizona und New Mexico. Die bekannteste Gruppe waren die Puebloindianer. Sie lebten in Dörfern. Ihre Häuser bauten sie aus getrockneten Lehmziegeln oder Stein. Mehrere Häuser wurden an- oder übereinander gebaut, manchmal bis zu fünf Stockwerken hoch. Der Eingang lag im Dach, das man nur über eine Leiter erreichen konnte. Da die Häuser nach außen keine Fenster hatten, konnte kein Feind eindringen, wenn die Leiter hochgezogen war. Im Innern der Häuser gab es Bänke aus Lehmplatten, die mit Fellen oder bunten Decken gepolstert waren. Außerdem hatten sie Hocker, Körbe, Tongefäße und Holzgeräte.

In den Häusern wohnten die Mitglieder von Großfamilien zusammen. Sie bauten auf den Feldern Mais, Bohnen, Kürbis, Baumwolle und Tabak an. Die Männer der zusammenliegenden Häuser bearbeiteten die Felder gemeinsam. Aus der Baumwolle webten die Frauen kunstvolle bunte Stoffe. Daraus nähten sie die Kleidung. Im Winter wurden Fellmäntel getragen.

Die Pima, eine andere Gruppe der Südwestindianer, legten kunstvolle Bewässerungsanlagen an. So hatten z. B. die Kanäle eines Pima-Dorfes eine Gesamtlänge von fast 200 Kilometern. Die Hauptkanäle waren 10 m breit und 3 m tief. Häuser und Felder gehörten den Großfamilien, in denen die Frauen bestimmten. Die Führungsspitze im Dorf bildete der Häuptling, der auf Lebenszeit gewählt wurde. Ihm musste jeder Angehörige gehorchen. War jemand dem Häuptling ungehorsam, so konnte er nach den Gesetzen des Dorfes vom Häuptling bestraft werden. Die schwerste Strafe war die Verbannung aus dem Dorf. Zu den Südwestindianern gehören auch andere Völker wie z. B. die Navajo. Schon vor langer Zeit entwickelten sie sich zu Viehzüchtern. Sie lebten in „Hogans", achteckigen Blockhütten mit kegelförmigen Lehmdächern.

1 *Informiert euch über die Südwestindianer aus Text und Bild so, dass ihr der Klasse berichten könnt.*
2 *Schreibt für die Wandzeitung auf,*
– wie sich die Südwestindianer mit Nahrungsmitteln versorgten,
– wie sie wohnten und sich kleideten,
– welches die Aufgaben der Frauen und welches die der Männer waren,
– wie die Südwestindianer über Privateigentum an Grund und Boden dachten.
3 *Ergänzt mit euren Berichten die Wandzeitung.*
4 *Sprecht nun noch einmal über die Eigenschaften, die ihr für Aufgabe 2, Seite 220 gesammelt habt.*

Im heutigen Gebiet der USA lebten in der Zeit von 1750 bis 1850 über 500 Indianervölker, deren Unterschiede in der Lebensweise so groß waren, dass wir nicht von „den Indianern" sprechen können, sondern immer dazu sagen sollten, welche Kultur oder welches Volk wir meinen.

DAS ZUSAMMENTREFFEN MIT DEN EUROPÄERN

Ankunft weißer Siedler in Amerika 1620. Gemälde, 17. Jahrhundert.

Aus Europa kommen die ersten Siedler

1607 hatten Engländer die Kolonie Virginia an der Ostküste Nordamerikas gegründet. 1620 landeten englische Siedler im Gebiet des heutigen Massachusetts, die unter dem Namen „Pilgerväter" bekannt wurden. Sie wollten dort ein neues Leben beginnen. Dann kamen immer mehr Engländer.

1 *Stellt im Atlas fest, wo die ersten englischen Kolonien gegründet wurden.*

2 *Stellt euch vor, Fremde versuchten in eurer Heimat eine Kolonie zu gründen. Was würdet ihr tun?*

Erfahrungen mit Indianern

Edward Winslow, der spätere Gouverneur von Massachusetts, schrieb in einem Brief vom Dezember 1621:

> **Q1** In der kurzen Zeit, die wir hier sind, haben wir sieben Wohnhäuser und vier Häuser für die Gemeinschaft gebaut (…). Im letzten Frühjahr bepflanzten wir rund 32 Morgen* mit Indianerkorn (Mais) und säten etwa 9 Morgen Gerste und Erbsen. Wie die Indianer es tun, düngten wir den Boden mit Heringen und anderen Fischen (…). Unser Korn gedieh gut (…).
> In dieser Zeit kamen Indianer zu uns, auch ihr König Massasoyt kam mit 90 Mann (…). Sie gingen hinaus und töteten fünf Hirsche, die sie in die Siedlung brachten und uns schenkten. Wir haben gefunden, dass die Indianer ihren Friedensvertrag mit uns sehr genau einhalten, sehr freundlich sind und uns gerne helfen. Wir gehen oft mit ihnen und sie kommen zu uns. (…) Wir gehen so friedlich und sicher hier in die Wälder wie auf den Landstraßen in England (…). Sie sind aber ein Volk ohne jede Religion.

Erfahrungen mit Weißen

Über die gleiche Zeit berichtet ein Nachkomme des Häuptlings Massasoyt:

> **Q2** Im Dezember 1620 landeten die „Pilgerväter" mit ihrem Schiff dort, wo heute Plymouth liegt. Sie besetzten ohne auch nur einen Indianer um Erlaubnis zu bitten einfach ein Stück Land und errichteten darauf Hütten und Häuser (…).
> Sie machten mit Massasoyt, dem Häuptling der Wampanoags, einen Friedensvertrag am 22. März 1621, in dem sich beide Seiten verpflichteten, Friedensbrecher festzunehmen und zu bestrafen. Die Indianer hielten diesen Vertrag vierzig Jahre lang, sie zeigten den Weißen, wie man in ihrem Lande sein Leben fristen konnte um Nahrung und Schutz zu finden. Dafür wurden sie als Wilde beschimpft.

3 *Teilt euch in zwei Gruppen und lest entweder Q1 oder Q2.*

4 *Beschreibt die Einstellung der Weißen und der Wampanoags zueinander. Beachtet dabei die jeweils letzten Sätze.*

Verträge und Vertragsbrüche

Die Geschichte eines Volkes

Die Nez Percé waren ein kleines Indianervolk, das auf dem Columbia-Plateau (in den heutigen USA-Staaten Idaho und Oregon) von der Pferdezucht lebte. Sie lehrten ihre Kinder die alten Sprüche ihres Volkes:

> Es ist eine Schande, eine Lüge auszusprechen.
> Sprich nur die Wahrheit.
> Sei niemals der Erste, der eine Abmachung bricht.
> Es ist eine Schande für einen Mann, sich eines anderen Mannes Besitz anzueignen ohne den Preis dafür zu zahlen.

Um 1850 ließen sich weiße Siedler am Rande des Nez-Percé-Gebietes nieder. Sie hätten zu gerne die friedlichen Indianer aus ihren Weidegründen vertrieben. Am 20. Mai 1855 trafen sich Beauftragte der weißen Regierung der USA und die Häuptlinge aller Völker jener Gegend zu einer Besprechung.

Das Angebot der Weißen lautete: Verkauft uns weite Gebiete eures Landes. Wir lassen euch den Rest als Reservation und bieten euch dazu noch 200 000 Dollar an.

Die Nez Percé bestanden darauf, wenigstens das Walla-Walla-Tal zu behalten. Das wurde ihnen von den Weißen zugestanden.

Inmut-too-yah-lat-lat, das heißt Donner, der über die Berge grollt, war einer der Häuptlinge (Bild). Von den Weißen wurde er Joseph genannt. Er sagte damals:

Q1 Mein Herz ist voll tiefer Sorge. Was wir Indianer bei dieser Verhandlung getan haben, war schlecht; denn die Erde ist unsere ewige Mutter, wir haben sie verraten. Jetzt wird der weiße Mann kommen um den Boden aufzureißen und die Wälder niederzuschlagen. Er wird die Flüsse eindämmen und die Fische ausrotten. Bald werden wir uns dem weißen Mann beugen.

Ein alter Häuptling antwortete:

Q2 Aber was sonst hätten wir tun sollen? Die weißen Männer kommen aus Ländern jenseits der Berge in einem niemals endenden Strom. Wir können nicht gegen sie kämpfen und zu siegen hoffen. Wir müssen uns an der schweren Aufgabe versuchen mit ihnen im Frieden zu leben.

Danach richteten sich die Nez Percé. Sie schlossen sogar einen weiteren Vertrag mit der Regierung der Weißen:

Q3 1. Ewiger Friede soll zwischen den Nez Percé und den Vereinigten Staaten herrschen.

Inmut-too-yah-lat-lat. Gemälde nach einem Foto von 1877.

2. Im Falle eines Krieges der Vereinigten Staaten gegen irgendein anderes Volk sollen die Nez Percé sich verpflichten den Vereinigten Staaten (…) Hilfe zu leisten (…).

6. Sollten Missverständnisse zwischen den Vereinigten Staaten und den Nez Percé entstehen, so sollen diese beigelegt werden.

Aufgrund dieses Vertrages kämpften die Nez Percé auf der Seite der Weißen gegen andere Indianer. Dann wurde im Gebiet der Nez Percé Gold gefunden. Im Sommer 1861 waren schon 10 000 Weiße ins Land der Nez Percé gekommen. Immer noch versuchten die Häuptlinge Frieden zu halten.

1863 wurde wieder verhandelt. Die Häuptlinge wurden gezwungen einen Vertrag zu unterschreiben, der ihnen nur noch ein Zehntel ihres Landes ließ. Dafür sollten sie Nahrung, Kleidung und Schulen von den Weißen erhalten.

1 *Viele Weiße hielten die Nez Percé für primitive Wilde. Was haltet ihr von dieser Meinung?*
2 *Besprecht die Einstellung der beiden Häuptlinge zu den Weißen.*
3 *Seht euch den Friedensvertrag zwischen den Nez Percé und den Weißen genau an. Wie müsste die Geschichte weitergehen?*

Verträge und Vertragsbrüche

Indianer kämpfen gegen Soldaten. Gemälde, 1901.

Ablehnung eines neuen Vertrages
Inmut-too-yah-lat-lat unterschrieb nicht. Er sagte:

> **Q1** Wir werden ruhig sein und geduldig. Wir werden keine Geschenke (...) annehmen. Wir werden nicht angreifen, es sei denn, sie griffen uns an. Und wir werden mit allen Männern ehrlichen Handel treiben.

Aber die Einwanderer gaben sich nicht zufrieden. Auf ihr Drängen teilte die Regierung den Indianern mit, dass sie in eine Reservation umgesiedelt würden.
Inmut-too-yah-lat-lat antwortete:

> **Q2** Keinem Häuptling steht es zu, unser Land zu verkaufen. Es hat immer meinem Volk gehört. Wir haben niemals Geschenke der Regierung angenommen. Wir erbten das Land von unseren Vätern und wir werden es verteidigen.

Aber die Weißen gaben keine Ruhe. Später beschrieb Häuptling Inmut-too-yah-lat-lat die Situation:

> **Q3** Kurze Zeit noch lebten wir ruhig. Aber das konnte nicht anhalten. Die weißen Männer hatten in den Bergen rund um das Walla-Walla-Tal Gold gefunden. Wir hatten keine Freunde, die unsere Rechte vor Gericht vertreten hätten. Ich hatte den Eindruck, dass einige der Weißen alles taten um einen Krieg zu provozieren. Sie wussten, dass wir nicht stark genug waren um sie zu bekämpfen. Wir gaben einen Teil unseres Landes den weißen Männern in dem Glauben, wir könnten Ruhe haben. Wir waren im Irrtum.

Der letzte Kampf der Nez Percé
Als ein Nez Percé von einem Siedler erschossen wurde, kam es zu Unruhen. Um den Frieden zu erhalten ritten Häuptlinge 1877 zum kommandierenden General der Weißen. Aber sie wurden festgenommen und gezwungen den Stamm in 30 Tagen in eine neue Reservation zu führen. Eine Gruppe junger Krieger ging aus Enttäuschung und Wut darüber „auf den Kriegspfad". Sie überfielen Ansiedlungen und Posten der Weißen. Das empörte die Siedler. Sie holten Militär zur Unterstützung herbei. Inmut-too-yah-lat-lat wollte nun sein Volk nach Kanada führen. Doch das amerikanische Militär hetzte die Nez Percé unerbittlich. 108 Tage kämpften die Indianer auf ihrem Zug nach Kanada ums Überleben. In fünf großen Schlachten schlugen sie die Weißen, aber immer neue Truppen folgten ihnen. Die Nez Percé mussten weiterziehen ohne Pause. Munition und Nahrung waren verbraucht. Sie waren am Ende ihrer Kräfte und mussten aufgeben.

Die Weißen brechen noch ein Versprechen
General Miles versprach die Überlebenden in ihre Heimat zurückzubringen. Aber statt in ihre Berge wurden sie in die Wüste geschafft, wo viele starben. 1878 wurden die Reste des Volkes nach Oklahoma verlegt. Inmut-too-yah-lat-lat versuchte zu erreichen, dass die Weißen wenigstens ihr letztes Versprechen hielten. 1881 brachte man ihn, zusammen mit den letzten Überlebenden seines Stammes, in die Reservation Nespelem im nördlichen Washington. In ihr Walla-Walla-Tal durften die Nez Percé nicht zurückkehren.

1 *Beschreibt das Verhalten der Weißen und der Nez Percé.*

2 *Stellt die Ziele der Nez Percé und die der Weißen in einer Liste zusammen.*

3 *Stellt im Atlas fest, wie weit die kanadische Grenze, wo die Nez Percé aufgaben, von Oklahoma entfernt ist.*

4 *Ergänzt eure Wandzeitung um die Verträge.*

5 *Beschreibt die einzelnen Vertragsbrüche.*

6 *Begründet, warum die Nez Percé keine Aussicht hatten sich gegen die Weißen durchzusetzen.*

Verträge und Vertragsbrüche

1 Stellt euch vor, die Sache der Nez Percé sollte vor Gericht verhandelt werden. Was würden sie, was würden die Weißen aussagen? Spielt die Verhandlung.

Ein Recht auf Landbesitz?

Hugh Henry Brackenridge, ein damals bekannter Dichter in Amerika, schrieb 1782:

> **Q** Ich bin weit davon entfernt auch nur im Traum anzunehmen, dass die Indianer ein Recht auf Land haben könnten, von dem sie seit Jahrtausenden keinen anderen Gebrauch machen als die Tiere. Es ist deshalb undenkbar, dass sie einen Anspruch auf Land haben. (…) Sie müssen deshalb (…) von diesem Land vertrieben werden. (…)
> Indianer haben das Ansehen von Menschen, (…) aber wie sie uns im Augenblick entgegentreten erscheinen sie eher als Tiere, als teuflische Tiere. Und was die Frage nach Friedensverträgen und garantiertem Landbesitz betrifft, so ist dem zu begegnen:
> Wer käme schon auf den Gedanken mit Wölfen, Klapperschlangen und Kojoten über Garantien für Eigentum an Land zu verhandeln (…)? Es gilt, sie zu dezimieren*.

2 Aus diesem Text wird die Einstellung vieler Siedler deutlich. Stellt die wichtigsten Aussagen zusammen.

3 Was würde ein Indianer zu diesen Aussagen meinen?

4 Diskutiert die Meinung Brackenridges.

5 Seht euch noch einmal die Karte auf Seite 220 an. Beschreibt die Lebensgebiete der Indianer um 1750–1800.

6 Vergleicht Karte 1 mit euren Ergebnissen aus Arbeitsauftrag 5. Beschreibt die Veränderungen.

7 Begründet die Veränderungen der Indianergebiete in den Karten 1 bis 3.

8 Den Indianern ist von den Weißen Unrecht getan worden. Gibt es Möglichkeiten der Wiedergutmachung? Sprecht darüber.

9 Seht euch noch einmal die Liste mit den Eigenschaften der Indianer auf der Wandzeitung an. Wie beurteilt ihr sie jetzt?

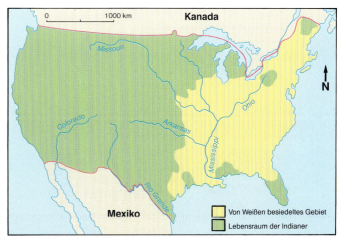

1 Lebensraum der Indianer um 1850

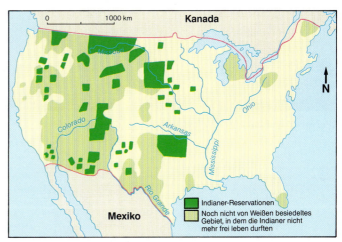

2 Indianerreservationen um 1875

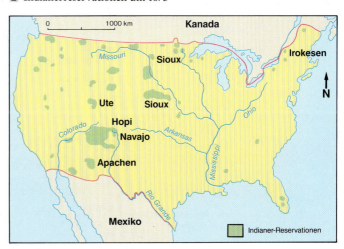

3 Indianerreservationen heute

DIE INDIANER HEUTE – NAVAJO UND HOPI IN ARIZONA

1 Navajo im Monument Valley

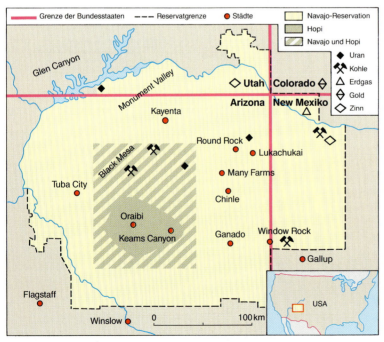

2 Die Navajo- und Hopi-Reservation um 1970

Im Südwesten der USA liegt die größte Indianerreservation des Staates. Auf einer Fläche von etwa 64 000 km² lebten 1990 rund 160 000 Navajo- und 8 000 Hopi-Indianer. In Niedersachsen leben auf 47 400 km² 7 250 000 Menschen. Vor etwa 120 Jahren lebten die Navajo in den weiten Gebieten des amerikanischen Südwestens. Sie waren ein Hirtenvolk, das Pferde, Ziegen und Schafe besaß und auch etwas Mais und Gemüse anbaute.

Die Hopi waren ein ausgesprochenes Ackerbauernvolk (siehe Seite 223).

Beide Völker wurden von den Weißen unterworfen. Die Überlebenden des Krieges, etwa 4 000 Navajos und 2 000 Hopis, wurden in eine kleine Reservation im östlichen New Mexico deportiert, in eine trockene und unwirtliche Landschaft. Durch tief eingeschnittene Täler mit steilen Wänden (Canyons) wird das Land in Hochflächen, sogenannte Mesas (Mesa = Tisch), zerteilt. Im Laufe der Zeit wuchs die Bevölkerung der Navajo und Hopi ständig. Dadurch entstanden große Probleme. In den trockenen Gebieten gab es nicht genügend Acker- und Weideland. Mehrfach wurde die Reservation erweitert. Aber ein großer Teil der Menschen konnte nicht ernährt werden.

Navajo und Hopi leben heute in Armut. Viele sind arbeitslos. Um gegen die Armut anzukämpfen haben sie sich auf ihre alten Fertigkeiten besonnen. Sie weben kunstvolle Tücher und stellen Töpfereiwaren und Silberschmuck her, die sie an Touristen verkaufen.

Die Indianer heute – Navajo und Hopi in Arizona

1 Kinder in einer Hopi-Siedlung (Oraibi, Arizona). Foto 1992.

2 Navajo-Indianerin beim Weben. Foto 1992.

Temperaturen und Niederschläge in Tuba City (Arizona) und Göttingen

	J	F	M	A	M	J	J	A	S	O	N	D	Jahresmittel
Tuba City T in °C	0	2	6	12	17	21	27	26	20	12	5	2	12,2 °C
N in mm	13	13	12	10	3	3	12	13	10	13	14	13	129 mm
Göttingen T in °C	0	1	4	8	13	16	17	16	13	9	4	1	9 °C
N in mm	46	37	36	44	49	58	79	67	52	52	40	47	607 mm

1 Beschreibt und vergleicht die Abbildungen dieser Doppelseite.
2 Sucht die Reservation der Navajo und Hopi im Atlas. Beschreibt die Lage.
3 Teilt die Einwohnerzahl der Reservation (168 000) durch die Anzahl der km². So erhaltet ihr die Bevölkerungsdichte (Einwohner pro km²). Errechnet dann die Bevölkerungsdichte Niedersachsens auf die gleiche Weise (7 250 000 Einwohner auf 47 400 km²). Vergleicht die Bevölkerungsdichte.
4 Findet mithilfe der Tabelle heraus, worin der Grund für die geringe Bevölkerungsdichte in der Reservation liegt.
5 Fertigt nach der Tabelle Klimadiagramme für Tuba City und Göttingen an (siehe Seiten 112/113).

6 Schreibt einen Bericht über die Reservation und das Leben der Navajo und Hopi für eure Wandzeitung.

Seit der Einweisung in die Reservation verfolgte die amerikanische Regierung das Ziel die Indianer zu „amerikanisieren". Insbesondere wollte man jeden Einzelnen mit privatem Besitz an Grund und Boden ausstatten, sie an geregelte Arbeitszeiten in den Fabriken gewöhnen und die Indianerkinder in Regierungsschulen umziehen. Man glaubte die Lebens- und Denkweise der Indianer auf diese Weise tief greifend verändern zu können.

Die Indianer heute – Navajo und Hopi in Arizona

Einstellung zur Natur

Die folgenden Abschnitte schildern einige Eindrücke und Erlebnisse von Deutschen, die sich für das Leben der Navajo und Hopi interessiert und längere Zeit mit ihnen in der Reservation gelebt haben.

> **M** „Indianer sehen sich als Lebewesen unter vielen, als Verwandte des Bibers, des Ahorns, der Maispflanzen, des Flusses, des Berges."(1)
>
> „Für sie (die Indianer) gilt nicht das Gebot der Bibel ‚Machet euch die Erde untertan'. Wenn sie etwas von Mutter Erde für ihren Lebensunterhalt nehmen, geben sie ihr zum Dank ein Geschenk, und sie nehmen nicht mehr, als sie wirklich brauchen." (2)
>
> „Der Dorfrat hat beschlossen, dass Walpi (ein Hopi-Dorf) auf der Mesa nicht an die Elektrizitäts- und Wasserversorgung angeschlossen werden soll um Mutter Erde nicht durch das Verlegen der Leitungen zu verletzen." (3)

1 *Stellt zusammen, wie die Indianer über die Natur und ihr Leben denken.*

2 *Schreibt zu jeder Feststellung von den Auffassungen der Indianer wie Europäer darüber denken.*

Kohleabbau auf der Black Mesa

Bis 1950 war die Navajo- und Hopi-Reservation für weiße Amerikaner wirtschaftlich uninteressant. In den folgenden Jahren, als viele Gas- und Ölquellen in den USA schon erschöpft waren, erinnerte man sich der Kohle der Black Mesa. Dieses Hochland liegt in der Reservation der Navajo und Hopi. Schon seit 1910 hatte man dort breite Kohlenflöze* entdeckt.

Nun also wollten die Weißen die Kohle abbauen um die Stromversorgung von Städten wie Los Angeles, San Diego und Phoenix zu sichern. Die Navajo aber sagten: „Die Umwandlung des Berges bringt Unglück." Trotzdem schloss die Peabody Coal Company mit dem Stammesrat der Navajo und Hopi einen Vertrag. Dieser Stammesrat war von der staatlichen Indianerverwaltung eingesetzt, aber von den Indianern nicht anerkannt. In dem Vertrag wurde festgelegt, dass die Company gegen eine geringe Entschädigung 35 Jahre lang die Kohle abbauen durfte. Sie versprach, dass indianischer Boden dafür nicht angetastet werden sollte. Die Company versprach auch, dass viele Indianer beim Kohleabbau Arbeit finden sollten.

1970 begann der Abbau. Die Kohle wurde zu Staub zerkleinert, mit Wasser vermischt und durch Rohrleitungen in Kraftwerke geleitet. Aus 6000 m Tiefe wurde das dazu benötigte Wasser an die Oberfläche befördert.

Die Company versprach den Indianern die Entnahme von so viel Wasser würde nicht schaden. Zahlreiche Wasserläufe dort sind jedoch schon versiegt, und die Navajo können viele Ländereien nicht mehr bewässern. Für die Arbeit im Kohlenbergbau der Black Mesa wurden 1973 2200 Personen benötigt. Davon waren 440 Navajo.

Widerstand der Indianer

Erst 1970 erfuhren die Hopi von dem Vertrag. Da hatte der Kohleabbau schon begonnen. Die Hopi wählten eigene Sprecher, die an den Präsidenten der USA schrieben:

> **Q** In seinem Unverständnis von den Wegen der Natur hat der Weiße Mann das Gesicht der Mutter Erde geschändet. Die Gier des Weißen Mannes nach Besitz und Macht hat ihn blind gemacht für den Schmerz, den er Mutter Erde auf der Suche nach dem zugefügt hat, was er Naturschätze nennt. (…)
>
> Wenn die Weißen das Land weiter so behandeln, wird unsere Mutter Natur sich in einer Weise wehren, die für fast alle Menschen Leid bedeutet. Der Große Geist sagt, (…) der Mensch solle für alle kommenden Kinder ein gutes, sauberes Land erhalten. Wir übermitteln dem Präsidenten der USA die Einladung mit uns zusammenzutreffen und über das Wohlergehen der Menschen zu sprechen.

Die Hopi erhielten keine Antwort des Präsidenten.

3 *Vergleicht die Versprechungen der Coal Company vor dem Vertragsabschluss mit der späteren Entwicklung.*

4 *Fasst zusammen, wie die Hopi ihren Widerstand gegen den Kohleabbau begründen. Denkt an eure eigene Umwelt.*

Die Hopi finden sich ab

Obwohl die Indianer mit den Weißen überwiegend schlechte Erfahrungen gemacht haben, müssen sie mit ihnen leben. Autos, Jeans und Coca Cola gehören heute selbstverständlich zu ihrem Leben. Um diese Waren kaufen zu können brauchen die Hopi Dollars. So wurden viele Hopi zu Lohnarbeitern. Viele von ihnen müssen außerhalb der Reservationen nach Arbeit suchen.

Zusammenfassung

1 Navajo-Frauen verkaufen ihre Produkte an Touristen. Foto 1979.

2 Hogan* in der Navajo-Reservation. Foto 1979.

Als die Engländer an der Ostküste Nordamerikas landeten, war der Kontinent von mehr als 500 Indianervölkern besiedelt. Die Unterschiede zwischen den einzelnen Völkern waren sehr groß. Es gab im Nordwesten Ackerbauern, in den Prärien Jäger und im Südwesten wieder Bauern und Hirten.

Die Indianer kamen den Engländern, die auf indianischem Gebiet landeten, freundlich entgegen und halfen ihnen mit Nahrung und Kenntnissen. Die Indianer kannten keinen Privatbesitz an Land. Manche Indianervölker gaben Boden zur Nutzung ab, und die Weißen meinten, sie hätten Land gekauft. Das führte zu vielen Auseinandersetzungen.

Immer mehr Europäer kamen nach Nordamerika. Sie beanspruchten immer mehr Land. In grausamen Kriegen wurden ganze Indianervölker ausgerottet. Überlebende Gruppen wurden in unwirtliche und trockene Gegenden umgesiedelt. Aber auch in diesen Gebieten, die Reservationen genannt werden, ließ man sie nicht in Ruhe. Fanden die Weißen Bodenschätze in den Reservationen, so wurden die Indianer wieder vertrieben. Niemand fragte danach, wie die Indianer darüber dachten. Auch die Reservationen der Navajo und Hopi liegt in einem sehr trockenen und unfruchtbaren Teil der USA. Die Indianer betreiben dort in geringem Rahmen Landwirtschaft und Viehzucht. Die Bodenschätze werden gegen den Willen vieler Hopi von Unternehmen der Weißen ausgebeutet. Die Folge ist, dass viele Navajo und Hopi arbeitslos sind und in Armut leben.

1 *Vergleicht die Bilder auf den Seiten 221, 222 und 223 mit denen auf dieser Seite.*

Rätsel
Legt ein durchscheinendes Papier über das Rätsel und löst es.

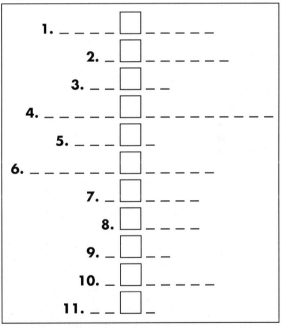

1 *Teil des Kopfschmucks vieler Indianer* – **2** *Name eines Indianervolks im Nordwesten der USA* – **3** *Hauptjagdtier der Indianer auf der Prärie* – **4** *Abkommen am Ende eines Krieges* – **5** *Baum, der süßen Saft gibt* – **6** *Bezeichnung für die Engländer, die 1620 in Amerika landeten* – **7** *Name eines Indianervolks im Südwesten der USA* – **8** *Pflanze, die die Indianer anbauten* – **9** *Zelt der Prärieindianer* – **10** *Bezeichnung für Nichtsesshafte* – **11** *Indianerboot.*

Bei richtiger Lösung ergeben die Buchstaben, die in den Kästchen senkrecht untereinander stehen, einen Begriff aus der Lebenswelt heutiger Indianer.

6. Menschen wachsen in die Gesellschaft hinein

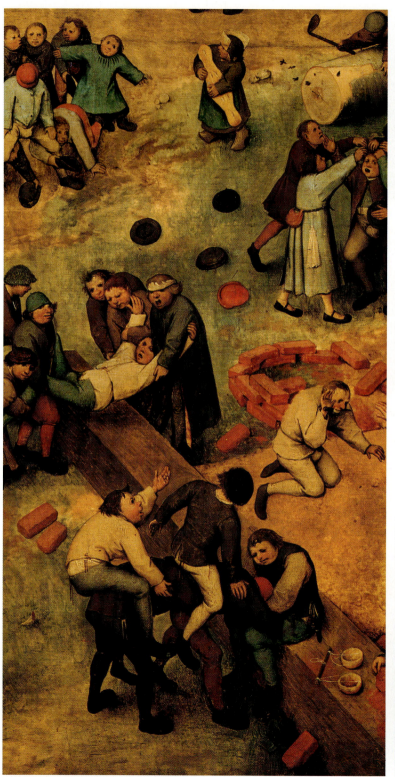

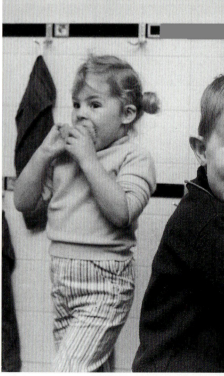

6.1 KINDER IN VERGANGENEN ZEITEN

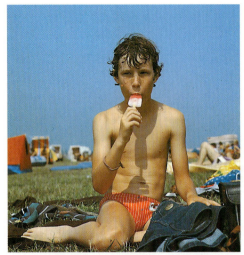

Schülerinnen und Schüler heute

1 *Sucht euch zwei Bilder aus und erzählt, was euch dazu einfällt.*
2 *Beschreibt, was bei euch anders ist als bei den abgebildeten Kindern. Das kann bei jedem Einzelnen von euch unterschiedlich sein.*

Vieles ist bei euch ähnlich wie auf den Bildern. So müssen alle Kinder in eurem Alter zur Schule gehen, alle haben zur gleichen Zeit Ferien. Aber da fangen schon Unterschiede an. Manche von euch verreisen in den Ferien, andere bleiben zu Hause.
In diesem Jahr besucht ihr alle die Orientierungsstufe, aber nach dem sechsten Schuljahr wechselt ihr auf verschiedene Schulen, einige ins Gymnasium, andere in die Realschule, wieder andere in die Hauptschule. Außerdem gibt es noch Gesamtschulen und Sonderschulen. In den einzelnen Schulen lernen Schülerinnen und Schüler unterschiedlich.

3 *Stellt eine Liste über eure Tätigkeiten in der Freizeit auf. Unterstreicht, was ihr am liebsten macht.*
4 *Zeichnet einen Wochenstundenplan und tragt dann ein: Schulzeit, Schularbeitenzeit, Freizeit.*
5 *Vergleicht eure Stundenpläne.*
6 *Schreibt eine Geschichte mit der Überschrift „Meine Spielplätze".*

Nicht alle Kinder leben so wie ihr. In vielen Ländern müssen sie schon mitarbeiten um Geld zu verdienen. Ein großer Teil von ihnen hungert.
In einer Reihe von Ländern können nicht alle Kinder zur Schule gehen, weil es nicht genügend Schulplätze gibt oder weil das Schulgeld zu teuer ist. Viele Kinder, z. B. in Südamerika oder Indien, haben kein Zuhause. Sie müssen für sich selber sorgen. Sie streunen herum und betteln oder versuchen durch Gelegenheitsarbeiten ihren Lebensunterhalt zu verdienen. Nachts suchen sie sich irgendwo einen Schlafplatz. Die Not dieser Kinder, die so alt sind wie ihr, ist groß. (Siehe Seiten 242 bis 251)
Früher war das Leben der Kinder auch in Deutschland anders als heute. Oft war auch ihre Not sehr groß.

7 *Berichtet, was ihr bisher über die Not der Kinder erfahren habt.*

Kinder vor 400 Jahren

1 **Bettlerfamilie am Feuer.** Gemälde, 16. Jahrhundert.

2 **Bäuerin mit Kind.** Ausschnitt aus einem Gemälde, 16. Jahrhundert.

Kinder – kleine Erwachsene
1 Erzählt, was euch an den Bildern dieser Doppelseite auffällt.
2 Vergleicht die unterschiedliche Kleidung der Kinder.
3 Betrachtet die Kleidung von Mutter und Tochter auf Bild 2. Was fällt euch auf?
4 Denkt euch zu den Bildern Geschichten aus. Teilt dazu die Bilder unter euch auf.

Wenn man vor 400 Jahren durch einen Ort ging und dabei Menschen begegnete, konnte man schon von weitem erkennen zu welcher Gruppe sie gehörten. Dabei war es gleich, ob es sich um Kinder oder Erwachsene handelte. Alle Menschen kleideten sich wie es sich für ihren Stand* gehörte oder wie sie es sich leisten konnten.

Entsprechend ihrer Erwachsenenkleidung sollten sich die Kinder auch wie kleine Erwachsene verhalten. Die Bettlerkinder wurden schon von klein auf zum Betteln angehalten. Eine Schule kannten sie nicht. Alles, was sie brauchten, lernten sie von den Älteren.

Erziehung auf dem Land
Bei den Bauernkindern war es ähnlich. Die Vier- und Fünfjährigen wurden schon zum Gänsehüten gebraucht. Wurden sie älter, nahmen die Eltern sie mit und

Kinder vor 400 Jahren

1 **Sohn eines wohlhabenden Handwerkers.** Gemälde, 1516.

2 **Kinder eines Adligen.** Gemälde, 1649.

zeigten ihnen alle bäuerlichen Arbeiten. So lernten Jungen und Mädchen, was Vater oder Mutter zu tun hatten. Schon mit zwölf Jahren galten die Kinder als richtige Arbeitskräfte. Da es auf den Dörfern fast keine Schulen gab, lernten die Kinder weder Lesen noch Schreiben.
Zeit zum Spielen hatten sie bestenfalls am Sonntagnachmittag. Aber da legten sie sich häufig in eine ruhige Ecke zum Schlafen. Werktags dauerte die Arbeit nämlich von Sonnenaufgang bis Sonnenuntergang. Auch im Handwerkerhaushalt war für die Kinder wenig Zeit zum Spielen. Selbstverständlich wurden Jungen und Mädchen früh angehalten, alle Arbeiten der Eltern mitzumachen. Mädchen lernten früh Spinnen und wurden in der Küche zur Hilfe herangezogen. Die Jungen wurden zu Hilfsarbeiten in der Werkstatt eingesetzt.

Erziehung in der Stadt

In den Städten gab es dagegen Schulen für die Handwerkersöhne. Diese lernten dort biblische Geschichten, Lesen, Schreiben und vor allem Rechnen. Das war für den späteren Beruf wichtig. Eine Schulpflicht gab es noch nicht.
Größere Städte hatten „Lateinschulen", in die nur Jungen gegen Schulgeld aufgenommen wurden. Der Unterricht dauerte im Sommer mit großen Pausen von 6.00 Uhr bis 16.15 Uhr. Im Winter begann der Unterricht eine Stunde später. Die Schüler lernten den Katechismus*, Kirchenlieder, Lesen und Schreiben, vor allem aber Latein und Griechisch. Am Nachmittag nahmen dann die Hausarbeiten viele Stunden in Anspruch.

Erziehung bei den Adligen

Bei den meisten Adligen sah die Erziehung anders aus. In der Zeit bis zum siebten Lebensjahr wurden die Kinder von der Mutter erzogen. Dann übernahm ein Hauslehrer die Erziehung der Jungen. Selbstverständlich lernten die Jungen Lesen, Schreiben, Rechnen, Latein, Katechismus und Kirchenlieder, aber auch Fechten, Reiten und gutes Benehmen. Es gehörte zum Lehrplan, mindestens ein Musikinstrument zu erlernen. Die Mädchen wurden von der Mutter in allem unterwiesen, was eine adlige Hausfrau können musste. Schon mit 13 bis 14 Jahren galten die Mädchen als erwachsen.

1 *Fasst zusammen, was ihr über die Ausbildung der Kinder wisst.*

Kinderarbeit in der Zeit eurer Ururgroßeltern

Kinderarbeit im Bergwerk um 1840. Stich.

Kinderarbeit

Vor etwa 150 Jahren wurden in Deutschland immer mehr Fabriken gegründet. Die Dampfmaschinen in diesen Fabriken benötigten zum Antrieb sehr viel Kohle. Deshalb wuchsen Anzahl und Größe der Kohlebergwerke und viele Arbeitskräfte wurden gesucht. Eine große Zahl von Kindern musste in Bergwerken und Fabriken arbeiten, weil ihre Eltern nicht genug Geld verdienten.

1 *Beschreibt die Bilder dieser Doppelseite.*
2 *Betrachtet den Gesichtsausdruck der Kinder auf den Bildern dieser Doppelseite. Besprecht, welche der folgenden Adjektive die Stimmung der Kinder beschreiben: fröhlich, heiter, entspannt, traurig, ernst, angestrengt, erschöpft, müde.*

Über die Kinderarbeit in einer Ziegelei wird um 1880 berichtet:

> **Q1** Der Junge erhielt 85 Pfennig Tagelohn bei zehnstündiger Arbeitszeit. Er hatte in dieser Zeit zwischen dem Presser und dem rotierenden Aufzug 36 km zurückzulegen und hatte 1260 Zentner geformten Ziegelton zu transportieren. Da gab's kein Warten und kein Verschnaufen. (…) Wenn schließlich die Pause da war, hatte der Junge keinen Hunger und keinen Durst mehr; er war so müde. Am Abend waren ihm die Knochen wie zerschlagen.

Aber nicht nur in Bergwerken und Fabriken mussten Kinder arbeiten, auch mit Heimarbeit verdienten viele von ihnen Geld.

Adelheid Popp berichtete über ihre Erlebnisse als Zwölfjährige um 1880:

> **Q2** Ich lernte Tücher häkeln. Bei zwölfstündiger fleißiger Arbeit verdiente ich 20 bis 25 Kreuzer* am Tage. Wenn ich noch Arbeit für die Nacht (…) nahm, so wurden es einige Kreuzer mehr.
> Wenn ich morgens um 6 Uhr … (begann), dann schliefen andere Kinder meines Alters noch. Und wenn ich abends um 8 Uhr aufhörte, dann gingen die anderen gut genährt und gepflegt zu Bett. Während ich gebückt bei meiner Arbeit saß und Masche an Masche reihte, spielten sie, gingen spazieren oder sie saßen in der Schule.

In der Landwirtschaft war es nicht anders. Max Hoelz berichtete 1929:

> **Q3** Ich besinne mich, dass ich als vierjähriger Kerl dem Vater das Mittagessen (…) bringen musste (…). Als ich etwas über sieben Jahre alt geworden war, musste ich nun schon auf dem Felde mithelfen, Gänse und Kühe hüten, Kartoffeln hinter der Maschine auflesen oder Rüben ausziehen und hacken. (…) Ich habe während der acht Schuljahre nur wenige Male meine Schularbeiten machen können; wir Kinder mussten die Schule meistens schwänzen um durch Arbeit bei den Bauern für unsere Familie verdienen zu helfen.

3 *Fasst zusammen, was ihr über Kinderarbeit erfahren habt. Denkt dabei an Arbeitszeiten, Schwere der Arbeit, Lohn …*
4 *Vergleicht das Leben der arbeitenden Kinder mit eurem.*

Kinder in der Zeit eurer Ururgroßeltern

1 **Heimarbeit von Kindern.** Foto, um 1890.

2 **Junge als Kuhführer beim Pflügen.** Foto, um 1900.

Kinderspiele zur Zeit eurer Ururgroßeltern

1 Spielzimmer. Illustration in einer Zeitschrift, um 1890.

2 Kindermöbel. Kupferstich um 1870.

Kinderspiele
1 Beschreibt die beiden Bilder.
2 Vergleicht den Inhalt der Bilder mit dem, was ihr über arbeitende Kinder erfahren habt.
3 Sucht auf den Bildern Gründe dafür, dass es diesen Kindern viel besser geht als arbeitenden Kindern.

Bauern- und Arbeiterkinder hatten wenig Spielzeug. Es bestand aus Bällen oder Puppen aus Stoffresten oder aus Pferden aus Brennholz.
In der gleichen Zeit, in der viele Kinder arbeiten mussten, konnten Jungen und Mädchen der Kaufleute, der Fabrikanten, der höheren Beamten und der Bankbesitzer ein ganz anderes Leben führen. Sie hatten meistens eigene Kinderzimmer und bekamen viel Spielzeug geschenkt.
Puppenstube, Puppenwagen, Krämerladen, Schaukel- und Steckenpferd sind nicht auf den Bildern zu sehen, waren aber weit verbreitet. Wenn die Kinder draußen spielten, konnten sie Reifen treiben, Seil springen, mit Kreiseln oder Murmeln spielen. Sehr beliebt waren auch Laufspiele wie „Dritten abschlagen", „Wer hat Angst vorm Schwarzen Mann?", „Kriegen oder Verstecken".

4 Stellt nach den Bildern und dem Text eine Liste vom Spielzeug der Jungen und Mädchen zusammen.
5 Vergleicht die Spielmöglichkeiten der reichen Kinder mit euren.
6 Erkundigt euch bei älteren Menschen nach deren Spielen und Spielzeug.

Zusammenfassung

Tagesverläufe von zwölfjährigen Kindern vor 120 Jahren

	Bürgerkinder	Arbeiterkinder	Landkinder
		Früharbeiten	Früharbeiten
	Schule	Schule	Schule im Sommer / Schule im Winter
	Schularbeiten	Arbeit in der Fabrik oder Heimarbeit	Arbeit im Haushalt, im Garten, auf dem Feld oder im Stall
	Freizeit zum Spielen		
		Freizeit	Freizeit

1 *Erklärt das Schaubild.*
Achtet dabei auf Folgendes:
— *Wie lange waren die Kinder in der Schule? Dabei gibt es Unterschiede innerhalb der Gruppen und bei den Landkindern in den Jahreszeiten. Die Abstufungen im Schaubild sollen diese Unterschiede kennzeichnen.*
— *Welche Kinder hatten Zeit für Schularbeiten?*
— *Wie lange mussten Kinder arbeiten? Überseht dabei die Früharbeit vor der Schule nicht.*
— *Wie viel Freizeit hatten die Kinder in den einzelnen Gruppen?*

2 *Schreibt einen Bericht über das Leben der Kinder vor 120 Jahren.*

3 *Stellt eure Tagespläne auf. Tragt die Zeiten für die Schule, die Schularbeiten, andere Arbeiten und die Freizeit ein.*

4 *Vergleicht eure Tagespläne mit denen der Kinder vor 120 Jahren.*

Die Kinder in früheren Zeiten lebten ganz anders als ihr. Kinderkleidung kannten sie nicht. Sie wurden wie kleine Erwachsene gekleidet. Waren ihre Eltern reich, bekamen die Kinder vornehme Kleidung; waren sie arm, waren die Kinder arm gekleidet.
Auch in der Ausbildung gab es große Unterschiede. Schulbildung und Ausbildung waren nur den Kindern aus Adels-, Bürger- und Handwerkerfamilien möglich. Wohnen, Essen und Spielmöglichkeiten richteten sich nach der Stellung der Eltern.

6.2 KINDER IN DER DRITTEN WELT

Alfredo aus Kolumbien
Alfredo ist sieben Jahre alt. Er lebt in der Hauptstadt Bogotá. Aber nicht dort, wo vornehme Häuser mit schönen Gärten stehen, in denen Kinder spielen können. Er hat überhaupt kein Zuhause mehr. Als seine Mutter starb und sein Vater zur Flasche griff, war er zu den Straßenkindern gegangen. Sie haben sich zu kleinen Banden zusammengeschlossen und versuchen irgendwie zu überleben: durch Schuheputzen, Betteln oder auch kleine Diebstähle.
Nachts schläft Alfredo in einer Garageneinfahrt. Damit er nicht friert, rückt er ganz dicht an seine Freunde heran.

Sarah aus Sambia
Sarah hat noch fünf Geschwister. Eigentlich wären sie acht Kinder gewesen. Doch zwei sind bereits gestorben, als sie noch keine zwei Jahre alt waren. Warum mussten sie sterben?
Die Mutter hatte nicht genügend Geld für eine ausgeglichene, gesunde Kost. Immer gab es nur Maisbrei: morgens und abends, tagein, tagaus. Nahrung, die den Körper stärkt, bekamen die Kinder selten oder nie. Eier, Fleisch und Gemüse waren einfach zu teuer.
Als die Kinder krank wurden, waren ihre Körper zu schwach um mit dem Fieber fertig zu werden. Sie mussten sterben.

Kinder in der Dritten Welt

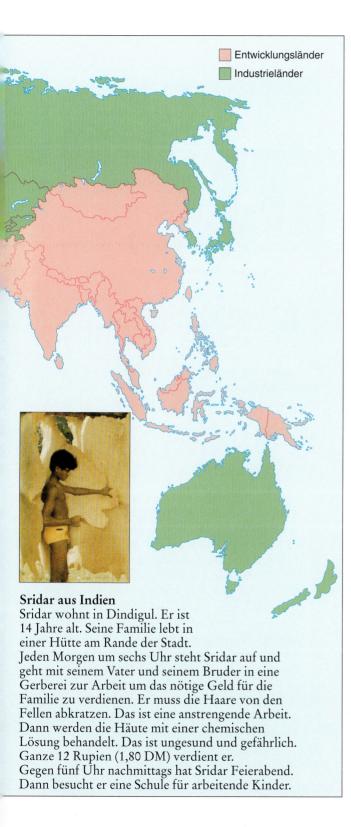

Sridar aus Indien
Sridar wohnt in Dindigul. Er ist 14 Jahre alt. Seine Familie lebt in einer Hütte am Rande der Stadt.
Jeden Morgen um sechs Uhr steht Sridar auf und geht mit seinem Vater und seinem Bruder in eine Gerberei zur Arbeit um das nötige Geld für die Familie zu verdienen. Er muss die Haare von den Fellen abkratzen. Das ist eine anstrengende Arbeit. Dann werden die Häute mit einer chemischen Lösung behandelt. Das ist ungesund und gefährlich. Ganze 12 Rupien (1,80 DM) verdient er.
Gegen fünf Uhr nachmittags hat Sridar Feierabend. Dann besucht er eine Schule für arbeitende Kinder.

Die Dritte Welt
Vor allem in Afrika, Asien und Südamerika leben Menschen, die sehr arm sind. Ihre Länder nennt man Entwicklungsländer im Vergleich zu den Industrieländern*. Ein indischer Politiker nannte die Entwicklungsländer Dritte Welt. Bis vor einigen Jahren wurden die reicheren westlichen Industrieländer Erste Welt und die weniger reichen östlichen Industrieländer Zweite Welt genannt. Inzwischen hat es in den östlichen Industrieländern große Veränderungen gegeben. Deshalb kann heute die Einteilung der Industrieländer in Erste und Zweite Welt nicht mehr benutzt werden. Die Bezeichnung Dritte Welt für die Entwicklungsländer wird dagegen weiter verwendet.

Kinder in der Dritten Welt
In den Staaten der Dritten Welt lebten im Jahre 1988 3,8 Milliarden Menschen (Weltbevölkerung: 5,1 Milliarden). Drei Viertel dieser Menschen sind sehr arm. Hunger, schlimme Wohnverhältnisse, schlechte Schulbildung, schwere Krankheiten und früher Tod sind nur einige Folgen der bitteren Armut.
Alfredo, Sarah und Sridar sind keine Einzelfälle. Ihr Schicksal wird von vielen Millionen anderer Kinder und Erwachsener geteilt. Kinder werden von der Not am härtesten betroffen:
– Fast 100 Millionen Kinder können keine Schule besuchen.
– 150 Millionen Kinder werden aus Armut täglich zur Arbeit gezwungen.
– Gefährliche Krankheiten (z. B. Ruhr* und Cholera*) befallen die vom ständigen Hunger schwachen Kinder. Pro Jahr sterben etwa 15 Millionen vor ihrem fünften Geburtstag. Das bedeutet: Alle zwei Sekunden stirbt ein Kind.

1 *Stellt mithilfe des Atlas fest, in welchen Kontinenten die Heimatländer von Alfredo, Sarah und Sridar liegen.*
2 *Sprecht über das Leben der Kinder und überlegt, wie ihr weiteres Leben aussehen könnte.*
3 *Vergleicht das Leben der Kinder in der Dritten Welt mit eurem Leben hier in Deutschland.*

Alltag der armen Kinder von Peru

Ein Tag im Leben der achtjährigen Luzflor
In einem peruanischen Buch über das Leben der Kinder in Lima, der Hauptstadt von Peru, wird auch über Luzflor erzählt.

M1 Luzflor: Jeden Tag traf man das Mädchen auf dem Markt des Stadtteils „Ciudad de Dios" am Verkaufsstand ihrer Eltern: vier Pfosten und ein altes verrostetes Wellblechdach. Sie verkaufte Kartoffeln, die schwarz waren von der Erde und so groß, dass ihre kleinen Hände sie kaum festhalten konnten. Oder sie holte Wasser, wartete in der Schlange um ein wenig Toilettenpapier zu erstehen und manchmal drehte sie auf dem Markt ihre Runden mit ihrem ärmlichen Bauchladen, der Bonbons, Shampoo und Zigaretten enthielt: „Kaufen Sie mir etwas ab, gnädige Frau (...)." Sie hatte immer ihren kleinen Bruder dabei, sorgte dafür, dass er Essen bekam, dass er vor Wind und Sonne geschützt war.
Nach Einbruch der Nacht kehrte sie nach Hause zurück, nach „Pamplona Alta" (...).

Pamplona Alta, Staub und nochmals Staub

Bei Luzflor zu Hause: Schilfmatten als Wände, Schilfmatten als Betten, eine Welt von Schilfmatten. Luzflor kochte das Essen, spülte das Geschirr, wusch die Kleidung und fegte den Boden. Verborgen in ihrer Wohnung arbeitet sie immer noch.

1 Sucht Peru und Lima in eurem Atlas.
2 Stellt in einer Liste zusammen, welche verschiedenen Arbeiten Luzflor im Laufe eines Tages verrichten muss.
3 Überlegt, ob ihr noch Zeit zum Spielen oder für den Schulbesuch bleibt.
4 Vermutet, aus welchen Gründen Luzflor so viel arbeiten muss.

Kinderarbeit auf dem Lande
Wie in der gesamten Dritten Welt müssen auch in Peru die Kinder so früh wie möglich mithelfen um die große Armut der Familien zu lindern.
Auf dem Lande ist in Peru die Kinderarbeit am weitesten verbreitet. Dort leben die meisten Menschen auf kleinen Bauernhöfen, deren Erträge zum Überleben der Familie oft nicht ausreichen. Deshalb sind die Eltern gezwungen auf den Feldern reicher Großgrundbesitzer noch Geld zu verdienen. Die Kindern müssen dann auf dem eigenen Hof die ausgefallene Arbeitskraft ersetzen.
So schwer diese Arbeit auch ist, im Vergleich zu anderen haben es diese Kinder noch recht gut.

Kinderhandel
Immer wieder kommt es vor, dass verzweifelte Eltern als letzte Rettung vor dem Verhungern der ganzen Familie ihre Kinder verkaufen.
Im Jahr 1986 berichtete eine Zeitung:

M2 Die peruanische Polizei hat rund 500 Kinder aus den Händen von Goldwäschern befreit. (...) Es handelt sich um Kinder aus verarmten Landfamilien, die durch die Dürre des vergangenen Jahres in wirtschaftliches Elend gestürzt worden waren. Die Eltern waren zumeist mit falschen Versprechungen veranlasst worden die Kinder in die Hände der Minenunternehmer zu geben. Die Lebensbedingungen werden als sklavenähnlich beschrieben. In Zwangslagern eingepfercht wurden sie bis zu zwölfstündiger Arbeit angehalten (...). Die meisten Kinder wurden von der Polizei in halb verhungertem Zustand angetroffen.

5 Erläutert, aus welcher Not heraus die Eltern ihre Kinder verkauft haben.
6 Vermutet, was den Eltern von den Goldwäschern versprochen wurde.
7 Sprecht darüber, ob ihr genauso gehandelt hättet. Spielt ein Gespräch zwischen den Eltern nach.

Alltag der armen Kinder von Peru

Kinder in der Stadt

Auch in den Städten müssen die Söhne und Töchter mitarbeiten. Fast eine halbe Million Kinder putzt Schuhe, verkauft Süßigkeiten, bettelt oder schuftet als Lastenträger in Fabriken oder Bergwerken, damit ihre Familie nicht hungern muss.

Einer davon ist Pablo, der mit seinen Eltern und Geschwistern früher auf einem kleinen Hof hoch in den Bergen Perus lebte. Hier ist seine Geschichte:

M Als die zwei Ziegen starben und die Preise für die Saat immer teurer wurden, musste sich der Vater Geld leihen. Doch was gaben die Felder bei der Ernte schon her? Das war nicht viel. Es reichte nicht einmal aus, um alle sechs Kinder satt zu bekommen. Und um die Schulden zurückzubezahlen, langte es schon gar nicht.

Schließlich musste er seine Felder verkaufen um die Schulden begleichen zu können. Jetzt hatte er gar nichts mehr. Was blieb ihm anderes übrig, als mit seiner Familie in die Stadt zu ziehen in der Hoffnung dort eine Arbeit zu finden?

Doch die fand er dort nicht. Zu vielen Bauern erging es ebenso wie ihm. Zu viele mussten ihr Dorf verlassen und zogen in die Stadt. Pablos Vater ging von Tür zu Tür. Doch überall schüttelte man nur den Kopf oder schlug ihm nur die Tür vor der Nase zu. Jedesmal kam er am Abend enttäuscht und traurig mit leeren Händen wieder zu seiner Familie an den Rand der Stadt zurück. Dort hatten sie sich wie alle, die kein Dach über dem Kopf hatten, aus Holzplatten, Pappe, Wellblechresten und alten Kartons eine Hütte errichtet.

„Wir werden es als Schuhputzer versuchen", sagte er eines Morgens zu Pablo. Dann gingen sie auf den Markt und kauften vom letzten Geld zwei Bürsten, zwei Dosen Schuhcreme und zwei kleine Holzkästen. Einer war für den Vater, der andere für Pablo. Jeder legte seine Bürste und seine Schuhcreme hinein.

Sie setzten sich auf die Stufen eines großen Hotels. Da kam ein Herr in einem dunklen Anzug vorbei, blieb vor Pablo stehen und setzte seinen rechten Fuß auf das Kästchen. „Ich habe es eilig", sagte der Mann und faltete seine Zeitung auseinander. Pablo trug die Creme mit einem Lappen auf und bürstete die Schuhe, bis sie glänzten. „Schon gut, schon gut!", sagte der Mann, drückte ihm eine Münze in die Hand und stieg eilig die Stufen zum Hotel hinauf.

Pablo bei der Arbeit. Foto 1989.

1 *Berichtet, warum Pablos Familie und die anderen Bauern ihren Hof verlassen mussten und warum sie in die Stadt zogen.*
2 *Erklärt, warum Pablos Vater dort keine Arbeit finden konnte.*
3 *Überlegt, warum Pablo seinen Vater als Schuhputzer begleiten sollte.*
4 *Spielt die Szene vor dem Hotel nach und sprecht darüber, wie ihr euch als Schuhputzer und als Herr gefühlt habt.*
5 *Malt ein Bild von der Siedlung, in der Pablos Familie am Stadtrand wohnt.*

Keine Schule für die Armen

In Peru wohnen etwa 21 Millionen Menschen. Über die Hälfte von ihnen lebte 1990 auf ihren kleinen Höfen oder in den Elendssiedlungen an den Stadträndern unter ähnlichen Bedingungen wie die Familien von Pablo und Luzflor.

Für die arbeitenden Kinder bedeutet das nicht nur tägliche harte Arbeit, sondern es hat auch Folgen für ihre Zukunft. Obwohl die Gesetze in Peru den Schulbesuch vorschreiben, gehen viele von ihnen nur unregelmäßig oder gar nicht zur Schule. Deshalb können 18 von hundert der Fünfzehnjährigen weder lesen noch schreiben. Sie sind Analphabeten.

6 *Überlegt, welche Folgen es für die arbeitenden Kinder hat, wenn sie nicht lesen und schreiben können.*

Kinder leben auf der Straße

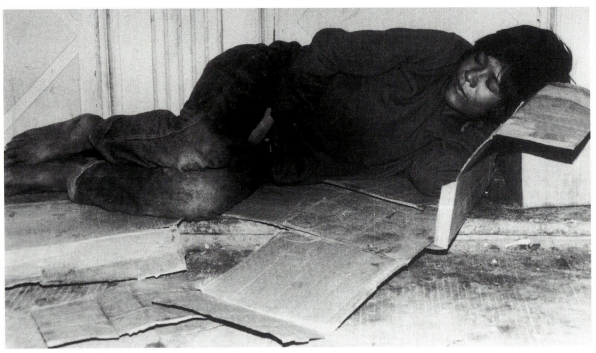

So schlafen die Straßenkinder in Lima. Foto 1989.

Fernando aus Lima
In einem Bericht über die Kinder in Peru wird auch das Leben von Fernando beschrieben:

> **M** Der etwa 14-jährige Fernando, der als Autoscheibenputzer an einer verkehrsreichen Kreuzung in Lima arbeitet, kann sich an seine Mutter kaum mehr erinnern. Der Vater habe ihn, die Mama und die fünf Geschwister regelmäßig verprügelt; deswegen sei er abgehauen und versuche seitdem sich selbst durchzuschlagen. Dies tue er im fünften Jahr. (…) Beklagen tut er sich über die Gewalt: die Gewalt der Polizei, (…) über die Gewalt der älteren Straßenkinder gegenüber den jüngeren und die Gewalt des Hungers.

1 Erläutert, was Fernando von den anderen arbeitenden Kindern unterscheidet.
2 Sprecht darüber, was Fernando mit den verschiedenen Formen der Gewalt meint.

Straßenkinder
Fernando ist ein „Straßenkind". Straßenkinder gibt es fast in allen großen Städten der Dritten Welt. Weltweit sind es 100 Millionen. Sie sind von zu Hause weggelaufen. Die Armut und der Hunger trieben sie auf die Straße. Viele wurden zu Hause oft von ihren durch Hunger und Armut entnervten Eltern geschlagen. Andere haben auch keine Eltern mehr. Meist sind es Jungen. Mädchen arbeiten eher als völlig abhängige Dienstmädchen bei reichen Herrschaften.
Die Kinder leben in Banden zusammen. Weil das durch kleinere Arbeiten verdiente Geld meist nicht reicht, sammeln sie ihr Essen auch aus Abfällen und Mülltonnen, oftmals müssen sie sich sogar ihr Essen stehlen. Sie schlafen auf Gehwegen und in Hauseingängen, ständig in Angst vor der Polizei, die sie einsperrt, verprügelt und manchmal sogar auch totschlägt.

3 Nennt die Gründe, aus denen die Kinder zu Straßenkindern werden und überlegt, ob dies bei uns auch passieren könnte.
4 Betrachtet das Bild und denkt euch aus, was der Junge tagsüber erlebt haben könnte. Das Material und der Text helfen euch dabei.
5 Vergleicht euren eigenen Tagesablauf mit dem des Jungen. Gibt es Gemeinsamkeiten?

Kinder im Krieg

M1 Neunjährige Soldaten schießen scharf

Nach Angaben von Amnesty International* waren 1988 etwa 200 000 Kinder unter 15 Jahren im Krieg aktiv. Sie leisteten Spionagedienste, schmuggelten Waffen und Botschaften oder räumten wie im Iran Minenfelder.

In Uganda bekamen Kinder den Auftrag sich unter die Feinde zu mischen und auf Signal Bomben und Granaten zu werfen.

Im Iran werden im Kampf gefallene Kinder als Helden verehrt, die Eltern bekommen einen „Märtyrerpass"* und Bargeld.

Kinder, die sich weigern in den Krieg zu ziehen, werden als Feiglinge und Verräter beschimpft und oftmals zwangsweise zu Soldaten gemacht. Aber Kinder leiden im Krieg auch, wenn sie nicht als Soldaten eingesetzt werden.

Besonders übel gehen Soldaten oft mit Mädchen um. Indonesische Militärs holen die Mädchen dorfweise mit dem Lkw ab, bringen sie in ein Lager, lassen sie für sich arbeiten.

Kriege in der Dritten Welt

In Deutschland haben wir seit über 40 Jahren Frieden. Weltweit hat es in dieser Zeit über 150 Kriege gegeben. Viele davon in der Dritten Welt. Oft waren es Bürgerkriege. Dabei versucht ein Teil der Bevölkerung die Regierung des Landes zu stürzen, weil sie diese für ihre Armut verantwortlich macht.

Immer waren auch Kinder betroffen. Zu den Leiden durch die Angriffe auf Städte und Dörfer kam oft noch die Not der Vertreibung. Derzeit sind 15 Millionen Menschen auf der Flucht aus ihrer Heimat, die Hälfte davon Kinder.

1 *Beschreibt, welche Folgen die Kriege für die Kinder im Iran, in Indonesien oder auch in anderen Ländern haben.*

Bürgerkrieg in Peru

Auch in den Bergen Perus tobt ein Bürgerkrieg. Die Soldaten beider Seiten versuchen mit Gewalt die noch unbeteiligten Menschen auf ihre Seite zu ziehen.

Wie viele andere Kinder wurde auch die 9-jährige Elena davon betroffen. Als ihr Vater von Regierungssoldaten verhaftet wurde, floh die Familie nach Lima.

Dort sprach eine Lehrerin mit ihr:

Polizisten verhaften Schuljungen. Foto 1990.

M2 Frage: Wie haben sie den Vater verhaftet?
Elena: (...) Sie haben meinen Onkel und meinen Vater mitgenommen. Meinen Onkel haben sie umgebracht (...).
F.: Was haben deine Cousins gemacht?
E.: Sie haben alle geweint, als sie den Körper des Onkels gesehen haben. Er hatte verbrannte Finger und weder Kleider noch Schuhe an. Meinen Vater haben sie nur misshandelt, sie haben ihm die Finger verbrannt. (...)
F.: Wie lange war dein Vater verhaftet?
E.: Zwei Monate. Einmal haben sie auch meine Schwester Nancy mitgenommen. Es war in der Nacht, wir schliefen alle, da kamen sie ins Haus, (...). Wir waren aufgestanden, als sie hereinkamen, aber sie sagten, wir sollen uns auf den Boden legen. Sie haben unsere Tiere mitgenommen. (...)
F.: Wovor hast du (heute in Lima) Angst?
E.: Dass die Soldaten kommen. Wenn ich allein zu Hause bin, habe ich Angst, dann gehe ich zu meiner Tante. Sie sind oft bei uns gewesen, sie respektieren nicht, wenn abgeschlossen ist.

2 *Versetzt euch in die Lage von Elena und dem Jungen auf dem Bild und versucht die Gefühle der beiden zu beschreiben.*

3 *Überlegt, warum Elena auch in Lima immer noch Angst vor den Soldaten hat.*

Ursachen der Armut

Kein Hunger im Reich der Inkas

So verarmt wie heute waren die Menschen in Peru nicht immer. Peru war früher das Zentrum des mächtigen Inka-Reiches. Zwar musste die Bevölkerung damals auch für den Inka-König und seine Beamten arbeiten, das Wort „Hunger" gab es aber in ihrer Sprache nicht.

Alle Felder gehörten dem Inka-König, dem Stellvertreter des Sonnengottes auf Erden. Ein Drittel des Bodens stellte er den Dorfgemeinschaften, den Ayllus, zur Verfügung. Davon wurden die Felder der Waisen und Kranken zuerst gemeinsam bestellt. Dann reihum die Felder, die jeder von der Gemeinschaft zur Verfügung gestellt bekam. Ein zweites Drittel wurde für die Beamten bearbeitet, das letzte Drittel für den Inka-König. Dieser sammelte die Erträge, die er nicht verbrauchte, in Vorratshäusern. In Notzeiten wurden sie dann an die Menschen verteilt.

In den Bergen Perus gab es viel Gold. Es hatte aber im Inka-Reich keinen Wert und diente nur zum Schmuck und als Zeichen für die Verehrung des Sonnengottes.

1 *Beschreibt mithilfe des Schaubildes und des Textes das Leben der Menschen im Inka-Reich.*

Die Spanier kommen

Im Jahr 1492 landete Christoph Kolumbus mit seinen Schiffen in Amerika. Er war für die spanische Königin auf der Suche nach Gold und Reichtümern. Innerhalb kurzer Zeit hatten die Spanier viele Gebiete in Südamerika erobert, 1533 auch das Inka-Reich.

Anfangs waren sie fast ausschließlich am Gold interessiert. Sie zwangen die Indios deshalb zur Arbeit in den Bergwerken. Später nahmen sie ihnen auch das Land weg und ließen sie als Pächter* auf dem neu gebildeten Großgrundbesitz arbeiten. Ein solcher Betrieb wird „Hazienda" genannt. Als Pacht* hatten die Indios einen großen Teil ihrer Ernte abzuliefern und kostenlos für die spanischen Herren zu arbeiten. Wer sich auflehnte, wurde hart bestraft.

Las Casas, ein spanischer Bischof in Südamerika, urteilte 1552:

> **Q** Seit vierzig Jahren haben die Spanier nichts anderes getan, als dass sie Indios zerfleischen, erwürgen, peinigen, martern, foltern und sie (…) auf die grausamste Art aus der Welt vertilgen. Die einzige und wahre Grundursache (…) war bloß diese, dass sie ihr Gold (…) zu bekommen versuchten.

Im Inka-Reich lebten einst zwölf Millionen Menschen. Nach der Ausbeutung durch die Spanier waren es nur noch drei Millionen.

2 *Erklärt mithilfe des Schaubildes und des Textes, was sich für die Indianer nach der spanischen Eroberung verändert hatte.*

3 *Beschreibt mithilfe von Q, wie die Spanier die Indianer behandelt haben.*

4 *Findet heraus, welche Ziele die Spanier bei der Eroberung des Inka-Reiches hatten.*

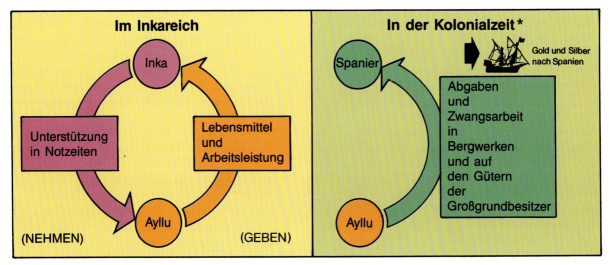

Wie sich das Leben der Indios verschlechterte

Ursachen der Armut

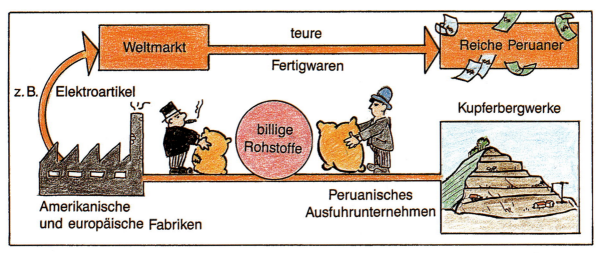

Perus Probleme heute

Peru wird unabhängig
Im Jahr 1821 wurde Peru von Spanien unabhängig, die Vertreter des spanischen Königs wurden aus dem Land vertrieben. Für die Indios aber änderte sich wenig. Die weißen Nachkommen der spanischen Eroberer blieben weiter im Besitz ihrer Haziendas und Bergwerke. Inzwischen gehören ihnen auch die großen Fabriken und Banken in Peru. Die Indios aber müssen weiter für sie arbeiten.
Die peruanische Regierung hat bis heute einige Male versucht die Lage der Armen zu verbessern. Das hat aber nur für wenige Hilfe gebracht. Deshalb gibt es auch heute noch in Peru große Unterschiede zwischen Arm und Reich.
Eine kleine Minderheit, Fabrikanten, Bankbesitzer, Großgrundbesitzer und Großhändler, ist sehr reich. Ein weiterer Teil, kleine Kaufleute, Handwerker und Angestellte, lebt etwa so wie wir in Europa. Die meisten von ihnen wohnen in den Städten.
Über die Hälfte der Menschen, vor allem auf dem Land und in den Elendssiedlungen am Rande der Städte, lebt ähnlich oder kaum besser als Fernando, Luzflor, Pablo und ihre Familien.
1 *Berichtet, welcher Teil der Menschen im heutigen Peru zu den Reichsten und welcher zu den Ärmsten gehört.*

Wenig Hilfe für die Armen
Peru hat zu wenig Fabriken um alle seine Rohstoffe selbst zu verarbeiten. Die Erze aus den Bergwerken (z. B. Kupfer) und die Produkte der Landwirtschaft (Kakao, Baumwolle) müssen billig ins Ausland verkauft werden.
Hauptabnehmer sind Länder in Europa und Nordamerika. Dort werden die Rohstoffe in Fabriken zu Fertigwaren verarbeitet und sehr viel teurer in der ganzen Welt weiterverkauft. In Peru können sich nur die Reichen diese teuren Waren leisten.
Auch von der Regierung kommt nur wenig Hilfe. Einen Teil ihres Geldes gibt sie aus um Waffen für den Bürgerkrieg zu kaufen. Außerdem hat die peruanische Regierung hohe Schulden bei Staaten Europas und Nordamerikas. Ein Teil davon muss jährlich zurückgezahlt werden. Deshalb ist es nicht möglich, die Lebensverhältnisse der Armen zu verbessern.
2 *Beschreibt mithilfe des Schaubildes, welche Menschen in Peru Vorteile von den Einfuhren und Ausfuhren haben.*
3 *Überlegt mithilfe des Schaubildes und des Textes, welche Länder Vorteile aus den billigen Ausfuhren Perus ziehen können.*

Hilfe für die Dritte Welt

Mitglieder der „Bewegung der arbeitenden Kinder" (MANTHOC) in Lima beraten über weitere Aktionen

Hilfe zur Selbsthilfe

Die Menschen in der Dritten Welt versuchen sich mit eigener Kraft aus ihrer Armut zu befreien. 500 Kinder in mehreren Städten Perus haben mit Unterstützung Erwachsener, vor allem Lehrer, die „Bewegung der arbeitenden Kinder" (MANTHOC) gegründet. Die Hälfte der Mitglieder sind Mädchen. In Gruppen beraten die Kinder, wie sie ihre Lage selbst verbessern können. Eine Aktion von MANTHOC ist die „Schule für das arbeitende Kind".

Möglichkeiten der Selbsthilfe gibt es viele, aber immer fehlt das Geld. Darum brauchen die Menschen Unterstützung aus den reichen Ländern. Die Regierungen dieser Länder schicken deshalb Geld, Lebensmittel oder Techniker dorthin. Das nennen wir Entwicklungszusammenarbeit.

MANTHOC wird von „terre des hommes" unterstützt. Das ist eine von vielen privaten deutschen Hilfsorganisationen. Terre des hommes sammelt bei uns Spenden und hilft damit vor allem den Kindern in der Dritten Welt. Dabei handelt sie nach dem Prinzip „Hilfe zur Selbsthilfe".

1 *Erklärt das Prinzip der „Hilfe zur Selbsthilfe" am Beispiel der „Schule für das arbeitende Kind". Lest dafür noch einmal auf Seite 245 nach.*

2 *Schreibt an das „Bundesministerium für wirtschaftliche Zusammenarbeit" (53113 Bonn, Karl-Marx-Str. 4–5) und lasst euch Informationen über die Entwicklungszusammenarbeit zusenden.*

> **Die „Schule für das arbeitende Kind"**
> Unter der von einem Mädchen vorgeschlagenen Parole: „Zusammen mit den Kindern, die wir nicht kennen, wollen wir essen, lachen, lernen und arbeiten" gehen die schon in MANTHOC organisierten Kinder und Jugendlichen auf jene zu, die noch dreckiger dran sind als sie selbst. (…) Mit finanzieller Unterstützung von „terre des hommes" wurde 1987 mit dem Aufbau einer „Schule für das arbeitende Kind" im Elendsviertel Villa Maria del Triunfo im Süden Limas begonnen. Besucht wird diese Schule (…) von sechs- bis 15-jährigen Kinderarbeitern der Märkte. Da diese vormittags nicht zur Schule gehen können, weil sie arbeiten müssen, bietet ihnen die Schule für das arbeitende Kind nachmittags und abends Unterricht an. (…) Neben der unterrichtsfachlichen Ausbildung in Spanisch, Lesen, Schreiben, Rechnen, Sachkunde, Sport, Kunst oder Musik sind vor allem bei der älteren Gruppe der neun- bis 15-Jährigen auch „nichtschulische Themen" wichtig: richtige Ernährung, Organisation von Schüler-, Eltern- und Lehrertreffen. (…) Den Kindern ist es am wichtigsten, reden zu üben, denn sie leben davon, dass sie ihre Ware anpreisen können.

Zusammenfassung

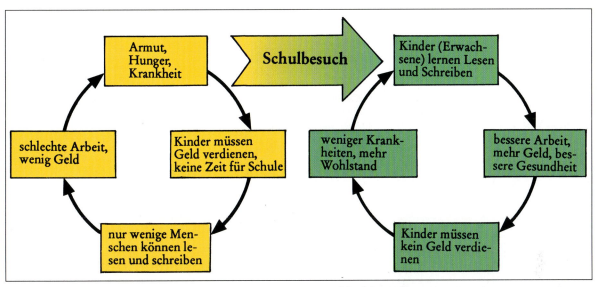

1 Teufelskreis der Armut und ... ... Kreislauf der Hoffnung

Kreislauf der Armut und der Hoffnung
Auf dem Schaubild sind zwei Kreise aufgezeichnet. Der linke Kreis beschreibt die Lage der meisten Armen in der Dritten Welt, auch die von Luzflor, Pablo und Fernando.
Rechts daneben ist ein zweiter Kreis aufgezeichnet. Er zeigt mögliche Verbesserungen, wenn die Kinder der Armen eine Schule besuchen könnten.

1 Beschreibt anhand des linken Kreises den Teufelskreislauf der Armut. Sucht euch dafür auch Beispiele aus dem Leben der drei Kinder.
2 Beschreibt anhand des rechten Kreises, was sich die Kinder von MANTHOC mit ihrer Aktion „Schule für das arbeitende Kind" erhoffen.
3 Überlegt, ob das Lesen- und Schreibenlernen in Peru ausreicht um eine bessere Arbeit zu bekommen. Lest dazu noch mal nach, was auf Seite 249 über die Fabriken in Peru gesagt wird.

Die reichen Länder in der Ersten Welt unterstützen die Entwicklungsländer dabei, die Lage der Armen zu verbessern.

4 Schaut euch die Karikatur an und beschreibt, wie dort die Entwicklungszusammenarbeit dargestellt wird.
5 Sprecht darüber, ob ihr diese Darstellung richtig findet. Lest dazu noch einmal auf den Seiten 248 und 249 nach.

2 **Entwicklungshilfe.** Karikatur, 1990.

6 Sprecht darüber, ob die reichen Länder verpflichtet sind Hilfe zu leisten.
7 Überlegt, was ihr selbst tun könnt um den Kindern in der Dritten Welt zu helfen. Fordert dafür Informationsmaterial bei der Kinderhilfsorganisation „terre des hommes" (4500 Osnabrück, Postfach 4126) an.
8 Erkundigt euch, ob es an eurem Wohnort oder in der Nähe Gruppen gibt, die sich für die Dritte Welt einsetzen.

6.3 KINDER UND JUGENDLICHE IM NATIONALSOZIALISMUS

1 **75-Jahr-Feier der Deutschen Turnerschaft.** Foto 1935.

Das folgende Kapitel berichtet über die Zeit von 1933 bis 1945, die eure Großeltern bereits miterlebt haben. Diese zwölf Jahre der deutschen Geschichte werden als die Zeit des Nationalsozialismus bezeichnet.

1 *Seht euch die beiden Bilder an und sprecht darüber.*
2 *Erzählt, was ihr bislang über die Zeit des Nationalsozialismus gehört habt.*
3 *Setzt euch in Gruppen zusammen und schreibt auf eine Wandzeitung, worüber ihr mehr wissen wollt.*

Am Schluss der gesamten Einheit könnt ihr mit den Ergebnissen eurer Arbeit eine kleine Ausstellung zum Thema Nationalsozialismus veranstalten. Dazu könnt ihr z. B. eure Eltern einladen.

2 **Kinder in Auschwitz.** Foto 1944.

DIE SITUATION IN DEUTSCHLAND VOR 1933

Arbeitslose in Thüringen holen sich amtliche Bettelscheine. Foto. 1929.

Wirtschaftliche Not

In den Jahren 1929 bis 1933 herrschte große Not in Deutschland. Viele Menschen mussten betteln. Dazu brauchten sie die Erlaubnis der Gemeinde.
Ein amerikanischer Reporter berichtete 1932 seiner Zeitung über das Elend in Deutschland. Er hatte die Familie eines Arbeitslosen gefragt:

Q1 „Was kaufen Sie von der Arbeitslosenunterstützung von 8 Mark 20 Pfennig in der Woche an Lebensmitteln für sieben Menschen?" „Brot und Kartoffeln", antwortete die Frau. „Zum größten Teil Brot. An dem Tag, an dem wir Geld kriegen, kaufen wir Wurst. Einmal in der Woche will doch der Mensch ein bisschen Fleisch haben. Dafür hungern wir aber die beiden letzten Tage in der Woche."

1 *Sprecht über das Interview und das Bild.*
2 *Erklärt das Bild. Betrachtet die Gesichter und die Kleidung der Menschen.*

In einem Jugendbuch wird erzählt, wie es zwei Jungen aus Berlin, Paul und Erwin, 1931/32 erging:

Q2 Erwins Vater, Herr Brackmann, schlug sich mit beiden Händen gegen die Stirn und sagte: „Natürlich, Richter gehört zu den Entlassenen." Und laut sagte er zu Paul: „Jawohl, deinen Vater hat's geschnappt. Er ist arbeitslos geworden."
Nun war das Wort gefallen, vor dem sich Paul so gefürchtet hatte. Ein kleiner Junge, dessen Vater in die Fabrik geht, weiß, dass sich das Leben verändert, wenn die tägliche Arbeit wegfällt. (…) Vater Brackmann klopfte Paul zärtlich auf die Schulter und sagte: „(…) Vater find't schon was, is ja ein tüchtiger Arbeiter. Und außerdem muss es auch bald besser werden für uns alle!" Aber dann sprachen sie nicht mehr darüber. Es waren schon so viele Väter arbeitslos. Morgen konnte es auch Vater Brackmann treffen. (…) Am nächsten Tag ging Paul wie gewöhnlich zur Schule und am übernächsten ebenfalls. (…) Aber eines Tages merkte er, dass das Essen anders eingeteilt wurde und auf seiner Frühstücksstulle lag keine runde Wurstscheibe mehr, sondern Schmalz. Je länger Vater von seiner Drehbank* wegbleiben musste, umso mehr häuften sich derartige Dinge. Geld und Essen wurden immer knapper. Vater lief täglich herum und suchte eine neue Arbeit.
Niemand konnte ihn einstellen. (…) Eines Tages, als Paul seine Mütze aufsetzte um in die Schule zu gehen, lief er gewohnheitsmäßig zuerst in die Küche zu seiner Mutter und sagte: „Mutta, gib mir meine Frühstücksstullen!" Aber da sagte Mutter – und das gehörte auch zu den neuen Veränderungen des Lebens: „Paulchen, ich kann dir keine mehr mitgeben. Sonst langen wir nicht mit Brot und Fett, denn es gibt erst am Dienstag wieder Unterstützung." Also ging Paul ohne Frühstücksbrot in die Schule. (…)

Wirtschaftliche Not und Hitlers Versprechungen

1 Wahlplakat der NSDAP (1932)

2 Wahlplakat der SPD* und anderer demokratischer Parteien (1932)

Als Paulchen jetzt niemals mehr Brot aus der Mappe zog, erschrak Erwin und merkte: Richters müssen sparen. (…) Paul war immer hungrig. Er war viel schmaler geworden. Er sah auch blass aus. Der Klassenlehrer hatte schon zweimal gefragt: „Richter, fehlt dir was? Bist du krank? Du siehst so schlecht aus!" „Ach nein", antwortete Paul, „mir ist nichts." Er war hungrig. Aber das war ja keine Krankheit, sondern das kam von der Arbeitslosigkeit. Seiner Mutter und seinem Vater ging es auch nicht anders. (…) Den Hunger allein hätte er vielleicht auch noch ertragen, aber schwer war etwas anderes. Er hatte nur einen dünnen Sommermantel. Inzwischen war es Winter geworden. (…) Paul erinnerte sich daran, was er heute Morgen bei dem kärglichen Frühstück gehört hatte. Mutter hatte gemeint: „Wenn das so weitergeht, dann muss man ja die Nationalsozialisten wählen, die versprechen wenigstens Arbeit." Darauf hatte Vater ärgerlich gerufen: „Lieber verhungern als diese Verbrecher wählen, anständige Menschen können den Hitler nicht wählen."

1 Erzählt, was sich im Leben Pauls und seiner Familie verändert.
2 Paul und Erwin sind auf dem Weg von der Schule nach Hause. Erwin fragt Paul, was mit ihm los sei. Spielt das Gespräch.
3 Versucht euch vorzustellen, was Paul träumen könnte. Malt Pauls Traum.
4 Überlegt, warum Pauls Mutter und Pauls Vater unterschiedlicher Meinung sind. Seht euch dazu auch die Wahlplakate auf dieser Seite an.

Sechs Millionen Arbeitslose

In Deutschland war 1932 jeder Fünfte im arbeitsfähigen Alter arbeitslos. Insgesamt suchten sechs Millionen Menschen Arbeit. Nur 800 000 Arbeitslose erhielten eine volle Unterstützung. Aber auch diese reichte nur für einen dürftigen Lebensunterhalt.

5 Erkundigt euch nach der Lage eines Arbeitslosen heute. Material dazu gibt es beim Arbeitsamt oder bei einer Gewerkschaft. Vielleicht könnt ihr auch jemanden einladen.

Wirtschaftliche Not und Hitlers Versprechungen

1 Anhänger Hitlers. Foto 1929.

Viele Menschen hatten 1932 die Hoffnung verloren, dass die Not schnell ein Ende haben würde. Zahlreiche Fabriken mussten schließen und die Zahl der Arbeitslosen stieg. Die meisten Menschen hatten zu den häufig wechselnden Regierungen der damaligen Zeit kein Vertrauen, da es diesen nicht gelang, Arbeit zu beschaffen. Im Jahr 1932 wählte jeder Dritte bei den Reichstagswahlen Adolf Hitler, den Führer der Nationalsozialistischen Deutschen Arbeiterpartei (NSDAP). Am 30. Januar 1933 wurde Hitler Reichskanzler. Seine Regierung beseitigte die Demokratie und errichtete für zwölf Jahre in Deutschland eine Diktatur (Gewaltherrschaft).

Warum kam Hitler an die Macht?
1 *Beschreibt, was euch an Bild 1 auffällt. Betrachtet die Gesichter und die Kleidung der Menschen.*

Durch die gleichen braunen Uniformen mit dem Abzeichen der NSDAP, dem Hakenkreuz, und durch den Hitlergruß hatten Hitlers Anhänger das Gefühl einer großen Gemeinschaft anzugehören. Von seinen Anhängern wurde Hitler „Führer" genannt. Wenn Hitler sprach, waren die Menschen begeistert und hingerissen. Seine Reden wurden immer wieder von Beifallsstürmen und „Heil Hitler"-Rufen unterbrochen. Hitler versprach Ruhe und Ordnung in Deutschland wiederherzustellen. Er wollte eine „Volksgemeinschaft". Insbesondere versprach Hitler
– den Arbeitslosen wieder Arbeit,
– den Not leidenden Bauern und Handwerkern finanzielle Hilfe,
– den Unternehmern Rüstungsaufträge.

2 *Auf diesen beiden Seiten werden Gründe dafür genannt, dass Hitler die Macht übertragen bekam. Schreibt die Gründe in eine Liste.*
3 *Lest aus Bild 2 die Wahlergebnisse der NSDAP ab.*
4 *Stellt fest, ob die NSDAP 1932 von der Mehrheit der Wähler gewählt worden ist.*

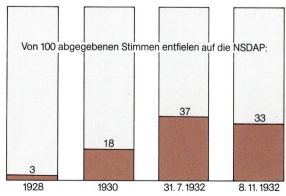

2 Ergebnisse der NSDAP bei den Reichstagswahlen

ALLTAG UNTER DEM NATIONALSOZIALISMUS

Verfolgung im Alltag
Von allen Menschen wurde jetzt gefordert, dass sie sich am Arbeitsplatz, in der Freizeit und in der Familie für den Nationalsozialismus einsetzten. Für viele Deutsche war das kein Problem, weil sie Anhänger des Nationalsozialismus waren. Die Menschen jedoch, die die nationalsozialistische Herrschaft ablehnten, bekamen zunehmend Schwierigkeiten. Die Forderung sich für den Nationalsozialismus einzusetzen galt aber auch für die Leute, die mit Politik eigentlich nichts zu tun haben wollten. Überall gab es Spitzel. Sie zeigten die Menschen an, die sich nicht so verhielten, wie es die Machthaber verlangten. Selbst eine harmlose kritische Bemerkung galt als Beleidigung des nationalsozialistischen Staates und wurde bestraft.
Die folgenden beiden Zeitungsmeldungen berichten über Ereignisse in zwei kleinen Orten in der Nähe von Hameln und Bodenwerder. Diese Meldungen stehen stellvertretend für ähnliche Ereignisse in vielen anderen deutschen Dörfern und Städten.
In der Hamelner „Deister- und Weserzeitung" konnten die Leute Folgendes lesen:

Q1 23. 7. 34 Eschershausen.
Vor dem 6. Schöffengericht hatten sich zwei Personen wegen Beleidigung der Reichsregierung zu verantworten. Zuerst wurde gegen einen Einwohner aus Hehlen verhandelt. (...) Die Anklage legte ihm zur Last während des Feuerwehrfestes in Hehlen in beleidigender Weise über die Reichsregierung gesprochen zu haben. Der Staatsanwalt beantragte eine Gefängnisstrafe von zehn Monaten. Das Gericht schloss sich dem Antrag (...) an.

Q2 Im zweiten Fall wurde gegen einen Landwirt aus Heyen, der lange Jahre das Amt eines Gemeindevorstehers versah, wegen desselben Vergehens verhandelt. Dem Angeklagten wurde zur Last gelegt in einem Wirtshaus ebenfalls über die Reichsregierung abfällig gesprochen zu haben, weiter schwere Beleidigungen über einen Amtsleiter der NSDAP und unwahre Gerüchte verbreitet zu haben. (...) Der Angeklagte erhielt eine Gefängnisstrafe von einem Jahr und acht Monaten.

1 *Schreibt auf, was dem Einwohner aus Hehlen und dem Landwirt aus Heyen vorgeworfen wird.*

2 *Sprecht darüber, was mit diesen beiden Meldungen bei den Zeitungslesern erreicht werden sollte.*

3 *Sucht Beweise für den Satz: „Eine freie Meinungsäußerung wurde immer gefährlicher."*

Errichtung von Konzentrationslagern*
Viele Verhaftete wurden nicht in Gefängnisse eingeliefert, sondern kamen in Lager. Diese Lager hatten die Nationalsozialisten unabhängig von den Gefängnissen errichtet. Sie hießen Konzentrationslager (KZ). Die Schriftstellerin Luise Rinser erzählt, wie sie als Kind von den Konzentrationslagern gehört hatte:

Q3 Durch meinen Vater erfuhr ich zum ersten Mal etwas über die KZ. Alle Schüler meines Vaters hingen an ihm und viele besuchten ihn auch noch Jahre später. So kam eines Tages einer, der Heini Frankl hieß. (...) Das Gespräch verlief so (ich erinnere mich gut, weil mein Vater es auch später mehrmals wiederholte):
Vater: Und was arbeitest du jetzt?
Heini Frankl: Ich bin Aufseher.
V.: Aufseher über wen?
H. F.: Über Gefangene.
V.: Über was für Gefangene?
H. F.: Na, so Kriminelle.
V.: Und in welchem Gefängnis sind die?
H. F.: In keinem Gefängnis. In einem Lager.
V.: Wo?
H. F.: Das ist in Dachau.
V.: Warum sind die Kriminellen in keinem Gefängnis, sondern in einem Lager?
H. F.: Na ja, (...) so eigentlich Kriminelle sind die nicht.
V.: Ja, was denn sonst?
H. F.: Staatsfeinde.
V.: Staatsfeinde? Was ist das?
H. F.: Die gegen Hitler sind.
V.: Die sind also in einem Lager in Dachau. Und was tust du dabei, als Aufseher?
H. F.: Na, aufpassen halt, dass alles in Ordnung ist. (...)
V.: Und was für Leute sind denn das, die Feinde Hitlers sind? (...)
H. F.: Alle möglichen, was weiß denn ich.
V.: Und was geschieht mit denen?
H.F.: Die werden halt eingesperrt.
V.: Und für wie lange?

Alltag unter dem Nationalsozialismus

3 Aufmarsch der Nationalsozialisten. Foto 1933.

H. F.: Was weiß denn ich.
V.: Jetzt sag mir doch mal genauer, was für Leute das sind.
H. F.: Kommunisten halt und solche, (...) Pfarrer auch, wenn sie gegen den Führer sind.
V.: So, so, bringt man sie um?
H. F.: Jetzt muss ich gehen.
Er ging, kam aber noch einmal zurück und sagte: „Aber ich bitte Sie, Herr Lehrer, sagen Sie zu niemand, was ich gesagt habe. Wenn man erfährt, dass ich so was ausgeplaudert habe, bringen die mich um."

1 *Erklärt, wer für die Nationalsozialisten ein Staatsfeind war.*
2 *Auf die letzte Frage antwortete Heini Frankl nicht. Sucht im Text den Grund für sein Schweigen.*

Über das Lager in Dachau hinaus errichteten die Nationalsozialisten im Laufe der Zeit in ganz Deutschland weitere KZ, Arbeits- und Außenlager. In Niedersachsen entstanden z. B. das KZ Bergen-Belsen, Kreis Celle, und das Emslandlager bei Esterwegen. Politische Gegner wurden in der Regel in ein KZ eingeliefert. Sie wurden grausam gefoltert und gequält und beliebig lange festgehalten. Viele überlebten die Misshandlungen nicht. „Lieber zehn Unschuldige einsperren als einen wirklichen Gegner laufen lassen" war ein Grundsatz der Nationalsozialisten bei der Verfolgung anders Denkender. Es konnte also jeden treffen, der sich nicht der NSDAP unterordnete.

3 *Erkundigt euch nach dem KZ oder Außenlager, das eurem Heimatort am nächsten lag.*
4 *Versucht etwas über dieses Lager herauszufinden.*

Propaganda

Die Menschen waren ständig der Propaganda der Nationalsozialisten ausgesetzt. Täglich hörten sie deren Parolen. Es gab immer wieder riesige Aufmärsche mit Musik. In Sprechchören wurden die Partei und Hitler begeistert gefeiert.

5 *Auf dem Bild erkennt ihr eine weitere Form der Propaganda, die häufig zu sehen war. Nennt sie.*
6 *Hört euch Marschmusik an und geht dazu im Takt der Musik. Beschreibt eure Gefühle.*

Ein weiteres Propagandamittel der Nationalsozialisten war der Rundfunk. Es wurden preiswerte Radios verkauft, sie hießen Volksempfänger. Mit ihnen konnte man in der Regel nur deutsche Sender hören. Sie wurden so billig angeboten, dass sich jede Familie ein Gerät leisten konnte. Fernsehen gab es nicht.

Die Hitlerjugend: Pimpfe und Hitlerjungen

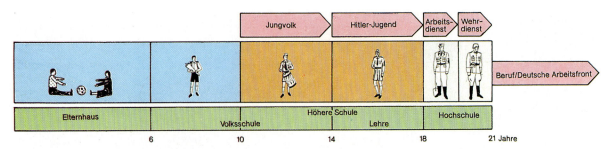

1 So sollte nach den Vorstellungen der Nationalsozialisten der Lebensweg der Jungen verlaufen

2 Jungvolk. Foto 1934.

1 Erzählt, was ihr aus den Bildern auf dieser Doppelseite über das Leben eines Jungen in der nationalsozialistischen Diktatur erfahrt.

2 Seht euch die Kleidung an und beschreibt sie.

3 Fragt eure Großväter, ob sie im Jungvolk waren. Vielleicht haben sie auch noch Fotos, die ihr mitbringen könnt.

Die Hitlerjugend: Pimpfe und Hitlerjungen

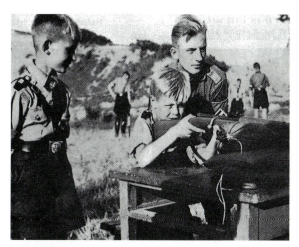

1 Schießübungen der Pimpfe. Foto, um 1935.

2 Kindersoldaten. Foto 1945.

In der nationalsozialistischen Diktatur gab es für Jungen und Mädchen nur noch einen einzigen Jugendverband. Alle anderen Jugendverbände waren verboten oder in diesen Verband, die Hitlerjugend (HJ), eingegliedert worden. Die HJ setzte sich zusammen aus
- dem Deutschen Jungvolk (10- bis 14-jährige Jungen),
- den deutschen Jungmädeln (10- bis 14-jährige Mädchen),
- der Hitlerjugend (14- bis 18-jährige Jungen),
- dem Bund Deutscher Mädel (BDM; 14- bis 18-jährige Mädchen).

1 *Schneidet euch große Sprechblasen und tragt in sie ein, in welchen Vereinen ihr seid. Klebt die Sprechblasen an eine Tafelseite.*
2 *Tragt in andere Sprechblasen ein, in welchen Vereinen ein zehnjähriges Kind zur Zeit des Nationalsozialismus sein konnte.*
3 *Klebt diese Sprechblasen an die andere Tafelseite und vergleicht beide Sprechblasen.*

Der gesamte Jugendverband hieß ebenfalls Hitlerjugend. Ziel der HJ war es, bereits aus Kindern überzeugte Nationalsozialisten zu machen. Diesem Ziel dienten alle Tätigkeiten und Maßnahmen – auch die, die mit Politik scheinbar nichts zu tun hatten. So wurden Freude und Begeisterung der Kinder an Sport, Zeltlagern, Heimabenden u. Ä. ausgenutzt um die Kinder nationalsozialistisch zu beeinflussen. Da die meisten von ihnen nichts anderes kannten und hörten, glaubten viele, was ihnen ihre Jugendführer erzählten.

Die folgenden Texte berichten über weitere Einzelheiten in der HJ.

Das Deutsche Jungvolk (DJ)
Die Jungen im Jungvolk wurden Pimpfe genannt. In einem Bericht heißt es:

> **Q** Die Aufnahme der Pimpfe erfolgte am Vorabend des 20. April, Hitlers Geburtstag. (…) Jeder Pimpf musste eine Verpflichtungsformel nachsprechen: „Ich verspreche in der Hitlerjugend allzeit meine Pflicht zu tun in Liebe und Treue zum Führer und unserer Fahne."
> In den ersten Monaten der Pimpfenzeit bereitete sich der Pimpf auf die „Pimpfenprobe" vor. (…) Dabei galt es z. B., 60 m in 12 Sekunden zu sprinten, 2,75 m weit zu springen (…) und das HJ-Fahnenlied und die sogenannten Schwertworte zu kennen: „Jungvolkjungen sind hart, schweigsam, tapfer und treu. (…)." Nächstes Ausbildungsziel war das DJ-Leistungsabzeichen. (…) Die Jungen (…) machten Schießübungen mit dem Luftgewehr, wurden über den offiziellen Lebenslauf des Führers (…) informiert. Sie paukten (…) fünf Fahnensprüche, z. B. „Wer auf die Fahne des Führers schwört, hat nichts mehr, was ihm selber gehört."

4 *Sprecht darüber, was alles zur Pimpfenprobe und zum DJ-Leistungsabzeichen gehörte.*
5 *Untersucht, ob die Pimpfe beim Jungvolk in nationalsozialistischem Sinn beeinflusst wurden. Schreibt die Gründe für eure Meinung heraus.*

Die Hitlerjugend: Pimpfe und Hitlerjungen

Zeltlager der HJ. Foto 1934.

Verlockungen

Die „Bentheimer Zeitung" berichtete am 18. Juli 1938 über ein Zeltlager des Jungvolkes in Wangerooge:

> **Q1** Frühmorgens um 6 Uhr erschallt das Signal zum Wecken, (...) schon spritzen die Pimpfe aus den Zelten. Im Dauerlauf geht es zum Waschen. Dann zieht sich alles schnell an, denn um 8 Uhr ist Zeltbesichtigung. (...) Der Jungbannführer besichtigt jedes Zelt. (...) Bei der Flaggenhissung wird dann die Tageslosung ausgegeben, z. B. „Wer die Heimat nicht liebt und die Heimat nicht ehrt, ist ein Schuft und des Glücks in der Heimat nicht wert." Nach dem Frühstück ist (...) eine Schulungsstunde, dann geht es an den Strand. (...) Nachmittags ist Sport. (...) Nach dem Abendessen wird (...) ein fröhlicher Lagerabend aufgezogen. Um 21.30 Uhr liegt dann alles im Zelt.

1 *Besprecht, was die Pimpfe an diesem Tag im Zeltlager gemacht haben.*

2 *Stellt zusammen, was euch Spaß gemacht und was euch nicht gefallen hätte.*

3 *Sind auch in diesem Text Hinweise auf eine Beeinflussung der Kinder zu finden? Lest den Text noch einmal und begründet eure Meinung.*

Manche Eltern waren mit der HJ nicht einverstanden. Herbert K., dessen Vater dagegen war, erinnert sich:

> **Q2** Neben uns wohnte ein Jungvolkführer. Eines Abends kam er zu meinen Eltern. (...) Mein Vater war gar nicht begeistert, als er hörte, dass zweimal in der Woche Dienst sei, mittwochs und sonnabends. (...) Irgendwie hat es meinem Vater gestunken. Ich traf den Jungvolkführer – Fips wurde er genannt – einige Zeit später auf der Straße wieder. Er ging gerade zum Dienst. Er sagte: „Komm doch einfach mit." Da (...) bin ich mitgefahren. Die hatten einen Keller bei dem Grafen X in Dahlem. Das fand ich ganz irre. (...) Ich war begeistert. Meine Mutter war sauer, weil sie nicht wusste, wo ich war, ich kam erst um sechs nach Hause. (...) Meine Mutter hat meinem Vater gut zugeredet: „Denk an die Zukunft des Jungen, lass ihn rein." Ich bin dann am 1. November 1936 eingetreten.

4 *Zeichnet den Umriss eines Kopfes. Schreibt in eine Hälfte eurer Zeichnung Vermutungen, was Herberts Vater gegen die HJ gehabt haben könnte.*

5 *Schreibt in die andere Hälfte, warum er Herbert trotzdem in die HJ eintreten ließ.*

So wie Herbert K. machten viele Jungen begeistert im Jungvolk und bei der Hitlerjugend mit.
Der Journalist Karl-Heinz Janßen, der selbst Pimpf gewesen war, hat eine andere Erinnerung:

> **Q3** In unserem Fähnlein bestanden die Jungvolkstunden (...) fast nur (...) aus sturem militärischen Drill, (...) endlosem Exerzieren mit „Stillgestanden", „Rührt euch", „Links um". (...) Zwölfjährige Hordenführer brüllten zehnjährige Pimpfe zusammen und jagten sie kreuz und quer über Schulhöfe (und) Wiesen. (...) Aber die Schikane hatte Methode: Uns wurde von Kindesbeinen an Härte und blinder Gehorsam eingedrillt.

6 *Mit welchen Eigenschaftswörtern würde dieser Mann seine Pimpfenzeit beschreiben?*

Nach der Mitgliedschaft in der HJ wurden die Jugendlichen von anderen Parteiorganisationen erfasst. Keiner sollte mehr aus dem Einfluss der Partei entlassen werden. Hitler formulierte es so: „Und sie werden nicht frei, ihr ganzes Leben!"

Die Hitlerjugend: Jungmädel und Mädel

1 Erzählt, was ihr aus den Bildern über das Leben eines Mädchens in der nationalsozialistischen Diktatur erfahrt.

2 Sprecht auch über die Frisuren und die Kleidung.

Jungmädelabende und Lager

Die Mädchen wurden genau wie die Jungen ab dem 10. Lebensjahr erfasst. An den Dienst als Jungmädel und im Bund Deutscher Mädel (BDM) schloss sich der Arbeitsdienst an. Dort arbeiteten sie z. B. in der Landwirtschaft. Nach dem Arbeitsdienst wurden die jungen Frauen Mitglieder in der NS-Frauenschaft.

Vera F. erinnert sich an ihren ersten Jungmädelabend:

> **Q** Ich wurde eines Tages zu einem Jungmädelabend eingeladen. Was dort gemacht wurde, gefiel mir. Ich schloss mich einer Theatergruppe an. Ich konnte Tennis spielen – das hätte ich vom Finanziellen her von meiner Familie niemals gekonnt. Ich konnte singen und einer Volkstanzgruppe beitreten. Ich verstand überhaupt nicht, dass meine Mutter nicht begeistert war, als ich ihr sagte, dass ich da rein wollte.

Für alle gab es Spielnachmittage. Die Jungmädel übten Gedichte ein, die auf Feiern vorgetragen wurden. Besonders in den Wintermonaten wurde viel gebastelt. Im Sommer wurden regelmäßig Freizeitlager durchgeführt. Für viele Mädchen war das ein großes Erlebnis, da es so etwas für sie bisher nicht gegeben hatte.

3 Stellt zusammen, warum viele junge Mädchen wie Vera F. gern Jungmädel waren. Betrachtet dazu auch die Bilder 2 und 3.

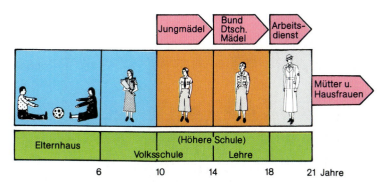

1 So sollte nach den Vorstellungen der Nationalsozialisten der Lebensweg der Mädchen verlaufen

2 Jungmädel lernen den Hitlergruß. Foto 1937.

3 BDM-Mädchen bei der Kontrolle geputzter Schuhe. Foto, um 1936.

Die Hitlerjugend: Jungmädel und Mädel

BDM-Mädel beim Sport. Foto, um 1936.

1 *Fragt eure Großmutter nach ihren Erinnerungen an die Jungmädel- und BDM-Zeit.*

Renate F., deren Eltern überzeugte Nationalsozialisten waren, erinnert sich an ihr Sommerlager:

> **Q1** Für die großen Ferien stand ein Sommerlager in Aussicht. Die Teilnahme kostete zehn Mark und ich musste daheim sehr betteln, dass man mich mitfahren ließ. Schließlich durfte ich doch mit. (…) Ich schlief zum ersten Mal auf Matratzenlager, wusch mich morgens mit den anderen im eiskalten Bach vor dem Haus, machte lange Märsche und Wanderungen und saß am Lagerfeuer – und ich fand das alles scheußlich! Aber niemandem auf der Welt hätte ich das zugegeben. (…) Greta hackte an den langen Abenden im Schlafsaal stundenlang auf mir herum. Ich sei überhaupt kein richtiges Jungmädel. Ich sei eine weichliche Gans. Und so egoistisch. Es stimmte ja. Ich glaubte es selbst. Ich drückte mich gern vom Küchendienst; denn es grauste mir vor all dem Schmutz. Das Wasser im Bach war schrecklich kalt. Meine Füße schmerzten von vereiterten Schnakenstichen. Aber daheim verkündete ich, es sei einfach „pfundig" gewesen, wenn auch mein Gewissen schlug, dass ich es nicht wirklich pfundig gefunden hatte.

2 *Lest Renates Erinnerungen noch einmal genau. Sprecht darüber, ob euch das Sommerlager Spaß gemacht hätte.*
3 *Nennt Gründe, warum Renate ihre Eltern anlog.*

Endlich Führerin

Renate blieb bei den Jungmädeln. Mit 13 Jahren wurde sie Führerin einer Jungmädelschar. Sie schrieb:

> **Q2** Ich war nun endlich Führerin! Als ich zum ersten Mal die fünfzehn zehnjährigen Mädel um mich versammelt hatte, fühlte ich mich mit meiner ganzen Person zur Verantwortung gerufen. Über diesem Glück vergaß ich alles um mich herum. (…) Die (…) Kinder, die ich (…) führen durfte, waren gerade drei Jahre jünger als ich. (…) Dienst hatte man am Donnerstag und am Samstagnachmittag und er war für alle Pflicht. Wir hatten die Befugnis ein Mädel, das dreimal unentschuldigt fernblieb, von der Polizei holen zu lassen. Doch diese Macht wurde in meinem Umkreis nie ausgeübt; (…) ich wollte führen, das heißt sie sollten antreten und marschieren, Lieder lernen, basteln, politisch geschult, sportlich trainiert (…) und für kriegswichtige Aufgaben engagiert werden. Dies war meine Aufgabe.

4 *Überlegt, was es für Renate bedeutete, „Führerin" zu sein.*
5 *Stellt zusammen, was es für die zehnjährigen Mädchen bedeutete, eine „Führerin" zu haben.*
6 *Sprecht darüber, ob ihr gern in Renates Jungmädelschar gewesen wäret.*

Die Hitlerjugend: Jungmädel und Mädel

In der gesamten Hitlerjugend wurde großer Wert auf Gehorsam gelegt.
In einer Anweisung für Führerinnen hieß es:

Q1 Ordnungsübungen.
Ein Pfiff muss genügen die Ruhe (…) herzustellen; ein Kommando darf niemals zweimal gegeben werden müssen. Und wenn Lieschen auch zu Hause noch unfolgsam und ungezogen ist, in der Gemeinschaft des Bundes hat sie sich zu fügen. (…) Jedes Mädel (…) muss die Kommandos genau kennen, und deshalb ist es nötig, dass selbst die kleinste Mädelschar regelmäßig übt. Bei jedem Sportnachmittag genügen zehn Minuten.

1 *Denkt euch mögliche Kommandos einer Führerin aus. Spielt dann fünf Minuten eine „Kommandoübung": eine Schülerin befiehlt, die anderen müssen gehorchen.*
2 *Versucht eure Gefühle bei der Übung zu beschreiben.*

Heimabende
Jeden Mittwoch hatten die Mädchen zum zweistündigen Heimabend zu erscheinen.

Q2 Heimabend.
(…) Zehn bis vierzehn Jahre sind unsere Jungmädel. (…) Jung noch, (…) aber gerade deshalb wollen wir sie haben, denn wir wissen ja: Wenn die Kleinen einmal eine Idee (…) erfasst haben, dann hängen sie in fanatischer Treue daran. (…) Der Kern der Jungmädelarbeit ist (…) der Heimabend. Ganz pünktlich geht's los. Wer zu spät kommt, bezahlt einen Fünfer. Zuerst singen wir ein feines Lied. Eins unserer schönen alten Volks- und Wanderlieder. Nach dem Lied erledigen wir schnell das Geschäftliche (Anwesenheitsliste, Beitrag, Dienstplan usw.). (…) Dann folgt ein kurzer politischer Wochenbericht. Der muss natürlich bei den Jungmädeln sehr einfach und in ganz klaren zusammenhängenden Linien gebracht werden. (…) Das ist alles unumstößliche Wahrheit, was die Führerin ihnen erzählt. Jetzt aber zur ersten Schulung! Unsere Jungmädel hören da in einem kleinen Vortrag (…) alles, was sie vom Nationalsozialismus, vom BDM, von deutscher Geschichte, besonders der letzten 50 Jahre, vom Kriege (…) kennen lernen müssen.

An jedem Heimabend wird ein Hauptthema in den Mittelpunkt gestellt. (…) Am nächsten Heimabend müssen dann die Mädel das Gehörte wiedererzählen oder einen kurzen schriftlichen Bericht darüber geben.

3 *Erzählt, was ihr über den Ablauf eines Heimabends erfahrt.*
4 *Benennt die Hausaufgaben, die die Mädchen bis zum nächsten Heimabend erledigen mussten.*
5 *Sucht die Stellen heraus, die die politische Beeinflussung deutlich machen.*

Erziehungsziele für Mädchen
Neben der politischen Beeinflussung und dem Singen, Spielen und Basteln wurde viel Sport getrieben. Alle diese Aktivitäten dienten einem bestimmten Ziel: Die Jungen sollten zu harten Männern und tapferen Soldaten erzogen werden; die Mädchen sollten darauf vorbereitet werden zu heiraten, viele Kinder zu bekommen und zu Hause für die Familie zu sorgen. Eine Berufsausbildung oder höhere Schulbildung für Mädchen wurde von der Partei abgelehnt.

Viele Frauen mussten ihren Arbeitsplatz für einen Mann freimachen. Die Ausübung bestimmter Berufe wurden ihnen ganz verboten (z. B. konnten Frauen keine Richter mehr sein). Die Frauen sollten sich ganz auf die ihnen von den Nationalsozialisten zugewiesene Rolle der Hausfrau und Mutter beschränken. So sagte Adolf Hitler 1934: „Das Ziel der weiblichen Erziehung hat unverrückbar die kommende Mutter zu sein."

Dieser Satz galt aber nur so lange, wie Frauen nicht als Arbeitskräfte gebraucht wurden. Nach Beginn des Zweiten Weltkrieges (1939) wurden die Frauen wieder aufgefordert in den Fabriken zu arbeiten. Sie mussten die Männer ersetzen, die als Soldaten im Krieg waren.

6 *Besprecht, auf welches Ziel hin die Mädchen erzogen werden sollten.*
7 *Zeichnet zwei sich überschneidende Kreise und tragt die Unterschiede und die Gemeinsamkeiten in der Erziehung von Mädchen und Jungen ein.*

In der Schule

Mädchenschulklasse. Foto, um 1934.

Nationalsozialistische Machtübernahme in der Schule

1 *Überlegt mit Hilfe des Bildes, wie die Nationalsozialisten auch in der Schule Einfluss bekamen.*

Von den Schulen in der niedersächsischen Stadt Northeim wird 1933 berichtet:

> **Q1** In jeder Klasse wurde ein Führerbild aufgehängt. Fahnen wurden angeschafft. Damit die Schüler Propagandareden hören konnten, wurden in den Klassenzimmern Radioapparate aufgestellt. In den Schulbüchereien standen nur noch Bücher, die mit den nationalsozialistischen Erziehungszielen übereinstimmten. Drei Lehrer, die nicht mit der NSDAP zusammenarbeiten wollten, wurden an andere Orte versetzt.

Ein Lehrer einer Volksschule im Berliner Bezirk Steglitz berichtet:

> **Q2** Am ersten Schultag nach den Osterferien 1933 kam morgens der Rektor rein und begrüßte uns mit Tränen in den Augen. „Ich habe hier nichts mehr zu suchen", sagte er, „ich bin aber trotzdem noch mal gekommen um Ihnen Lebewohl zu sagen." Er hatte Berufs- und damit Hausverbot erhalten. Rausgesetzt wurde er mit seinen fünfzig Jahren, weil er einmal (...) SPDMitglied gewesen war.

2 *Schreibt in eine Liste, was sich in den Schulen veränderte.*
3 *Zeigt diese Liste euren Großeltern. Fragt, ob sie sich an Veränderungen während ihrer Schulzeit erinnern.*
4 *Ergänzt eure Liste durch die Berichte eurer Großeltern.*

Kurt A. erinnert sich:

> **Q3** Als ich zwölf oder dreizehn war, wurde in der Schule der Hitlergruß eingeführt. Wir fanden ihn gut. Da fing es auch in der Schule an, dass man von Rassen sprach. In meiner Klasse waren fünf Juden. Die Eltern verzogen kurz darauf. (...) Immer einer nach dem andern. Wir haben nichts dabei empfunden, dass die verzogen. (...) Heute weiß ich, was passierte. In der Schule wurden uns Rasse und nationale Einstellung bewusst gemacht. Da erfuhren wir, wie vorteilhaft es doch sei, deutsch zu sein, Deutscher zu sein. (...) Lehrer machten z. B. im Zeichenunterricht auf unsere Schädelformen aufmerksam. Da schnitt ich nicht sehr gut ab. Später (...) war es für mich mal sehr peinlich, als einer der Lehrer sagte, ich hätte eine „Sechsernase". Das war für mich eine schlimme Sache, weil das eine Judennase war.

In der Schule

1 *Nennt Gründe, warum die fünf jüdischen Mitschüler Kurts weggezogen sind.*

2 *Was meint Kurt wohl mit dem Satz: „Heute weiß ich, was passierte"?*

Politischer Druck auf Kinder

Wie alle Lebensbereiche wurde auch die Schule in den Dienst des Nationalsozialismus gestellt. Bei vielen Gelegenheiten wurden unter der Hakenkreuzfahne Schulfeiern abgehalten. Die Schulkinder mussten dann mit dem Hitlergruß grüßen.
Manche Eltern wollten dies nicht. Hilde R. schreibt:

Q1 Bald darauf wurde eine Schulfeier angekündigt. Es war klar, dass bei diesem Anlass das Deutschlandlied und das Horst-Wessel-Lied* gesungen werden. Mein Vater hatte mir zu Hause gesagt: „Wehe, du hebst den Arm." Bei der Feier stand ich dann als Einzige wie ein Ladestock da, die anderen hatten alle den Arm gehoben. Als nach der Feier alle gehen wollten, sagte die Schulleiterin: „Einen kleinen Moment, bitte", und ruft mich nach vorne. „Hier seht ihr eine, die dem Führer und seinen Ideen nicht die nötige (...) Ehrfurcht erwiesen hat." Damit war ich in der ganzen Schule gekennzeichnet. (...) Weil ich mich um eine jüdische Schülerin gekümmert habe, sprach niemand in der Klasse mit mir. (...) Ein Jahr lang nicht. Die haben mich geschnitten, als ob ich die Krätze hätte.

3 *Beschreibt, warum Hilde von ihren Klassenkameradinnen geschnitten wurde.*

4 *Stellt euch vor, in eurer Klasse spräche niemand mit euch. Versucht die Gefühle zu beschreiben, die ihr dann hättet.*

Die Schülerinnen und Schüler waren nicht verpflichtet in der Schule die HJ-Uniformen zu tragen. Bei Feiern sollten die Eltern jedoch ihre Kinder in Uniform zur Schule schicken.
Aus einem Jugendbuch:

Q2 Die Hakenkreuzflagge auf dem Schulhof hing (noch) schlaff an der Fahnenstange herab. (...) Da trat schon der Schulleiter aus der Tür. Hinter seinem Rücken ergossen sich die Klassen über den Hof. Alles rannte sofort zur vorgeschriebenen Stelle und baute sich dort auf. Die Braunhemdenträger standen vorne. Die übrigen mussten sich hinter der braunen Front ihrer Klassen verstecken. Bei jeder Klasse waren es etwa drei oder vier Jungen. (...) Der Schulleiter (...) hielt eine Rede, die so endete: „(...) Wirkliche Freude werde ich erst dann fühlen, (...) wenn alle Gegner des Führers ausgemerzt sind!" Er wies auf Günthers Klasse. „Wie wird dieses einheitliche Bild einer Klasse gestört durch den einen, (...) der sich noch nicht bereit gefunden hat sich unserem überragenden Führer anzuschließen. (...) Ich schäme mich jedesmal, wenn ich daran denke, dass es in meiner Schule noch Jungen gibt, (...) die nicht dem Deutschen Jungvolk oder der Hitlerjugend angehören." (...) Günther (...) hielt den Kopf zu Boden gesenkt. Man sah, wie die anderen von ihm abrückten.

5 *Günther erzählt seinen Eltern von diesem Vorfall. Spielt das Gespräch.*

Herbert K. erinnert sich:

Q3 Es sind nicht alle Jungs aus meiner Klasse in die HJ gegangen. Ich kann mich entsinnen, dass zwei nicht mitgemacht haben. Der Vater von dem einen war ein SPD-Mann. (...) Den Vater haben sie fürchterlich geschlagen 1933 und da hat er gesagt: „Eher geht ein Kamel durch das Nadelöhr, als dass mein Sohn zur HJ geht." (...) Wir haben ihn in der Schule öfter in den Hintern getreten oder fürchterlich gezwickt, wenn er bei der Fahnenweihe oder einer Feier den Arm nicht heben wollte. Da haben wir gesagt: „Heb den Arm hoch, du dämlicher Hund. Dein Vater ist doch nicht da."

6 *Nennt den Grund, warum Herberts Mitschüler kein HJ-Mitglied wurde.*

7 *Vermutet, mit welchen Gefühlen dieser Junge zu Schulfeiern gegangen ist.*

Hitlerjugend und Schule sollten sich bei der Erziehung ergänzen:
„Es ist nicht mehr die alleinige Aufgabe der Schule, Wissen zu vermitteln: daneben tritt die Forderung aus der heranwachsenden Jugend Männer und Frauen zu machen, wie sie der nationalsozialistische Staat will." (1)
Hitler war der Ansicht, dass die Jugend durch Wissen verdorben würde.

8 *Zeichnet ein Haus und schreibt die Aufgaben der nationalsozialistischen Schule hinein.*

DIE ENTRECHTUNG UND VERFOLGUNG DER JUDEN

Ortseingang von Braunschweig. Foto 1938.

Die Verfolgung der Juden
1 *Beschreibt, was euch an den Bildern auf dieser Doppelseite auffällt.*

Eine Mutter berichtet:

Q1 Schon Ende Oktober 1933 fiel mir auf, dass die Kinder stiller waren. (…) Ich bekam bald heraus, was geschehen war. Hanna begann zu schluchzen und Peter, der Zwölfjährige, hielt nur mit größter Mühe seine Tränen zurück. Und dann sprudelte es aus ihnen heraus, dass der Lehrer von Anfang an unfreundlich zu ihnen gewesen sei, dass er angefangen habe täglich auf die Juden zu schimpfen, dass er auf sie gewiesen (…) hätte: „Die beiden sind auch Juden, wollen wir so etwas unter uns dulden? Ihr müsst euch eben wehren gegen sie." Die Kinder hätten dann auf dem Schulweg hinter ihnen her geschimpft und mit Steinen nach ihnen geworfen.

2 *Berichtet, welche Erfahrungen Peter und Hanna in der Schule machten.*

3 *Nennt den Grund dafür, warum Peter und Hanna Schwierigkeiten bekamen.*

Vorurteile gegen Juden und Judenhass (Antisemitismus) hatte es in Deutschland seit Jahrhunderten gegeben. In den Jahren vor 1933 gab es zwar auch judenfeindliche Aktionen, die meisten Juden lebten und arbeiteten aber weitgehend unbehelligt. Die Nationalsozialisten stellten fälschlicherweise die Juden so dar, als seien sie von Natur aus reich und kriminell. Arme Juden oder solche, die ihr Geld als Arbeiter und Angestellte verdienten, kamen in den Reden und Schriften der Nationalsozialisten nicht vor. Die Juden wurden für alle Missstände verantwortlich gemacht. Die Nationalsozialisten behaupteten, die Juden wären eine minderwertige Rasse, die es zu bekämpfen gelte. Die Deutschen wurden von den Nationalsozialisten als „Herrenmenschen" bezeichnet. Ihre Hetze gipfelte in der Lüge, dass das sogenannte Weltjudentum Deutschland vernichten wolle.

Die Verfolgung der jüdischen Mitbürger begann sofort nach der Machtübertragung. Das jüdische Mädchen Petra S. erinnert sich:

Q2 Dann kam der 30. Januar 1933. Am gleichen Tag wurden unsere Fenster eingeschlagen und der Zaun wurde mit Sprüchen wie „Juden raus" bekritzelt. (…) Meinen Vater kannte von da ab natürlich keiner mehr, schließlich war er Jude. (…) Bald darauf (…) musste ich eines Tages vor versammelter Klasse aufstehen und mein Lehrer sagte mir, ich müsse sofort die Schule verlassen, da ich jüdisch sei (…) Mein Vater ist dann im März 1939 nach Belgien ausgewandert. (…) Bald, nachdem die Deutschen dort einmarschiert waren, wurde er verhaftet und kam ins KZ. Ich war da zwölf Jahre alt. Meine Mutter hatte eigentlich nur Angst. (…) Dann kam die Zeit, in der die jüdischen Leute mit ihren Sternen rumlaufen mussten und keiner mit ihnen reden durfte. (…) Einem Juden helfen, das war doch (…) unmöglich (…). Wer das tat, konnte gewiss sein, dass er auch ins KZ oder ins Gefängnis kommt.

4 *Von welchen Maßnahmen gegen die Juden erzählt Petra S.?*

5 *Sprecht darüber, wie Petra wohl zumute gewesen ist.*

Die Entrechtung und Verfolgung der Juden

Organisierter Terror

Am 7. November 1938 wurde in Paris ein Beamter der deutschen Botschaft angeschossen. Er verstarb zwei Tage später. Täter war ein 17-jähriger deutsch-polnischer Jude. Die Familie dieses Juden war wenige Tage zuvor von den Nationalsozialisten verschleppt und nach Polen abgeschoben worden.

Das Attentat* in Paris nahmen die Nationalsozialisten zum Vorwand für eine neue Aktion gegen die Juden. In der Nacht vom 9. zum 10. November 1938 organisierten sie massive Ausschreitungen gegen die Juden. Zahlreiche jüdische Gebäude und Synagogen (jüdische Gotteshäuser) wurden zerstört und in Brand gesteckt. 20000 Juden wurden verhaftet, 36 starben an den Misshandlungen. Die Nationalsozialisten nannten diese Nacht später die „Reichskristallnacht".

Das „Grafschafter Kreisblatt" berichtete dazu am 11. November 1938:

> **Q1** Spontane judenfeindliche Empörung macht sich Luft. (…) Wie überall (…) im Reiche, so hat auch hier in der Grafschaft die Bevölkerung ihrer tiefen Empörung Luft gemacht. In Bentheim, Nordhorn und Schüttorf kam es in der vorletzten Nacht zu spontanen Demonstrationen, bei denen in jüdischen Geschäften bzw. Privatwohnungen (…) Fensterscheiben eingeschlagen oder die Synagogen zertrümmert wurden.

Ein Befehl der Geheimen Staatspolizei Berlin (Gestapo) vom 9./10. November 1938 lautete:

> **Q2** Sämtliche jüdischen Geschäfte sind sofort von SA-Männern in Uniform zu zerstören. (…) Jüdische Synagogen sind sofort in Brand zu stecken. (…) Die Feuerwehr darf nicht eingreifen. (…) Der Führer wünscht, dass die Polizei nicht eingreift.

Kinder im KZ Auschwitz. Foto 1945.

1 *Notiert, wer nach der Zeitungsmeldung die jüdischen Gebäude zerstörte.*
2 *Schreibt auf, welcher Befehl von der Gestapo gegeben wurde und wer den Befehl ausführen sollte.*
3 *Vergleicht eure Notizen und nehmt dann nochmals zum Zeitungsartikel Stellung.*
4 *Erkundigt euch, ob es auch in eurem Wohnort in dieser Nacht zu Ausschreitungen gegen die Juden kam.*

Mit dem deutschen Überfall auf Polen 1939 begann der Zweite Weltkrieg. Von diesem Zeitpunkt an bereiteten die Nationalsozialisten die „Endlösung der Judenfrage" vor. Das bedeutete die systematische Ermordung aller deutschen und ausländischen Juden. Die Juden, die bisher in den deutschen KZ nicht an Hunger, Krankheiten und Misshandlungen gestorben waren, wurden jetzt in Vernichtungslager transportiert. Diese waren im besetzten Polen errichtet worden.

Neben den Juden hatten vor allem auch Sinti und Roma unter der nationalsozialistischen Diktatur zu leiden. Auch sie galten bei den Nationalsozialisten als minderwertige Rasse und wurden verfolgt. Viele von ihnen kamen in den Konzentrationslagern um.

MENSCHEN LEISTEN WIDERSTAND

Hitler redet vom Frieden und rüstet zum Krieg!
Soll es wieder Millionen Tote geben?
Soll Deutschland verwüstet werden?
Sichert den Frieden!
Macht Schluß mit der Hitlerei!
FREIHEIT

Nur Hitlers Sturz schafft Freiheit und Brot!
FREIHEIT

Geheimer Widerstand

Auch in der Zeit des Nationalsozialismus gab es Menschen, die trotz der Unterdrückung Widerstand leisteten. Da alle Gegner der Diktatur durch die Geheime Staatspolizei rücksichtslos verfolgt wurden, war Widerstand sehr gefährlich. Der Widerstand musste heimlich (illegal) organisiert und durchgeführt werden. Insgesamt war es während der ganzen Zeit der nationalsozialistischen Gewaltherrschaft eine Minderheit, die den Nationalsozialismus auf die unterschiedlichste Weise bekämpfte. Allein 1936 wurden von der Gestapo 1 643 200 Flugblätter der KPD* und der SPD erfasst. Die tatsächliche Zahl war viel höher.

1 Nennt die bisher aufgeführten Gruppen, die Widerstand leisteten.
2 Wozu ruft der Klebezettel auf?
3 Entwerft einen eigenen Klebezettel.
4 Legt eine Liste über die unterschiedlichen Formen des Widerstandes an.

Bericht der Geheimen Staatspolizei Wilhelmshaven an das Geheime Staatspolizeiamt vom 28. April 1938:

Q1 Geheim   Durch Eilboten
Betrifft: Monatliche Lageberichterstattung. (…)
In Oldenburg wurde ein Klebezettel an einen Telegrafenmast in Form eines schmalen Papierstreifens angeklebt gefunden. (…) In Osternburg (…) fand man ein Führerbild, das mit Bleistiftstrichen beschmiert war. Aus einer Grafschaft im Kreise Aurich ist berichtet worden, dass ein Wahlflugblatt der NSDAP mit einer braunen Masse beschmiert worden sei. (…) Meldungen über abgerissene Wahlplakate gingen zahlreich ein.

5 Ergänzt eure Liste der Widerstandsformen.
6 Überlegt, warum es gefährlich war, Widerstand zu leisten. Begründet.

Zunächst ging der Widerstand vor allem von Mitgliedern der verbotenen bzw. aufgelösten SPD, KPD und den Gewerkschaften aus. Mit zunehmender Dauer der Diktatur erkannten aber auch andere das Unrecht und begannen Widerstand zu leisten. Einige Mitglieder der Kirchen schlossen sich ebenfalls dem Widerstand an. Über Einzelpersonen und andere Gruppen, die Widerstand leisteten, berichten stellvertretend für alle anderen folgende Quellen:

Q2 Pastor Schneider aus Süddeutschland wurde wegen seiner politischen Einstellung mehrmals verhaftet. 1937 wurde er in das KZ Buchenwald (bei der Stadt Weimar) verschleppt. Weil er sich weigerte die Hakenkreuzfahne zu grüßen, wurde er von der SS eingesperrt, geschlagen und am 18. 7. 1939 ermordet.

Jugendliche leisten Widerstand

1942 schaltete die Gestapo eine jugendliche Widerstandsgruppe in Hamburg aus:

Q3 Ihre wichtigste Person war Helmuth Hübener, damals 17 Jahre alt. (…) Hübeners Bruder hatte aus Frankreich ein Radio mitgebracht, das Helmuth reparierte. Dabei fing er einen deutschsprachigen Sender aus London auf und verfolgte fortan dessen Berichte. Auf einer Schreibmaschine tippte er das Gehörte ab und verbreitete gemeinsam mit anderen diese Nachrichten. Die Jungen deponierten dutzende von Blättern in Hausgängen und Briefkästen. Die Gestapo war höchst erstaunt, als sie entdeckte, dass hinter dem Ganzen 16- und 17-jährige Jungen steckten. Helmuth selbst wurde hingerichtet, die anderen erhielten Gefängnisstrafen zwischen vier und zehn Jahren.

7 Schreibt in eure Liste, wie Pastor Schneider und die Jugendlichen Widerstand leisteten.

Menschen leisten Widerstand

1 Helmuth Hübener. Foto, um 1940.

Aus Abneigung gegen die HJ schlossen sich im Ruhrgebiet Jugendliche zu den „Edelweißpiraten" zusammen. Sie gingen nicht mehr zum Dienst in die HJ und trafen sich in der Freizeit in ihren Cliquen um zu wandern, zu zelten oder am Wochenende wegzufahren. Oft prügelten sie sich mit der HJ und verspotteten überzeugte Nationalsozialisten.
1 *Sprecht darüber, warum diese Jugendlichen die HJ ablehnten. Lest dazu noch einmal auf Seite 260 über die HJ nach.*

Die Gestapo nahm im Oktober 1944 eine Gruppe von Edelweißpiraten fest. Am 10. November 1944 wurden Bartholomäus Schink, Dachdeckerlehrling, 16 Jahre, Franz Rheinberger, Arbeiter, 17 Jahre, Günter Schwarz, Lehrling, 16 Jahre, in Köln ohne Gerichtsurteil öffentlich gehenkt.

„Du kannst bleiben"
Hans, ein 17-jähriger Junge aus einer Berliner jüdischen Familie, berichtet, wie ihn nichtjüdische Bekannte zwei Jahre lang vor der Gestapo in einer Gartenlaube versteckten. Sein kleiner Bruder Gert war bereits abgeholt worden:

> Die kleine zierliche Frau öffnete. Scheu sah ich mich um, ob ich beobachtet worden war. „Na, Hansi, was ist?", fragte Frau Jauch. Ich rang mich durch: „Ich muss mich verstecken, Frau Jauch. Gert ist schon abtransportiert. Wir haben nie wieder etwas von ihm gehört. Ich wollte fragen, ob Sie mich vielleicht aufnehmen und verstecken könnten." Die befürchtete Reaktion der kleinen schlichten Frau blieb aus. Sie lächelte: „Du kannst bei mir bleiben, Hansi."

Dieser Hansi ist Hans Rosenthal, der später ein beliebter Unterhaltungskünstler im Fernsehen wurde. Hans Rosenthal ist 1987 verstorben.
2 *Vermutet, wie es Hans ging, als er Frau Jauch um Hilfe bat.*
3 *Sprecht darüber, was Hans meinte, wenn er schrieb: Die befürchtete Reaktion blieb aus.*
4 *Überlegt, welches Risiko Frau Jauch einging. Ergänzt eure Liste der Widerstandsformen.*
5 *Fragt eure Eltern oder Großeltern, ob sie Hans Rosenthal noch aus dem Fernsehen kennen.*

Der 20. Juli
1943 waren zwei Attentate hoher Armeeoffiziere auf Hitler gescheitert. Am 20. Juli 1944 versuchten hohe Offiziere erneut Hitler zu töten. Sie gehörten einer Widerstandsgruppe aus Beamten, ehemaligen Gewerkschaftsführern und Politikern an. Der Versuch misslang und die Gruppe wurde zerschlagen.
6 *Welche Form des Widerstands wird hier genannt? Schließt eure Liste ab.*
7 *Sprecht darüber, warum die auf dieser Doppelseite genannten Menschen trotz der Gefahr Widerstand leisteten.*
8 *Lest eure Liste durch und sprecht über das Verhalten der Menschen im Widerstand.*

2 Claus Graf Schenk von Stauffenberg, Leiter der Widerstandsgruppe des 20. Juli. Foto 1942.

MENSCHEN IM KRIEG

Frauen bei der Hausarbeit. Foto, um 1944.

Alltag im Krieg

1 *Beschreibt das Bild. Überlegt, warum die beiden Frauen ihre Arbeit im Freien verrichteten.*
2 *Vermutet, worüber die beiden Frauen geredet haben könnten.*
3 *Betrachtet das Bild auf Seite 271. Welche Sorgen und Wünsche könnten die Eltern der Kinder gehabt haben?*

Am 1. September 1939 überfiel die deutsche Wehrmacht auf Befehl Hitlers Polen. Damit begann der Zweite Weltkrieg, der am 8. Mai 1945 mit der totalen Niederlage Deutschlands endete.
Wegen des deutschen Überfalls auf Polen erklärten Großbritannien und Frankreich Deutschland den Krieg. Dieser Krieg brachte unermessliches Elend über die Menschen in den besetzten Ländern. Zunehmend bekamen aber auch die Menschen in Deutschland die Auswirkungen des Krieges zu spüren. Ab Mitte 1942 setzten die Bombenangriffe der Amerikaner auf deutsche Städte ein.
Else Müller, die 1943 in den ersten großen Luftangriff auf die Essener Innenstadt geriet, schreibt:

> **Q1** Alles krachte, splitterte, brannte. Ich bin alleine los, (…) der Hauptbahnhof brannte, (…) und die Flugzeuge kamen schon wieder, (…) dann wurde ich angeschrien: „Sind Sie wahnsinnig? Kommen Sie in den Keller!" Und dann bin ich in die Rolandstraße hinterm Parkhotel in den Keller rein. Und alles strömte in den Keller und dann fielen die Bombenteppiche schon wieder. Und dann hat es fürchterlich gekracht. (…) Wir konnten nicht mehr raus aus dem Keller, wir waren (…) eingeschlossen.

4 *Sucht die Stadt Essen im Atlas.*
5 *Sprecht über die Erlebnisse von Else Müller. Seht euch dazu noch einmal die Bilder an.*

Durch die Bombenangriffe wurden viele Kinder, Frauen und alte Menschen in den Städten getötet. Wegen der häufigen Luftangriffe forderten die Nationalsozialisten die Eltern auf ihre Kinder in ein Lager der „Kinderlandverschickung" (KLV) zu geben. Ein Junge namens Klaus schreibt aus einem KLV-Lager an seine Mutter:

> **Q2** St. Sebastian, den 5. 2. 45
> Meine liebe Mutti!
> Heute ist bei uns die Nachricht angekommen, dass ein starker Bomberverband Berlin angegriffen hat. (…) Ist bei euch etwas passiert? (…) Es wird bald knapper werden mit dem Essen. (…) Wenn es bei uns brenzlig wird, werde ich versuchen zu Tante Liebsten zu gelangen. Die Taschentücher habe ich erhalten. Liebe Mutti, ich brauche dringend Strümpfe. (…) Kannst du Pflaster und Verbandszeug besorgen? Wenn ja, dann schicke es mir. (…)
> Nun sei recht herzlich gegrüßt und geküsst dein Klaus

6 *Sprecht darüber, warum sich Klaus Sorgen macht.*
7 *Listet auf, worum Klaus seine Mutter bittet.*
8 *Versucht den Satz „Wenn es brenzlig wird…" zu erklären.*

Menschen im Krieg

Verschleppung von Kindern
Seit Anfang 1943 zogen die Nationalsozialisten auch Jugendliche, in den letzten Kriegsmonaten z. T. sogar Kinder, zu militärischen Einsätzen heran.

In den von Deutschland besetzten Gebieten wurden auf Befehl Hitlers viele tausend Menschen von Deutschen gedemütigt, gequält, verschleppt oder auf schreckliche Weise getötet. Über einige dieser Verbrechen berichten die folgenden Texte. Säuglinge und Kinder, die nach Meinung der Nationalsozialisten „rassisch wertvoll" waren, wurden ihren Eltern weggenommen und an deutsche Pflegefamilien vermittelt.
Ein polnischer Junge namens Jan Sulisz schreibt:

> **Q1** 1940 wurden vier Jungen – alle hellblond wie ich – zur Untersuchung ins Gesundheitsamt abgeholt. (…) Man entnahm uns Blutproben, maß alle Körperteile, den Kopf und dergleichen, untersuchte die Haare, die Haut usw. Am Ende brachte man mich nach Bruczkow. Dort waren schon etwa 70–80 Kinder von drei Jahren an. In Bruczkow brachte man uns die deutsche Sprache bei und verbot uns polnisch zu sprechen.

Jan wurde in ein Lager nach Salzburg gebracht. Nach Kriegsende suchten viele Familien aus den ehemals besetzten Ländern verzweifelt nach ihren Kindern.
1 *Sprecht über Jans Bericht.*

Viele Kinder und Jugendliche wurden zur Arbeit nach Deutschland verschleppt. Andere wurden in Lagern zu härtester Arbeit gezwungen.

Hamburger Kinder. Foto 1945

Jan Woscyk, ein polnischer Junge, berichtet:

> **Q2** Es war am 2. Februar 1941. Damals fuhr ich von meinem Heimatdorf Porabka (…) nach Kluezborg. Nach einigen Kilometern hielt plötzlich der Zug und Gestapo-Beamte sprangen auf. Mit Gewehrkolben trieben und prügelten sie uns hinaus. (…) Am 27. September 1942 kam ich ins Lager Lodz. (…) Damals war ich zwölf Jahre alt. (…) Jeden Tag kamen neue Kindertransporte. (…) Sie kamen von überall her. Da waren russische, tschechische, belgische, französische Kinder, (…) vor allem aber eine große Anzahl von Polen. Der halbe Liter Suppe, das Einzige, was wir pro Tag zu essen bekamen, enthielt irgendein undefinierbares chemisches Gift. Wir waren richtig aufgequollen vor Unterernährung, (…) dazu kamen ja auch noch die Kälte, Schläge und die anstrengende Arbeit.

2 *Versucht euch in die Lage der Kinder und deren Eltern zu versetzen.*
3 *Stellt mithilfe einer Europakarte fest, woher die Kinder im Lager Lodz kamen.*

Viele Kinder und Jugendliche wurden wie die Erwachsenen in den Lagern ermordet. Eva Kaskova, ein sechsjähriges tschechisches Mädchen, schrieb am 30. 6. 1942:

> **Q3** Liebe Tante, wir sind hier allein, ohne Mama und Papa. Wir haben nur ein Kleid und darum fragen wir, ob ihr uns etwas schicken könnt. Auch alte Schuhe oder ein Stück Brot. (…) Wir nehmen alles mit Freude.

Auch Eva wurde getötet.

NEONAZIS HEUTE

Jugendliche Neonazis auf einer Kundgebung. Foto 1990.

Neonazistische Gruppen in Deutschland
1 *Beschreibt das Bild und vergleicht es mit dem Bild auf Seite 260. Sucht nach Gemeinsamkeiten.*

Schon wenige Jahre nach dem Ende der nationalsozialistischen Diktatur entstanden in der Bundesrepublik Deutschland wieder Gruppen, die für nationalsozialistische Ideen eintraten. Ihre Mitglieder werden Neonazis (Neue Nationalsozialisten) oder Rechtsextremisten genannt.
Im Jahr 1991 gab es 69 solcher Gruppen oder Parteien mit knapp 40 000 Mitgliedern. Die größten und bekanntesten von ihnen sind die „Deutsche Volksunion" (DVU), die „Freiheitliche Deutsche Arbeiterpartei" (FAP), die „Nationaldemokratische Partei Deutschlands" (NPD) und die „Republikaner".
Die Neonazis versuchen auch schon Schülerinnen und Schüler anzuwerben. Die bedeutendste dieser Jugendgruppen in Niedersachsen ist die „Wiking-Jugend".

Ein Teilnehmer berichtet aus einem ihrer Zeltlager:

Q Mit dem Hissen der Lagerfahne wurde das Lager eröffnet. Die Teilnehmer (...) hatten sich bald an den Lagerablauf mit Ordnung und Disziplin gewöhnt. (...) Nach dem Wecken erfolgte täglich der morgendliche Frühsport, danach Körperpflege und das Reinigen der Gemeinschaftsräume. Bevor es an den Frühstückstisch ging, trat die Lagermannschaft zum Morgenappell an. Neben den sportlichen Veranstaltungen, die etwa ein Drittel des Lagerdienstplanes ausfüllten, fand Unterricht statt.
Wie jedes Jahr (...) fand (...) der allseits beliebte Wehrkampf statt. Er umfasste Schießen, Keulenzielwurf, Hindernislauf und einen 25-km-Marsch.

2 *Vergleicht den Lagerablauf der „Wiking-Jugend" heute mit den Aktivitäten der HJ vor 1945 (siehe die Seiten 259 und 260). Schreibt die Gemeinsamkeiten heraus.*

Neonazis heute

1 Demonstration von Neonazis. Foto 1978.

Neonazis und Nationalsozialismus

1 *Betrachtet das Bild. Welches Verbrechen der Nationalsozialisten wird bestritten?*

2 *Tragt zusammen, was ihr dazu sagen könnt. Seht euch dazu noch einmal die Seiten 266 und 267 an.*

3 *Vergleicht das alte Kinoplakat der Nationalsozialisten mit dem Wahlplakat der FAP heute. Überlegt, warum die FAP heute ein solches Plakat druckt.*

Einige der neonazistischen Gruppen (z. B. die FAP) bekennen sich heute wieder offen zu den Ideen der Nationalsozialisten. So meinen auch sie, die Deutschen seien „Herrenmenschen". Sie bekennen sich zur Hetze gegen die angeblich „minderwertigen Rassen" wie die Juden oder die Roma und Sinti (Zigeuner). Die Neonazis bestreiten jedoch die furchtbaren Folgen des Terrors gegen diese Menschen in der Zeit des Nationalsozialismus.

Andere Gruppen (z. B. die DVU und die „Republikaner") wollen angeblich mit solchen Ideen nichts zu tun haben. Gleichzeitig verbreiten sie aber in ihren Reden und auf ihren Wahlplakaten ähnliche Vorstellungen.

4 *Lest den Text auf dem DVU-Plakat. Sprecht darüber, ob damit Ideen wie im Nationalsozialismus verbreitet werden.*

5 *Vermutet, welche unserer Mitmenschen heute dadurch diskriminiert* werden könnten.*

2 Kinoplakat aus dem Nationalsozialismus, Wahlplakate neonazistischer Parteien 1987, 1990.

Neonazis heute

Ausländerfeindliche Wandzeichnung. Foto 1992.

Ausländerfeindlichkeit in Deutschland

1 *Erklärt, was die Parolen auf dem Bild aussagen sollen und warum ein Hakenkreuz dazu gemalt wurde.*
2 *Berichtet, ob es in eurem Wohnort ähnliche Parolen gibt.*

Die neonazistischen und rechtsextremen Gruppen verbreiten über die bei uns lebenden Ausländer und Ausländerinnen ähnliche Vorurteile wie früher die Nationalsozialisten über die Juden. Sie behaupten, dass uns die Ausländer die Arbeitsplätze und die Wohnungen wegnähmen und sich auf unsere Kosten ein schönes Leben machten.

3 *Sprecht darüber, ob diese Behauptungen zutreffen. Besorgt euch dafür weitere Informationen von der Niedersächsischen Ausländerbeauftragten (Adresse siehe Bild 2, Seite 275).*

Die genannten Vorurteile finden immer mehr Zustimmung in der Bevölkerung. Eine wachsende Zahl von Deutschen verhält sich deswegen gegenüber den hier lebenden ausländischen Menschen abweisend und feindlich.
Auch an Schulen werden ausländische Mitschülerinnen und Mitschüler oft gehänselt oder vom gemeinsamen Spiel ausgeschlossen. Dina, eine farbige Schülerin, berichtet in einer Tageszeitung:

Q1 Besonders an öffentlichen Plätzen wie U-Bahn-Haltestellen seien Ausbrüche wie „Hau ab, du dreckiges Niggerschwein!" die Regel.

Birgül, ein türkisches Mädchen, erzählt von Erlebnissen ihrer Schwester Sergül:

Q2 Manchmal kommt die Sergül mit blauen Flecken von der Schule zurück und weint. Einige deutsche Jungen schlagen sie und sagen schlechte Worte zu ihr.

4 *Sprecht darüber, wie sich Dina und Sergül fühlen mögen. Denkt dabei noch einmal an die Erlebnisse von Hanna und Peter auf Seite 266.*
5 *Überlegt, was ihr als Einzelne oder als Klasse gegen solche Verhaltensweisen tun könnt.*

Überfälle auf ausländische Mitmenschen

Manchmal werden ausländische Menschen sogar auf der Straße gewaltsam angegriffen. Immer häufiger werden ihre Wohnungen angezündet. 1991 gab es 2368 solcher Überfälle, über 300 davon in Niedersachsen (siehe auch Seite 215). Diese Gewalttaten verüben meist Jugendliche, die sich „Skinheads" nennen und eng mit der FAP zusammenarbeiten. Auf ihren Treffen singen die Skinheads Lieder, in denen dazu aufgerufen wird die in Deutschland lebenden ausländischen Menschen in ein KZ zu schicken, ihre Kinder zu töten und sie als „Rasse" auszurotten.

6 *Berichtet darüber, was nach Ansicht der „Skinheads" mit den Ausländern passieren soll. Vergleicht dies mit den Maßnahmen gegen die Juden (siehe Seiten 266 und 267).*

Werkstatt

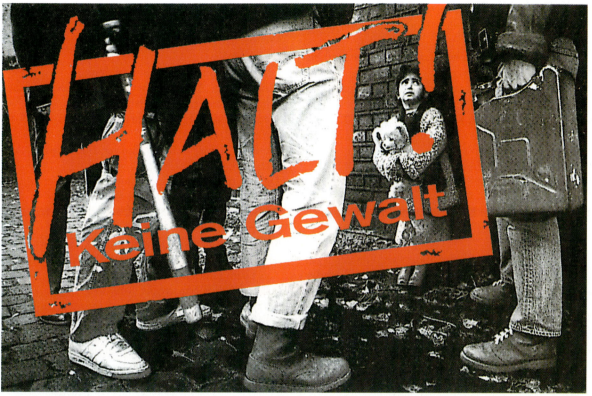

1 Plakat der Bundesregierung 1991

Solidarität mit Ausländern
Viele Menschen sind über die wachsende Ausländerfeindlichkeit empört. Vor allem Überfälle auf ausländische Mitbürger haben überall Initiativen* für ein friedliches und vorurteilsfreies Zusammenleben aller Menschen hervorgerufen.
An vielen Orten finden Aktionen gegen Ausländerfeindlichkeit statt. So werden z. B. Feste organisiert, auf denen gemeinsam deutsche und ausländische Gerichte gekocht und Volkstänze aufgeführt werden. Außerdem finden Plakataktionen, Demonstrationen und Diskussionsveranstaltungen statt. An vielen Schulen führen Kinder Mal- und Fotografierwettbewerbe gegen Ausländerfeindlichkeit durch und organisieren internationale* Kinderfeste. Sie stellen Informationstafeln über das Leben in der Heimat von ausländischen Mitschülern her.
– *Überlegt, ob ihr Ähnliches an eurer Schule durchführen könnt.*

Weitere Informationen erhaltet ihr von der „Niedersächsischen Ausländerbeauftragten" (Adresse siehe Bild 2) oder von der „Ausländerbeauftragten der Bundesregierung" (PSF 14 02 80, 53107 Bonn, Tel: 02 28/5 27 29 73).

2 Plakat der Niedersächsischen Ausländerbeauftragten 1991

Jugendbücher

Menschen nutzen ihre Freizeit

Rauprich, Nina, Lasst den Uhu leben. dtv-junior 70129.
Veit, Barbara, Gefährliches Strandgut, Ravensburger TB 1761.
Dies., Italienische Krankheit, Ravensburger TB 1762.
Dies., Fluss in Gefahr, Ravensburger TB 1784.

Menschen versorgen sich

Alltag bei den Urmenschen, ars edition.
Baumann, Hans, Die Höhlen der großen Jäger, Otto Maier Verlag.
Beyerlein, Gabriele: Die Keltenkinder, Arena Verlag.
Dieselbe, Die Sonne bleibt nicht stehen, Arena Verlag.
Boer, Friedrich, So lebt man anderswo. Von der Jagd, den Sitten und dem Gemeinschaftsleben fremder Völker, Arena TB 1181.
Creutz, Ulrich, Rund um die Steinzeit, Kinderbuch Verlag.
Grund, Josef C., Die Höhle über dem Fluss, Loewes Verlag.
Kuhn, Wolfgang, Mit Jeans in die Steinzeit, dtv-junior.
Lornsen, Dirk, Rokal, der Steinzeitjäger, Thienemann Verlag.
Lütgen, Kurt, Kein Winter für Wölfe, Arena-TB 1168/69.
Petersen, Palle, Anja erlebt die Bronzezeit, Neuer Finken Verlag.
Sutcliff, Rosemary, Scharlachrot, Verlag Urachhaus.
Vos-Dahmen von Buchholz, Tomy, Die Feuersteinkinder, Hoch Verlag.
Wendt, Herbert, Schwarze Schatten über dem Amazonas, Ravensburger TB 241.

Menschen gestalten ihre Lebensbedingungen

Bannwart, Edouard und Herrenberger, Marcus, Auf den Spuren einer Stadt. Ein Stadtschreiber erzählt, Otto Maier Verlag.
Baumann, Hans, Die Welt der Pharaonen, Otto Maier Verlag.
Beckmann, Thea, Unter glücklichem Stern, Verlag Urachhaus.
Draeger, Heinz-Joachim, Die Torstraße, Atlantis Verlag.
Eschenloh, Wolfgang, Der weiße Ring, Wolfsnebel, Loewes Verlag.
Hernandez, Xavier/Ballonga, Jordi, Hambeck, eine Hansestadt im Norden, Tessloff Verlag.
Heyne, Isolde, Tinutem – ein Priester des Amun, Herder Verlag.
Isasker, J., Herrlich und in Freuden.
Müller, Jörg, Alle Jahre wieder saust der Presslufthammer nieder, Verlag Sauerländer.
Naef, Thomas H., Der Schreiber des Pharaos, Artemis Verlag.
Pleticha, Heinrich, Ritter, Bürger, Bauersmann, Arena Verlag.
Ders. Ritter, Burgen und Tuniere, Arena Verlag.
Reiche, Dietlof, Der Bleisiegelfälscher.
Rettich, Margret, Erzähl mal, wie es früher war, Otto Maier Verlag.
Salgari, Emilio, Pharaonentöchter, Arena Verlag.
Sancha, Sheila, Das Dorf. So lebte man im Mittelalter auf dem Lande, Gerstenberg.
Selber, Martin, Faustrecht, Rowohlt Verlag.
Sutcliff, Rosemary, Randal der Ritter, Verlag Urachhaus.
Zitelmann, Arnulf, Bis zum 13. Mond, Beltz & Gelberg.

Menschen verschiedener Kulturen leben zusammen

Bergner, Karlhermann, Die Jungen der ersten Kohorte, Arena Verlag.
Dematte, Enzo und Giorno, Buon, Germania, arena TB 1677
Funk, Hans, Entscheidung für Markus, Ensslin Verlag.
Große-Oetringhaus, Hans-Martin, Unter den Füßen die Glut, Kinder auf den Philippinen, rororo-Rotfuchs 458.
Grund, Josef C., Feuer am Limes, Loewes Verlag.
Huber, Heide, Der geheimnisvolle Römerwagen in Colonia. Eine Kriminalgeschichte nicht nur für Kinder. Bachem.
Knudsen, Poul E., Der Wettstreit. Die Abenteuer des jungen Odbjörn bei den Römern. Bertelsmann.
Kustermanns, Paul, Die Legion in der Falle, Anrich Verlag.
Ky, Geh doch wieder rüber, rororo-Rotfuchs 415.
Neudeck, Rupert, Verjagt und vernichtet. Kurden kämpfen um ihr Leben, rororo-Rotfuchs 653.
Ney, Norbert, Sie haben mich zum Ausländer gemacht … ich bin einer geworden, rororo-Rotfuchs.

Jugendbücher

Radauer, Leopold, Kelten, Römer und Spione. Sie kämpften um Eisen und Freiheit, Styria Verlag, Graz, Köln.

Rauprich, Nina, Leben wie andere auch. Ich wohne im Friedensdorf, rororo-Rotfuchs 492.

Röhrig, Tilmann, Mit Hannibal über die Alpen, Arena TB 1682.

Salm, Elmar von, Brandstiftung, Arena TB 2516.

Schwarz, Annelies, Hamide spielt Hamide. Ein türkisches Mädchen in Deutschland, dtv-pocket 7864

Sliwka, Dieter, Sirtaki, dtv pocket 78001.

Smith, Rukshana, Sumitra zwischen zwei Welten, dtv pocket 7860.

Springer, Monika, Fremd wie der Fisch dem Vogel, rororo-Rotfuchs 578.

Stasius, Horst, Menschenrechte, rororo-Rotfuchs 469.

Stephan-Kühn, Freya, Viel Spaß mit den Römern, Arena Verlag.

Stöver, Hans D., Quintus geht nach Rom, dtv 70118.

Ders., Die Akte Varus, Arena Verlag.

Streit, Jakob, Geron und Virtus, Novalis Verlag.

Sutcliff, Rosemary, Beric, der Ausgestoßene. Historischer Roman, Mohn Verlag.

Tippelskirch, Wolf-Dieter von, Die Stunde der Germanen. Entscheidung am Teutoburger Wald. Varus, Armin, Germanicus, Hoch Verlag.

Menschen wachsen in die Gesellschaft hinein

Baumgärtner, Raimund, Deutsche, die sich nicht beugten, Herder Verlag.

Bayer, E., Ehe alles Legende wird, Signal Verlag.

Berger, Peter, Im roten Hinterhaus, Arena TB 1263.

Borowski, Peter, Adolf Hitler, Dressler Verlag.

Burger, Horst, Warum warst du in der Hitlerjugend? Rotfuchs TB 194.

Fährmann, Willi, Das Jahr der Wölfe, Arena Verlag.

Fénélon, Fania, Mädchenorchester von Auschwitz, dtv 1706.

Fink, Renate, Mit uns zieht die neue Zeit, Arena TB 2508.

Worterklärungen

Amnesty International (ai) Weltweit organisierter Verband zum Schutz und für die Unterstützung politisch verfolgter Menschen, sofern sie gewaltfrei arbeiten.

Amphitheater Römisches Theater, meist im Halbrund gebaut, wobei die Zuschauerplätze nach hinten ansteigen um allen Besuchern gute Sicht auf die Bühne zu ermöglichen.

Archimedische Schraube Förderschnecke zum He-ben von Wasser. Sie besteht aus einem Rohr und einer darin sich drehenden Schraube, die das Wasser vorwärts schiebt. Dadurch kann Wasser nach oben befördert werden. Die Archimedische Schraube dient in erster Linie zur Landbewässerung. Sie wurde von dem Griechen Archimedes (um 287 v. Chr. bis 212 v. Chr.) erfunden.

Astronaut (auch Kosmonaut) Der Pilot (Flugzeugführer) oder Mitreisende eines bemannten Raumfahrzeuges.

Asyl Heim zur Aufnahme hilfsbedürftiger Menschen. Hier bedeutet es Zufluchtsort für politisch Verfolgte.

Attentat Anschlag, Überfall auf einen Politiker oder eine Persönlichkeit des politischen Lebens.

Bader Der Bader ließ zur Ader, übte einfache Wundbehandlung und niedere Chirurgie aus; er schnitt auch die Haare. Bader galten zunächst als unehrlich, wurden aber 1406 für ehrlich erklärt.

Bernstein Gehärtetes Harz von Nadelbäumen, die vor 40 bis 60 Millionen Jahren große Wälder gebildet haben. In den gelben bis bräunlichen Bernsteinstücken sind manchmal Insekten und Pflanzenstücke eingeschlossen. Den meisten Bernstein findet man an der Ostseeküste.

Binnenstaat Ein Staat, der nicht am Meer liegt. Es gibt auf der Erde mehr als 30 Binnenstaaten. Zu ihnen gehören in Europa z. B. die Schweiz, Österreich und Ungarn.

Börek Gefüllte Teigtaschen.

Böttcher Handwerker, der Holzgefäße herstellt. Wichtiges „Verpackungsmaterial" des Mittelalters für Aufbewahrung und Versand von Lebensmitteln.

BUND Bund für Umwelt und Naturschutz Deutschland. Adresse: Im Rheingarten 7, 53225 Bonn 3.

CDU Christlich-Demokratische Union. Die Partei wurde 1945 gegründet.

Cholera Ähnliche Krankheit wie Ruhr (siehe dort). Hinzu kommt noch starkes Erbrechen.

Chronik Zusammenhängende Darstellung geschichtlicher Ereignisse nach ihrer Reihenfolge.

Dezimieren Früher bedeutete dezimieren das Töten jedes Zehnten. Heute wird es im Sinne von vermindern oder aufreiben gebraucht.

Dienstleistungen Wirtschaftliche Tätigkeiten, die nicht auf Gütererzeugung und Handel gerichtet sind, sondern in persönlichen Leistungen bestehen. Sie werden z. B. erbracht in den Bereichen Erziehung und Unterricht, Banken, Handel, Verkehr, Gaststätten und öffentlichen Diensten wie Krankenpflege, Polizei und Verwaltung.

Diktatur Alleinherrschaft eines Mannes oder einer Partei.

Diskriminieren Herabsetzen und verächtlich machen, auch ausstoßen von Menschen aus einer Gemeinschaft.

Drehbank Werkzeugmaschine, mit der Metall bearbeitet wird.

Elle Altes Längenmaß, besonders für Tuche. Die Elle entsprach ursprünglich der Länge des Unterarms. In Deutschland gab es über 100 verschiedene Ellenmaße.

FDP Freie Demokratische Partei. Die Partei wurde 1948 gegründet.

Flachs Eine der ältesten Faser- und Ölpflanzen. Schon in der Jungsteinzeit wurden aus den Stängeln der Pflanze die Fasern gewonnen, die man zu Leinen verarbeitete. Durch Pressen der ölhaltigen Samen gewann man das sehr gesunde Leinöl.

Flussbaum Kartenbild eines Flusses und seiner Nebenflüsse. Ein Fluss verzweigt sich von seiner Mündung an aufwärts wie der Stamm eines Baumes in seine einzelnen Äste.

Furt Seichte Flussstelle, die das Durchwaten, Durchreiten oder Durchfahren gestattet.

Gänsehöker Hökerei ist der Kleinhandel mit Lebensmitteln und ein Gewerbe, das man im allgemeinen nicht regelmäßig betrieb. Eine Gänsehökerin handelte demnach mit Gänsen.

Gerber Handwerker, der Felle und Häute zu Leder verarbeitet. Er sortiert, weicht ein, enthaart, beizt und gerbt die Häute. Benötigt viel Wasser. Übel riechend.

Greenpeace Englisches Wort, bedeutet wörtlich übersetzt „Grüner Frieden". Internationale Umweltschutzorganisation.

Grundherr Eigentümer von Grund und Boden. Er übte die Herrschaft über die Bauern aus, die auf seinem Grund wohnten und arbeiteten.

Worterklärungen

Grüne Partei Die Grünen. Die Partei wurde 1980 gegründet.
Gülle Flüssiger Dünger, der bei der Viehhaltung entsteht. Er setzt sich aus Harn und Kot des Viehs und reichlich Wasser zusammen.
ha Hektar, ein Flächenmaß. 1 ha = 10 000 m² (100 x 100 m). 1 ha entspricht etwa der Größe eines Fußballfeldes.
Hogan Haus der Navajo. Achteckiges Blockhaus mit kuppelförmigem Dach. Über Dach und Wände wird Erde geschüttet.
Horst-Wessel-Lied Nach seinem Urheber, dem Nationalsozialisten Horst Wessel, benanntes Kampflied der NSDAP. Ab 1933 war es während der Zeit des Nationalsozialismus zusammen mit dem Deutschlandlied Nationalhymne.
Hortfunde Bei Ausgrabungen haben Vorgeschichtsforscher an manchen Stellen viele Stein- oder Metallgeräte und auch Bernstein in einer Grube gefunden. Man nimmt an, dass es sich um versteckten Besitz handelt, der wegen kriegerischer Ereignisse oder aus anderen Gründen vergraben wurde.
Industrieländer Länder, in denen die meisten Güter und Waren in Fabriken hergestellt werden.
Initiativen Zusammenschluss von Menschen für ein gemeinsames Ziel.
International Zusammenleben und -arbeiten über Staatsgrenzen hinweg.
Konservierung Haltbarmachen von Lebensmitteln, z. B. durch Trocknen von Obst, durch Einkochen in Gläsern oder Dosen und durch Einsalzen. Heute werden viele Lebensmittel durch Tiefgefrieren konserviert.
Katechismus Ein Buch für den christlichen Glaubensunterricht, in dem in Frage und Antwort der Lernstoff angeboten wird.
Kloake Abfall- und Abwassergrube.
Kohlenflöz Abbaubare Kohlenschicht.
Kolonie Länder und Gebiete in Südamerika, Mittelamerika, Afrika und Asien, die von den europäischen Staaten erobert, abhängig gemacht und ausgebeutet, in einigen Fällen aber auch entwickelt wurden.
Konzentrationslager (KZ) Gefangenenlager für unterschiedliche Gruppen der Bevölkerung, vor allem für politische Gegner der Nationalsozialisten, religiös anders Denkende, Menschen anderer Nationalitäten u.a. Die Lebensverhältnisse in den KZ waren sehr grausam, viele Gefangene starben oder wurden ermordet. Ab 1938 wurde die Zwangsarbeit ein wesentlicher Zweck der KZ. Ab 1941 wurden zur Massenvernichtung vor allem von Menschen jüdischen Glaubens und von Sinti und Roma Vernichtungslager eingerichtet. In die KZ wurden die Menschen auf Anordnung der Geheimen Staatspolizei (Gestapo) ohne rechtsstaatliches Verfahren gebracht.
Kosmonaut siehe Astronaut.
KPD Kommunistische Partei Deutschlands. Die Partei wurde 1918 gegründet.
Kreisfreie Stadt Größere Städte, zumeist über 100 000 Einwohner, sind kreisfreie Städte. Sie gehören keinem Landkreis an und sind den Landkreisen gleichgestellt. Kreisangehörige Städte sind dem Landkreis, in dem sie liegen, unterstellt.
Kreuzer Altdeutsche Münze. Ein Kreuzer entsprach vier Pfennigen.
Kummet Stark gepolsterter Halsring. Er überträgt die Last auf die Schultern des Tieres. Dadurch wird die Atmung wenig behindert. Durch das Kummet erhöht sich die Zugkraft auf das 4- bis 5fache.
Läufer Junges Schwein.
Leineweber Hersteller von Webwaren aus Leinen.
Mark Das Wort Mark hat zwei verschiedene Bedeutungen:
1. Gewichtseinheit: Im Mittelalter entsprach eine Mark etwa 234 g Silber. Danach wurde in vielen Ländern Deutschlands das Silber gewogen.
2. Münzbezeichnung: Seit 1500 werden Silbermünzen mit der Bezeichnung Mark geprägt. Sie waren in den unterschiedlichen Ländern verschieden schwer.
Märtyrer Jemand, der für seinen Glauben oder seine Überzeugung leidet oder stirbt. Ein Märtyrerpass ist ein Ausweis für einen solchen Menschen.
Mergelgrube Der Mergel ist ein Gemenge aus Kalk und Ton. Er kommt an vielen Stellen der Erde vor. Mergel verwendete man früher zur Verbesserung des Ackerbodens. Bei seinem Abbau entstanden große Gruben.
Miniatur Ursprünglich die Kunst mit zinnoberroter Farbe zu malen (lateinisch „minium" = Mennige). Bekannt sind Miniaturen als Kleinbilder, die vor allem mittelalterliche Handschriften schmückten.
Mittelalter Als Mittelalter bezeichnet man in Europa die Zeit von etwa 500 n. Chr. bis etwa 1500 n. Chr. Das Mittelalter hat nicht plötzlich angefangen, sondern hat sich langsam entwickelt. Ebenso war es mit dem Ende des Mittelalters. Noch lange nach

Worterklärungen

1500 sahen die Städte und Dörfer aus wie im Mittelalter und es lebten viele Menschen wie vorher.

Morgen Älteres Feldmaß, ursprünglich die Ackerfläche, die ein Bauer mit einem Gespann am Vormittag pflügen konnte. Ein Morgen entspricht etwa 2600 m².

Pacht, Pächter Bezahlung für das Überlassen eines Stück Landes zur Nutzung. Pächter: Jemand, der Land pachtet.

Pfeiffer Musikant.

Propaganda Politische Werbung einer Partei oder eines Staates, die oft bewusst Falsches behauptet um Menschen zu täuschen.

Provinz Erobertes Gebiet im Römischen Weltreich, das durch einen römischen Statthalter nach den Anordnungen Roms verwaltet wurde.

Quelle Als Quelle bezeichnet man alles, woraus wir Kenntnisse über die Vergangenheit gewinnen können.

Reservationen (auch Indianerreservationen) Gebiete, die den Indianern vorbehalten sind. In sie hatte man die aus ihren ursprünglichen Stammesgebieten vertriebenen Indianer umgesiedelt. Reservationen sind meist trockene Gebiete (Halbwüsten).

Residenzstadt Stadt mit einem Schloss oder einer Burg. Von hier aus regierte ein Landesherr (König, Herzog, Graf) oder ein Bischof sein Land.

Ruhr Darmkrankheit mit starkem Durchfall und hohem Flüssigkeitsverlust des Körpers.

Scheffel Altes deutsches Hohlmaß für Trockengüter, v. a. für Getreide.

Sippen Gesamtheit aller Blutsverwandten.

Skorbut Eine Krankheit, die bei Mangel an Vitamin C auftritt. Sie verursacht ausgedehnte Blutungen und Zahnausfall.

Smaragd Kostbarer grüner Edelstein.

SPD Sozialdemokratische Partei Deutschlands. Die Partei wurde 1890 gegründet.

Sperrwerk Ein Bauwerk aus Beton oder Steinen mit beweglichen Verschlüssen, den Schleusen. Das Sperrwerk schützt eine Flussmündung gegen Sturmfluten.

SS Ursprünglich Schutzstaffel. Die SS war eine Hitler direkt unterstellte, militärisch organisierte Einheit zum persönlichen Schutz Hitlers. Sie wurde eine Eliteeinheit, die auf besonders brutale Weise die Herrschaft der Nationalsozialisten sicherte. Ab 1934 waren alle Konzentrationslager der SS unterstellt.

Stand Eine in sich fest gefügte gesellschaftliche Gruppe mit gemeinsamen Lebensformen. Man spricht vom Stand des Adels, des Bürgertums und der Bauern.

Tahtaci Eine Volksgruppe, die im Südwesten der Türkei lebt. Die Tahtaci sind in den Ausläufern des Taurusgebirges zu Hause. Den Sommer über findet man sie in Dörfern, wo sie von der Landwirtschaft leben. Im Winter ziehen sie regelmäßig ins Gebirge um dort Holz zu schlagen.

Toleranz Innere Einstellung, die – ohne die eigene Meinung aufzugeben – andere Meinungen gelten lässt und diese für genauso wertvoll hält wie die eigene.

Topographische Karte Topographie kommt aus dem Griechischen und bedeutet Erdbeschreibung. Topographische Karten stellen die Erdoberfläche dar, z.B. die Geländeformen mit Erhebungen und Vertiefungen, Gewässern, Wegen und Straßen, Gebäuden und auch mit Bodenbedeckung wie Wald und Moor.

Vorderer Orient Zum Vorderen Orient gehören heute die Staaten Saudi Arabien, Irak, Iran, Israel, Jordanien, Libanon, Syrien und die Türkei.

Unehrlicher Beruf Gewerbe mit niedriger Rechtsstellung. Dazu gehörten: Henker, fahrendes Volk, Schäfer, Müller, Leineweber, Zöllner, Stadtknechte, Totengräber, Musikanten u. a. sowie deren Kinder und Enkel. Sie waren von Zunft, Gericht und Rat und vom ehrlichen Begräbnis ausgeschlossen.

Wadi Die arabische Bezeichnung für ein Trockental in den Wüsten Nordafrikas und Vorderasiens. Gewöhnlich fließt im Wadi kein Wasser. Nach einem Regenguss kann das Tal von großen Wassermassen durchströmt werden.

Wurt Siedlungshügel, der zum Schutz vor Hochwasser aufgeworfen wurde oder natürlich entstand.

Quellenverzeichnisse

Textquellen

1. Menschen orientieren sich
S. 36: A. Pigafetta, Die erste Reise um die Erde; hrsg. von R. Grün. Tübingen und Basel 1968 (stark gekürzt und sprachlich überarbeitet) – **S. 37:** Nach ebd. – **S. 38** Q 1: Nach ebd., S. 33/34, Q 2: Nach ebd., S. 124/125.

2. Menschen nutzen ihre Freizeit
S. 59: Zweckverband Großraum Hannover (Hrsg.), Mit Rad und Bus in Richtung Freizeit (Faltprospekt), Hannover o. J. – **S. 60:** Göttinger Tageblatt, 28. 6. 1992 – **S. 67:** Ebd., 7. 12. 1991

3. Menschen versorgen sich
S. 76: Ivar Lissner, Der Mensch und seine Gottesbilder. Olten-Freiburg 1980 – **S. 79:** Donald Johnson/Maikland Edey, Lucy, Die Anfänge der Menschheit. München/Zürich 1982, S. 87 – **S. 80:** Friedrich Behn, Vorgeschichtliche Welt. Stuttgart 1962, S. 11 (J. F. Cotta Verlag) – **S. 83:** Nach: Herbert Kühn, Auf den Spuren des Eiszeitmenschen. Wiesbaden 1956, stark gekürzt, S. 86ff. – **S. 104:** Nach: Edward Weyer, Eskimoleben. Das Beste aus Reader's Digest, Jg. 1/Heft 9 – **S. 106:** Nach: Martin Plemper, Tausche Harpune gegen Videokamera. Praxis Geographie, Jg. 21/Heft 11, 1991, S. 40 – **S. 108:** Nach: Zeitungsanzeige der grönländischen Selbstverwaltung. In: Hann. Allg. Zeitung, Februar 1983 – **S. 111:** Nach: Friedrich Schnack, Vontaka, Stern der Steppe. Flensburg 1949 – **S. 115:** Nach: Wolfgang Trandt, Kult mit Banane. In: Rheinischer Merkur/Christ und Welt, 17. Woche, April 1992 – **S. 119:** M 1+2: Nach: Siegried Möbius, Geographie erlebt. Berlin 1986, S. 32; M 3: Nach: M. Haassanein Bey, Rätsel der Wüste. Leipzig 1926 – **S. 122/123:** Nach: Jeremy Swift. Die Sahara, Time-Life-Bücher. Amsterdam 1975, S. 124ff. – **S. 125:** Nach: Rolf Seeler, Wasserschöpferinnen, Bettler, Blinde. FAZ v. 12. 10. 1991 – **S. 128:** Nach: Informationsschrift der Esso AG. O. O., o. J.

4. Menschen gestalten ihre Lebensbedingungen
S. 139: Q: Wolfgang Kleinknecht/Herbert Krieger, Materialien für den Geschichtsunterricht, Bd. II, Altertum. Frankfurt/M. 1978, S. 2f. (stark gekürzt); rechte Spalte nach: Michael Rostovsreff, Geschichte der alten Welt, Bd. 1, München 1963, S. 203f. (gekürzt) – **S. 140:** Q 1: A. Erman, Ägypten und ägyptisches Leben im Altertum. Hildesheim 1987, S. 532 – **S. 141:** Q 1: Erman a.a.O., S. 532; Q 2: Ders., Die Literatur der Ägypter. Leipzig 1923, S. 250 – **S. 142:** Hellmut Brunner, Altägyptische Weisheit, Darmstadt 1988, S. 199 – **S. 146:** Herodot, Historien II, Übersetzung nach J. Feix. München, S. 309ff. – **S. 152:** Margret Rosenbaum, Arbeits- und Lebensweise der Bauern im Mittelalter. In: Compacts, Hauptschulmagazin, München Nr. 10/1983, S. 13 – **S. 155:** (1) Sigfried Epperlein, Der Bauer im Bild des Mittelalters. Leipzig/Jena/Berlin 1975, S. 99; (2) Ders. S. 100 – **S. 162:** Nach: H. G. Borck (Hg.), Quellen zur Geschichte der Stadt Hildesheim im Mittelalter, Hildesheim 1986, S. 18 – **S. 164:** Peter Ketsch, Frauen im Mittelalter, Bd. 1 (Hrsg. Annette Kuhn), Düsseldorf 1983 – **S. 167:** Nach: Peter Wilhelm, Die jüdische Gemeinde in der Stadt Göttingen von den Anfängen bis zur Emanzipation. Studien zur Geschichte der Stadt Göttingen, Bd. 10, hrsg. von der Stadt Göttingen, Göttingen 1973, S. 25 – **S. 168:** Nach: Landesausstellung Niedersachsen, Stadt im Wandel, Ausstellungskatalog, Bd. 2, Braunschweig 1985, S. 793 – **S. 169:** (1) Nach: E. Keyser, Niedersächsisches Städtebuch (= Deutsches Städtebuch, Bd. 3), Stuttgart 1952, S. 268; (2) (Hannover) Nach: J. Frhr. Grothe, Das hannoverische Stadtrecht, Hannover 1856, S. 414, (Hameln) Nach: F. Keutgen, Urkunden zur städtischen Verfassungsgeschichte, Berlin 1899, Nr. 334, (Ulm) Nach: C. Mollwo (Hg.), Das rote Buch der Stadt Ulm (= Württembergische Geschichtsquellen, Bd. 8), S. 84 f.– **S. 170:** (1) Stadt im Wandel, Bd. 1, hrsg. v. C. Meckseper (Ausstellungskatalog), Stuttgart 1985, S. 396; (2) aus: Lautemann, Wolfgang/Schlenke, Manfred (Hg.), Geschichte in Quellen, Bd. 2: Mittelalter, München S. 724f.; (3) Nach: H. Reincke, Bevölkerungsprobleme der Hansestädte, (jetzt in: C. Haase, Hg., Die Stadt des Mittelalters, Bd. 3: Wirtschaft und Gesellschaft, Darmstadt 1973, S. 267) – **S. 181:** Hamburger Abendblatt vom 17.2.1962 – **S. 183:** Gerhard Fischer, Neuland und Siedlung, Hannover 1958, S. 135.

5. Menschen verschiedener Kulturen leben zusammen
S. 191: Q: Sallust, Historien 4, 69, zitiert nach: Geschichte in Quellen, Bd. 1, München 1975, S. 505 – **S. 193:** Q: Frontinus I, III, 10, zitiert nach: Charles-Marie Ternes: Die Römer an Rhein und Mosel. Stuttgart 1975, S. 100 – **S. 194:** Q: Tacitus: Germania, übersetzt von Paul Gerhard Beyer, Paderborn, o.J., S. 10f., zitiert nach: Geschichte für Morgen, Bd. 1, Frankfurt/M. 1979, S. 175 – **S. 196:** Q 1: Tacitus, Germania, zitiert nach der Übersetzung von Wilhelm Harendza, München, o. J., zitiert nach: Werner Völker: Als die Römer frech geworden, Berlin 1981, S. 103; Q 2: a.a.O., S. 104 – **S. 197:** Q 1: a.a.O., S. 132; Q 2: a.a.O., S. 102; Q 3: Plinius der Ältere, Naturalis Historia 16, 2f., zitiert nach: Theodora Hantos: Römer und Germanen, in: Praxis Geschichte, Braunschweig, 4/1989, S. 13 – **S. 207:** Aus: Uni-Reisen (TUI), April-Oktober 1992 – **S. 208/209:** Alle M aus: M. Springer, Fremd wie der Fisch dem Vogel – **S. 210/211:** (1) R. Neudeck, (Rotfuchs 653, S. 131); (2) Stern Nr. 47/1992; (3) Nach: R. Smith, dtv 7860; (4) SPIEGEL Nr. 34/1991; (5) Annelies Schwarz, Hamide spielt Hamide, dtv-pocket 7864; (6) R. Neudeck, a.a.O. – **S. 212:** M 1+2: Kuhlmann/Meyer (Hrsg.), Ayse und Devrin, Wo gehören wir hin? Lamuv TB 25, 1983 – **S. 213:** Elmar von Salm, Brandstiftung, Arena TB 1990 – **S. 215:** V. Salm, a.a.O. – **S. 216:** Cellesche Zeitung 15. 6. 1992 – **S. 218:** Alle M aus: M. Springer, a.a.O. – **S. 224:** (1) Nach Albert Bushnell Hart (ed), American History told by Contemporaries. Vol 1, New York 1897, p. 356, übersetzt von K.-H. Müller; (2) zit. nach Heinz J. Stammel, Die Indianer, Geschichte eines untergegangenen Volkes, München 1979, S. 93 – **S. 225:** (1) zit. nach Norman B. Wiltsey, Die Herren der Prärie. Goldmann: Stuttgart 1965, S. 19; (2) zit. nach Wiltsey, a.a.O., S. 19; (3) nach Wiltsey, a.a.O., S. 20 – **S. 226:** (1) zit. nach Wiltsey, a.a.O., S. 24; (2) zit. nach Wiltsey, a.a.O., S. 26; (3) zit. nach Wiltsey, a.a.O., S. 27 – **S. 227:** (1) zit. nach Stammel, a.a.O., S. 91 – **S. 230:** (1) Claus Biegert, Indianerschulen. Als Indianer überleben – von Indianern lernen. Rowohlt, Reinbek bei Hamburg 1979, S. 9; (2) nach: Gabi Meier, Bei den Hopi-Indianern in Arizona. In: Zwischen Hamburg und Haiti, Sendung des NDR II, 19. 11. 1989; (3) Friedrich Abel, Wir weinen mit den Göttern, in: Stern 49/1980, S. 170; Q: T. C. MacLuhan, ... wie der Hauch eines Büffels im Winter. Indianische Selbstzeugnisse, Hamburg 1979, S. 176f.

6. Menschen wachsen in die Gesellschaft hinein
S. 238: Q1 Nach: N. Osterroth, Vom Beter zum Kämpfer, Berlin 1920, S. 49. Zit. nach: Erna M. Johannsen, Betrogene Kinder. Frankfurt/M. 1978, S. 93 f. Q 2 Adelheid Popp, Jugend einer Arbeiterin (hrsg. von Hans J. Schütz). Bonn 1983; Q 3 Max Hoelz, Vom „Weißen Kreuz" zur „Roten Fahne". Jugend-, Kampf- und Zuchthauserlebnisse. Berlin 1929. Zit. nach: Wolfgang Emmerich (Hg.), Proletarische Lebensläufe, Bd. 1, Reinbek 1974, S. 305–307 (leicht überarbeitet) – **S. 242/243:** Bildtexte nach: „Wir sind Kinder einer Erde ...", Faltblatt von terre des

Quellenverzeichnisse

homes, 1987 und 1991 – **S. 244:** M 1: Die Zeitung 1/92, terre des hommes, S. 4; M 2: Zum Beispiel Kinderarbeit, Lamuv-Verlag 1988, S. 68 f. – **S. 245:** H. M. Große-Oetringhaus, Kein Platz für Tränen. Wuppertal 1989, S. 125 – **S. 246:** Aus: Straßenkinder, terre des hommes, 1992 – **S. 247:** M 1 „Klick" 7/1990; M 2: Kinder und Krieg in Lateinamerika, terres des hommes (Hg.), Lamuv-Verlag o. J., S. 233 f. – **S. 248:** Las Casas, Verwüstung der westindischen Länder. Frankfurt/M. 1981 – **S. 253:** (1) nach: Hans Heumann, Unser Weg durch die Geschichte, Bd. 3, Frankfurt/M., ³1974, S. 39 ; (2) Lisa Tetzner, Die Kinder aus Nr. 67, Bde. 1 und 2. Aarau/Frankfurt/M., 1980, S. 17–21 – **S. 256:** (1) Deister- und Weserzeitung vom 23. 7. 1934, Hameln; (2) ebd.; (3) Luise Rinser, Ein deutsches Schicksal; in: Jahrbuch für Lehrer 4, Hg. v. Johannes Beck u. Heiner Boehncke, Reinbek 1979, S. 191 – **S. 259:** Nach: Harald Focke/Uwe Reimer, Alltag unterm Hakenkreuz, Bd. 1. Reinbek 1979, S. 44 – **S. 260:** (1) Bentheimer Zeitung, 60. Jg., Nr. 165 vom 18. 7. 1938; (2) nach: Arbeitsgruppe Pädagogisches Museum (Hg.), Heil Hitler, Herr Lehrer, Volksschule 1933 bis 1945, erarb. v. Norbert Frank u. Gesine Asmus, Reinbek 1983, S. 87; (3) nach: Focke/Reimer, a.a.O., S. 45 – **S. 261:** (1) nach: Heil Hitler, Herr Lehrer, a.a.O., S. 149 – **S. 262:** (1) Renate Finckh, Mit uns zieht die neue Zeit; in: Ulrich Herrmann (Hg.), Die Formung des Volksgenossen. Weinheim 1985, S. 293; (2) ebd., S. 295/296 – **S. 263:** (1) nach: William Sheridan Allen, Das haben wir nicht gewollt – Die nationalsozialistische Machtergreifung in einer Kleinstadt. Gütersloh 1965, S. 256 f.; (2) nach: Arbeitsgruppe Päd. Museum, Heil Hitler, …, a.a.O., S. 43; (3) nach: ebd., S. 76–77 – **S. 265:** (1) nach: Martin Klaus, Mädchen in der Hitlerjugend. Köln 1980, S. 219 (2) ebd., S. 215 – **S. 264:** ebd, S. 53; (2) Hans P. Richter, Wir waren dabei. Würzburg 1979, S. 37 f.; (3) nach: Arbeitsgruppe Päd. Museum, Heil Hitler, …, a.a.O., S. 87; (4) Zitat rechts unten: Allen, a.a.O., S. 256 – **S. 266:** (1) Else R. Behrend-Rosenfeld, Ich stand nicht allein. Freiburg 1963², S. 24; (2) nach: Arbeitsgruppe Päd. Museum, Heil Hitler …, a.a.O., S. 84 f. – **S. 267:** (1) Grafschafter Kreisblatt, 60. Jg., Nr. 265 vom 11.11. 1938; (2) Aus den Akten eines Parteigerichtsverfahrens vom 20. 1. 1939, Original im Institut für Zeitgeschichte München – **S. 268:** (1) nach: Tim Mason, Arbeiterklasse und Volksgemeinschaft. Opladen 1975, S. 633 ff.; (2) nach: Max von der Grün, Wie war das eigentlich? Darmstadt 1979, S. 142; (3) nach Ger van Roon, Widerstand im 3. Reich. München 1979, S. 46 – **S. 269:** Hans Rosenthal, Zwei Leben in Deutschland, Bergisch-Gladbach 1980, S. 60 – **S. 270:** (1) nach: Lutz Niethammer: Heimat und Front, in: ders., Die Jahre weiß man nicht, wo man die hinsetzen soll. Berlin, Bonn 1983, S. 200; (2) nach: Arbeitsgruppe Päd. Museum, Heil Hitler, …, a.a.O., S. 227 – **S. 271:** (1) Roberto Innocenti/Christophe Gallaz, Rosa Weiß, Frankfurt/M. 1986, S. 17; (2) ebd., S. 20; (3) ebd., S. 22 – **S. 272:** A. Meyer/K. I. Rabe, Unsere Stunde, die wird kommen. Rechtsextremismus unter Jugendlichen. Bornheim 1980. S. 24 – **S. 274:** (1) Süddeutsche Zeitung 19.3.1992; (2) K. König u. a., Merhaba …, Guten Tag. Ein Bericht über eine türkische Familie. Bornheim 1985, S. 24.

Bildquellen

Abbildungen

Amt für multikulturelle Angelegenheiten, Frankfurt/M. 189 - Archiv für Kunst und Geschichte, Berlin 151 (1), 160, 166, 271 - Archiv Gerstenberg, Frankfurt/M. 238 - Artemis Verlag, München (Ventura, P./Ceserani, G., Tutenchamun, 1985) 142, (Hornung, E., Das Totengericht vor Osiris) 145 (1) - Artothek Peissenberg, 232 li, 236 (2) - Aschendorff Verlag, Münster (aus: Hansen, W., Hauswesen und Technik im alten Lippe, Detmold) 153 (3) - Badisches Generallandesarchiv, Karlsruhe 149 - Bavaria, Gauting 18 (1), 27 (1), 73 li, 121 (1), 128 (2), 134, 137 (1), 186 m, 187 o - Bayerische Staatsbibliothek, München 150 (1), 153 (1) - Becker, K., Frankfurt/M. 83 (1, 2), 84 ru - Belser Verlag, Stuttgart (Galliani, C., Ägypten, 1990) 138 - Bertram Luftbild, München 20 (2) - Beta Luftbild 9 - Biblioteca Apostolica Vaticana, Rom 154 (2) - Biblioteca Nazionale Marciana, Venedig 153 (2) - Bildarchiv Foto Marburg 236 (1) - Bildarchiv Preußischer Kulturbesitz, Berlin 197, 240 (1), 252 (2), 261 (2) - Bilderberg, Hamburg 62, 69 (4), 71 or, 77, 208, 232/233 om - Bosinski, Prof. G., Köln 81 (2), 82 (1) - Bosse, R., Braunschweig 266 - British Library, London 145 (2), 156 (1) - Bürgerbibliothek, Bern 169 - BUND Nordrhein-Westfalen, Ratingen 56 ro, 56 u - Bundesarchiv Koblenz 260 - Bundeszentrale für politische Bildung, Bonn 167 - Burda Verlag, Offenburg 81 (3) - Busse, G., Göttingen 13 (2, 3), 157, 158, 159, 175 (1), 175 (3,4), 176, 178 (1-3) - Cellesche Zeitung 216 - Commonwealth Institute, London 72 - Cornford, G., Darmstadt 79 (1) - Cornelsen, Bielefeld 21 (1) - Dannhauser, B., Eldingen 213 - Dausien Verlag, Hanau 88, 89, 97 (2) - Dell Publishing Company, New York 225 - Delta Verlagsgesellschaft, Stuttgart, © 1993 les Editions Albert Rene/Goscinny-Uderzo, (Asterix und die Normannen) 190, (Asterix und Cleopatra) 135 (1) - Der Spiegel, 15/92, Hamburg 274 - Deutscher Taschenbuchverlag, München (James, Pharaos Volk, 1991) 143 (3) - Deutscher Wetterdienst, Offenbach 112 (3) - DPA, Frankfurt/M. 56 mr, 98, 119, 123 (2), 124 (2), 127 (1), 128 (1), 129 (1), 187 (u, m), 242 re - Draeger, H.-J., Die Torstraße, Zürich 1977, © by Verlag Pro Juventute, Zürich 171 - Droemer & Knaur, München (Evans, J., Blüte des Mittelalters, 1980) 168 - Droste Verlag, Düsseldorf (Rühl, K.-J., Brauner Alltag, 1981) 261 (3), 262 - Druck und Verlag Kunstanstalt Max Jaffee, Wien 132 lo - Elefanten Press, Berlin (Vespignani, R., Faschismus, 1976) 268 o - Elwin Staude Verlag, Hannover (Grubalcke, W., Die Hebamme im Wandel der Zeiten, 1964) 165 (2) - ESA Meteosat Bild (mit Genehmigung CDZ-Film, Stuttgart) 4 - Evangelische St. Nicolai Gemeinde, Lüneburg 170 - Fackelträger, Hannover (Aleff, E., Hrsg.), Das Dritte Reich, Edition Zeitgeschehen, 1970) 268 u - Focus, Hamburg 70 ol, 99 ro, 115 (1), 120 (1), 129 (2), 183 (1), 229 (1), 231 (1) - Friedrich-Ebert-Stiftung, Bonn 254 (2) - Gallimard Jeunesse, Paris 206, 224 - Germanisches Nationalmuseum, Nürnberg 34 (2) - Giraudon Photographie, Paris 221 - Große-Oetringhaus, H.-M., Duisburg 245 - Großraumverband Hannover 59 (1) - Gruner + Jahr, Hamburg (Stern 41/91) 215 (1), (Stern 41/91, © Baader, Lang + Behnken, Hamburg) 215 (2), (Fotoarchiv) 146 (1), (Essen & Trinken) 217 (2-5) - Hallensleben, R. 73 m - Harper & Row, New York 223 - Hartung, G., Göttingen 123 (1) - Hell, Dr. H., Reutlingen 84 lu - Hubmann, H., Kröning 270 - Informationszentrum Altmühltal, Eichstätt 58 (2) - Insel Verlag, Frankfurt/M. 240 (1) - Institut für Vor- und Frühgeschichte, Tübingen 92 (1) - Jacobeit, Prof. Dr. H., Fürstenberg/Havel 239 (2) - Kalbow-Richter, R., Dransfeld 5, 7 (1), 14, 44, 45, 46, 47 (2 re), 50, 54, 55 (2), 57 (2) 60, 66, 67 (2), 69 (1-3) - Karl-May-Museum, Radebeul 226 - Knipper-Weimbs, H.-J. (© Goldbach, I., Köln) 246 - Kolde, H., Juist 63 (2) - Koninklijk Museum voor Schone Kunsten, Antwerpen 151 (2) - Kuhn, Prof. Dr. A., (Ketsch, P., Frauen im Mittelalter, Düsseldorf 1983) 165 (1, 3) - Länderpress, Düsseldorf 140 - Landesdenkmalamt Baden-Württemberg, Karlsruhe (Dr. E. Schallmayer) 198 (1) - Landesdenkmalamt Baden Württemberg, Stuttgart 201 (1) - Landesmuseum für Früh- und Vorgeschichte, Schleswig 196 (2) - Landschaftsverband Osnabrück 203 (1, 3) - Landschaftsverband

Quellenverzeichnisse

Westfalen-Lippe, Münster 205 - Langewiese-Brandt, Ebenhausen (Anschläge. 220 politische Plakate als Dokumente der deutschen Geschichte 1900–1980) 254 (1) - Liepe, J., Berlin 143 (1) - Limes-Museum, Aalen 188 - Lindig/Muenzel, Die Indianer, 1985 (© Deutscher Taschenbuch Verlag, München) 222 - Luers, A., Freiburg 59 (2) - Mauritius, Frankfurt/M. 27 (3), 36, 184 (1), 186 (u), 229 (2) - Meyer, A., Cloppenburg 273 (1) - Müller, K.-H., Gleichen-Reinhausen 75 (1) - Museum für Vor- und Frühgeschichte, Frankfurt 94 (2) - Nehberg, R., Rausdorf 117 - Neifeind, Dr. H., Göttingen 56 ml, 148 (2), 164, 175 (3), 234/235 (1–5, 7+8) - Niedersächsisches Landesinstitut für Marschen- und Wurtenforschung, Wilhelmshaven 195 (1) - Ny-Carlsberg-Glyptothek, Kopenhagen 141 (1) - Österreichische Nationalbibliothek, Wien 154 (1) - Orion Interconti, Stuttgart 207 (2, 3) - Ott, St., (in: Hoplitschek (Hrsg.), Urlaub und Freizeit mit der Natur, Stuttgart 1991) 65 - Paul, F., Braunschweig 175 (1, 4) - Pelizaeus Museum, Hildesheim 147 - Pflügner, A., Mörfelden-Walldorf 40 (3) - Philipp von Zabern Verlag, Mainz 139 (2), (Götter und Pharaonen, Hildesheim 1979) 144 - Photo Lehnert & Landrock, Kairo 143 (5) - Plemper, M., Mannheim 107 - Popperfoto, London 79 (2) - Presse- und Informationsamt der Bundesregierung, Bonn 232/233 um, 275 (1) - Pressestelle des Niedersächsischen Landtages, Hannover 27 (2) - Rainbird, London 139 (1) - Rautenstrauch-Joest Museum, Köln 220 (1) - Richter, Dr. D., Großburgwedel 18 (2, 3), 25 (1, 2), 40 (1, 2, 4) - Römisch-Germanisches Museum, Köln 199 (2) - Römisch-Germanisches Zentralmuseum, Mainz 202 (3) - Schmid, D., Essen 64 - Senatsverwaltung für Stadtentwicklung und Umweltschutz, Berlin 212 (2) - Sönnichsen, U., Niebüll 181 (1) - Spitta, W. (Regensburg zur Römerzeit, 1979) 202 (2) - Springer-Geldmacher, Dr. M. (Fremd wie der Fisch dem Vogel? rororo) 209 - Staatliche Graphische Sammlung, München 155 (2) - Staatliche Kunsthalle, Karlsruhe 233 re - Staatliche Kunstsammlung, Augsburg 148 (1) - Städelsches Kunstinstitut, Frankfurt/M. 237 (2) - Städteforum Stadt Göttingen, Verlag Edgar Hartmann, Osterode 177 - Stadtarchiv, Frankfurt/M. 258/2 - Stern-Fotoarchiv 181, 231 (2) - Storck, M., Stuttgart 136, 143 (4) - Süddeutscher Verlag, München 252 (1), 253, 259 (2) - Terre des Hommes, Osnabrück 242 li, 243, 244, 250 (© Recknagel) - Tessloff-Verlag, Nürnberg (Was ist Was? Band 61) 132 ru, (Connolly, P., Tiberius Claudius Maximus, 1990) 191 (1), (Roccard, A., Kochen für kleine Köche, 1987) 217 (1) - Theiss Verlag, Stuttgart 81 (1) - Thiesen, Dr. H., Kiel 186 lo - Touristik Marketing Bildarchiv, Hannover 207 (1) - Transglobe Agency, Hamburg 58 (1), 70/71 um, 98 lo, 104 (1), 132/133 - Trippel, M., Dortmund 272 - Universum Verlagsanstalt, Wiesbaden (Mücke 5/90) 214 (1), 218 - Ullstein Bilderdienst, Berlin 269 (2) - U.S. Information Service, Bonn 35 (2) - V-Dia Verlag, Heidelberg 120 (2) - Verkehrsamt der Stadt Osnabrück 179 - Villalobos, J., Santiago de Chile 247 - Vista Point Verlag, Köln 237 (2) - Volkswagen AG, Wolfsburg 21 (2) - Weber-Kellermann, Prof. Dr. I., Marburg 239 (2) - Weiss, Dr. W., Wien 228 (1) - Westfälisches Museum für Archäologie, Bielefeld 74 (1) - Westfälisches Museum für Archäologie, Münster 74 (2) - Westermann Verlag, Braunschweig 34 (1) - Zabern Verlag, Mainz (Ägyptens Aufstieg zur Weltmacht) 143 (2) - ZEFA, Düsseldorf 56 lo - Zeitgeschichtliches Bildarchiv Heinrich Hoffmann, Hamburg 255 (1) - ZENIT Bildagentur, Berlin 212 (1) - Zentner, Dr. C., München 259 (1) - Zigaretten-Bilderdienst (Deutschland erwacht, Hamburg 1933) 257

Zeichnungen
Becker, K., Frankfurt/M. 75 (2, 3), 82 (2, 3, 4), 83 (1), 92 (3), 94 (1), 141 (2), 146 (2), 200, 201 (1) -Busse, G., Göttingen 152, 178 - Müller, A., Hamburg 76 (1), 80, 86, 87, 90, 91 (1), 92 (2), 93, 95, 101, 111, 124 (1), 150 (2), 182, 183, 194, 196 (1) - Pflügner, A., Mörfelden-Walldorf 6, 7 (2, 3), 10, 12, 20 (1), 47 (1), 48, 49, 57 (2), 84 ro, 102, 103, 106, 107 (2) (nach einer Vorlage von M. Plemper, Mannheim) 108, 112, 113, 125 (2), 135 (2), 137 (3), 155 (1), 159 (2), 172/173, 179, 198 (2), 241, 248, 249, 251 - Plate/Wiesler, München 162 - Schenk, B. v., Kronberg 255 (2), 258 (1), 261 (1) - Teßmer, M., Hamburg 13 (1), 35 (1), 38/39, 70/71, 104 (2, 3), 105, 114, 115 (2), 121, 122, 125 (1), 126, 136, 184 (3), 199 (1), 202 (1)

Karten
Becker, K., Frankfurt/M. 26, 91 (2), 96, 210/211 - Dittmann, E., Frankfurt/M. 191 (2) - Geitmann, M., Ranstadt 192 - Hoffmann & Campe Verlag, Hamburg, Merian „Harz" 51 - Pflügner, A., Mörfelden-Walldorf 55 (1), 63 (1), 242/243 - Rinke, V., Hildesheim 16, 17, 19, 22, 23, 28/29, 30, 31, 32, 33, 37, 41, 42/43, 98/99, 100, 109, 110, 118, 174, 180, 193, 203 (2), 220, 227, 228 (2)

Ausschnitte aus Kartenwerken
Ausschnitte aus topographischen Karten vervielfältigt mit Erlaubnis des Landesvermessungsamtes Niedersachsen, Hannover:
1:50 000 Blätter L 4126 und L 4326, 8
1:25 000 Blatt 4426, 11
1:50 000 Blatt L 4326, 53
1:25 000 Blätter 4426 und 4427, 61
1:40 000 Oldenburgische Vogteikarte um 1790, 2815 Oldenburg, 172
Alle Kartenausschnitte bearbeitet von Becker, K., Frankfurt/M.

Register

A
Abfallvermeidung 178
Abgaben 156
Ackerbau 87, 91, 137, 154
Adelebsen 66
Afrika 118
Ägypten 134, 135, 136, 137, 138, 139, 140, 141, 142, 143, 144, 145, 146, 147
Akcaenis 208
Aleoiten 208
Allmende 150
Alltag der Germanen 197
Alpen 64
Altsteinzeit 73, 81, 82
Äquator 30, 32
Archäologie 74, 95
Archimedische Schraube 137
Arizona 228, 229, 230
Arminius 203
Astronaut 35
Asyl 215
Atlas 16
Ausgrabung 74, 75
Ausländerbeauftragte 275
Ausländerfeindlichkeit 275
Ausschreitungen 215

B
Bauer 124, 157
Bauern 140
Bauernhof 157
Bekleidung 81
Bentheim 260
Bergland 19, 50
Berlin 27
Bernstein 96
Bewässerung 125, 136, 137
Bison 222
Bonn 27
Bramsche 203
Braunschweig 161, 166, 168
Breitenkreise 30
Bronze 94, 95, 96
Bundesrepublik Deutschland 27

C
Celle 168
Chauken 195
Cheop 146

D
Dattelpalme 125
Deich 137, 182, 184
Der 20. Juli 269
Deutschland vor 1933 253
Dorf 158
Dreschflegel 154
Duderstadt 161

E
Ebbe 182
Einbeck 169
Einkaufszentrum 174
Eiszeitalter 76
Entdeckungsfahrten 36
Entwicklungsland 40
Entsorgung 178
Erdöl 127
Erdteil 32
Erg 120
Eskimo 104
Essgewohnheiten 216
Europa 29

F
Familie 165
Faustkeil 78, 80
Feddersen Wierde 195
Fell- und Knochenkultur 105
Feuer 8, 169
Flut 182
Frauen 142, 165, 169
Frauenarbeit 82, 142
Freizeit 46, 56
Freizeitkarte 51
Friesen 22
Frondienste 156
Fundberichte 78

G
Geest 19, 180
Germanen 190, 193, 194, 198, 199
Germanenhaus 194
Gesprächsregeln 15
Giseh 146
Globus 30, 32, 34
Goldwäscherei 116
Götter 144, 145
Goslar 161, 164, 168
Göttingen 167, 174, 175
Gradnetz 30
Greenteam 66
Griechenland 91
Großstadt 25
Grundherren 150, 156
Grundherrschaft 156
Grundriss 10
Gutshof 201

H
Hamada 120
Hamburg 165, 166
Hameln 169
Handelswege 96
Handwerk 142, 164
Hannover 24, 164, 169
Harz 50, 53
Hassi Messaoud 127
Haus 176
Hausbau 90
Heimarbeit 238, 239
Hildesheim 162, 164
Hitler, Adolf 254, 255
Hitlerjugend: Jungmädel und Mädel 261, 262, 263
Hitlerjugend: Pimpfe und Hitlerjungen 258, 259, 260
Hochwasser 137, 182
Höhenlinien 12
Höhenschicht 12
Höhlenmalerei 79, 83
Holtensen 158
Hopi 228, 229, 230
Hörige 156
Hortfunde 96
Hübener, Helmuth 269

I
Iglu 105
Indianer 220, 221, 222, 223, 224, 225, 226, 227, 228, 229, 230, 231
Indianerreservation 226, 227, 228, 229, 230, 231
Industrie- und Gewerbegebiet 174
Industrieland 40
Inuit 109

Register

Irokesen 221

J
Juden 167
Juist 63
Jungsteinzeit 86, 87, 88, 89, 90

K
Kairo 146
Kalkrieser Berg 203
Kanal 137, 184
Karte 10, 13, 17
Kaufleute 162, 166
Kinder 235, 236, 237, 238, 240, 241
Kinderarbeit 238, 239
Klassenfahrt 54
Kleidung 81
Klimadiagramm 113
Kochgrube 82
Köln-Lindenthal 86
Kolumbus 36
Kompass 13
Kontinent 32
Konzentrationslager (KZ) 256
Kosmonaut 35
Krieg 270, 271
Kummet 154

L
Labradorsee 108
Lagerplatz 78, 81
Landesregierung 22
Landtag 22
Landwirtschaft 157, 238, 239
Längenkreise 30
Lascaux 83
Lehringen 78
Leubingen 94
Leybucht 185
Limes 193, 198, 199
Lüneburg 161, 170

M
Magellan 36
Mais 221, 223
Markt 168
Marsch 19, 180
Massachusetts 224
Maßstab 10

Memphis 135
Metallzeit 94
Missernten 155

N
Nahraum 59
Nationalpark 62, 63
Nationalsozialismus 252
Naturschutz 60
Navajo 228, 230, 231
Nez Percé 225, 226
Niedersachsen 18
Niederschlag 112
Niederschlagsdiagramm 112
Nil 136
Nomade 122
Nordafrika 91
Nordamerika 100, 220
Nordeuropa 29
Nordsee 180, 184
Nordseeküste 62
Northeim 161

O
Oase 124
Oldenburg 169, 172
Orientierung 13
Orientierungsstufe 6
Osnabrück 168, 179
Osteuropa 29
Ozean 32

P
Pest 170
Pflügen 92, 154
Pharaonen 135, 138, 139, 144, 145
Polarnacht 101
Polartag 101
Prärieindianer 222
Propaganda 257
Prospektauskünfte 207
Provinzen 192
Puebloindianer 223
Pyramide 134, 135, 146

R
Raumschiff 35
Regensburg 200
Religion 144, 145

Reservation 226, 227, 228, 229, 230
Rinteln 164
Rio Negro 115
Roden 115
Rollen 15
Römer 190, 198, 199
Römisches Weltreich 191
Rosenthal, Hans 269

S
Saalburg 199
Sachsen 22
Sahara 119
Salzgitter 78
Sammel- und Jagdgebiet 115
Schink, Bartholomäus 269
Schleuse 137, 184
Schule 218
Schule im Nationalsozialismus 264, 265
Seeburger See 61
Sense 154
Serir 120
Seuchen 170
Siedler 224, 225, 226, 227
Sklaven 192
Spanien 95
Spielen wie die alten Römer 205
Sprache 213
Stadt 161, 174
Stadtviertel 174
Stammesherzogtum 22
Stauffenberg, Claus Graf Schenk von 269
Steinbearbeitung 84, 93
Steinhuder Meer 59
Straßburg 170
Sturmflut 180
Südamerika 110
Südeuropa 29
Südosteuropa 29

T
Taurusgebirge 208
Temperatur 102
Temperaturdiagramm 103
thematische Karte 17
Tischsitten 209
Töpfern 92

Register

Tourismus 58
Tropischer Regenwald 114
Tuareg 122
Tundra 76, 77, 104

U
Ulm 169
Unterschichten 167
USA 220, 221, 222, 223, 224, 225, 226, 227, 228, 229, 230, 231

V
Varusschlacht 203
Verfolgung der Juden 266, 267
Viehhaltung 91
Viehzucht 87, 91, 154
Vorderer Orient 87, 91
Vorratswirtschaft 138
Vorurteile 218

W
Wadi 119
Wanderfeldbau 115
Wanderkarte 53
Wangerooge 55
Wärmestufen 102
Wasserrechte 125
Wasserverbrauch 177
Wattenmeer 62
Weben 92
Weltkarte 32, 34, 40, 42, 242
Weltumseglung 36
Werkstoffsortierung 178
Werkzeug 78, 80
Westeuropa 29
Widerstand 268, 269
Windschirm 81
Wintersport 64

Wirtschaftsbereiche 20
Wohnen 142, 177
Wohngrube 81
Wohnung 81, 84, 142, 214
Wohnviertel 176
Wolfenbüttel 168
Wurt 182
Wüste 119, 120, 136

X
Xanten 200

Y
Yanomami 115

Z
Zunft 164

Verlagsredaktion: Klaus Pflügner
Technische Umsetzung: Mike Mielitz

Umschlagbild: Ernst-August-Platz, Hannover
(Foto: Joachim Giesel, Hannover)

1. Auflage ✔   Druck 6 5 4 3   Jahr 2000 99 98 97

Alle Drucke dieser Auflage können im Unterricht
nebeneinander verwendet werden.

© 1993 Cornelsen Verlag, Berlin
Das Werk und seine Teile sind urheberrechtlich geschützt.
Jede Verwertung in anderen als den gesetzlich zugelassenen Fällen
bedarf deshalb der vorherigen schriftlichen Einwilligung des Verlages.

Druck: Cornelsen Druck, Berlin

ISBN 3-464-64001-X

Bestellnummer 640010

 gedruckt auf säurefreiem Papier, umweltschonend
hergestellt aus chlorfrei gebleichten Faserstoffen